Markteintrittsgestaltung neugegründeter Unternehmen

T0316768

INFORMATIONSTECHNOLOGIE UND ÖKONOMIE

Herausgegeben von Wolfgang Gaul, Armin Heinzl
und Martin Schader

Band 26

PETER LANG

Frankfurt am Main · Berlin · Bern · Bruxelles · New York · Oxford · Wien

Viktor Jung

Markteintrittsgestaltung neugegründeter Unternehmen

Situationsspezifische und erfolgsbezogene Analyse

PETER LANG
Europäischer Verlag der Wissenschaften

Bibliografische Information Der Deutschen Bibliothek
Die Deutsche Bibliothek verzeichnet diese Publikation in der
Deutschen Nationalbibliografie; detaillierte bibliografische
Daten sind im Internet über <http://dnb.ddb.de> abrufbar.

Zugl.: Karlsruhe, Univ., Diss., 2004

Gedruckt auf alterungsbeständigem,
säurefreiem Papier.

D 90
ISSN 1616-086X
ISBN 3-631-52960-0

© Peter Lang GmbH
Europäischer Verlag der Wissenschaften
Frankfurt am Main 2004
Alle Rechte vorbehalten.

Printed in Germany 1 2   4 5 6 7

www.peterlang.de

Vorwort

Der Gestaltung des Markteintritts kommt eine zentrale Bedeutung für den Unternehmenserfolg und die Entwicklung neugegründeter Unternehmen zu. Hier entscheidet sich letztendlich, wie viele Kunden das Unternehmen gewinnen und ob es sich erfolgreich im Markt etablieren kann. Betrachtet man die existierende Literatur zu den Themenbereichen Entrepreneurship, Existenzgründung und Marketing, so finden sich nur wenige detaillierte Anleitungen darüber, wie Unternehmensgründer bei der Markteintrittsgestaltung vorgehen bzw. vorgehen sollten, d.h. welche Maßnahmen zur Erreichung der mit dem Markteintritt verbundenen Zielsetzungen wie beispielsweise Kundenakquisition, Beschleunigung der Adoption und Diffusion oder Überwindung von Markteintrittshemmnissen (speziell aufgrund der Unbekanntheit einer Neugründung und eventuell bestehender Käuferbedenken gegenüber einem neuen Marktteilnehmer) geeignet sind. Insbesondere wurden auf der operativen Ebene bisher noch keine Erfolgsfaktoren oder Best Practices identifiziert, die einen Beitrag zur Erklärung des Entwicklungsverlaufs von besonders erfolgreichen Neugründungen liefern können. Vor diesem Hintergrund möchte die vorliegende Arbeit, durch eine explorative Analyse der Markteintrittsgestaltung neugegründeter Unternehmen untersuchen, welche Marketing-Maßnahmen zum Einsatz kommen und wie marktorientiert neue Unternehmen beim Eintritt in ihren Zielmarkt vorgehen.

Bevor das vorliegende Werk nun ebenfalls in den Markt eingeführt wird, möchte ich die Gelegenheit nutzen und mich für die vielfältige Unterstützung bedanken. Zunächst bedanke ich mich bei Professor Dr. Wolfgang Gaul für die Betreuung der Arbeit und die Freiheiten, die er mir bei deren Erstellung ließ. Des weiteren geht mein Dank an Professor Dr. Hariolf Grupp für die Übernahme des Zweitreferats. Ebenfalls bedanken möchte ich mich bei der StartUp-Initiative, insbesondere bei Frau Nadine Helterhoff, und bei McKinsey & Company für die Kooperation bei der Durchführung der Befragung der ehemaligen Teilnehmer des StartUp-Wettbewerbs.

Meinen (ehemaligen) Kolleginnen und Kollegen des Instituts für Entscheidungstheorie und Unternehmensforschung danke ich für die kollegiale Zusammenarbeit und Unterstützung in den letzten Jahren. Hervorheben möchte ich Frau Andreea Hannich, die mir bei der Erstellung der Arbeit eine große Hilfe war.

Abschließend gilt mein besonderer Dank meinen Eltern, die mir diesen Werdegang erst ermöglicht haben.

Viktor Jung

Inhaltsverzeichnis

ix

xi

BJTU	Modellversuch „Beteiligungskapital für junge technologieorientierte Unternehmen"
BMBF	Bundesministerium für Bildung und Forschung
CEO	Chief Executive Officer
DL	Dienstleistungsunternehmen
DtA	Deutsche Ausgleichsbank
EO	Entrepreneurial Orientation
et al.	et alii
f. / ff.	folgende
FuE	Forschung und Entwicklung
FY	Fiscal Year
GJ	Geschäftsjahr
i.e.S.	im engeren Sinne
i.w.S.	im weiteren Sinne
IPO	Initial Public Offering
JTU	junge technologieorientierte Unternehmen
k.A.	keine Angabe(n)
KfW	Kreditanstalt für Wiederaufbau
KMU	kleine und mittelständische Unternehmen
MO	Marktorientierung
MW	Mittelwert
PoP	Point of Purchase
PR	Public Relations
R&D	Research and Development
ROA	Return on Assets
ROI	Return on Investment
SGE	strategische Geschäftseinheit
SME	Small and Medium Sized Enterprises
TOU	technologieorientierte Unternehmen
UK	United Kingdom
USP	Unique Selling Proposition
VC	Venture Capital
ZEW	Zentrum für europäische Wirtschaftsforschung

1. Einleitung und Grundlagen

1.1 Einführung

1.1.1 Motivation der Arbeit

Im Zuge des Entwicklungsprozesses neugegründeter Unternehmen findet in der Praxis sehr häufig eine starke Betonung der operativen Maßnahmen des Unternehmensaufbaus und des Markteintritts im Vergleich zu einer langfristigen strategischen Ausrichtung des Unternehmens statt. Dies geschieht zum einen vor dem Hintergrund der Dringlichkeit des Tagesgeschäftes während des Gründungsprozesses aber auch aufgrund der hohen Dynamik des Umfeldes (Veränderungen von Technologie und Kundenverhalten), die eine längerfristige Prognose der internen und externen Entwicklung nur schwer erlauben. In gleichem Maße trägt diese eher kurzfristige Orientierung den oftmals weniger stark ausgeprägten Kenntnissen und Fähigkeiten der Gründer im strategischen Bereich Rechnung. Die operative Gestaltung des Markteintritts ist gleichzeitig in hohem Maße für den langfristigen Erfolg und für den weiteren Fortbestand des Unternehmens ausschlaggebend. Um das Überleben des Unternehmens zu sichern, müssen Kunden akquiriert werden und das Unternehmen muss sich eine langfristig erfolgversprechende Position im Wettbewerbsraum erarbeiten. Jedoch bedeuten ausbleibende kurzfristige Erfolge oder nicht erkennbare zukünftige Erfolgspotentiale in dem schnelllebigen Marktgeschehen oftmals sehr frühzeitig das Aus, was auch die hohen Misserfolgsquoten besonders in den ersten Geschäftsjahren belegen. Gelingt es dem Unternehmen nicht, sich schnell eine gute Marktposition und einen ausreichenden Marktanteil zu sichern, kann eine möglicherweise vorhandene erfolgversprechende strategische Ausrichtung und Positionierung des Unternehmens nicht mehr zum Tragen kommen. Scheiterungsgründe neuer Unternehmen sind allerdings teilweise auch in einer mangelnden operativen Umsetzung der Gründungskonzeption und Fehlern im täglichen Umgang mit den Kunden zu finden.

Bei Gründern besteht sehr häufig erheblicher Unterstützungsbedarf in Bezug auf die optimale Vermarktung des Leistungsangebots. Im Bereich Marketing und Vertrieb sehen knapp 80% der von Kulicke & Wupperfeld (1996, S.186f.) untersuchten neugegründeten Unternehmen erhebliche Defizite. Bei Balderjahn (1997) äußern 52,3% der Unternehmensgründer Beratungsbedarf im Marketing (im Vergleich zu 47,7% im Bereich Finanzierung und 31,8% bezüglich rechtlicher Fragen). Dabei wird im Marketing aus Gründersicht vor allem bei der Erstellung von Marktanalysen, der Vertriebspolitik, der strategischen Planung sowie der Werbekonzeption Unterstützung benötigt. Adäquates Marketing, begonnen bei der Auswahl einer erfolgversprechenden Gründungsidee über die Abgrenzung einer attraktiven Zielgruppe bis hin zur Gestaltung einzelner Marketing-Maßnahmen, lässt sich als wichtiger Erfolgs- oder Misserfolgsfaktor des Gründungsprozesses bezeichnen. Defizite im Marketing werden in mehr als 70% der gescheiterten Gründungen als Haupt- oder Mitursache für das Scheitern angegeben (Meier 1998, S.45). Des weiteren sind Marketing-Kenntnisse der Gründer als die diskriminierende Variable im Bereich der Gründungsressourcen zwischen erfolgreichen und weniger erfolgreichen Gründungen identifiziert worden (Rüggeberg 1997, S.161).

1

"The saying goes that an entrepreneurial small firm succeeds due to good marketing and fails to due bad management" (Bjerke/Hultman 2002, S.13).

In der Gesamtbilanz zum Modellversuch TOU stellen Kulicke et al. (1993, S.101 u. 106) fest, dass für junge technologieorientierte Unternehmen der Markteintritt des Unternehmens mit der Markteinführung der Produkte die schwierigste Phase in der gesamten Gründungsdurchführung ist.

1.1.2 Abgrenzung zu bisherigen Arbeiten

Zu Beginn eines Existenzgründungsprozesses stehen oftmals Fragestellungen der Finanzierung, des Unternehmensaufbaus oder auch der persönlichen Qualifikation der Unternehmensgründer im Blickpunkt. Dementsprechend erfahren diese Themenbereiche auch eine gesteigerte Aufmerksamkeit in der wissenschaftlichen und praxisorientierten Literatur. Dabei erfolgt häufig eine Konzentration auf frühe Phasen des Gründungsprozesses, speziell auf die Ideenfindung und -bewertung, die Entwicklung des Gründungskonzepts, die Sicherung der Finanzierung und die Planung des Gründungsprozesses. Die eigentliche Implementierung oder Umsetzung des Konzepts tritt oftmals in den Hintergrund. Gerade aber die Implementierung und Umsetzung unter Berücksichtigung der hohen Unsicherheit und Dynamik der Umfeldentwicklung und der nur beschränkt zur Verfügung stehenden Ressourcen verleihen dieser Themenstellung im Rahmen einer Unternehmensgründung eine noch höhere Bedeutung als bei großen, etablierten und relativ stabilen Unternehmen (Hills/LaForge 1992). Sind die Anlaufschwierigkeiten des Gründungsprozesses erst einmal überwunden und die zum Unternehmensaufbau notwendigen Mittel soweit gesichert, rückt die Gestaltung des Eintritts in die angestrebten Zielmärkte in den Mittelpunkt und speziell die Frage, wie die entwickelten Leistungsangebote in den Markt eingeführt und Kunden akquiriert werden sollen. Speziell die angesprochenen Rahmenbedingungen und teilweise anspruchsvolle Wachstumsvorgaben der Investoren machen im Rahmen der Markteintrittsgestaltung einen besonders effektiven und effizienten Einsatz von Marketing-Maßnahmen notwendig.

Es gibt jedoch nur wenig detaillierte Anleitungen oder Studien darüber, was in einer konkreten Gründungssituation zu tun ist (Lodish et al. 2001, S. xi). Chiagouris & Wansley (2003) stellen in diesem Zusammenhang fest: "There is no road map on how to manage the marketing function as a startup enterprise and obtain the largest return possible on the initial marketing investments." Die besondere Schwierigkeit liegt darin, dass jede Gründung im Grunde genommen einzigartig ist und speziell angepasste Vorgehensweisen und Maßnahmen erfordert (Hills/LaForge 1992). Dies spiegelt sich in der Literatur zum Einsatz des Marketing im Rahmen des Gründungsgeschehen wider. Zur Untersuchung des Einsatzes konkreter Marketing-Maßnahmen während des Unternehmensaufbaus lassen sich nur wenige Studien finden (siehe z.B. Romano/Ratnatunga 1995; Grulms 2000; Lodish et al. 2001). Lodish et al. (2001) untersuchen beispielsweise Aspekte der Preisbildung, der Marketingbudgetfestlegung, der Distribution und der Öffentlichkeitsarbeit von neugegründeten Unternehmen in den USA. Eine Untersuchung des Einsatzes von Marketing-Maßnahmen nimmt auch Grulms (2000) vor, ohne allerdings situationsspezifische Einflussfaktoren zu berücksichtigen. Dagegen findet die Betrachtung strategischer Fragestellungen oder der generellen Rolle des Marketing im Gründungsprozess eine größere Beachtung (siehe z.B. Rüggeberg 1997;

Meier 1998; Smith 1998; Zentgraf 1999), da der Einsatz von Strategien allgemeiner diskutiert werden kann und nicht so stark von der konkreten Gründungssituation abhängt wie der Einsatz taktischer Maßnahmen. Untersuchungen beschränken sich oftmals auch nur auf gewisse Teilbereiche, wie z.b. die Informationsbeschaffung während des Gründungsprozesses (Brush 1992; Cooper et al. 1995), oder konzentrieren sich auf bestimmte Branchen. Vor allem das Marketing technologieorientierter junger Unternehmen ist dabei von gesteigertem Interesse und wurde in einigen Arbeiten empirisch untersucht (siehe z.b. Kulicke, 1993; Pleschak/Küchlin 1994; Pleschak et al. 1995; Rüggeberg 1997; Meier 1998; Hagemann 1999; Zanger 1999; Zentgraf 1999). Allerdings erfolgt die Betrachtung auch hier in der Regel eher auf strategischer oder konzeptioneller Ebene und weniger in Bezug auf konkrete Marketing-Maßnahmen, die von den Unternehmen zur Vermarktung der Produkte eingesetzt werden können. Insbesondere fehlt bisher die Analyse unterschiedlicher Vorgehensweisen neugegründeter Unternehmen unter Einbeziehung des Unternehmenserfolges und damit die Identifikation von Erfolgsfaktoren der operativen Markteintrittsgestaltung.

1.1.3 Zielsetzung und Ablauf

In Anbetracht der hohen Bedeutung, die der Gestaltung des Markteintritts zukommt, und dem bisher nur geringen Wissensstand bezüglich dieses Themas soll im Rahmen dieser Arbeit die operative Markteintrittsgestaltung neugegründeter Unternehmen näher analysiert werden. Ausgangspunkt bildet die Zusammenfassung bisheriger Erkenntnisse zur Markteintrittsgestaltung im Zusammenhang mit neugegründeten Unternehmen. Darauf aufbauend erfolgt die Entwicklung eines Untersuchungsdesigns zur Analyse der Vorgehensweise bei der Markteintrittsgestaltung, um damit eine explorative Analyse der operativen Markteintrittsgestaltung neugegründeter Unternehmen vornehmen zu können.

Die Markteintrittsgestaltung auf operativer Ebene setzt sich hierbei aus zwei Elementen zusammen. Zum einen besteht sie aus einer generellen Marktorientierung, die erklärt, inwieweit das Unternehmen bemüht ist, ein Verständnis für seine Kunden herzustellen, Kundenbedürfnisse zu befriedigen, andere Marktteilnehmer zu analysieren etc. Hierzu wird das Konzept der Marktorientierung auf Neugründungen übertragen und ein auf Gründungsbedingungen angepasstes Messmodell entwickelt. Zum anderen wird der operative Markteintritt durch den Einsatz einer Vielzahl von Marketing-Mix-Maßnahmen aus den Bereichen Produkt, Preis, Distribution und Kommunikation gestaltet. Hier stehen Aufgaben wie Überwindung von Markteintrittsbarrieren, bekannt machen des neuen Unternehmens, Beschleunigung von Adoption und Diffusion oder allgemein die Kundenakquisition im Blickpunkt.

Zur umfassenden Analyse der operativen Markteintrittsgestaltung neugegründeter Unternehmen dient eine empirische Untersuchung, welche in Kooperation mit StartUp, dem größten deutschlandweiten und branchenübergreifenden Businessplan-Wettbewerb, entstand. Dabei wurden insgesamt 2.500 ehemalige Teilnehmer des StartUp-Wettbewerbs zu ihrer Vorgehensweise bei der Implementierung einer Marktorientierung und dem Einsatz von Marketing-Maßnahmen befragt.

Folgende Fragestellungen werden bei der Untersuchung der operativen Markteintrittsgestaltung angesprochen:

- Welche Marketing-Instrumente setzen Gründer generell zur Gestaltung des Markteintritts ein?
- Welche situativen Unterschiede gibt es hinsichtlich des Instrumenteneinsatzes?
- Wie marktorientiert sind Unternehmensgründer?
- Welche Maßnahmen setzen Unternehmensgründer in Abhängigkeit der konkreten Situation zur Etablierung einer Marktorientierung ein?
- Wie unterscheiden sich erfolgreiche von weniger erfolgreichen Gründungen hinsichtlich des Maßnahmeneinsatzes und der Marktorientierung?
- Welche situationsspezifischen Erfolgsfaktoren gibt es bezüglich der operativen Gestaltung des Markteintrittes?
- Welche Entwicklungsverläufe zeigen neugegründete Unternehmen hinsichtlich Arbeitsplätzen, Umsatz, Investitionen, Gewinnsituation etc.?

Wie aus den angeführten Fragestellungen ersichtlich, liegt der Schwerpunkt dieser Arbeit in der situationsspezifischen Analyse der Markteintrittsgestaltung und der Identifikation von unterschiedlichen Vorgehensweisen bei erfolgreichen und weniger erfolgreichen Unternehmensgründungen. Die Berücksichtigung von situativen, internen und externen Einflussfaktoren trägt der großen Bandbreite unterschiedlicher Gründungskonzepte Rechnung und dient dazu, an die jeweilige Gründungssituation angepasste, spezifische Aussagen treffen zu können. Berücksichtigte Einflussfaktoren sind z.B. Branche, Innovationsgrad, Marktdynamik oder Zielkunden. Außerdem sollen erstmals auf operativer Ebene unterschiedliche Vorgehensweisen im Hinblick auf den Gründungserfolg identifiziert werden. Auch hier wird wiederum ein situationsspezifischer Ansatz verfolgt, der zur Identifikation von Maßnahmen dient, die unter gewissen Rahmenbedingungen einen Beitrag zur positiven Unternehmensentwicklung leisten können.

Der Ablauf der Arbeit ist in Abb. 1-1 wiedergegeben und stellt sich folgendermaßen dar:

In Kap. 1 erfolgt eine Erörterung der volkswirtschaftlichen Bedeutung von Unternehmensgründungen unter Herausstellung der besonderen Bedeutung des Entrepreneurship und entrepreneurhafter Gründungen. Dem schließt sich ein Überblick über theoretische Grundlagen des Entrepreneurship an.

In Kap. 2 werden die beiden Bereiche Entrepreneurship und Marketing zusammengeführt und vorhandene Schnittstellen betrachtet. Auf praktischer Ebene wird die wichtige Rolle von Marketing als (Miss-)Erfolgsfaktor des Gründungsprozesses herausgestellt. Außerdem werden Rahmenbedingungen und Besonderheiten von Marketing in Unternehmensgründungen betrachtet und im Konzept des Entrepreneurial Marketing zusammengefasst. Dem schließt sich eine praxisorientierte Darstellung der Aufgabenstellungen und Aktivitäten von Marketing im Verlauf des Gründungsprozesses an, die in der Entwicklung eines marketing-bezogenen Phasenmodells münden.

Kap. 3 dient der Darstellung der Markteintrittsgestaltung mit der Formulierung einer Marketing-Konzeption bestehend aus einer normativen, strategischen und operativen Ebene als zentraler Aufgabe. Es erfolgt ein kurzer Exkurs zu verschiedenen Formen der strategischen Planung, die im Gründungszusammenhang Verwendung finden können. Dem schließt sich die Markt- und Umfeldanalyse als Ausgangspunkt zur Gestal-

Kap. 1 Einleitung und Grundlagen
Unternehmensgründung und Entrepreneurship

Kap. 2 Gründungsmarketing

Schnittstelle
Entrepreneurship
und Marketing

Besonderheiten des
Gründungsmarketing

Marketing im Grün-
dungsprozess
(Phasenmodell)

Kap. 3 Markteintrittsgestaltung neugegründeter Unternehmen
Markteintrittskonzeption, Prozess der strategischen Planung

Normative Ebene der
Markteintrittsgestaltung

Strategische Ebene der
Markteintrittsgestaltung

Operative Ebene der Markteintrittsgestaltung

Kap. 4 Marktorientierung (MO)
- Konzept der MO
- Ergebnisse der empirischen For-
  schung
- Rolle von MO in Neugründungen

**Kap. 5 Einsatz von Marketing-
Maßnahmen**
- Produktpolitik
- Preispolitik
- Kommunikationspolitik
- Distributionspolitik

Empirische Untersuchung der operativen Markteintrittsgestaltung

Kap. 6 Untersuchungsdesign
Zielsetzungen und Operationalisierung bzgl. MO, Marketing-Maßnahmen, Einflussfaktoren und Unternehmenserfolg

Kap.7 Stichprobe, Zielmarktcharakteristika u. Unternehmensentwicklung

Kap. 8 Untersuchung der MO
- Situationsspezifische Implementierung
- Vergleich erfolgreiche vs. weniger
  erfolgreiche Gründungen
- Erfolgswirksamkeit und Beziehung
  zur Entrepreneurial Orientation

**Kap. 9 Untersuchung der
Marketing-Maßnahmen**
- Situationsspezifischer Einsatz
- Vergleich erfolgreiche vs. weniger
  erfolgreiche Gründungen
(jeweils für Produkt, Preis, Kommunikation und Distribution)

Kap. 10 Fazit

Abb. 1-1: Aufbau und Ablauf der Arbeit

5

-tung des Markteintritts an. Das Kapitel schließt mit der Betrachtung der normativen und strategischen Ebene der Markteintrittsgestaltung, wobei insbesondere Aspekte der Segmentierung und Positionierung, des geographischen Zielmarktes und der Kooperationsstrategie behandelt werden.

Kap. 4 widmet sich dem Konzept der Marktorientierung als Bestandteil der operativen Markteintrittsgestaltung. Das allgemeine Konzept und dessen Entwicklung, Ansätze zum Messen von Marktorientierung und empirische Studien zur Erfolgswirksamkeit werden betrachtet. Des weiteren werden Marktorientierung und mögliche Effekte im Rahmen von Unternehmensgründungen diskutiert.

Die Darstellung vorhandener empirischer Ergebnisse zum Einsatz von Marketing-Maßnahmen der Produkt-, Preis-, Kommunikations- und Distributionspolitik im Bereich der Unternehmensgründungen erfolgt in Kap. 5. Ausgehend von allgemeinen Zielsetzungen der Markteintrittsgestaltung werden Maßnahmen aus den erwähnten Bereichen dargestellt, die speziell für Unternehmensgründungen geeignet sind und von diesen häufig eingesetzt werden.

In Kap. 6 wird das Untersuchungsdesign zur Analyse der operativen Markteintrittsgestaltung neugegründeter Unternehmen vorgestellt. Die Operationalisierung der Marktorientierung, der untersuchten Marketing-Maßnahmen, der betrachteten Einflussfaktoren sowie das verwendete Erfolgsmaß werden erläutert.

In Kap. 7 wird die für die empirische Studie verwendete Stichprobe näher charakterisiert und die Unternehmensentwicklung der befragten neugegründeten Unternehmen dargestellt.

Die empirische Untersuchung von Fragestellungen zur Marktorientierung wird in Kap. 8 vorgenommen. Zunächst wird die Vorgehensweise zur Implementierung einer Marktorientierung unter Einbeziehung der gewählten Einflussfaktoren untersucht. Anschließend werden Unterschiede zwischen erfolgreichen und weniger erfolgreichen Gründungen identifiziert.

In Kap. 9 erfolgt die situationsspezifische und erfolgsbezogen Untersuchung des Einsatzes von Marketing-Maßnahmen. Kap. 10 zieht ein Fazit der neugewonnen Erkenntnisse.

1.2 Volkswirtschaftliche Bedeutung von Unternehmensgründungen und Entrepreneurship

1.2.1 Entrepreneurship – Motor des US-Wirtschaftswunders

Ausgelöst durch das beispiellose und kontinuierliche Wirtschaftswachstum der USA in den 90er Jahren, das zu einem wesentlichen Teil dem Vorhandensein eines „entrepreneurial climate" zugesprochen wird, ist auch in Deutschland der Begriff Entrepreneurship in das Zentrum des politischen, wirtschaftlichen und auch wissenschaftlichen Interesses gerückt. Entrepreneurship steht dabei (als Synonym) für vorhandene Innovationskraft, geschaffene Arbeitsplätze und dadurch hervorgerufenen Wohlstand.

Charakterisiert wird Entrepreneurship durch die Suche nach neuen Chancen (Opportunities), das Übernehmen von Risiken ohne entsprechende Sicherheiten und Garantien und den Drang, eine unternehmerische Vision in die Realität umzusetzen. Diese Fähigkeiten werden vor allem neugegründeten Unternehmen sowie kleinen und mittelständischen Unternehmen zugesprochen. Es sind hauptsächlich diese Unternehmenstypen und speziell die dahinterstehenden Entrepreneure, die durch ihre Führungs- und Motivationsfähigkeit, ihre innovativen Ideen, ihre effiziente Forschungs- und Entwicklungstätigkeit, ihre Wettbewerbsfähigkeit und ihre Produktivität, in neue Märkte vorstoßen und dadurch eine besondere wirtschaftliche Dynamik entfalten. So wurden diese sogenannten „entrepreneurial companies" zum primären Motor des Wirtschaftswachstums und Strukturwandels in den USA (Lumpkin/Dess 1996).

Die vorhandenen Zahlen aus den USA unterstreichen dies eindrucksvoll. Seit 1980 wurden von den 500 größten Unternehmen, den sogenannten Fortune 500 Firmen, 5 Millionen Arbeitsplätze abgebaut, insgesamt aber über 34 Millionen neue Arbeitsplätze geschaffen. Alleine 1996 entstanden 1,6 Millionen neue Arbeitsplätze durch Kleinunternehmen. Dabei sind 15 Prozent der schnell wachsenden Unternehmensgründungen (sogenannte Gazellen) für 94 Prozent der netto geschaffenen Arbeitsplätze verantwortlich (Kuratko/Hodgetts 2001, S.5).

Oft zitierte Protagonisten dieser Entwicklung sind Bill Gates (Microsoft), Steve Jobs (Apple), Larry Ellison (Oracle), Michael Dell (Dell) oder auch Jeff Bezos (Amazon). Sucht man in Deutschland nach Vergleichbarem, so wird in erster Linie das deutsche Vorzeigeunternehmen SAP genannt. Deutschlands Software-Flagschiff hat seit der Gründung 1972 weltweit mehr als 29.000 Arbeitsplätze geschaffen, über 10.000 davon in Deutschland (Stand Sept. 2003, Quelle: www.sap.de). Hinzu kommen zusätzlich fünf bis zehnmal so viele Arbeitsplätze, die auf Zulieferer- und Vertriebsseite (Beratung, Installation, Schulung usw.) geschaffen oder gesichert wurden (Eglau et al. 2000, S.32). Der überwiegende Teil der heutigen deutschen Großunternehmen ist jedoch schon vor dem 2. Weltkrieg oder teilweise noch im 19 Jahrhundert gegründet worden. Unternehmen, die in den letzten Jahren entstanden und ein ähnlich rasantes Wachstum hingelegt und sich zu Weltunternehmen mit Milliardenumsätzen und mehreren Tausend Mitarbeitern entwickelt haben, sind eher Mangelware. Dies verdeutlicht auch Abb. 1-2, die den Anteil der nach 1985 gegründeten Unternehmen in ausgewählten Technologieregionen weltweit wiedergibt.

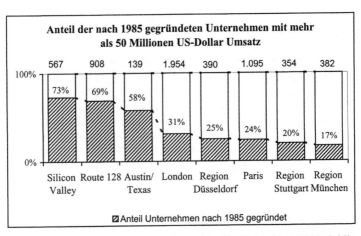

Abb. 1-2: Anteil neugegründeter Unternehmen (Quelle: Eglau et al. 2000, S.32)

Es sind aber nicht ausschließlich High-Tech-Pioniere und -Unternehmen, die in den USA für das Wachstum verantwortlich gemacht werden. Genauso sind Low-Tech oder auch No-Tech Unternehmen zu nennen, die vorhandenes Know-how ausnutzen, auf bisher unbekannte Weise kombinieren oder in neue Bereiche übertragen. Grundlage für den Erfolg dieser Unternehmen ist das Ausnutzen von Lücken im bisherigen Marktangebot und der damit verbundenen Entwicklung von neuen, überlegenen Kundennutzen. In diesem Zusammenhang lassen sich Firmen wie Starbucks, McDonalds, Home Depot, The Body Shop, Stapels usw. aufführen. Abb. 1-3 zeigt einige prominente Beispiele von Unternehmen sowohl aus dem High-Tech als auch aus dem Low-Tech Bereich, die durch ihre andauernden Erfolgsgeschichten als Vorbilder für entrepeneurhaftes Verhalten gelten.

1.2.2 Volkswirtschaftliche Bedeutung und Beschäftigungswirkung

Eine wichtige Funktion neugegründeter Unternehmen liegt in der Förderung und Beschleunigung von Strukturwandel und Strukturflexibilität. Um internationale Wettbewerbsfähigkeit zu garantieren, ist es erforderlich, dass ein fortwährender marktwirtschaftlicher Prozess stattfindet, der durch Innovationsschübe mit kontinuierlichen Auslese- und Erneuerungsaktivitäten gekennzeichnet ist. Dieser fortlaufende Prozess lässt bestehende Wirtschaftszweige schrumpfen und zusätzliche Wirtschaftszweige mit auf neuen Technologien basierenden Produkten und Dienstleistungen entstehen. Existenzgründungen modernisieren die Volkswirtschaft und tragen mit dem gesamten Mittelstand dazu bei, neue Ideen und neues technisches Know-how rasch und effizient in marktfähige Produkte und Verfahren umzusetzen (Daferner 2000, S.50f.). Die Flexibilität der Gründungsunternehmen macht sie zu einem wichtigen Instrument des beschleunigten Wissens- und Technologietransfers.

Die Effekte, die Neugründungen auf die volkswirtschaftliche Entwicklung haben, lassen sich in unterschiedliche Kategorien einteilen. Die Erhöhung der Zahl von Unternehmen in etablierten Märkten bewirkt in erster Linie, dass sich „neue" und „alte"

Unternehmen	Gründungsjahr	Mitarbeiter (Ende 2002 od. 6/2003)	Umsatz (2002 od. FY 2003)
McDonalds	1955	31.108 Restaurants 46 Mio. Kd.-besuche/Tag	$41,5 Mrd.
Wal-Mart	1962	4.688 Standorte	$244,5 Mrd.
Intel	1968	78.700 (1990: 23.900)	$26,7 Mrd. (1990: $3,9 Mrd.)
Virgin	1970	>25.000	1999: ~$5 Mrd.
FedEx	1971	190.918	$22,5 Mrd.
Starbucks	1971	5.886 Standorte (1996: 1.015 Standorte)	$3,3 Mrd. (1996: $0,7 Mrd.)
SAP	1972	29.374	€ 7,4 Mrd.
Microsoft	1975	ca. 50.000	$32,1 Mrd.
Apple	1977	10.211 (1996: 10.896)	$5,7 Mrd. (1996: $ 9,8 Mrd.)
Oracle	1977	> 40.000	9,5 Mrd.
Home Depot	1978	ca. 300.000	$58,2 Mrd.
Compaq	1982	86.200	$37,9 Mrd.
Sun Microsystems	1982	39.100	$12,49 Mrd.
Cisco	1984	35.953	$18,9 Mrd.
Dell	1984	39.100	$35,4 Mrd.
Staples	1986	1.488 stores	$11,6 Mrd.
Amazon	1994	7.800	$3,9 Mrd. (25 Mio. Kd.) (1997: $148 Mio.; 1,5 Mio. Kd. 1996: $15,7 Mio.; 180,000 Kd.)
Yahoo	1995	3.000	$ 953 Mio. (213 Mio. Kd.)

Abb. 1-3: Beispiel-Unternehmen mit Gründungsjahr, Mitarbeitern und Umsätzen (Kd. = Kunden)

Unternehmen vorhandene Märkte teilen müssen. Auf reifen Märkten können dynamische Neueinsteiger bestehende Unternehmen verdrängen (reiner Substitutionseffekt). Dies ist aus Sicht wettbewerbstheoretischer und strukturpolitischer Sicht zu begrüßen, da es unter anderem auch für die Konsumenten zu einer Belebung des Wettbewerbs führt. Es sorgt aber nicht zwangsläufig für mehr Beschäftigung. Falls etablierte Unternehmen eine Verschlechterung ihrer Einnahmeverhältnisse verkraften, können sie zu

9

Personalentlassungen gezwungen sein oder ihnen fehlen wichtige Ressourcen, um dem Wettbewerbsdruck durch die Entwicklung von Innovationen zu entgehen. Entlassene Arbeitskräfte können wiederum von neu gegründeten Unternehmen eingestellt werden, so dass statt einer Schaffung zusätzlicher Arbeitplätze eher eine Umverteilung der Arbeit erfolgt (KfW 2000, S.16).

Mit der Schaffung zusätzlicher Arbeitsplätze ist dann zu rechnen, wenn die neuen Unternehmen neue Märkte kreieren und dadurch die gesamtwirtschaftliche Wertschöpfung nachhaltig erhöhen. Davon kann ausgegangen werden, wenn es sich um innovative und dynamische Unternehmen handelt, die neue Märkte schaffen oder bestehende Märkte revolutionieren und ihnen zu neuem Wachstum verhelfen, wie z.B. der Markt für Armbanduhren durch die Firma Swatch und ihr Konzept der individualisierten Massenprodukte eine neue Wachstumsphase erlebte. Beispiele hiefür sind auch die Gewinner des Existenzgründerwettbewerbs StartUp. Die erstplatzierten 40 Unternehmen schufen innerhalb eines Jahres insgesamt fast 800 neue Arbeitsplätze (Eglau et al. 2000, S.21).

Bei den angesprochenen positiven Effekten darf jedoch nicht übersehen werden, dass die überwiegende Zahl der Unternehmensgründungen weder innovativ noch besonders dynamisch ist. Grobe Indikatoren wie die Gesamtzahl der Neugründungen sagen aus diesem Grunde über die Innovationsfähigkeit eines Landes nur sehr wenig aus. Wichtig ist vielmehr, in welchen Bereichen und von wem gegründet wird. Weit mehr als die Hälfte der neuen Unternehmen entstehen im Handel und bei haushaltsnahen Dienstleistungen wie Pflege- und Putzdiensten; also nicht dort, wo der technologische Fortschritt vorangetrieben wird. Der Anteil technologie- und wissensintensiver Unternehmensgründungen (High-Tech-Gründungen) an allen Gründungen beträgt laut ZEW-Gründungs-Report (ZEW 2001) 15%, mit leicht steigender Tendenz. Zum Anstieg tragen vor allem Dienstleistungsunternehmen bei, die Beratungs- und Serviceleistungen im Innovationsprozess anbieten (Datenverarbeitung, Ingenieurbüros, kommunikations- und EDV-Dienstleistungen). Die größten Arbeitsplatzeffekte von Neugründungen gehen jedoch von Firmen im Bereich der hochwertigen Technik und im Bereich der Spitzentechnik aus. Hier werden im Schnitt fünf beziehungsweise vier Arbeitsplätze pro Gründung geschaffen, während es im Dienstleistungssektor meist zwei bis drei sind (BMBF 2001, S.30).

Versucht man die tatsächlichen Arbeitsplatzeffekte von Unternehmensgründungen zu quantifizieren, kommt man zu eher ernüchternden Ergebnissen. So ist festzustellen, dass über 70 Prozent aller Neugründungen keine Arbeitsplätze für Arbeitnehmer schaffen, sondern nur für den Gründer selbst. Nur etwa fünf Prozent aller Gründungen erreichen 20 und mehr Beschäftigte. Außerdem gilt die Faustregel, dass ca. 40 Prozent der Neugründungen die ersten fünf Jahre nicht überleben (KfW 2000, S.22). Ausgehend von diesen Überlegungen und einer Zahl von ca. 627 Tsd. Unternehmen, die sich 1999 in Gründung befanden, kommt Sternberg (2000, S.71f.) in seinen Untersuchungen zum Entrepreneurship in Deutschland zu einer Zahl von näherungsweise 226 Tsd. Arbeitsplätzen (ohne Gründer selbst), die durch Neugründungen geschaffen wurden.

Nicht berücksichtigt sind in den vorhergehenden Betrachtungen allerdings die langfristigen Beschäftigungswirkungen der neugegründeten Unternehmen, nachdem sie sich im Markt etabliert haben. Auch diese Leistungen von innovativen und wachstumsorientierten bestehenden Unternehmen sind eine Form des Entrepreneurship, deren

Verbreitung vorangetrieben werden muss. Die meisten Arbeitsplätze entstehen durch Expansionen und nicht durch Neugründungen. In Bezug auf Arbeitsplatzeffekte ist die Phase nach dem Markteintritt wichtiger als die Gründung an sich. Es gibt Hinweise, dass kleine und mittelständische Unternehmen überproportional stark zum Entstehen neuer Arbeitsplätze beitragen und dass ca. 70% der netto entstandenen Arbeitsplätze einer Gruppe von ca. 5% schnell wachsenden kleinen und mittelständischen Unternehmen zuzurechnen sind (Bjerke/Hultman 2002, S.11). Laut Bjerke & Hultman (2002, S.11) hat die Wachstumsorientierung neugegründeter Firmen in entwickelten Industrienationen folgende Verteilung:

- 5% schnell wachsende Firmen;

- 20% wachstumsorientierte "Überlebende";

- 75% der Firmen ohne oder nur mit niedrigem Wachstum.

Die prozentuale Aufteilung der Arbeitsplatzeffekte von Neugründungen im Vergleich zum Wachstum von etablierten Unternehmen ist in Abb. 1-4 dargestellt.

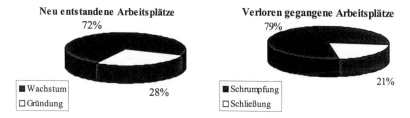

Abb. 1-4: Arbeitsplatzeffekte von Gründung, Wachstum, Schrumpfung und Schließung zwischen 1990-1994 (Quelle: KfW 2000, S.21)

Für eine Volkswirtschaft kommt aus diesen Überlegungen der Förderung von schnell wachsenden und innovativen, d.h. entrepreneurhaften Unternehmensgründungen eine wichtige Funktion zur Erhaltung ihrer Leistungsfähigkeit zu.

1.3 Theoretische Grundlagen des Entrepreneurship

1.3.1 Definitionen und Dimensionen

"What are we talking about when we talk about entrepreneurship?" (Gartner 1990) Da Entrepreneurship ein Gebiet ist, an dem verschiedene Wissenschaftsrichtungen wie Psychologie, Soziologie, Volkswirtschafts- oder Betriebswirtschaftslehre ein Interesse haben, gibt es je nach Blickwinkel unterschiedliche Herangehens- und Sichtweisen sowie Schwerpunktsetzungen. Da sich bisher keine eindeutige Definition von Entrepreneurship durchgesetzt hat, werden im Folgenden einige ausgewählte Definitionen aus dem betriebswirtschaftlichen Bereich aufgeführt:

"Entrepreneurship is the dynamic process of creating incremental wealth. The wealth is created by individuals who assume the major risks in terms of equity, time, and/or career commitment or provide value for some product or service. The product or service may or may not be new or unique but value must somehow be infused by the entrepreneur by receiving and locating the necessary skills and resources."

(Ronstadt 1984, S.28)

"Entrepreneurship is a way of thinking, reasoning and acting that is opportunity obsessed, holistic in approach and leadership balanced. Entrepreneurship results in the creation, enhancement, realization and renewal of value, not just for owners, but for all participants and stakeholders. At the heart of this process is the creation and/or recognition of opportunities and initiative to size these opportunities. It requires a willingness to take risks—both personal and financial—but in a very calculated fashion in order to constantly shift the odds to your favor, balancing the risk with the potential reward."

(Timmons 1999, S.27)

"We define the field of entrepreneurship as the scholarly examination of how, by whom, and with what effects opportunities to create future goods or services are discovered, evaluated, and exploited. Consequently, the field involves the study of sources of opportunities, the process of discovery, evaluation and exploitation of opportunities; and the set of individuals who discover, evaluate, and exploit them."

(Shane/Venkataraman 2000)

Mit Hilfe einer Delphi-Studie identifiziert Gartner (1990) die am häufigsten mit Entrepreneurship in Verbindung gebrachten Begriffe und leitet daraus die zentralen Faktoren Entrepreneur, Innovation, Unternehmensaufbau (Organisation Creation), Wert schaffen (Creating Value), Wachstum und Einzigartigkeit (Uniqueness) ab.

Darauf aufbauend lassen sich folgende Kernaussagen zum Entrepreneurship formulieren:

> Im Zentrum des Entrepreneurship steht der Entrepreneur, der neue Marktchancen erkennt und die zur Umsetzung notwendigen Ressourcen akquiriert, was in der Schaffung von Wert und dem Aufbau einer neuen Unternehmung resultiert.

> Entrepreneurship ist ein Prozess oder eine Form des strategischen Managements.

> Entrepreneurship äußert sich durch bestimmtes Verhalten im Markt und den Marktteilnehmern gegenüber: innovativ, risikoreich, proaktiv, autonom, aggressiv.

> Entrepreneurship kann in neugegründeten oder in etablierten Unternehmen stattfinden.

Zusammenfassend lässt sich feststellen, dass Entrepreneurship ein dynamischer Prozess und eine Form des Managements ist. Im Zentrum des Entrepreneurship steht das eigenständige Handeln eines Individuums, des Entrepreneurs. Dieser ist konzentriert auf das Entdecken und Umsetzen einer Marktchance (Opportunity = Lücke im aktuellen Marktumfeld, die von den vorhandenen Marktteilnehmern nicht ausgefüllt wird (Wickham 2001, S.9)). Als Resultat kommt es zu tiefgreifenden Veränderungen des Marktgeschehens und zur Schaffung von zusätzlichem Wert bei den am Prozess direkt und indirekt beteiligten Personen. Es bedarf der Akquisition und des effektiven Einsatzes von Ressourcen zum Aufbau einer neuen marktorientierten Organisation. Marktorientiert heißt in diesem Zusammenhang, dass das Ziel dieser Organisation die Erfüllung von Kundenbedürfnissen ist und zwar auf eine innovative und damit bessere Art als das bisher von den Marktteilnehmern der Fall gewesen ist. Dazu ist die Entwicklung und Umsetzung von Strategien und Maßnahmen notwendig, die auf das Erzielen von langfristigem und schnellem Wachstum und damit einhergehend einer marktbeherrschenden Stellung ausgerichtet sind.

Insbesondere für die Entrepreneurship-Forschung aber auch für potentielle Entrepreneure ergeben sich hieraus einige zentrale Fragestellungen, die es für ein besseres Verständnis der mit Entrepreneurship verbundenen Prozesse und Aktivitäten zu beantworten gilt (Shane/Venkataraman 2000):

➢ Warum, wann und wie kommt es zur Entstehung von neuen Marktchancen, die die Einführung neuer Produkte oder Dienstleistungen ermöglichen?

➢ Warum, wann und wie kommt es zur Entdeckung und Umsetzung dieser Marktchancen durch bestimmte Individuen?

➢ Warum, wann und wie kommen bestimmte Vorgehensweisen zur Umsetzung der Marktchancen zum Einsatz?

1.3.2 Abgrenzungen und Formen des Entrepreneurship

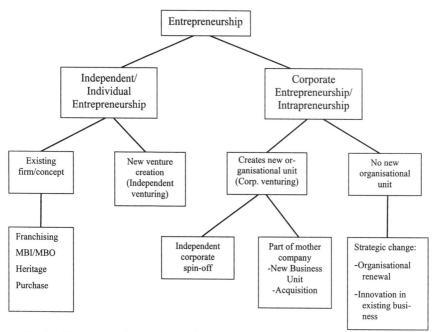

Abb. 1-5: Formen von Entrepreneurship

13

Lange Zeit stand der Entrepreneur in seiner Funktion als Unternehmens- bzw. Existenzgründer im Mittelpunkt der Entrepreneurship-Forschung. Betrachtet man Entrepreneurship als Form des Managements und der Unternehmensführung, welches sich durch bestimmtes Verhalten im Markt äußert, so lässt sich dieser Blickwinkel erweitern. Dementsprechend findet seit Mitte der 80er Jahre die Untersuchung von entrepreneurhaftem Verhalten in etablierten Unternehmen zunehmendes Interesse (Covin/ Slevin 1991). Diese Form des Entrepreneurship nennt man Corporate Entrepreneurship oder auch Intrapreneurship. Dem gegenüber steht das sogenannte Independent oder Individual Entrepreneurship, das sich mit der Erforschung von entrepreneurhaften Aktivitäten durch ein unabhängiges Individuum in Form einer Existenzgründung beschäftigt. Handlungen werden aus Eigeninitiative und –interesse und nicht in der Funktion als Zugehöriger bzw. Angestellter einer etablierten Unternehmung durchgeführt. In beiden Fällen äußert sich Entrepreneurship durch konkretes Verhalten der involvierten Personen oder Unternehmen, neugegründet oder bereits bestehend, im Markt.

Abb. 1-5 unternimmt den Versuch einer Kategorisierung der unterschiedlichen Formen des Entrepreneurship.

Beim Individual Entrepreneurship steht der Entrepreneur als Existenzgründer im Vordergrund, der seinen Lebensunterhalt als Eigentümer eines Unternehmens verdient. Im Gegensatz dazu ist die handelnde Person im Rahmen des Corporate Entrepreneurship ein Mitglied der Geschäftsführung, ein Manager oder generell ein Angestellter eines Unternehmens, der in erster Linie im Interesse des Unternehmens und eines Vorgesetzten, z.B. dem Eigentümer, handelt. Individual Entrepreneurship ist der Bereich des Entrepreneurship, der oft mit Existenzgründung gleichgesetzt wird. Abb. 1-6 verdeutlicht, dass es zwar eine gemeinsame Schnittmenge zwischen Existenzgründung und Entrepreneurship gibt, nicht jede Existenzgründung aber automatisch in den Bereich des Entrepreneurship fällt und es außerdem Formen von Entrepreneurship gibt, die nicht mit einer Existenzgründung zusammenhängen.

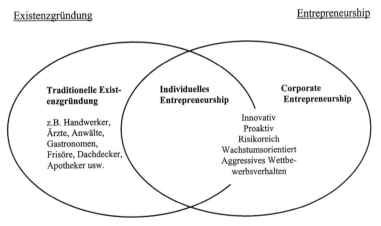

Abb. 1-6: Abgrenzung Existenzgründung und Entrepreneurship

14

Nur ein geringer Anteil der Existenzgründungen ist mit entrepreneurhaftem, d.h. innovativem, proaktivem und auf Wachstum ausgerichtetem Verhalten verbunden. Auf den Großteil der Existenzgründungen treffen diese Attribute nicht zu. Die Zielsetzung der Unternehmung besteht in diesem Fall in erster Linie in der Sicherung des Lebensunterhalts für den Gründer und seiner Familie. Beispiele hierfür wären traditionelle Handwerksberufe (z.b. Kfz-Werkstatt, Elektrohandwerk, Zimmerei), Gastronomiebetriebe, Einzelhandelsläden, Dienstleistungsbetriebe (z.b. Frisör, Reisebüro, Krankenpflege) oder Freiberufler (z.b. Ärzte, Rechtsanwälte, Architekten). Hier gilt allerdings: Ausnahmen bestätigen die Regel. Man kann keine Branche per se ausschließen, da sich Entrepreneurship in erster Linie über das Verhalten des gegründeten Unternehmens definiert und der Kreativität der Gründer keine Grenzen gesetzt sind, selbst in traditionellen Branchen große Erfolge zu erzielen, wie die Beispiele von Starbucks, The Bodyshop oder MLP zeigen.

Es gibt unterschiedliche Wege, wie ein Entrepreneur Eigentümer eines Unternehmens werden und damit dessen Strategien und Aktivitäten beeinflussen kann. Zunächst durch die klassische Form der Unternehmensgründung oder auch Start-up-Gründung, bei der die Neugründung eines Unternehmens erfolgt und somit als originäre Gründung bezeichnet werden kann. Originäre Gründungen schaffen völlig neue Wirtschaftseinheiten, die erstmals als Marktteilnehmer auftreten. Andere Formen der Existenzgründung greifen auf bestehende Firmen und Konzepte zurück. Bei diesen sogenannten derivativen Gründungen kommt es durch die Änderung der Besitzstruktur zu einer Transformation in eine neue Unternehmenseinheit, die sich durch neue Zielsetzungen und – damit verbunden – neue (Wachstums-)Strategien und Maßnahmen äußert. Möglich wären hier der Kauf eines Unternehmens(-anteils), eventuell durch vorhandenes oder durch externes Management (Management Buy-in oder Buy-Out), eine Erbschaft oder der Aufbau eines Franchise.

1.3.3 Verhaltensorientierte Sichtweise des Entrepreneurship

Eine mögliche Auffassung von Entrepreneurship ist, dass dieses den Vorgang des Neueintritts in Märkte umfasst. Neueintritt kann in neuen oder schon bestehenden Märkten, mit neuen oder schon existierenden Produkten oder Dienstleistungen erfolgen (Lumpkin/Dess 1996). Von Interesse ist in diesem Zusammenhang die Fragestellung, wie äußert sich Entrepreneurship bzw. eine entrepreneurhafte Ausrichtung anhand des Verhaltens eines Unternehmens. Entrepreneurhaftes Verhalten eines Unternehmens bezieht sich demzufolge auf die Prozesse, Vorgehensweisen und Entscheidungsfindungsaktivitäten, die zum erstmaligen Eintritt in Märkte führen. Unternehmen mit einer entrepreneurhaften Grundhaltung sind innovativ, proaktiv und bereit Risiken einzugehen. Sie sind bereit, Projekte mit hohem Risiko und der Aussicht auf hohe Gewinne zu verfolgen. Sie sind mutig und aggressiv im Verfolgen neuer Marktchancen. Entrepreneurhafte Organisationen initiieren oft Maßnahmen, auf die Wettbewerber dann reagieren müssen und sind häufig als Erste mit neuen Produktangeboten im Markt (Covin/Slevin 1991).

Diese verhaltensorientierte Sichtweise des Entrepreneurship dient zur Abgrenzung zu „normalen" Unternehmen und ist auch aus dem Grunde besonders interessant, da Verhalten steuer- bzw. kontrollierbar ist. Entrepreneurhaftes Verhalten auf Firmenebene wird beeinflusst und gesteuert durch die Entwicklung von Strategien und Maßnahmen aber auch durch die Gestaltung von Strukturen, Systemen und Kulturen.

Im Zentrum der verhaltensorientierten Sichtweise von Entrepreneurship steht die entrepreneurhafte Haltung (Entrepreneurial Orientation) des Unternehmens, die im Wesentlichen das Verhalten des Unternehmens im Markt, ausgedrückt durch Strategien und Maßnahmen, vorgibt und dadurch den Erfolg des Unternehmens in entscheidender Weise mitbestimmt. Die Ausprägung dieser Grundhaltung wird dabei durch externe und interne Variablen beeinflusst. Insbesondere die Person des Entrepreneurs trägt wesentlich zur Ausgestaltung und Umsetzung in konkrete Verhaltensweisen bei. Zwischen diesen Elementen werden zahlreiche direkte und moderierende Einflüsse unterschiedlicher Stärke vermutet. Abb. 1-7 zeigt ein solches verhaltensorientiertes Model des Entrepreneurship.

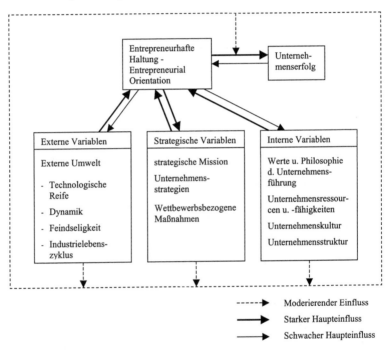

Abb. 1-7: Verhaltensorientiertes Modell des Entrepreneurship
(in Anlehnung an Covin/Slevin 1991)

Die entrepreneurhafte Haltung wird zur generellen Charakterisierung des Verhaltens eines Unternehmens gegenüber den Marktteilnehmern verwendet. In Anlehnung an das Konzept der Entrepreneurial Orientation (EO) von Lumpkin/Dess (1996) lassen sich fünf verschiedene Dimensionen oder Charakterisierungsmöglichkeiten zur Beschreibung und Differenzierung der grundlegenden Verhaltenszüge von entrepreneurhaften Firmen angeben:

1. Autonom

Autonomes Verhalten bezieht sich auf die eigenständigen Handlungen, die von einem Individuum oder einem Team unternommen werden, um eine Idee oder Vision zu entwickeln und bis zur Umsetzung voranzutreiben. Es bedeutet die Fähigkeit und den Willen zu autonomem Handeln bei der Verfolgung von Marktchancen. Bei Unternehmensgründungen bezieht sich dieser Wille zur Umsetzung einer Vision in erster Linie auf den Gründer, den Entrepreneur. Dieser wird oftmals von dem Wunsch getrieben, sein eigener Chef zu sein und eigenständig eine unternehmerische Vision in die Tat umzusetzen. Die Herausforderung in etablierten Unternehmen besteht darin, den Mitarbeitern die Freiheit und Unterstützung zu geben, aus eigenem Antrieb ihre Kreativität und ihr Engagement zur Entwicklung vielversprechender Ideen und Visionen einzusetzen. Hierzu dient die Schaffung einer Unternehmensstruktur und Kultur, die eine entrepreneurhafte Haltung der einzelnen Mitarbeiter fördert. Entrepreneurhaftes Verhalten lässt sich durch Vorhandensein von Eigeninitiative und einem inneren Antrieb charakterisieren und entsteht nicht auf Befehl oder Druck von außen, auch wenn dadurch manchmal ein wichtiger Anstoß gegeben werden kann.

2. Innovativ

Schon Schumpeter (1934 u. 1942) betonte die zentrale Rolle der Innovation im Prozessverlauf des Entrepreneurship. Er sprach von dem Prozess der kreativen Zerstörung, bei dem es durch die Einführung neuer Produkte und Dienstleistungen (bzw. neuer innovativer Kombinationen) zum Aufbrechen der existierenden Marktstrukturen, zur Umverteilung der Ressourcen und zur Schaffung von Wert kommt. Eine innovative Haltung kann durch das generelle Bestreben zur Entwicklung und Unterstützung von neuen Ideen, Methoden, Experimenten oder kreativen Prozessen ausgedrückt werden, die zu neuen Produkten, Dienstleistungen oder technologischen Prozessen führen können. Es besteht eine Bereitschaft, von den vorhandenen Technologien und Verfahrensweisen abzuweichen und neue Wege zu gehen. Dies ist nicht auf technologische Innovationen beschränkt, sondern bezieht auch Produkt-Markt Innovationen mit ein. In diesem Zusammenhang sind z.B. die Entwicklung eines neuen Produkt-Designs, neue Marktforschungs- und Segmentierungsmethoden, kreative und neuartige Werbekampagnen und Promotionsaktivitäten oder die Gestaltung neuer Absatzwege denkbar.

Innovation ist ein wichtiger Bestandteil einer Entrepreneurial Orientation, da es den Weg bestimmt, wie aus einer Marktchance ein neues Produkt- oder Dienstleistungsangebot wird, auf dessen Grundlage ein neues Unternehmen bzw. ein neues Geschäftsfeld aufgebaut werden kann. Außerdem werden somit Wettbewerbsvorteile gegenüber der Konkurrenz geschaffen, die einen Beitrag zum langfristigen Erfolg leisten sollen.

3. Risikoreich

Das Risiko spiegelt den Grad der Ungewissheit und das Ausmaß an möglichen Verlusten wieder, die sich aus dem Verfolgen einer gewissen Handlungsweise ergeben können. Hierbei lassen sich verschiedene Dimensionen abgrenzen: die Möglichkeiten für Verluste sowie die Bedeutung und die Ungewissheit dieser Verluste (Mullins/ Forlani 1998). Da sich Unternehmensgründungen in der Regel auf einen Produkt- bzw. Marktbereich konzentrieren, sind anhaltende Verluste bzw. Misserfolg in diesem Bereich im Allgemeinen gleichbedeutend mit dem Konkurs des Unternehmens.

Die hohen Misserfolgsquoten von Unternehmensgründungen in den ersten Jahren, die teilweise mit bis zu 80% angegeben werden (Meier 1998, S.1), sprechen in diesem Zusammenhang eine deutliche Sprache über das mit einer Gründung verbundene Risiko. Ungewissheit besteht insbesondere bei sehr innovativen Angebotskonzepten, da hier die Entwicklung des Marktpotentials und die Konkurrenzreaktionen nur schwer vorhersagbar sind. Die Ungewissheit über mögliche Gewinne bzw. Verluste steigt in gleichem Maße mit der Unerfahrenheit des Unternehmens im Markt. Risikoreiches Verhalten wird ebenfalls mit dem Einsatz großer Ressourcen und dem Eingehen von hohen Schulden beschrieben. Risikoreiches Verhalten auf Firmenebene muss allerdings von der persönlichen Risikoneigung des Entrepreneurs abgegrenzt werden.

4. Proaktiv

Proaktives Verhalten bedeutet zukünftige Bedürfnisse zu antizipieren und durch das Verfolgen neuer Marktchancen umzusetzen. Dies beinhaltet die Einführung neuer Produkte und Marken vor der Konkurrenz und die Eliminierung von Operationen, die sich in reifen oder schrumpfenden Märkten befinden. Demzufolge ist eine proaktive Firma eher ein Führer als ein Folger, indem sie die Entwicklung des Marktumfeldes durch die Einführung neuer Produkte und Technologien mitgestaltet. Die Firma handelt vorausschauend bei der Suche und Gestaltung neuer Marktchancen. Als Gegenteil von proaktivem Verhalten ist passives Verhalten zu bezeichnen, welches die Unfähigkeit oder Gleichgültigkeit bezüglich der Suche nach neuen Chancen oder des Einnehmens einer führenden Rolle im Marktgeschehen zum Ausdruck bringt. Es besteht eine enge Beziehung zwischen proaktivem und innovativem Verhalten, da beides zu der Einführung neuer, mit einem Wettbewerbsvorteil ausgestatteter Produkte führt. Die Betonung bei proaktivem Verhalten liegt in der vorausschauenden Suche nach neuen, bisher unbefriedigten Bedürfnissen, deren Umsetzung zu einer Veränderung des bisherigen Marktgeschehens führt.

5. Wettbewerbs-aggressiv

Wettbewerbs-aggressives Verhalten bezieht sich auf die Intensität, mit der die Firma bemüht ist, die Konkurrenz zu überflügeln (Lumpkin/Dess 2001). Dies kann beispielsweise in Form einer direkten Konfrontation geschehen. Für Unternehmensgründungen, die neu in einen Markt einsteigen und den Marktführer herausfordern wollen, ist der Einsatz unkonventioneller und kreativer Methoden, z.B. ein überlegenes Produkt, eine effektive Werbekampagne oder neuartige Absatzwege, jedoch in der Regel vorzuziehen. Hiermit soll versucht werden, vorhandene Markteintrittsbarrieren zu umgehen und eine überlegene Ressourcenausstattung der Konkurrenz durch das Schaffen einer neuen Art des Wettbewerbsverhaltens nicht zur Geltung kommen zu lassen. Mögliche Zielsetzung ist die Erringung der Marktführerschaft oder zumindest einer dominierenden Stellung im Markt.

In Abgrenzung zu proaktivem Verhalten, das auf die Suche neuer Marktchancen ausgerichtet ist, steht hier die Beantwortung von Konkurrenz-Aktivitäten bzw. die Schwächung der Marktposition von Wettbewerbern im Vordergrund. Marktforschungsaktivitäten sind auf Identifizieren von Schwächen der Wettbewerber ausgerichtet, die dann zum eigenen Vorteil ausgenutzt werden sollen. Wettbewerbsaggressives Verhalten ist für etablierte Unternehmen auch zur Verteidigung einer erreichten Marktposition und der damit verbundenen Ressourcenbasis denkbar.

Die vorgestellten fünf Dimensionen einer entrepreneurhaften Orientierung können alle zur Charakterisierung und Abgrenzung von entrepreneurhaftem Verhalten herangezogen werden. Festzustellen ist, dass diese Dimensionen unabhängig voneinander und in unterschiedlicher Intensität auftreten können. Die jeweiligen Ausprägungen werden von internen und externen Variablen beeinflusst. Außerdem sind nicht alle fünf Verhaltensdimensionen gleichzeitig notwendig, um von entrepreneurhaftem Verhalten sprechen zu können (Lumpkin/Dess 1996 u. 1997). So ist proaktives Verhalten besonders in frühen Marktphasen zu betonen, während wettbewerbs-aggressivem Verhalten verstärkt in späteren Phasen eine höhere Bedeutung zugesprochen bekommt.

Eine Entrepreneurial Orientation spiegelt eine gewisse Grundhaltung eines Unternehmens bzw. der zugehörigen Entscheidungsträger wider. Es äußert sich zum einen darin, dass neue Marktchancen gesucht werden, die dieser Grundhaltung entsprechen. Zum anderen werden Strategien und Maßnahmen zur Umsetzung dieser Marktchancen entwickelt, die innovatives, risikoreiches, proaktives, autonomes und aggressives Verhalten gegenüber den Marktteilnehmern zum Ausdruck bringen.

Die letztendlich interessierende abhängige Variable des verhaltensorientierten Modells des Entrepreneurship ist der Unternehmenserfolg. Firmen nehmen eine entrepreneurhafte Haltung in der Hoffnung ein, dass damit ein höheres Erfolgsniveau geschaffen oder aufrecht erhalten werden kann. Der ökonomische Erfolg eines Unternehmens hat zwei wesentliche Dimensionen, zum einen Wachstum und zum anderen Profitabilität. Durch die häufig ressourcenintensiven Tätigkeiten, die mit entrepreneurhaftem Verhalten verbunden sind, wie z.B. FuE, Marktforschung, Werbung usw., ist oftmals ein Verzicht kurzfristiger Gewinne zugunsten der Erreichung von Wachstumszielen notwendig. In mehreren empirischen Studien wurde ein grundsätzlich positiver Zusammenhang zwischen der Ausprägung einer Entrepreneurial Orientation und dem Unternehmenserfolg festgestellt (siehe z.B. Barrett et al. 2000, Barringer/Bluedorn 1999, Lumpkin/Dess 1996, Covin/Slevin 1989).

Die moderierenden Einflüsse der Umfeldbedingungen auf die Beziehung zwischen einer entrepreneurhaften Orientierung und dem Unternehmenserfolg, wurden in weiteren Studien untersucht, von denen einige in Abb. 1-8 zusammengefasst sind.

Generell ist anzumerken, dass noch keine eindeutigen und empirisch fundierten Erkenntnisse zum Beziehungsgeflecht entrepreneurhafte Haltung, Erfolg und Umfeldbedingungen abgeleitet werden können. Tendenziell ist jedoch festzustellen, dass in dynamischen und feindseligen Märkten überproportional viele Firmen mit einer entrepreneurhaften Haltung tätig sind. Es kann generell von einer positiven Beziehung zwischen entrepreneurhafter Haltung und Unternehmenserfolg ausgegangen werden, die besonders unter feindseligen und dynamischen Bedingungen zum Ausdruck kommt. Allerdings muss zwischen verschiedenen Ausprägungen einer entrepreneurhaften Haltung differenziert werden und deren konkrete Umsetzung in Strategien und Maßnahmen, die den externen und internen Gegebenheiten angepasst sind, ist zu berücksichtigen. Andere direkte Einwirkungen, die diese Effekte überlagern können, wie z.B. staatliche Förderprogramme und Regularien, Trends auf Konsumentenebene, gesamtwirtschaftliche Rezessions- bzw. Boomphasen, müssen ebenfalls in die Betrachtung einbezogen werden.

Studie	Stichprobe	Ergebnisse
Covin & Slevin (1989)	161 unabhängige kleine Firmen in High- und Low-Tech Industrien	In feindseligen Umgebungen ist eine EO verbunden mit einer organischen Struktur und einer langfristig orientierten Zielsetzung positiv mit der subjektiven Einschätzung des finanziellen Erfolges durch den Geschäftsführer verbunden.
Roure & Keeley (1990)	36 High-Tech Gründungen	Die Anzahl und Stärke vorhandener Wettbewerber hat einen negativen Einfluss auf die finanzielle Ertragskraft.
Covin, Prescott Slevin (1990)	52 kleine Firmen im High-Tech u. 61 im Low-Tech Bereich	Die technologische Reife der Industrie beeinflusst die Art und Weise des Wettbewerbs. High-Tech Firmen haben eine organischere Struktur und eine entrepreneurhaftere Haltung als Low-Tech Firmen.
Covin, Slevin & Covin (1990)	26 kleine wachstumsorientierte Firmen im High-Tech und 31 im Low-Tech Bereich	Wachstumsorientierte High-Tech Firmen haben eine organischere Struktur u. eine entrepreneurhaftere Haltung als Low-Tech Firmen. EO u. konsistente Strategien haben einen pos. Einfluss auf die subjektive finanzielle Erfolgseinschätzung im High-Tech u. im Low-Tech Bereich.
Covin & Covin (1990)	143 kleine, produzierende Firmen in High- und Low-Tech Industrien	Eine feindselige Umwelt wurde negativ mit der subjektiven Erfolgseinschätzung verbunden. Eine aggressive Wettbewerbshaltung wurde in feindseligen Industrien mit hohem Erfolg verbunden. In technologisch reifen Industrien zeigen weniger aggressive Firmen ein besseres Ergebnis.
Smart & Conant (1994)	599 Einzelhändler im Bekleidungsbereich	Es besteht eine signifikante und positive Beziehung zw. einer EO und dem Unternehmenserfolg. Diese wird durch vorhandene Marketing Fähigkeiten verstärkt.
Zahra & Covin (1995)	24 mittlere Unt. aus prod. Gewerbe, 39 Chemieunt. u. 45 Fortune 500 Firmen, älter als 7 Jahre	Eine EO hat eine positive Wirkung auf finanzielle Kennzahlen des Unternehmenserfolges. Dies gilt insbes. in feindseligen Umgebungen.
Wiklund (1998)	447 kleine Firmen aus dem produzierenden, Dienstleistungs- und Handelsbereich	Ein dynamisches Umfeld und die Verfügbarkeit von Kapital haben einen positiven Einfluss auf den Erfolg von Firmen mit einer entrepreneurhaften Haltung.
Zahra & Neubaum (1998)	321 Gründungen in High- und Low-Tech Industrien	High-Tech Firmen in feindseliger Umgebung haben eine entrepreneurhaftere Orientierung als Low-Tech Firmen.
Lumpkin & Dess (2001)	94 Firmen, 54 davon Neugründungen (Alter <7 Jahre) und 40 etablierte Unternehmen	Der Erfolg von Firmen in frühen Phasen des Industrielebenszyklus und in dynamischen Umgebungen ist höher, wenn sie proaktiv orientiert sind. Eine aggressive Wettbewerbsorientierung ist in reiferen Industrien und in feindseligen Umgebungen mit höherem Erfolg verbunden.

Abb. 1-8: Zusammenhang zwischen entrepreneurhafter Haltung, Erfolg und Umfeld (in Anlehnung an Zahra/Neubaum 1998)

2. Gründungsmarketing

2.1 Schnittstelle Entrepreneurship und Marketing

Nach der einführenden Darstellung von Grundlagen zum Entrepreneurship im vorherigen Kapitel wird die Schnittstelle zwischen Entrepreneurship und Marketing einer näheren Betrachtung unterzogen. Sowohl Marketing als auch Entrepreneurship können als Philosophie oder grundsätzliche Orientierung der Unternehmensführung aufgefasst werden (Hills in Bjerke/Hultmann 2001, S.xi). Im Wissenschaftsbereich ist in den letzten Jahren ein gestiegenes Interesse an der Verbindung dieser beiden Themenbereiche zu beobachten, wie z.b. die seit 1987 jährlich stattfindende, von der University of Illinois at Chicago (Prof. Gerald E. Hills) veranstaltete Konferenz „Research at the Marketing/Entrepreneurship Interface" und die daraus hervorgegangenen Veröffentlichungen zeigen (siehe Hills und verschiedene Co-Herausgeber 1987 & 1989-2002).

In Anbetracht der Tatsache, dass nur relativ wenige Veröffentlichungen vorliegen, die sich der Schnittstelle Entrepreneurship – Marketing speziell in neugegründeten Unternehmen widmen, werden im Folgenden auch Betrachtungen, die im Zusammenhang mit KMUs gemacht werden, integriert. Grundsätzlich lassen sich neugegründete Unternehmen zumindest in frühen Phasen dieser Gruppe zuordnen und die für diesen Unternehmenstyp durchgeführten Überlegungen sind im Wesentlichen übertragbar.

Bei Betrachtung der Schnittstelle zwischen Entrepreneurship und Marketing lassen sich zwei Ebenen unterscheiden: zum einen Überschneidungen bezüglich der inhaltlichen und konzeptionellen Ausrichtung; zum anderen im Hinblick auf die praktische Anwendung der beiden Konzepte speziell in KMUs oder im Verlauf des Gründungsprozesses. Marketing, wie es von Entrepreneuren verstanden und angewendet wird, hat einen anderen Charakter und wird an die Umfeldbedingungen, die Aufgabenstellungen, die persönlichen Charakteristika des Entrepreneurs sowie die individuellen Rahmenbedingungen (z.B. beschränkte Ressourcen bei Unternehmensgründungen) angepasst.

2.1.1 Konzeptionelle Ebene der Schnittstelle

Omura et al. (1993) haben bei der Betrachtung der Schnittstelle zwischen den beiden Disziplinen Bereiche mit klaren Unterschieden und Überschneidungen identifiziert. Unterschiede bestehen zwischen dem „traditionellen" Marketing, welches in einem beständigem Umfeld stattfindet, wo die Marktbedingungen stetig sind und die Unternehmen klar erkennbare Kundenbedürfnisse befriedigen und „reinem" Entrepreneurship, welches in einem ungewissen Umfeld stattfindet, wo Marktbedingungen sprunghaft wechseln und die Bedürfnisse des Marktes noch unklar sind. Das „traditionelle" Marketing lässt sich charakterisieren als strukturiert, sequentiell, diszipliniert, systemorientiert sowie formalisiert und beinhaltet kurz-, mittel- und langfristige Entscheidungen (Carson et al. 1995, S.4). Entrepreneure werden hingegen nicht mit umfangreicher und detaillierter Organisation, Planung und Analyse in Verbindung gebracht, sondern sind vielmehr mit der Entdeckung und Entwicklung von Marktchancen beschäftigt (Carson et al. 1995, S.8).

Die Marketing-Disziplin stellt jedoch eine wichtige Quelle für Forscher aus dem Entrepreneurship-Bereich dar (Hills/LaForge 1992). Die grundlegende Philosophie und Ausrichtung von Marketing basiert auf der Analyse und Befriedigung von Märkten und Kundenbedürfnissen, welche auch im Entrepreneurship von zentraler Bedeutung sind, speziell wenn im Zusammenhang mit einer Neu- oder Ausgründung neue Marktchancen gesucht und bewertet werden. Sowohl Marketing als auch Entrepreneurship sollten auf einer starken Kundenorientierung basieren und den Kunden ins Zentrum des Handelns stellen (Hisrich 1992).

Kennzeichen und wichtigstes Abgrenzungskriterium des Marketing im Vergleich zu anderen Unternehmensfunktionen ist, dass Marketing im Wesentlichen außerhalb des Unternehmens stattfindet, d.h. im Markt. Der Funktionsbereich des Marketing ist die Schnittstelle zwischen den internen Systemen einer Organisation und den Kunden und stellt eine Brücke zwischen der Unternehmensperspektive und der Markt- bzw. Kundenperspektive dar. Dieser externe Fokus ist ebenfalls ein natürlicher Bestandteil des Entrepreneurship, wo es grundsätzlich um das Suchen und Ausnutzen von Marktchancen geht (Carson et al. 1995, S.8).

Entrepreneuren wird unterstellt, dass sie nicht nur ein besonderes Verständnis der aktuellen Marktsituation sondern speziell für zukünftige Gestaltungs- und Verbesserungsmöglichkeiten haben und damit ein besonderes Gespür für entstehende und dauerhafte Marktchancen besitzen (Vision of the Market). Der Ausgangspunkt für Marktchancen liegt letztendlich darin, was der Kunde bzw. Markt will und erfolgreiche Entrepreneure haben dies verinnerlicht (Carson et al. 1995, S.154). Sie erkennen und nutzen Marktchancen, die gerade erst im Entstehen sind und beispielsweise durch eine neue Technologie, eine Mode, einen Trend oder andere Veränderungen ausgelöst werden. Aus diesen Marktchancen entstehen Innovationen, die neue Produkte, neue Märkte oder neue Verwendungsmöglichkeiten hervorbringen und Kunden Angebote zur Verfügung stellen, von denen sie nicht wussten, dass sie diese brauchen oder vermissen konnten.

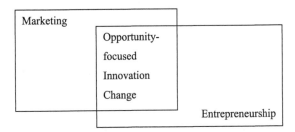

Abb. 2-1: Schlüsselelemente der Marketing/Entrepreneurship-Schnittstelle
(Quelle: Carson et al. 1995, S.148)

Überschneidungen zwischen Entrepreneurship und Marketing existieren vor allem in zwei Bereichen (Omura et al. 1993, Collinson 2002). Zum einen wenn Marktbedingungen stabil sind und Entrepreneurship einen Prozess zur Identifizierung von bisher unbefriedigten, latenten Bedürfnissen initiiert. Zum anderen in einem sich stark verändernden Marktumfeld, wenn Entrepreneurship die Entwicklung von Marketing-

Strategien zur Befriedigung von neu entstehenden Bedürfnissen vorantreibt. Kommt es im Zuge von entrepreneurhaftem Handeln zur Entdeckung von neuen Marktchancen, zur Entwicklung einer Innovation und damit zu tiefgreifenden Veränderungen im Markt und auch im Unternehmen, spielt Marketing eine Schlüsselrolle. Zwischen Marketing und Entrepreneurship lassen sich die zentralen Überschneidungspunkte Marktchancen (Opportunities), Innovation und Veränderung angeben (Collinson/Shaw 2001), wie dies in Abb. 2-1 dargestellt ist.

2.1.2 Praktische Ebene der Schnittstelle

Der „Entrepreneurial Process" bezieht sich auf den Prozess der Identifizierung von erfolgversprechenden Marktchancen, der Entwicklung und Vermarktung von Innovationen, die ein ausreichend großes Marktpotential erschließen und der Gestaltung der sich daraus ergebenden Veränderungen im Markt und Unternehmen im Verlauf des Gründungsprozesses. Abb. 2-2 illustriert die Beziehung zwischen Marketing und Entrepreneurship. Im Zentrum steht die Marketing-Strategie, die die Auswahl des Zielmarktes (Target Market), die Festlegung marktbezogener Ziele (Marketing Objectives) und die Formulierung von Marketing-Programmen umfasst.

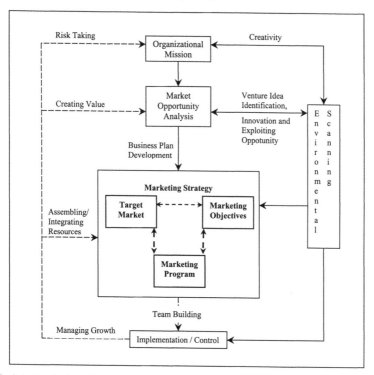

Abb. 2-2: Marketing-Management im Gründungsprozess (Quelle: Hills/LaForge 1992)

Ausgangspunkt des Prozesses ist die Umfeldanalyse (Environmental Scanning), die zur Identifizierung neuer Marktchancen führt, für die im Zuge eines kreativen Prozesses Produktideen entwickelt werden. Werden mehrere Marktchancen entdeckt oder mehrere Produktideen entwickelt, kann im Rahmen einer Bewertung anhand beispielsweise der Umsetzbarkeit, des Marktpotentials etc. die erfolgversprechendste ausgewählt werden.

Bezüglich der praktischen Ebene der Schnittstelle geht es im Zuge des „Entrepreneurial Process" um die Anwendung von Marketing-Maßnahmen zur Entdeckung und Bewertung von Marktchancen und zur Entwicklung und Vermarktung von Innovationen. Marketing kommt eine zentrale Rolle in der Entdeckung externer Bedrohungen und Möglichkeiten und deren Umsetzung in innovative Veränderungen des Unternehmensportfolios von Produkten, Märkten und Kompetenzen zu (Schindehutte et al. 2000).

Marktforschungsmethoden können zur Entdeckung und Bewertung von neuen Gründungs- und Produktideen eingesetzt werden und wichtige Hinweise bezüglich des Marktpotentials und der Marktakzeptanz liefern.

Für Gardner (1994) steht bei der Schnittstelle zwischen Marketing und Entrepreneurship die Innovation an erster Stelle: "The interface between marketing and entrepreneurship is defined as that area where an innovation is brought to market". Die größten Überschneidungen zwischen Marketing und Entrepreneurship bestehen bezüglich des Prozesses der Produktplanung, -entwicklung und –kommerzialisierung (Hisrich 1992). Von der anfänglichen Abschätzung des Produkt-/Markt-Potentials, über die Generierung und Bewertung von Produktideen, Konzepttests und Wirtschaftlichkeitsanalysen, Markttests und Testmärkten bis zur Einführung des Produktes kann Marketing als dominante Funktion im Verlauf des „Entrepreneurial Process" betrachtet werden (Foxall/Minkes 1996). Insbesondere können wichtige Erkenntnisse bezüglich Diffusion, Adoption und Kaufverhalten gewonnen werden (Hills/LaForge 1992). Die Identifizierung von Diffusions- und Adoptionsbarrieren und möglichen Wegen zur Beschleunigung von Erstkäufen sind wichtige Aspekte bei der Vermarktung innovativer Produkte und machen eine Analyse und Bewertung des Kaufverhaltens von Endverbrauchern aber auch von Unternehmen (Buying Center) erforderlich.

Eine Synergie zwischen Entrepreneurship und Marketing ist unerlässlich, um Kundenbedürfnisse adäquat anzusprechen, innovative Produkte mit ausreichender Marktakzeptanz zu entwickeln und gewinnbringende Marketing-Programme zu implementieren (Barrett/Weinstein 1998). Insbesondere für Unternehmensgründungen ist Marketing eine zentrale Unternehmensfunktion, in der die notwendigen Kenntnisse und Erfahrungen zur erfolgreichen Vermarktung des Angebots vorhanden sein sollten.

2.1.3 Marketing als (Miss-)Erfolgsfaktor des Gründungsprozesses

Neben der inhaltlichen und konzeptionellen Verwandtschaft und Überschneidung, die zwischen Marketing und Entrepreneurship diskutiert wird, kommt Marketing bei der konkreten Gestaltung des „Entrepreneurial Process", d.h. bei der Identifizierung und Umsetzung von Marktchancen, eine zentrale Rolle zu. Die Bedeutung von Marketing im Zuge von Unternehmensgründungen sowie bei kleinen und mittleren Unternehmen ist in zahlreichen Studien untersucht worden. Marketing-Kompetenz des Gründers oder Unternehmers wird in diesem Zusammenhang oft als Schlüsselfaktor bezüglich des Erfolges oder Misserfolges eines Unternehmens bezeichnet (Chaston 1997).

So stellen z.b. Milne & Thompson (1986) fest, dass die Fähigkeit des Unternehmers zur angemessenen Einschätzung von Marktchancen einen zentralen Erfolgsfaktor in neugegründeten Unternehmen darstellt. Smallbone (1990) dagegen identifiziert Marketing als hauptsächlichen Problembereich, der den Erfolg von Unternehmen in der Gründungsphase beeinflusst. Diese Einschätzung wird auch von Meier (1998, S.45) unterstützt. Bei der Analyse von Risikobereichen, die für das Scheitern von neugegründeten Unternehmen verantwortlich sein können, lassen sich drei übergeordnete Kategorien bilden:

- die Person des Gründers (in ca. 80% der Fälle Haupt- od. Mitursache);

- Marketing und Vertrieb (in ca. 71% der Fälle);

- Finanzierung (in ca. 46% der Fälle) (siehe auch Kulicke 1993, S.166).

Bei technologieorientierten Unternehmen kommt noch das Risiko bezüglich der erfolgreichen Umsetzung des Forschungs- und Entwicklungsvorhabens hinzu, das in 50% der Unternehmen als wesentlicher Risikofaktor bezeichnet wird.

Zu ähnlichen Resultaten gelangen die Studien von Terpstra & Olson (1993) und Huang & Brown (1999), in deren Verlauf 121 CEOs von wachstumsstarken Firmen bzw. 1227 entrepreneurhafte KMUs untersucht wurden. Abb. 2-3 zeigt die wichtigsten Ergebnisse der beiden Studien bezüglich der Bedeutung unterschiedlicher Problemklassen beim Unternehmensaufbau.

Classes of Organisational Problems				
	Terpstra/Olson (1993)			Huang/Brown (1999)
Classes of Problems	Start-up (%)	Growth (%)	Average (%)	(%)
Obtaining external finance	17	1	9.0	5.7
Internal financial management	16	21	18.5	3.2
Sales/Marketing	38	22	30.0	40.2
Product development	5	2	3.5	6.7
Production/Operation management	4	8	6.0	8.6
General management	11	14	8.5	14.3
Human resource management	5	17	11.0	15.3
Organisation structure/design	0	6	3.0	0.4
Economic environment	3	2	2.5	0.2
Regulatory environment	1	8	4.5	4.1

Abb. 2-3: Problemklassen von Unternehmensgründungen
(Quelle: Terpstra/Olson 1993, Huang/Brown 1999)

Bestätigung erhalten diese Ergebnisse auch durch Untersuchungen im deutschen Gründungsbereich, wie eine Studie der DtA (1998) unter 104 innovativen Neugründungen in Abb. 2-4 zeigt.

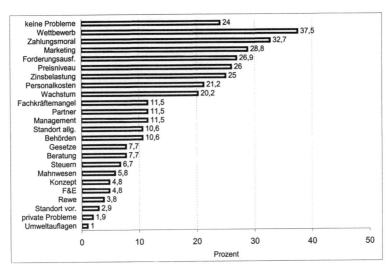

Abb. 2-4: Probleme innovativer Unternehmensgründungen (Quelle: DtA 1998)

Aufbauend auf dieser globalen Darstellung von Problembereichen und deren Bedeutung im Verlauf des Gründungsprozesses, gibt Abb. 2-5 eine Übersicht über konkrete Problemfaktoren bzw. Fehler, die neugegründete Unternehmen in den identifizierten Kategorien in Schwierigkeiten bringen können. Angehende Unternehmensgründer sollten sich potentieller Risikofaktoren, welche andere Gründer schon bei dem Unternehmensaufbau behindert haben, bewusst sein und diese in ihre Gründungsüberlegung und –planung einbeziehen. Es gilt Risikofaktoren wie z.B. eine große Abhängigkeit von wenigen Kunden oder Mängel im Marketingkonzept möglichst zu vermeiden oder zumindest Maßnahmen zur gezielten und schnellen Beseitigung der identifizierten Risikofaktoren zu entwickeln. So kann beispielsweise eine Werbekampagne zur Steigerung der Bekanntheit oder die Einstellung von Mitarbeitern mit Marketing-Know-how und Erfahrung im Zielmarkt Abhilfe schaffen. Insbesondere personenbezogene Faktoren sollten potentielle Gründer zu einer selbstkritischen Überprüfung des eigenen Handelns anregen, um aus den Versäumnissen anderer zu lernen und diese nicht zu wiederholen. Die meisten technologieorientierten Gründungen scheitern gemäß Wupperfeld (1993, S.38) deshalb, weil sie keine geeigneten Marketingstrategien besitzen, die Kundenbedürfnisse nicht genau kennen, zu spät mit Marketingaktivitäten beginnen oder unprofessionell beim Vertrieb vorgehen.

Weitere Defizite im Marketing-Bereich sind beispielsweise (siehe z.B. Hönnicke 1994, S.26ff.; Meier 1998, S.48f.):

- Die Markteintrittsbarrieren und damit auch die Zeit, sowie die Kosten der Markteinführungsphase werden häufig unterschätzt.

- Jahrelang bestehende Beziehungen zwischen Kunden und Wettbewerbern, die am Markt bereits etabliert sind, dürfen nicht unterschätzt werden. Ohne einen ersichtlichen und deutlich kommunizierbaren Produktnutzen werden bestehende Geschäftsbeziehungen in der Regel nicht gelöst.

Dimension	Risiko-/Misserfolgsfaktoren
Gründer	▪ Allzu großer Optimismus, Probleme werden verkannt
	▪ Fehlende Integrität der Gründer und fehlendes persönliches Engagement
	▪ „Herr-im-Hause-Mentalität" der Gründer
	▪ Starke zeitliche Beanspruchung der Gründer im operativen Bereich, keine Zeit für Planung des Unternehmensaufbaus und –wachstums
	▪ Uneinigkeit im Gründerkreis bezüglich Strategie
	▪ Mangelnde Delegation von Aufgaben an Mitarbeiter
	▪ Unzureichende Branchenqualifikation (Kenntnisse und Erfahrung)
	▪ Mangelnde partnerschaftliche/familiäre Unterstützung
	▪ Leistungsfähigkeit (physisch und psychisch)
Management-orientierung und -kompetenz	▪ Know-how-Defizite (der Gründer) im Bereich Betriebswirtschaft, zu späte oder mangelhafte Ausbildung von Funktionen
	▪ Know-how-Defizite (der Gründer) im Bereich Mitarbeiterführung und Teamaufbau
	▪ - " - im strategischen, konzeptionellen und organisatorischen Bereich
	▪ Unklare Definition des eigentlichen Geschäfts
	▪ Große operative Probleme führen zu fehlender Strategie, viele „Feuerwehrübungen", Auftrags- und Imageverlust
	▪ Trotz instabiler Geschäftslage ist Festeinstellung qualifizierten Personals und Aufbau einer Stammbelegschaft notwendig. Dies stellt aber ein erhebliches Kostenrisiko dar.
	▪ Fehlende oder mangelhafte Planung des Gründungsvorhabens
Finanzielle Basis und Kapital	▪ Mangelhaftes Finanzmanagement
	▪ Unterschätzung des Kapitals für Entwicklung
	▪ Unzureichende Liquiditätsplanung
	▪ Zu geringes Kapital von Anfang an
	▪ Zu frühe Aufnahme von Krediten
	▪ Probleme in der Beziehung zum VC-Unternehmen
	▪ Von Anfang an zu risikoreiche Gesamtfinanzierung
	▪ Zu geringer Eigenkapitalanteil
	▪ Notwendigkeit eines effizienten Rechnungswesens u. Controllings wird unterschätzt
Marketing-orientierung und -kompetenz	▪ Produkt trifft nicht auf Anwenderbedürfnisse bzw. ist nicht marktfähig, neues technisches Wirkprinzip ohne echten Kundennutzen, kein Markt vorhanden
	▪ Mangelhafte Marketing- und Vertriebsaktivitäten bzw. –konzeption
	▪ Know-how-Defizite (der Gründer) im Bereich Marketing und Vertrieb
	▪ Zu geringes Wissen über Markt und Konkurrenz
	▪ Unterschätzung der Dauer und Kosten zur Markterschließung
	▪ Unfähigkeit zum „Chefmarketing" (keine Kundenorientierung, keine vertrauensbildenden Maßnahmen, kein professionelles Erscheinungsbild)
	▪ Falsches Timing der Markteinführung (zu früh oder zu spät), d.h. Verpassen des „window of opportunity"
	▪ Keine (geeignete) Marktsegmentierung
	▪ Falsche Einschätzung bestehender Beziehungen zwischen Kunden und Wettbewerbern
	▪ Zu später Kontakt zu Kunden
	▪ Weckung zu hoher Erwartungen bei Kunden und Banken (unrealistische Terminzusagen oder Umsatzerwartungen)
Markt (Beschaffung und Absatz)	▪ Abhängigkeit von einem/wenigen Zulieferern
	▪ Abwartendes, unaufgeschlossenes Kundenverhalten
	▪ Hohe Kundenbindung zu bestehenden Anbietern
	▪ Unzureichendes (freies) Marktpotential, hohe Markteintrittsbarrieren (spez. in Bezug auf Vertriebssystem)
	▪ Abhängigkeit von einem einzigen Kunden
	▪ Hohe Werbekostenschwelle zur Erzielung von Aufmerksamkeit
	▪ Unerwartete, heftige Reaktion der Konkurrenz, die den Markteintritt behindert
	▪ Unbekanntheit des Unternehmens im Markt; jeder Neugründung fehlt das Image eines stabilen, zuverlässigen Anbieters technisch ausgereifter Produkte mit entsprechendem Service u. laufender Produktpflege

Abb. 2-5: Risiko- und Misserfolgsfaktoren von Unternehmensgründungen
(Quellen: Hemer/Kulicke 1995, S.8; Meier 1998, S.46; Klandt 1999, S.48; Szyperski/Nathusius 1999)

- Fragt man Unternehmensgründer, wer ihre Kunden sind, so werden häufig ganze Branchen oder Technologiefelder genannt. Dahinter verbergen sich jedoch ganz unterschiedliche Kundengruppen mit unterschiedlichem Kaufverhalten. Solange diese nicht bekannt sind, können zum einen keine geeigneten Marketingmaßnahmen entwickelt werden, zum anderen ist es ungewiss, welche unterschiedlichen Kundengruppen aufgrund ihres Anforderungsprofils die Leistung des neuen Unternehmens höher einschätzen als die Leistung des Wettbewerbs.

- Die Zeit, die zwischen dem Erstkontakt mit einem Kunden und dem endgültigen Verkaufsabschluss vergeht, ist meist deutlich länger als erwartet.

- Kunden- oder Interessentenkontakte in der Entwicklungsphase sind unerlässlich, um die Marktfähigkeit des Produktes zu testen. Wenn keine rechtzeitige Rückmeldung aus dem Markt erfolgt, besteht die Gefahr, dass das Produkt an den Kundenbedürfnissen vorbei entwickelt wird.

2.1.4 Rolle und Verständnis von Marketing

Grundsätzlich ist Marketing als ein übergeordnetes, marktorientiertes Führungskonzept zu verstehen, mit dem ein Unternehmen das Ziel verfolgt, die Bedürfnisse und Anforderungen des Marktes möglichst frühzeitig zu erkennen und auf Basis einer Analyse der Stärken und Schwächen im Verhältnis zu den Wettbewerbern Strategien zur aktiven Gestaltung der Beziehungen zwischen Unternehmen und Kunden zu entwickeln und umzusetzen.

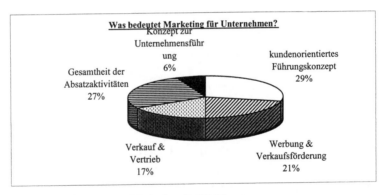

Abb. 2-6: Bedeutung von Marketing für KMU
(Quelle: Zanger 1998, S.98; n=97 kleine und mittelständische Unternehmen)

Wie Abb. 2-6 zeigt, hat sich diese umfassende Sichtweise von Marketing in kleinen und mittelständischen Unternehmen (KMU), zu denen auch Unternehmensgründungen gezählt werden können, noch nicht vollständig durchgesetzt (Zanger 1999, S.98, siehe auch Coviello et al. 2000, Carson/McCartan-Quinn 1995, Geursen 1996 oder Weinrauch et al. 1991). Nur 35% der befragten Unternehmen lassen ein strategisch orientiertes Marketingverständnis erkennen, während 65% eher ein kurzfristiges operatives Marketingverständnis dokumentieren. Vergleichbare Ergebnisse finden sich bei Balderjahn (1997). Mit dem Begriff Marketing assoziieren 52% der befragten Unternehmensgründer Aspekte der Kommunikationspolitik, also Werbung, Verkaufsförderung und Öffentlichkeitsarbeit. Aspekte des Vertriebs rangieren mit 43% der Nennungen auf dem zweiten Platz.

Darüber hinaus sind Unternehmensgründer nach Einschätzung von Venture Capital-Gebern in Bezug auf ihre Gründungsidee oftmals voreingenommen und nicht objektiv, ignorieren negative Marktinformationen und führen aufgrund einer frühzeitigen Festlegung auf die Gründungsidee keine tiefgehende Markt- und Umfeldanalyse durch (Hills/LaForge 1992).

Sind bisher mangelnde Marketing-Kenntnisse und Probleme im Marketing-Bereich als bedeutende Misserfolgsfaktoren im Gründungsverlauf identifiziert worden, lässt sich auf der anderen Seite Marketing als entscheidender Erfolgsfaktor zur Differenzierung von erfolgreichen und weniger erfolgreichen Unternehmensgründungen anführen. In einer Umfrage unter erfahrenen Venture Capital-Gebern wird Marketing mit 6,7 auf einer Skala bis 7,0 bewertet und damit bedeutend höher im Vergleich zu anderen Unternehmensfunktionen für den Erfolg der betreuten Unternehmensgründungen eingestuft (Hills 1994, S.5). Außerdem wird festgestellt, dass eine Reduktion der Misserfolgsquote um bis zu 60% durch bessere Marktanalysen im Vorfeld der Unternehmensgründung möglich wäre.

Im Zuge einer Umfrage unter den am schnellsten wachsenden Unternehmen der USA, die in der sogenannten Inc. 500 Liste aufgeführt sind, wurden deren Geschäftsführer gebeten, ihre größten Stärken und Schwächen zu nennen (Lodish et al. 2001). Die Ergebnisse in Abb. 2-7 verdeutlichen noch einmal die besondere Bedeutung, die Marketing für das Wachstum und den Erfolg eines neugegründeten Unternehmens zukommt.

	Stärke	Schwäche
Verkaufs- und Marketing-Strategien	145	19
Mitarbeiterführung	112	89
Finanzstrategien	53	75
Informationstechnologie	28	19
Produktinnovation	12	2
Andere	59	35

Abb. 2-7: Stärken und Schwächen der Inc. 500 (Quelle: Lodish et al. 2001, S.xi)

2.2 Rahmenbedingungen und Besonderheiten des Gründungsmarketing

2.2.1 Einflussfaktoren und Charakteristika des Marketing in Unternehmensgründungen und KMUs

Im Folgenden sollen die Rahmenbedingungen, unter denen Marketing in Unternehmensgründungen und KMUs stattfindet, betrachtet werden. Dabei sind die besonderen Charakteristika von Gründungen und insbesondere des Unternehmers/Managers sowie deren Auswirkungen auf die Marketing-Praxis zu berücksichtigen. Grundlage hierfür bilden die Arbeiten von Carson, die sich mit dieser Themenstellung beschäftigen (sie-

29

he Carson et al. 1995, Carson/McCartan-Quinn 1995, Carson/Gilmore 1997 + 2000, Carson 2002).

(Anmerkung: Da im folgenden Abschnitt zunächst allgemein Besonderheiten von Marketing in KMUs und damit implizit auch in Unternehmensgründungen betrachtet werden, ohne dass diese entrepreneurhaft orientiert sein müssen, wird der neutrale Begriff Unternehmer/Manager und nicht Entrepreneur verwendet. Die Darstellung spezieller Charakteristika des Marketing in entrepreneurhaften KMUs und Gründungen findet im Anschluss daran statt.)

Marketing in KMUs wird hauptsächlich durch die persönlichen Eigenschaften und Charakteristika des Unternehmers/Managers dominiert (Carson/Gilmore 2000). Fehlende Kenntnisse und Erfahrungen im Marketing führen dazu, dass Marketing in KMUs nur einen begrenzten Wirkungsbereich hat, verhältnismäßig einfach und oft planlos ist, aufs Geradewohl durchgeführt wird und mit einer Konzentration auf den klassischen 4P des Marketing (Product, Price, Promotion und Place) verbunden ist. Auf diese Bereiche ist in der Regel auch die Strategie ausgerichtet. In der Gründungsphase konzentrieren sich Aktivitäten auf Produktentwicklung und Gewinnung von Kundenakzeptanz, so dass reaktive Marketing-Praktiken, wie z.B. Reaktion auf Kundenanfragen und Veränderungen im Markt, im Vordergrund stehen. Marketingbezogene Entscheidungen orientieren sich häufig an dem, was größere (im Markt führende) Unternehmen angewandt haben. Fehlende langfristige Planung von Marketing-Aktivitäten kann dazu führen, dass Marketing nur aus einer unkoordinierten Ansammlung von einzelnen Maßnahmen und Aktionen besteht (Carson/McCartan-Quinn 1995). KMUs und insbesondere neugegründete Unternehmen sind zur Sicherung des Überlebens oft zur Annahme von allen möglichen Aufträgen gezwungen, so dass keine Zeit und Ressourcen zur klaren und langfristigen Positionierung vorhanden sind (Carson et al. 1995, S.82).

Außerdem müssen KMUs oft Entscheidungen in einem Umfeld treffen, das wenig vorteilhaft für sie ist (Kleindl 1999). KMUs verfügen über geringere Ressourcen als ihre Wettbewerber, haben aufgrund geringerer Economies of Scale höhere Kosten, eine geringere Verhandlungs-macht gegenüber Zulieferern und sind nur in sehr geringem Maße fähig, Einfluss auf den Markteintritt von Wettbewerbern auszuüben. Insgesamt lassen sich Einflussfaktoren auf das Marketing in KMUs in vier Kategorien einteilen (Carson et al. 1995, S.145ff.):

1. Begrenzte Ressourcen bzgl. Kapital, Marketing-Kenntnissen und Arbeitszeit können im Vergleich zu größeren Unternehmen und Wettbewerbern zur nur eingeschränkt möglichen Durchführung von Marketing-Aktivitäten beitragen. Außerdem sind oft nur begrenzt aktuelle und relevante Informationsquellen zugänglich, wodurch die Entscheidungsfindung beeinträchtigt und oft stark vereinfacht wird. Des weiteren bestehen Nachteile bezüglich der Beschaffung von externem Kapital.

2. Expertenwissen bezüglich der unterschiedlichen Funktionsbereiche ist nur beschränkt vorhanden, da Unternehmer/Manager in der Regel Generalisten und nicht Fachexperten sind. Des weiteren stammt der Unternehmer/Manager häufig aus einer technischen Disziplin oder dem Handwerk und ist nicht im Management geschult. Es sind in der Regel keine Experten in allen Fachbereichen

vorhanden, so dass der Unternehmer/Manager Tätigkeiten ausübt, ohne über die hierfür notwendige Qualifikation zu verfügen. Zusätzlich werden Marketing-Kenntnisse oft zuletzt erworben. Finanz- und Produktions-Experten werden in der Regel vor Marketing-Experten eingestellt. Generell bestehen bei der Rekrutierung von qualifizierten Angestellten im Vergleich zu Großunternehmen Nachteile hinsichtlich der Attraktivität des Arbeitsplatzes.

3. KMUs haben nur einen begrenzten Einfluss im Markt, da sie über ein geringeres Auftragsvolumen, eine nur begrenzte Kundenbasis und weniger Angestellte als Großunternehmen verfügen. Schon aufgrund der Größe eines KMU ist der Einfluss in einer Industrie, einer geographischen Region etc. eingeschränkt. Sie haben nur eingeschränkte Möglichkeiten, die Kräfte des Wettbewerbs zu beeinflussen, so dass zum Beispiel die gängigen Preise von Zulieferern akzeptiert werden müssen. Speziell der Einfluss auf Zulieferer, Politiker oder die Gemeinde ist nur gering. Wegen begrenzter Ressourcen und mangelndem Marketing-Wissen ist die Wirkung auf Medien, welche über Werbung und PR erzielt werden kann, im Vergleich zu Großunternehmen oft verschwindend gering. Insgesamt führt der nur mäßig vorhandene Einfluss in einem Markt dazu, dass ein erheblicher Aufwand zur Gewinnung von Kunden und Aufträgen betrieben werden muss und der Unternehmer/Manager einen großen Teil seiner Zeit darauf verwendet (Carson et al. 1995, S.62ff.).

4. Ein KMU wird in erster Linie durch den Unternehmen/Manager charakterisiert. Der Unternehmen/Manager dominiert wahrscheinlich jede Entscheidungsfindung im gesamten Unternehmen. Die Art und Weise der Entscheidungsfindung wird stark durch dessen Persönlichkeit, Hintergrund und Einstellung bezüglich seines Machteinfluss bestimmt. Solch eine stark personalisierte und zentralisierte Entscheidungsfindung ist in der Regel unstrukturiert und vereinfacht, gleichzeitig aber auch flexibel, chancen-, wettbewerbs- und kundenorientiert (Carson et al. 1995, S.81). Es besteht allerdings die Gefahr, dass Ziele und Entscheidungen nicht auf Basis einer Unternehmens- und Marktanalyse festgelegt werden, sondern auf den persönlichen Vorlieben des Unternehmers/Managers beruhen (Birley 1982). Es ist jedoch anzunehmen, dass bei zunehmendem Wachstum des Unternehmens die Zahl der Entscheidungsträger steigen und der persönliche Einfluss einzelner reduziert wird (Bjerke/Hultman 2002, S.101). Es ist ferner nicht unüblich, dass Unternehmer/Manager eher ablehnende oder zurückhaltende Einstellungen bezüglich Marketing haben und Aktivitäten in diesem Bereich in erster Linie als Kosten wahrnehmen, Distribution und Verkauf als unkontrollierbare Probleme sehen und die Gegebenheiten ihres Unternehmens als so einzigartig ansehen, dass allgemeine Regeln und Vorgehensweisen nicht zutreffen. Im Nachhinein betrachtet wünschen sich allerdings viele Gründer, sie hätten in frühen Phasen mehr Wert auf Marketing gelegt (Chiagouris/Wansley 2003).

Aufgrund der zentralen Rolle, die der Unternehmer/Manager bzw. der Unternehmensgründer bei der Gestaltung der Unternehmenspolitik spielt, soll im Folgenden der Einfluss von persönlichen Eigenschaften auf das Marketing bzw. das Marktverhalten von Unternehmen näher betrachtet werden (siehe Carson et al. 1995, S.83ff.)

Proaktivität/Innovationsbereitschaft (change-focused): Der Unternehmer/Manager, der ständig auf der Suche nach neuen Marktchancen ist, denkt auch kreativ und proaktiv über die Anwendung von Marketing-Maßnahmen nach. Oftmals liegt die Innovation, auf der die Gründungsidee beruht, auf der Marketingseite, z.B. in Form eines neuen Distributionsansatzes wie bei Dell Computers oder Amazon. Die dauerhafte Suche nach neuen Marktchancen kann das Unternehmen in neue und nicht geplante Märkte führen und zur Entwicklung von Marktnischen beitragen. Die Bearbeitung von Marktnischen mit spezifischen Bedürfnissen führt auch zu einer an die Bedürfnisse der Nische angepassten, neuartigen Herangehensweise bezüglich des Marketing.

Risikobereitschaft: Bei geringer Risikobereitschaft werden Marketing-Aktivitäten wahrscheinlich auf geringem Niveau bleiben, verbunden mit der Konsequenz, dass Marktchancen nicht optimal genutzt werden und Maßnahmen ineffizient und ineffektiv sind. Marketing-Maßnahmen beschränken sich dann meist auf persönlichen Verkauf und einfache Werbebroschüren. Bei hoher Risikobereitschaft sind Marketing-Aktivitäten auf sehr hohem Niveau, möglicherweise unverhältnismäßig kostspielig und gleichfalls uneffizient. Marketing in dieser Form besteht oftmals aus teuren Werbmaßnahmen, Sponsorentätigkeit und Ausstellungen, welche nicht optimal aufeinander abgestimmt und koordiniert sind. Beispiele finden sich bei den zahlreichen Dot-Com Startups, die nach dem Motto „viel hilft viel" vorgegangen sind.

Motivation: In Bezug auf Marketing kann die Energie und der Enthusiasmus, die der Unternehmer/Manager in der Regel mitbringen, hilfreich sein. Dies gilt insbesondere bei der Entwicklung von neuen Produkten oder Märkten und der Akquisition von neuen Kunden. Oftmals sind neue Kunden von dem Enthusiasmus und der Hingabe des Unternehmers/Managers beeindruckt und profitieren aus dem daraus resultierendem verstärkten persönlichen Service und der persönlichen Betreuung durch den Unternehmer/Manager. Diese Wahrnehmung kann zu einer höheren Kundenzufriedenheit führen.

Macht/Einfluss: Bei Unternehmern/Managern in KMUs besteht oft eine generelle Zurückhaltung, was die Delegation von zentralen Marketing-Aktivitäten und Entscheidungen auf andere anbelangt. Dieser Charakterzug wirkt sich am stärksten bei der Schnittstelle zum Kunden aus. Der Unternehmer/Manager zieht persönliche Befriedigung aus dem Entwickeln und Erhalten von Kontakten zu Schlüsselkunden. Dabei kann er Aspekte der Distributions- und Preispolitik durcheinander bringen, indem bevorzugten Kunden ein umfangreicherer Service oder spezieller Preis eingeräumt wird, wodurch es bei anderen Kunden zu Irritationen kommen kann. Generell werden Marketing-Aktivitäten und speziell Werbemaßnahmen durch persönliche Neigungen und Vorlieben des Entrepreneurs beeinflusst.

Konzentration auf das Tagesgeschäft: Dies führt zu einer Konzentration von Marketing-Maßnahmen auf operativer und taktischer Ebene und einer Betonung von kurzfristigen Zielsetzungen im Gegensatz zur langfristigen, strategischen Ausrichtung. Charakteristisch sind sogenannte „Feuerwehreinsätze", bei denen der Unternehmer/ Manager mit aufkommenden Problemen des Tagesgeschäfts vollkommen eingenommen wird. Beispiele hierfür sind häufiges Nachverhandeln von Preisabkommen, Konzentration auf das Abschließen bestimmter Verkäufe, Beantworten von telefonischen Kundennachfragen und Beschwerden.

Die speziellen Charakteristika und Rahmenbedingungen, die den Einsatz von Marketing in KMUs beeinflussen, haben Carson & Gilmore (2000) in ihrem Model zum KMU-Marketing, welches in Abb. 2-8 dargestellt ist, zusammengefasst. Bestandteile dieses Modells sind Anwendung bekannter „Lehrbuch"-Marketing-Methoden, Kompetenz-adäquates Marketing, Netzwerk-Marketing, innovatives Marketing und kontextspezifisches Marketing. Marketing in KMUs setzt sich aus den verschiedenen Elementen zusammen. Dabei ist insbesondere das spezielle Umfeld des einzelnen Unternehmens, welches sich aus Produkt, Markt, Persönlichkeit des Unternehmers/Managers, Ressourcenausstattung etc. ergibt, zu berücksichtigen.

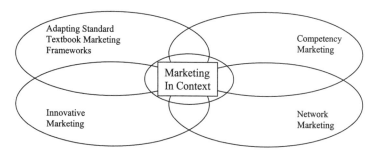

Abb. 2-8: A model of SME Marketing (Quelle: Carson/Gilmore 2000)

Anwendung bekannter „Lehrbuch"-Marketing-Methoden: Im Wesentlichen kommt es zum Einsatz von Methoden aus den klassischen 4P Bereichen des Marketing, d.h. produkt-, preis-, kommunikations- und distributionspolitischer Maßnahmen. Diese müssen jeweils an die spezifische Situation der Firma angepasst werden, wobei nur Maßnahmen eingesetzt werden, die aus Sicht des Unternehmers/Managers in der spezifischen Situation relevant und durchführbar sind.

Kompetenz-adäquates Marketing: Die im Unternehmen vorhandenen Fähigkeiten und Erfahrungen müssen berücksichtigt werden. Dies gilt besonders, da marketingbezogene Entscheidungen untrennbar mit anderen Entscheidungen verbunden sind. Viele Unternehmer/Manager besitzen nach eigener Einschätzung nur begrenzte Fähigkeiten und Erfahrungen im Marketing, lernen aber während des Unternehmensaufbaus ständig dazu. Marketing-Fähigkeiten in einem Unternehmen entwickeln sich also weiter und sind in einen ständigen Lernprozess eingebunden. Neue Einsichten entstehen durch Kommunikation und Beobachtung anderer Marktteilnehmer. Dies führt zu einer fortwährenden Akkumulation von neuem Wissen und neuen Erfahrungen, so dass Defizite, die zu Beginn der Unternehmenstätigkeit vorhanden waren, ausgeglichen werden können.

Netzwerk-Marketing: Networking (der Aufbau und Erhalt von Netzwerken) ist eine besondere Fähigkeit, die Unternehmern/Managern zugesprochen wird. Der Aufbau von Netzwerken findet teilweise unbewusst statt und ergibt sich aus persönlichen Beziehungen mit einigen oder einer Vielzahl von Personen. Unternehmer/Manager suchen Informationen von bestimmten Personen, die ihrer Meinung nach einen wichtigen Beitrag zu den aktuellen Aufgabenstellungen leisten können. Diese Tätigkeit ist natürlicher Arbeitsbestandteil und findet in der Regel nicht planmäßig und strukturiert statt. Aufgrund ihrer Nähe zu Kunden sind Relationship Marketing und Kommunikation wichtige Aspekte im Marktverhalten von KMUs.

Innovatives Marketing: KMUs wird in der Regel ein höherer Innovationsgrad in Bezug auf die entwickelten Produkte unterstellt, da viele Unternehmen auf Basis einer Produktinnovation gegründet werden. Innovatives Marketing beschränkt sich allerdings nicht auf Produkt- (oder Service-)Innovationen, sondern bezieht das gesamte Spektrum der Marketing-Aktivitäten ein. Aufgrund der beschränkten Ressourcen können KMUs nur begrenzt in umfassende und teure Marketing-Programme zur Differenzierung von der Konkurrenz investieren. Um sich dennoch von dieser abzusetzen, entwickeln KMUs oft innovative Ansätze bezüglich der Art und Weise, wie Marketing angewendet wird, d.h. beispielsweise wie das Produkt oder die Dienstleistung präsentiert werden, wie Zusatznutzen geschaffen werden kann oder wie das Produkt zum Kunden geliefert bzw. von diesem bestellt werden kann.

Situationsspezifisches Marketing: Trotz teilweise hoher Komplexität und Dynamik des Umfelds ist es wichtig, die Schlüsselfaktoren zu identifizieren, welche die Art und Weise von Marketing im konkreten Marktumfeld beeinflussen und bei der Planung und Auswahl von Maßnahmen berücksichtigt werden müssen. In den meisten Anwendungssituationen gibt es zwei oder drei Marketing-Typen oder -Formen, welche einen zentralen Einfluss auf den Einsatz von Marketing-Aktivitäten haben (z.B. Dienstleistungsmarketing, Tourismusmarketing, Technologiemarketing, Industriegütermarketing etc.). Eine Bewertung und Berücksichtigung der zugehörigen Schlüsselfaktoren ist in jedem Umfeld absolut notwendig, um erfolgreich am Marktgeschehen teilnehmen zu können.

Marketing in KMUs ergibt sich nach Meinung von Carson & Gilmore (2000) aus einer Kombination dieser sich gegenseitig beeinflussenden Elemente. Beschränkte Ressourcen führen zur starken Betonung von informellen Kontakten und Netzwerken, anfänglich oft nur geringfügig vorhandene Marketing-Kenntnisse zur Anwendung von bekannten und relativ einfachen Marketing-Maßnahmen. Unternehmer/Manager suchen gleichzeitig aber auch nach kreativen und neuen Wegen zur Vermarktung ihres Angebots. Bei dieser globalen Darstellung der Marketing-Praxis in KMUs ist allerdings die große Bandbreite der existierenden Unternehmenstypen und –konzepte zur berücksichtigen. Dies erfordert eine differenziertere Betrachtung und Beschreibung der unterschiedlichen Vorgehensweisen unter Berücksichtigung der Branche, der Zielkunden, des Innovationsgrades und weiterer Einflussfaktoren.

KMUs sowie neugegründeten Unternehmen werden im Vergleich zu Großunternehmen einige Vorteile zugesprochen, aus denen eine höhere Fähigkeit zur Entwicklung von Innovationen abgeleitet werden kann. Mögliche positive Einflussfaktoren auf den Innovationsprozess und dessen Resultat sind eine unbürokratische Organisationsform, kurze informelle Informationswege, geringer Koordinationsaufwand, direkte persönliche Marktkontakte, niedrigere Entwicklungskosten aufgrund von Know-how-Transfer vom Inkubator, geringerer Verwaltungs-Overhead, hohe Motivation der Mitarbeiter, flache Hierarchien, Konzentration der Entscheidungsgewalt, schnelle Reaktionsfähigkeit und hohe Flexibilität (siehe z.B. Baier/Pleschak 1996, S.13; Klandt 1999, S.48; Alvarez/Barney 2001; Bjerke/Hultman 2002, S.172). Es ergibt sich ein schnelleres Reaktionsvermögen in Bezug auf sich verändernde soziale Werte, Kundenbedürfnisse, technologische Entwicklungen, Management-Techniken, Finanzmärkte etc. und die daraus entstehenden Marktchancen (Carson et al. 1995, S.62ff.).

Abb. 2-9 zeigt einige Besonderheiten und die sich daraus speziell für die Gestaltung des Markteintritts neugegründeter Unternehmen ergebenden Konsequenzen im Überblick.

Besonderheiten von Unternehmensgründungen beim Markteintritt
($\Rightarrow$ Ableitung von Kernaktivitäten)

- Oft wenig Markterfahrung, Marktkenntnis
$\Rightarrow$ Marktanalyse, Personal oder strategische Partner mit Markterfahrung

- Oft wenig Marketing-Know-how (Methodenkenntnis zur Planung)
$\Rightarrow$ Einstellung von Marketing-Experten, Beratung

- Keine bekannte Marke, kein positives Unternehmensimage, keine bekannte Kompetenz, keine bekannten Produkte/Leistungen
$\Rightarrow$ Awareness-Bildung, Aufbau von Marke, Image, Kompetenz

- Keine vorhandene Kundenbasis, keine Information über Konsumentenverhalten
$\Rightarrow$ Identifizierung und Ansprache von Erstkäufern

- Keine Distributionskanäle vorhanden
$\Rightarrow$ frühzeitige Gewinnung von Handelsmitteln od. Aufbau eigener Distributionswege

- Keine Marktmacht, Gefahr der Abhängigkeit von starken Partnern (Kunden, VC, ...)
$\Rightarrow$ stetige Erweiterung der Kundenbasis, Sorgfalt bei Partnerwahl

- Oft Kostennachteile bei Beschaffung (keine Economies of Scale) u. Produktion (keine Lernkurveneffekte, wenig Standardisierung/Routine)
$\Rightarrow$ Differenzierungsstrategie zur Erzielung höherer Preise, effiziente Produktionsverfahren

- Misserfolg der Markteinführung des neuen Produktes/Service führt zu Konkurs
$\Rightarrow$ sorgfältige Analyse des internen/externen Umfelds und Planung des Markteintritts

- Wenig Ressourcen vorhanden (finanziell, personell)
$\Rightarrow$ zielgerichteter Einsatz von Ressourcen, starke Fokussierung, wenig Streuverluste

- Keine internen Innovationsbarrieren
$\Rightarrow$ Fähigkeit zur radikalen Innovation

- Oft kürzere Entwicklungszeiten, aber Vernachlässigung von Markt- u. Konzepttests
$\Rightarrow$ hohes Risiko bei technischen Problemen u. mangelnder Kundenakzeptanz

- Geringe Koordinationsprobleme, hohe Identifikation/Motivation der Mitarbeiter

- Hohe Flexibilität, kurze Entscheidungswege (flache Hierarchie)

Abb. 2-9: Ausgewählte Besonderheiten von Unternehmensgründungen beim Markteintritt

2.2.2 Entrepreneurial Marketing

Während in der Literatur zum Entrepreneurship und zu KMUs anerkannt wird, dass KMUs nicht einfach herunterskalierte Versionen von Großunternehmen sind, ist diese Tatsache erst in letzter Zeit im Marketing-Bereich anerkannt worden (Collinson 1999, Carson 1999, Gilmore/Coviello 1999, Hills 1999, Shaw 1999). Demzufolge stellt nur eine geringe Anzahl empirischer Studien zur Marketing-Praxis von entrepreneurhaften KMUs und Neugründungen die Anwendbarkeit bestehender Marketing-Erkenntnisse zur Erklärung des Verhaltens dieser Unternehmen in Frage (Hultman/Shaw 2003). Vielmehr wurde im Marketing-Bereich lange Zeit angenommen, dass junge und kleine Unternehmen nur eine vereinfachte Form von Marketing benötigen. Es wird jedoch zunehmend dokumentiert, dass Marketing in kleinen und jungen Unternehmen grundsätzlich anders und nicht nur einfacher ist (Hills in Bjerke/Hultman 2002, S.xii). Hohe Flexibilität, schnelle Reaktionszeiten, enge Kundenbeziehungen, hohe Zielmarktfokussierung sowie enge Verknüpfung persönlicher und unternehmensbezogener Ziele sind nur einige Beispiele von Charakteristika bezüglich des Entrepreneurs und Unternehmens, die bei erfolgreich wachsenden KMUs zu wesentlichen Unterschieden im Marketing führen.

Obwohl einige Marketing-Konzepte nur eine Modifikation oder unterschiedliche Gewichtungen in wachstumsorientierten KMUs benötigen, führt der Versuch andere Konzepte zu übertragen zu falschen Einschätzungen und Auffassungen. Traditionelle Marktforschung geht beispielsweise von einem Geschäftsführer aus, der keinen häufigen und intensiven Kundenkontakt hat. Dem gegenüber steht der proaktive, opportunistische und risikobereite Entrepreneur, der typischerweise täglich mit den Bedürfnissen und Einschätzungen bezüglich des Marktangebots seiner Kunden zu tun hat. Es ist folglich wenig überraschend, dass Entrepreneure formaler Marktforschung nur wenig Wert beimessen. Was häufig als Bauchgefühl oder intuitives Handeln bezeichnet wird, beruht oftmals auf gut fundierter, marktorientierter Entscheidungsfindung (Hills in Bjerke/Hultman 2002, S.xii).

Aus der Diskussion der Überschneidungen zwischen Entrepreneurship und Marketing sowie der Marketing-Praxis in KMUs ist der Begriff des Entrepreneurial Marketing hervorgegangen. Dieser steht in erster Linie für die Anwendung von Marketing-Aktivitäten in entrepreneurhaften, d.h. proaktiv, wachstumsorientiert und innovativ ausgerichteten Unternehmen. Darunter werden vor allem kleine und mittlere Unternehmen mit beschränkten Ressourcen verstanden, die sich auf die kreative aber oftmals unausgereifte Anwendung von Marketing-Maßnahmen verlassen und stark auf den Einsatz persönlicher Netzwerke setzen. Alternativ wird der Begriff verwendet, um die unvorbereiteten, kreativen und unorthodoxen Marketing-Aktivitäten von Entrepreneuren zu beschreiben.

Morris et al. (2002) haben folgende Definitionen formuliert:

- "Entrepreneurial Marketing is defined as the proactive identification and exploitation of opportunities for acquiring and retaining profitable customer segments through innovative approaches to risk management, resource leveraging and value creation."

- "Entrepreneurial Marketing represents an opportunistic perspective wherein the marketer proactively seeks novel ways to create value for desired customers and build customer equity. The marketer is not constrained by resources currently controlled, and product/market innovations represent the core marketing responsibility and the key means to sustainable competitive advantage."

Eine weitere Definition findet sich bei Chaston (2000, S.7):

- "Entrepreneurial Marketing represents the behavior exhibited by an individual and/or organisation which adopts a philosophy of challenging established market conventions during the process of developing new solutions."

Abb. 2-10 stellt das "traditionelle" Marketing, verstanden als Marketing, wie es von etablierten Unternehmen in stabilen Märkten angewandt wird, dem Entrepreneurial Marketing, verstanden als Marketing in entrepreneurhaften Neugründungen oder KMUs, die in neue Märkte eintreten oder diese entwickeln, gegenüber. Beide Konzepte sind als Extrempunkte eines Kontinuums zu verstehen, da sich die Rolle und Philosophie bezüglich des Marketing im Laufe des Lebenszyklus eines Unternehmen und auch in Abhängigkeit der Umfeldbedingungen kontinuierlich verändern kann.

2.2.3 Transactional Marketing vs. Relationship Marketing

Bei der Diskussion um die verschiedenen Charakteristika von Marketing in Gründungen bzw. KMUs und Großunternehmen kommen zwei grundsätzliche Arten oder Sichtweisen von Marketing ins Spiel, denen unterschiedliche Bedeutungen in den jeweiligen Unternehmenstypen zugesprochen werden. Zum einen „Transactional Marketing" und zum anderen „Relationship Marketing".

Marketing lässt sich definieren als der Prozess der Planung und Ausführung der Angebots-, Preis-, Kommunikations- und Distributionspolitik für Ideen, Produkte und Dienstleistungen zur Befriedigung von individuellen und organisations-bezogenen Zielsetzungen (American Marketing Association nach Coviello et al. 2000). Diese traditionelle Auffassung von Marketing wird oft als transaktionsbezogenes Marketing (Transactional Marketing) oder Marketing-Mix-Management bezeichnet. Der Fokus liegt auf dem Management der Marketing-Mix Variablen Product, Price, Promotion und Place (4 Ps), um Transaktionen zu generieren, d.h. Kunden zu akquirieren. Das Entscheidungsspektrum der Manager erstreckt sich in diesem Zusammenhang auf den Einsatz von Maßnahmen aus den vier genannten Kategorien (Hultman/Shaw 2003).

Bei der zweiten Sichtweise liegt der Fokus auf dem Zustandekommen und Management von Beziehungen. Beziehungen können über reine Kundenbeziehungen hinausgehen und Zulieferer, Absatzmittler und andere Marktkontakte einschließen (Webster 1992, Grönroos 1994, 1998). Diese Sichtweise wird allgemein als Beziehungsmarketing (Relationship Marketing) bezeichnet. Grönroos (1990a) gibt hierzu folgende Definition: „Marketing is the process of identifying, establishing, maintaining, and enhancing (and when necessary also terminating) relationships with customers and other stakeholders, at a profit, so that objectives of all parties involved are met. This is done by a mutual exchange and fulfilment of promises."

	Traditional Marketing	Entrepreneurial Marketing
Basic premise	Facilitation of transactions and market control; management of fixed set of marketing elements	Sustainable competitive advantage through value-creating innovation; lead company into new technologies/products/markets
Orientation	Marketing as objective, dispassionate science	Central role of passion, persistence and creativity in marketing
Context	Established, relatively stable markets	Envisioned, emerging, and fragmented markets with high levels of turbulence
Marketer's role	Coordinator of marketing mix, builder of the brand	Internal and external change agent, creator of the category
Market approach	Reactive and adaptive approach to current market situation with incremental innovation	Proactive approach, leading the customer with dynamic innovation
Market intelligence	Formalised research and intelligence systems	Informal networking and information gathering
Market segmentation	Focus on customer characteristics, preferences, behavior; Top-down segmentation, targeting and positioning	Classify customer on responsiveness to dynamic variables; Bottom-up targeting of customers and other influence groups
Customer needs	Articulated, assumed, expressed by customers through survey research	Unarticulated, discovered/identified through lead users
Source of customer value	4 P's	4 P's as well as purchasing, finance, production etc.
Risk perspective	Risk minimization in marketing actions	Marketing as vehicle for calculated risk-taking, emphasis on finding ways to mitigate, stage or share risks
Resource management	Efficient use of existing resources, scarcity mentality	Leveraging, creative use of the resources of others; doing more with less; actions are not constrained by resources currently controlled
New product/ service development	Marketing supports new product/service development activities of R&D and other technical departments	Marketing is the home of innovation; customer is co-active producer
Customer's role	External source of intelligence and feedback; follow the customer	Active participant in firm's marketing decision process, defining product, price, distribution and communication approaches; lead the customer
Develop employees into	People who can perpetuate conventional wisdom	Marketing subversives, innovation champions, change masters

Abb. 2-10: Vergleich Konventionelles Marketing vs. Entrepreneurial Marketing
(Quellen: Morris et al. 2002, Schindehutte et al. 2000, Stokes 2000)

Im Gegensatz zum transaktionsorientierten Marketing liegt der Fokus der beziehungsorientierten Perspektive auf dem Zustandekommen einer Serie von sequentiellen und nicht von einzelnen Transaktionen/Austauschhandlungen. Möglichkeiten dies zu erreichen, bestehen für Unternehmen beispielsweise durch Aktivitäten, die zum Aufbau von Vertrauen, Reputation oder Goodwill sowie positiver persönlicher Meinungsäußerungen von Kunden oder anderen Marktteilnehmern führen (Morgan/Hunt 1994; O'Malley/Tynan 1997; Pels 1997; Hultman/Shaw 2003). Diese Aktivitäten können durchgeführt werden, ohne das Zustandekommen konkreter Transaktionen zu beabsichtigen und können parallel zu anderen eher transaktionsorientierten Maßnahmen stattfinden. Dennoch sind sie dem Marketing-Bereich zuzuordnen und haben den Effekt, Kunden enger an das Unternehmen zu binden und somit individuelle Wechselbarrieren zu errichten (Hultman/Shaw 2003).

Beim transaktionsorientierten Marketing wird Marketing (das Generieren von Transaktionen) als funktionsspezifische Aktivität verstanden, die in erster Linie der Marketing-Abteilung zuzuordnen ist und von Spezialisten wie Verkäufern, Werbefachleuten oder Marktforschungsexperten durchgeführt wird. Bei der beziehungsorientierten Sichtweise fällt die Gestaltung von Beziehungen in den Zuständigkeitsbereich aller Mitarbeiter und marketing-bezogene Aktivitäten werden zumindest bis zu einem gewissen Grad von jedem durchgeführt (Bjerke/Hultman 2002, S.105). Abb. 2-11 fasst unterschiedliche Sichtweisen und Perspektiven beider Ansätze zusammen.

Transactional Marketing:	Relationship Marketing:
• focus on single sales	• focus on customer retention
• customer attraction	• customer retention, interaction
• orientation on product features	• orientation on product benefits
• short time –scale	• long time-scale
• discrete	• continuous
• limited customer commitment	• high customer commitment
• moderate customer contact	• high customer contact
• quality is primarily a concern of production	• quality is concern of all
• monitor market share	• high customer service emphasis
• ad hoc customer surveys	• manage customer base
	• real-time customer feedback systems

Abb. 2-11: Abgrenzung Transactional vs. Relationship Marketing
(Quellen: Christopher et al. 1991, S.9; Coviello et al. 2000; Bjerke/ Hultman 2002, S.193; Hultman/Shaw 2003)

Im Gegensatz zu Großunternehmen, die in erster Linie mit dem traditionellen, transaktionsorientierten Marketing-Ansatz in Verbindung gebracht werden, wird kleineren, entrepreneurhaften Unternehmen eine eher beziehungsorientierte Herangehensweise unterstellt (Day et al. 1998). Sie haben eine starke Präferenz für persönliche Kontakte mit Kunden und weniger für unpersönliche Kommunikation über Massenmedien (Stokes 2000). Der direkte persönliche Dialog mit Kunden ist wichtiger als das Durchführen formeller Marktforschung. Entrepreneure interagieren mit einzelnen Kunden in

Form des persönlichen Verkaufs und Beziehungsaufbaus wodurch nicht nur Aufträge sondern auch Empfehlungen zustande kommen.

Aufgrund der hohen Nähe von kleineren Unternehmen zu ihren Kunden können potentiell alle Mitarbeiter direkten Kundenkontakt haben und damit Kundenbeziehungen aktiv mitgestalten. Insbesondere der Geschäftsführer ist sehr stark in den Prozess der Kundenakquisition und der Kontaktpflege zu Schlüsselkunden integriert. In vielen KMUs ist die Fähigkeit des Geschäftsführers zur Dialoggestaltung mit Kunden ein wichtiger Wettbewerbsvorteil und Kaufentscheidungsgrund (Stokes 2000). Vor dem Hintergrund der beschränkten Ressourcen, der hohen Flexibilität und opportunistischen Handlungsweise kann dies dazu führen, dass kleine Firmen persönliche Kontakte und Netzwerke sehr stark bei der Geschäftsentwicklung und Informationsgewinnung betonen (Coviello et al. 2000). Neben persönlichen Kontakten machen kleine Unternehmen auch sehr häufigen Gebrauch von Beziehungen zwischen Organisationen um das Wachstum voranzutreiben (Coviello/Munro 1995). Darunter fällt z.B. das Outsourcen von wichtigen Marketing-Aktivitäten wie beispielsweise Werbung oder Vertrieb.

Beziehungsorientierte Ansätze werden auch von Großunternehmen speziell im Dienstleistungsbereich angewandt. Grönroos (2000, S.252) argumentiert jedoch, dass Organisationen sich in Abhängigkeit ihres Marktangebots entweder für eine transaktionsorientierte oder beziehungsorientierte Vorgehensweise entscheiden. Die beiden Ansätze werden als sich gegenseitig ausschließende, alternative Ansätze betrachtet (Hultman/Shaw 2003).

Item	Findings
Marketing Approach	• no participating small firm used only transactional marketing; • 83% of participating small firms engaged in both transactional and relationship marketing; • 17% of participating small firms practiced only relationship marketing.
Selection of Marketing Approach	• selection of relational or transactional marketing is determined by client characteristics; • a range of criteria are used to distinguish between key clients (relational approach) and on-the spot clients (transactional approach).
Purpose of Transactional Marketing	• to facilitate on the spot transactions and contribute to cash flow.
Purpose of Relationship Marketing	• to acquire and retain customers; • to generate positive word of mouth; • to increase client base and, in some cases, also resource base (both at low cost).
Relationship Activities	• activities used by small firms to acquire and develop relationships with clients included: flexible pricing, hospitality, bartering-exchanges.

Abb. 2-12: Herangehensweise im Marketing bei KMUs (Quelle: Hultman/Shaw 2003)

Empirische Untersuchungen über die unterschiedlichen Herangehensweisen in KMUs widersprechen dieser Auffassung jedoch. In ihrer Untersuchung stellen Hultman & Hills (2001) beispielsweise fest, dass ein Fokus auf langfristige Marktbeziehungen nicht in Konflikt mit kurzfristigen, transaktionsorientierten Handlungen steht. Viele der untersuchten wachsenden KMUs waren sowohl beziehungs- als auch transaktionsorientiert. Hultman und Shaw (2003) stellen fest, dass 83% der KMUs in ihrer Stichprobe beide Ansätze verfolgen. Abb. 2-12 fasst die wichtigsten Ergebnisse dieser Untersuchung zusammen.

Nach Meinung von Bjerke & Hultman (2002, S.197) ergänzen sich beide Ansätze und können jeweils zur Erklärung beobachteter Vorgehensweisen von KMUs eingesetzt werden. Festzustellen ist allerdings auch, dass erfolgreiche Entrepreneure zwar beide Orientierungsrichtungen verfolgen, jedoch nicht gleichförmig sondern in Abhängigkeit der Situation mit wechselnder Intensität und Priorität.

Für den Entrepreneur ist das Zustandekommen von Verkäufen eine der wichtigsten und kritischsten Angelegenheiten, von dem letztlich das Überleben des Unternehmens abhängt (Hultman/Shaw 2003). Schon aus diesem Grund ist eine gewisse transaktionsorientierte Ausrichtung verbunden mit dem Einsatz von Marketing-Mix-Instrumenten notwendig. Der an die interne und externe Situation angepasste Einsatz von Maßnahmen aus dem produkt-, preis-, distributions- und kommunikationspolitischen Bereich stellt die Grundlage für ein aus Kundensicht attraktives, bekanntes und verfügbares Marktangebot dar. Auf dieser Basis können weitere Aktivitäten zur Gestaltung von Beziehungen zu Kunden und anderen Marktteilnehmern aufbauen. Auf der anderen Seite werden von Entrepreneuren in allen Phasen des Entrepreneurial Process informelle Beziehungen und Kontakte eingesetzt, sei es zur Informationsgewinnung, zur Schließung von Kooperationen, zur Kundenakquisition, zur Bekanntmachung des Unternehmens, zur Aufbau einer Reputation etc.

Für ein tiefergehendes Verständnis von Herangehensweisen im Marketing bei KMUs sind deshalb neue, komplexere Ansätze notwendig, die sowohl marketing-mix-bezogene Aktivitäten als auch beziehungsorientierte Handlungen abdecken (Bjerke/Hultman 2002, S.197).

2.3 Marketing im Gründungsprozess

2.3.1 Aufgabenstellungen und Aktivitäten im Gründungsprozess

Zur Einordnung der verschiedenen Marketing-Aktivitäten, welche im Verlauf eines Gründungsprozesses durchgeführt werden sollten, ist die Entwicklung eines marketing-bezogenen Phasenmodells notwendig. Dazu werden zunächst einige ausgewählte Phasenmodelle dargestellt, um anschließend die Aufgabenstellungen und Aktivitäten aus dem Marketing-Bereich den einzelnen Phasen zuzuordnen und in einem speziellen, ausführlichen Phasenmodell zusammenzufassen.

Der Prozess der Unternehmensgründung kann in verschiedene Phasen mit unterschiedlichen Aufgabenschwerpunkten und Problemfeldern eingeteilt werden. Abb. 2-13 gibt einen Überblick über einige ausgewählte, in der Literatur verwendete Phasenmodelle mit den zugehörigen Schwerpunktsetzungen bezüglich der einzelnen unterschiedenen Prozessabschnitte.

Quelle	Phaseneinteilung und Schlüsselaktivitäten			
Vesper (1990, S.101)	**Konzeptphase**	**Planungsphase**	**Implementierungsphase**	
	Ideensuche, Persönliche Ziele bewerten, Konsumentenbedürfnisse identifizieren, Markt u. Produkt identifizieren, Unternehmensziele definieren	Planung der Fertigung u. des Designs, Bedarf an Mitarbeitern, Material u. Kapital, Standortwahl, Organisationsstruktur	Formale Gründung abgeschlossen, Markttests, Kapitalbeschaffung, Produktherstellung, Markteinführung	
Koschatzky (1997, S.14f.)	**Entstehungsphase**	**Entwicklungsphase**	**Markteinführung u. Fertigungsaufbau**	**Wachstumsphase**
	Ideenfindung, pers. Situationsanalyse, Gründungsteam, Rechtsform, Erfolgschancen prüfen, Standortwahl, Analyse Kunden u. Wettbewerber, Segmentwahl, Kosten- u. Erlösplan, Finanzplanung	FuE, Vorbereitung d. Markteinführung u. des Fertigungsaufbaus	Realisierung d. Investitionen, Einführung v. Organisationslösungen, Erstverkäufe, Auswerten v. Kundereaktionen, Kommunikationsmaßnahmen	Erweiterung des Produkt- u. Leistungsangebots, Ausbau des Vertriebes u. der Fertigung, neue Zielmärkte u. Marktsegmente
				Konsolidierungsphase
Meier (1998, S.22)	**Vorgründung**	**Gründung/Start-up**	**Wachstum**	**Reife**
	Invention und Entwicklung eines Prototypen, Definition der Geschäftsidee, Konzeptverkauf	Beschaffung der Infrastruktur, Aufbau der Produktionskapazitäten, Start der Vertriebsaktivitäten, Markteinführung, Rekrutierung fähiger Mitarbeiter	Aufrechterhaltung des Wachstums, Ausbau der Wettbewerbsposition, Erreichung von Profitabilität, Abwägung zw. Wachstum u. Profit	Aufrechterhalten der Wettbewerbsposition, Entwicklung einer zweiten Produktgeneration, Balance zwischen bürokratischer Optimierung und Innovationsaufgaben
Klandt (1999, S.60)	**Vorgründungsphase**	**Gründungsphase Planung**	**Errichtung**	**Frühentwicklungsphase**
	Persönliche Selbständigkeitsüberlegung, Selbständigkeitsentschluss, Ideensuche u. -prüfung, Grobkonzept	Konzeptionelle Überlegungen, Unternehmensplan, Marktanalyse	Finanzierung u. Beschaffung von: Anlagen, Waren, Personal, Werbung, Räumen etc.	Leistungserstellung, Teilnahme am Marktverkehr
Sabisch (1999, S.22)	**Entstehungs- (Gründungs-) Phase**	**Etablierungsphase**	**Wachstumsphase**	**Konsolidierungsphase**
	Ideenfindung, Marktanalyse, Rechtsform, Unternehmenskonzept	FuE, Fertigungsaufbau, Kunden- u. Lieferantenkontakte, Organisatorischer Aufbau, Markteinführung	Festigung der Organisationsstruktur, Bewährung am Markt, Herausbilden von Kernkompetenzen, Entwicklung u. Durchsetzung v. Unternehmensstrategien	

Abb. 2-13: Beispiele für Phasenmodelle des Gründungsprozesses

Als Grundlage für die weitere Betrachtung der einzelnen Elemente des Gründungsprozesses soll folgende Phaseneinteilung gelten:

1. Vorgründungsphase

2. Gründungsphase

3. Aufbauphase

4. Wachstumsphase

Vorgründungsphase:

Ausgangspunkt weil Initiator des Prozesses ist der Unternehmensgründer. In der Vorgründungsphase findet zunächst die Suche nach einer erfolgversprechenden Idee für eine Unternehmensgründung statt. Das Auffinden bzw. Erkennen erfolgversprechender, neuer Marktchancen (Opportunity Recognition) lässt sich als ersten kritischen Schritt des Gründungsprozesses bezeichnen (Timmons et al. 1987). Entrepreneuren wird eine spezielle kognitive Fähigkeit zur Wahrnehmung von äußeren Veränderungen und den Möglichkeiten, die sich daraus in Bezug auf die Einführung neuer Produkte ergeben, zugesprochen. „Entrepreneurs informally and intuitively perceive opportunities based on some feel for the market" (Cooper 1981). Bei der Art und Weise, wie Entrepreneure auf Marktchancen stoßen, können zwei Vorgehensweisen unterschieden werden, die laut Studien in der Praxis ungefähr gleich häufig beobachtet werden können (siehe z.B. Bhave 1994, Hills/Shrader 1998, Zietsma 1999). Zum einen die bewusste bzw. aktive Suche (Deliberate or Active Search, Externally Stimulated Opportunity Recognition), zum anderen die zufällige Entdeckung (Discovery, Internally Stimulated Opportunity Recognition).

Bei der aktiven Suche ist der Wunsch der Existenzgründung Auslöser des Prozesses der Ideensuche. Der Entrepreneur trifft zunächst die Entscheidung, sich im Zuge einer Unternehmensgründung selbständig zu machen, ohne dabei schon eine konkrete Gründungsidee zu besitzen. Erst nachdem der Entschluss pro Selbständigkeit gefallen ist, beginnt die aktive und zielgerichtete Suche nach einer Idee, die den Fähigkeiten und Zielsetzungen des angehenden Unternehmensgründers entspricht.

Bei der zufälligen Entdeckung steht die Erkennung einer konkreten Marktchance vor der Entscheidung, sich selbständig zu machen. Potentielle Entrepreneure werden auf eine Marktchance aufmerksam (bzw. auf eine solche aufmerksam gemacht) und entwickeln ein Konzept, um diese Marktchance, z.B. bestehend aus einem bisher unbefriedigtem Konsumentenbedürfnis, auszunutzen.

Erst anschließend, wenn das Potential, das sich durch die erkannte Marktchance eröffnet, deutlich wird, stellt sich die Frage, ob dies in Form einer Unternehmensgründung umgesetzt werden kann und soll. Hier erfolgt der Entschluss zur Unternehmensgründung mit der Abwägung der verbundenen Chancen und Risiken vor dem Hintergrund einer konkret vorliegenden Idee. Es muss überprüft werden, inwieweit der Entrepreneur bereit ist, sein bisheriges Leben zur Verfolgung der Gründungsidee aufzugeben, d.h. wie stark die Push-Motive vom Entrepreneur im Vergleich zu den potentiellen Risiken eingeschätzt werden. Will der Entdecker der Idee das Risiko einer Gründung nicht selbst eingehen, stehen immer noch andere Wege zur Umsetzung offen, wie z.B.

im Rahmen des Corporate Entrepreneurship, in Form einer Teamgründung, falls dies die Entscheidung zur Selbständigkeit erleichtert, oder eventuell über die Weitergabe oder den Verkauf der Idee an Dritte.

Speziell bei der bewussten Ideensuche kann eine umfassende Informationssammlung oder Marktbeobachtung hilfreich sein. Hier können beispielsweise Analysen von Kundenbeschwerden (beim aktuellen Arbeitgeber), Patentrecherchen oder auch klassische Kreativitätstechniken zur Unterstützung eingesetzt werden.

Ist eine Gründungsidee gefunden, sollte anschließend im Rahmen der sogenannten Opportunity Evaluation eine Überprüfung auf deren wirtschaftliche und technologische Umsetzbarkeit, sowie hinsichtlich der Übereinstimmung mit den persönliche Zielen und Motiven des angehenden Unternehmensgründers stattfinden. Im Falle der zufälligen Entdeckung wird erst abschließend der Entschluss zur Unternehmensgründung endgültig getroffen. Die Aussagen von Unternehmensgründern unterstreichen die besondere Rolle, die der Bewertung von Ideen und anschließend auch der Auswahl der richtigen Gründungsidee zukommt. „A venture idea is not necessarily an opportunity, evaluation is the key" (Hills/Shrader 1998).

Bei der Bewertung und Auswahl von Gründungsideen spielen mehrere wesentliche Einflussbereiche eine Rolle. Zum einen gibt es objektive Kriterien, anhand derer die Idee hinsichtlich einer möglichen erfolgreichen Umsetzung im Markt zu überprüfen ist. Hier geht es zunächst um die Machbarkeit der Idee in Bezug auf die technologische Umsetzbarkeit der zugrundeliegenden Innovation und um die Verfügbarkeit der zum Unternehmensaufbau notwendigen Mittel. Ein zweiter Aspekt bezieht sich auf die Akzeptanz der Gründungsidee und des Leistungsangebots im Umfeld der zu gründenden Unternehmung. Akzeptanz zum einen im Markt, d.h. bei den Konsumenten, in gleichem Maße aber auch bei Partnern, die eine wichtige Rolle beim Unternehmensaufbau spielen wie z.B. Investoren und Banken, Absatzmittler, öffentliche Stellen oder andere Kooperationspartner. In Abb. 2-14 sind diese Faktoren in den Kategorien Technik, Markt, Finanzen, Organisation und Wettbewerb zusammengefasst.

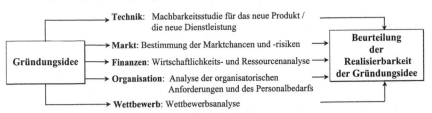

Abb. 2-14: Schlüsselkriterien zur Bewertung einer Gründungsidee
(Quelle: Kuratko/Hodgetts 2001, S.371)

Hinsichtlich des Marktes sollte das Marktpotential in dieser frühen Phase grob abgeschätzt, vorhandene Wettbewerber analysiert, bestehende Markteintrittsbarrieren beurteilt, der entwickelte Wettbewerbsvorteil, die potentielle Kundenakzeptanz bewertet und der realistisch erzielbare Marktanteil ermittelt werden. Dabei wird sich der Entrepreneur in erster Linie auf subjektive Einschätzungen verlassen, sein persönliches Netzwerk zur Informationssammlung und Einschätzung kontaktieren oder auf verfügbare Sekundärdaten zurückgreifen. Nicht erfolgversprechende Ideen sollten möglichst frühzeitig aussortiert werden, bevor unnötig Zeit und Ressourcen investiert werden.

Ist die Einbeziehung externer Partner wie Venture Capital-Geber oder Banken in den Unternehmensaufbau vorgesehen, so sollte die Attraktivität der Gründungsidee auch aus deren Blickwinkel beurteilt und beispielsweise der angestrebte Exit-Kanal oder die Rendite als Bewertungskriterium aufgenommen werden. Generell ist der benötigte Ressourcenbedarf abzuschätzen. Sind quantitative Kennzahlen wie z.b. erwarteter Cash-Flow oder Gewinne für die ersten Jahre der Unternehmensentwicklung ermittelt bzw. prognostiziert worden, können diese in Verfahren der Unternehmensbewertung eingesetzt werden (siehe hierzu z.b. Stevenson et al. 1999, S.34ff.).

Eine weitere Beurteilungskategorie besteht aus den persönlichen Motiven und Zielen, die der Entrepreneur mit einer selbständigen Tätigkeit verbindet. Hier ist eine möglichst ehrliche und objektive Überprüfung der ausgewählten Idee erforderlich. Der Entrepreneur muss überzeugt sein, mit der Idee seine Ziele umsetzen zu können, denn nur dann ist der zum erfolgreichen Unternehmensaufbau notwendige hohe persönliche Einsatz dauerhaft zu erbringen. Nur bei ausreichend großer eigener Motivation und Überzeugung, die entwickelte Unternehmensvision erfolgreich umsetzen zu können, ist der Entrepreneur in der Lage, Außenstehende wie potentielle Mitarbeiter, Investoren usw. gleichfalls von den Erfolgsaussichten zu überzeugen und zur Mitarbeit zu motivieren. Als mögliches Kriterium ist das erzielbare persönliche Einkommen des Unternehmensgründers anzuführen, das zumindest mittelfristig über dem vorherigen Gehalt aus einer abhängigen Beschäftigung liegen sollte. Kritisch ist auch zu prüfen, ob die zum Unternehmensaufbau notwendigen persönlichen Fähigkeiten und Kenntnisse vorhanden sind.

In der Studie von Hills & Shrader (1998) wird das Verhalten hinsichtlich der Bewertung der Gründungsideen untersucht. Als wichtigstes Kriterium wird hier der Glaube in die Gründungsidee angegeben. Objektive Kriterien wie Kundenumfragen oder andere formale Marktforschungsmethoden werden dabei als eher unwichtig eingeschätzt.

Am Ende der Vorgründungsphase steht der Entschluss sich selbständig zu machen, die Gründungsidee ist gefunden und in Form einer Unternehmensvision weiter ausgearbeitet.

Gründungsphase:

Im Mittelpunkt der Gründungsphase steht die detailliertere Planung des zu gründenden Unternehmens. Dazu gehört die Aufstellung eines auf Marktdaten basierenden Unternehmens- und Marketingkonzepts, eine tiefergehende Planung des Finanzbedarfs und möglicher Finanzierungsquellen, die Planung des Personalbedarfs sowie der sonstigen Sachmittel. Des weiteren ist die Wahl der Rechtsform sowie die Auswahl eines geeigneten Standorts vorzubereiten/durchzuführen. Das Gründungsteam kann bei Bedarf ergänzt oder erweitert werden, um so beispielsweise Know-how-Defizite auszugleichen.

Die Markt- und Umfeldanalyse stellt einen Schwerpunkt der Gründungsphase dar und legt die Basis zur Erstellung des Unternehmenskonzepts und der Markteintrittsstrategie. Die im Rahmen der Vorgründungsphase vorgenommenen groben Abschätzungen werden durch detailliertere Analysen ergänzt. Welche Zielgruppe und welcher Zielmarkt bietet die besten Gewinnaussichten, welche Anforderungen und Wünsche haben die Kunden, welche Absatzkanäle stehen zur Auswahl, wann soll der Markteintritt erfolgen, wie soll das Unternehmen heißen?

Falls das Unternehmenskonzept ausformuliert und beispielsweise in Form eines Businessplans Dritten präsentiert werden soll, ist die sorgfältige Untermauerung der Unternehmensvision mit realistischen Marktdaten notwendig. Dies dient auch zur rechtzeitigen Planung des weiteren Unternehmensaufbaus mit den hierzu benötigten finanziellen und personellen Mitteln.

Es ist oftmals festzustellen, dass sich Jungunternehmer durch eine übermäßige Verliebtheit in ihre Geschäftsidee auszeichnen und deshalb eingehende Marktstudien unterlassen bzw. negative Marktinformationen ignorieren (Fritz 2000, S.145). Für den Erfolg des Unternehmens und des Produktes im Markt ist es jedoch entscheidend, diese vorherrschende Technologieorientierung mit einer Markt- und Kundenorientierung zu verbinden. Marktorientierung besteht in diesem Zusammenhang aus der Gewinnung von Informationen über (potentielle) Kunden und Wettbewerber, aus der Verbreitung dieser Informationen im Unternehmen und deren Verwendung zur Gestaltung von Marketing-Programmen, d.h. zur Entwicklung und Einführung von Produkten. (Das Konzept der Marktorientierung und der Einfluss der Marktorientierung auf den Unternehmenserfolg wird in Kap. 4 ausführlicher erörtert.) Wichtig ist es, die für die Kaufentscheidung eines bestimmten Marktsegments relevanten Produkteigenschaften zu identifizieren und in diesen einen Wettbewerbsvorteil gegenüber Konkurrenzangeboten zu erarbeiten.

Eine wichtige Funktion der Marktforschung besteht außerdem in der frühzeitigen Identifizierung potentieller Kunden und vor allem möglicher Erstkunden, die als Referenz für weitere interessierte Käufer dienen und aktiv zur Kundenakquisition eingesetzt werden können. Für neue Marktteilnehmer ist es generell wichtig, möglichst schnell Partner zu identifizieren, die den Aufbau des Geschäftes unterstützen können und zu diesen frühzeitig Beziehungen aufzubauen. Als mögliche Partner neben potentiellen Kunden sind z.B. Banken, Venture Capital-Geber, Zulieferer, Absatzmittler, Werbeagenturen aber auch zukünftige Mitarbeiter zu nennen. Aufgrund der Unbekanntheit und der hohen Unsicherheit bezüglich der zukünftigen Entwicklung des Unternehmens ist der Aufbau solcher Beziehungen schwierig und bedarf des rechtzeitigen und intensiven Engagements seitens der Gründer.

Am Ende dieser Phase steht die formale Gründung des Unternehmens mit der Gewerbeanmeldung und die Aufnahme des operativen Betriebs.

<u>Aufbauphase:</u>

Die Umsetzung der beschriebenen Planungsaktivitäten beginnt in der Aufbauphase. Hier findet die Akquisition des erforderlichen Ressourcenbedarfs, d.h. Kapital, Mitarbeiter usw., sowie die Realisierung der geplanten Investitionen statt. Im Falle einer technologieorientierten Unternehmensgründung wird das neue Produkt weiter entwickelt und getestet. Das Markteinführungskonzept und dessen Umsetzung auf taktischer/operativer Ebene, d.h. die Auswahl produkt-, preis-, kommunikations- und distributionspolitischer Maßnahmen wird in den folgenden Kapiteln näher dargestellt. Falls möglich sollten Neuentwicklungen durch Patente oder andere Schutzrechte geschützt werden. Das Produktions- und Logistiksystem wird aufgebaut. Beziehungen zu

Zulieferern, Distributionspartnern und ersten Kunden werden intensiviert und eventuell in Vertragsform formalisiert.

Am Ende dieser Phase steht die Einführung des Produktes oder des Dienstleistungsangebots und die erstmalige Teilnahme am Marktgeschehen.

In der Wachstumsphase findet eine Ausweitung des Marktangebots der Unternehmung statt. Dies kann durch Differenzierung, Diversifikation oder Internationalisierung des Angebots erreicht werden. Um den Übergang von einer kleinen Unternehmensgründung zu einem dominierenden Marktteilnehmer zu ermöglichen, ist außerdem die Professionalisierung des Managements und der Unternehmensstruktur sowie das Erschließen neuer Finanzquellen zur Finanzierung des Wachstums, z.B. über einen Börsengang, notwendig.

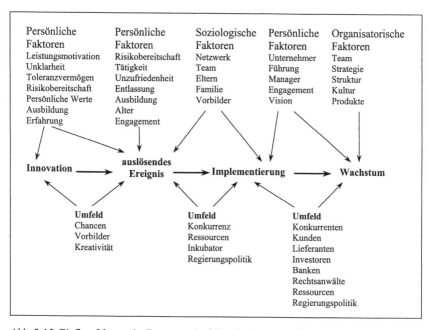

Abb. 2-15: Einflussfaktoren im Prozessverlauf (Quelle: Bygrave 1997, S.3)

Dies ist eine mögliche Beschreibung eines Gründungsprozesses. Jeder Gründer, jede Gründungsidee und jedes Umfeld sind anders und haben eine individuell unterschiedliche Ausgangsposition. Dadurch können verschiedene Einflussfaktoren auf die Ausgestaltung des Gründungsprozesses und der damit verbundenen Aktivitäten zum Tragen kommen. Abb. 2-15 zeigt einige Faktoren, die den Ablauf des Prozesses, hier dargestellt durch die Elemente Innovation, auslösendes Ereignis zur Gründung, Implementierung und Wachstum, beeinflussen können.

Die hier vorgestellte Vorgehensweise mit Analyse-, Planungs- und anschließender Implementierungsphase ist an den traditionellen strategischen Planungsprozess angelehnt und ist in erster Linie für Unternehmen geeignet, die zur Ressourcenakquisition einen Businessplan aufstellen müssen. Ein Businessplan stellt aber auch ein wichtiges internes Planungsinstrument dar, welcher den geplanten Gründungsprozess im Detail mit allen zu berücksichtigenden Entscheidungsfeldern abbildet und die Gründer zu einer intensiven und durchdachten Vorbereitung zwingt, in der auch die Identifikation möglicher Problemfelder eingeschlossen ist.

2.3.2 Marketing-bezogenes Phasenmodell des Gründungsprozesses

Bei einer originären Gründung erfolgt ein vollständiger Neuaufbau eines Unternehmens. Dadurch sind neben einer Vielzahl unterschiedlicher Entscheidungen, die für alle Funktionsbereiche zu treffen sind, auch eine Unternehmensorganisation und ein Führungssystem neu aufzubauen. Die vom Unternehmensgründer zu treffenden Entscheidungen über Standort, Rechtsform, Ressourcenbeschaffung, den Aufbau von Fertigungskapazitäten und die Beziehungen zu Beschaffungs- und Absatzmärkten identifizieren den Unternehmer als Koordinator von Ideen/Informationen, Ressourcen und marktlichen Gegebenheiten (Rüggeberg 1997, S.32).

Da bei einer Neugründung keine bestehenden betriebsinternen Macht-, Planungs- oder Entscheidungsstrukturen oder Unternehmenstraditionen berücksichtigt werden müssen, verfügt der Unternehmer grundsätzlich über nahezu unbegrenzte Entscheidungsmöglichkeiten hinsichtlich der Gestaltung der Neugründung und ihrer Umfeldbeziehungen (Rüggeberg 1997, S.32). Rahmenbedingungen des Entscheidungsspielraumes werden durch gesetzliche Regelungen, marktliche Gegebenheiten, der begrenzten Ressourcenausstattung (Kapital, Know-how, Erfahrung, Arbeitszeit etc.) sowie den zu berücksichtigenden Stakeholdern (insbesondere Mitarbeiter, Kooperationspartner oder Investoren) festgelegt.

In Abb. 2-16 ist ein Phasenmodell bestehend aus den vorgestellten vier Phasen (Vorgründungs-, Gründungs-, Aufbau- und Wachstumsphase) dargestellt. Analog zu den Problembereichen, die bei Neugründungen schwerpunktmäßig auftreten, erfolgt bezüglich der konkreten Aktivitäten, die in den jeweiligen Phasen durchgeführt werden sollten, eine Drei-Teilung in globaler Gründungsprozess (allgemeine Managementtätigkeiten des Gründers), Ressourcenplanung und marketing-bezogener Prozessbereich.

Eine besondere Betonung liegt auf der Darstellung der marketing-bezogenen Aktivitäten, die im Verlauf des Gründungsprozesses unternommen werden sollten. Hinzuweisen ist wieder auf den situativen Charakter eines Gründungsprozesses, so dass der hier dargestellte Prozessverlauf und die Aktivitäten zunächst modellhaften Charakter besitzen und an die jeweils konkrete Gründungssituation angepasst werden müssen. Nicht alle einbezogenen Aktivitäten müssen immer oder in dieser chronologischen Reihenfolge durchgeführt werden. Möglich ist aber auch eine wiederholte Durchführung von Aktivitäten wie beispielsweise von Produkttests, falls dies erforderlich erscheint. Prinzipiell wäre jeweils ein eigenes Modell mit den zugehörigen Aktivitäten aufzustellen, je nachdem ob es sich bei dem zu gründenden Unternehmen um einen Dienstleistungsanbieter oder ein technologieorientiertes Unternehmen, um einen Pionier oder einen späten Folger, um einen Anbieter von Konsum- oder Investitionsgütern usw. handelt.

		Vorgründungsphase (Entdecken + Bewerten der Opportunity)	⟹ Entschluss zur Selbständigkeit, Ideenfindung, Unternehmensvision
		Entdecken der Opportunity	Entscheidung zur Verfolgung der Opportunity
Globaler Gründungs-Prozess	Quellen der Opportunity (Volkswirtschaftliche Ebene)	▪ Prozess der Ideenfindung/-suche: - zufällig (accidental) - systematische Suche (systematic search) ▪ Ausnutzen verschiedener Ideenquellen ▪ Innovative Idee(n) finden und Vision des Unternehmens / Marktes entwickeln ▪ Grobkonzept skizzieren	▪ Bewerten der identifizierten Marktchance (Opportunity Evaluation) ▪ Ziele und Motive, die mit der Gründungsidee realisiert werden sollen ▪ Überprüfen der persönlichen Fähigkeiten des Gründers bezüglich dem Fit mit der Opportunity (Defizite identifizieren) ▪ Analyse der eigenen (beruflichen und privaten) Situation ▪ Abwägen der Chancen und Risiken und möglicher alternativer Ideen ▪ Machbarkeitsstudien bei technologieorientierten Gründungsideen
Ressourcen-planung (insbes. Finanzierung)			▪ Abschätzung des Ressourcenbedarfs und der Beschaffungsmöglichkeiten (oft eher von untergeordneter Bedeutung oder erst in späteren Phasen) ▪ Analyse vorhandener und verfügbarer Mittel ▪ Abschätzen des Gewinnpotentials (insbesondere im Vergleich zu vorherigem Einkommen) ▪ Abschätzen des Break-Even Bedarfs (mögliche Preise/Kosten)
Marketingbez. Prozessbereich		▪ Informationssuche / Marktrecherche, -beobachtung ▪ Entdecken von nicht oder nur unzureichend befriedigten Bedürfnissen ▪ Beobachtung / Analyse von Kunden (Anwender)-problemen / -beschwerden des bisherigen Arbeitgebers, Ausnutzen des vorhandenen Wissens, Patentrecherche ▪ Einsatz von Kreativitätstechniken (eher Intrapreneurship)	▪ Market opportunity analysis (Überprüfen der Erfolgsaussichten) ▪ Abschätzen des Marktpotentials und des realisierbaren Marktanteils ▪ Identifizieren der vorhandenen und potentiellen Wettbewerber (je nachdem ob Pionier oder Folger) ▪ Abschätzen der Kundenakzeptanz (des Wettbewerbsvorteils) des neuen Angebots ▪ Befragung von potentiellen Kunden (Bekannte, Verwandte, Geschäftspartner) ▪ Abschätzen der vorhandenen Markteintrittsbarrieren und –kosten ▪ Aufbau von Kontakten zu möglichen Stakeholdern zur Informationsbeschaffung (frühzeitiger Beginn des Relationship Marketing) ▪ Suche nach potentiellen Gründungsteammitgliedern

Abb. 2-16: Marketingbetontes Phasenmodell des Gründungsprozesses

	Gründungs- (Entstehungs)phase (Definition des Konzepts)	⟹ Formale Gründung, Gewerbeanmeldung, Gesellschaftsvertrag, Aufnahme des Betriebes
Globaler Gründungs-Prozess	▪ Unternehmensziele festlegen (strategische, operative und Wachstumsziele) ▪ Definition der Unternehmensmission und angestrebten Unternehmenskultur ▪ Auswahl eines geeigneten und verfügbaren Standortes, Wahl der Rechtsform ▪ Eventuell Auswahl eines Inkubators	▪ Zusammenstellung des Gründungsteams ▪ Meilensteine und Markteintrittstermin festlegen ▪ Projektplan für FuE aufstellen (technologieorient. Gründungen) ▪ Businessplan schreiben
Ressourcenplanung (insbes. Finanzierung)	▪ Detaillierte Planung des Ressourcenbedarfs für FuE, Marktvorbereitung und –einführung, Produktionsaufbau und Unternehmensaufbau (Sachmittel u. Personal) ▪ Aufstellen der Beschaffungsmöglichkeiten ▪ Information über Fördermöglichkeiten	▪ Beginnende Akquisition von Kapital ▪ Zunächst Eigenmittel, informelle Quellen (Verwandte, Bekannte) ▪ Erste Kontakte zu VC-Gebern (Informationssammlung) ▪ Seed Finanzierung vorbereiten
Marketingbezogener Prozessbereich	▪ Umfangreiche Marktanalyse ▪ Analyse quantitativer Marktgrößen: Absatz-/Marktpotential, Marktanteil ▪ Kundenanalyse: - Identifikation potentieller Kunden (insb. Schlüssel-/Referenz-/Pilotkunden) - Bewerten von Kunden(-segmenten) - Analyse der Kundenbedürfnisse u. –probleme - Feste und variable Anforderungen (Zusatznutzen u. –funktionen) - Einfluss des Erfüllungsgehalts auf die Kaufentscheidung - Entscheidungsprozess (externe Einflussfaktoren insb. bei Buying Center) - Dauer des Kaufprozesses - Regionale Unterschiede der Kundenanforderungen und des Kaufverhaltens ▪ Marketing-Konzept aufstellen: - Bildung von Kundensegmenten - Zielmarktwahl (Kundensegment u. regionaler Ausdehnung/Marktareal) - Positionierung im Wettbewerbsraum - Wahl der Marktbearbeitungs- u. Wettbewerbsstrategie - Festlegung der Kooperationsstrategie und Suche nach möglichen Partnern - Opt. Markteintrittstermin (Konkurrenzaktiv., saisonale Schwankungen)	▪ Abschätzen Marktwachstum u. Marktentwicklung (Szenarien) ▪ Identifikation potentieller Kooperationspartner ▪ Konkurrenzanalyse: - Erfassen wirtschaftlicher u. technologischer Informationen bzgl. der Hauptkonkurrenten (Anzahl, Leistungsfähigkeit, Marktanteil, Innovati-onskraft, Marketing-Instrumente, Wettbewerbsstrategie, Image bei Konsumenten, Stärke der Kundenbindung, Kundengruppenstruktur/-segmente) - Abschätzen möglicher Reaktionen der Wettbewerber auf Markteintritt - Chancen/Risiken sowie Stärken/Schwächen analysieren - Grundsätzliche Preislage festlegen - Detailliertes Produkt/Service-Konzept (Überprüfung/Verbesserung mit Hilfe von Konzept-Tests, Focusgruppen, schon vorhandenen Pilotkunden) - Wahl des Unternehmensnamens, -symbols - Attracting Stakeholders, Aufbau des Netzwerkes - Kontakte zu pot. Mitarbeitern, Kapitalgebern, Zulieferern, Kunden u. Distributionspartnern knüpfen

Abb. 2-16 (Forts.): Marketingbetontes Phasenmodell des Gründungsprozesses

	Aufbauphase (Entwicklung u. Markteinführung) → Eintritt in den Zielmarkt, Verkaufsstart
Globaler Gründungs-Prozess	▪ Bei technologieorientierten Gründungen separate FuE-Phase (Sicherstellung der Parallelität v. FuE und Marktvorbereitung) ▪ Notwendigkeit u. Möglichkeit des Ideenschutzes prüfen ▪ Patentanmeldung ▪ Aufbau der Produktion und Logistik ▪ Qualifikation des Fertigungspersonals ▪ Aufbau des Unternehmensstandortes ▪ Aufbau der Organisation ▪ Koordination und Arbeitsteilung
Ressourcenplanung (insbes. Finanzierung)	▪ Bedarfsermittlung für Fertigungsaufbau (Arbeitsmittel, Fertigungspersonal) u. Markteinführung ▪ Rekrutierung von Mitarbeitern ▪ Akquisition der notwendigen Ressourcen ▪ Akquisition v. Venture Capital (Start-up Financing) ▪ Analyse der Fertigungskosten (in Abhängigkeit von Stückzahl) ▪ Berechnung der Mindest-Stückzahl zur Deckung der fixen + variablen Kosten (Break-Even-Analyse) ▪ Bonitätsprüfung der Kunden (Finanzierbarkeit künftiger Aufträge)
Marketing-bezogener Prozessbereich	▪ Vorbereitung der Markteinführung ▪ Pilotkunden/Lead-User/Innovatoren akquirieren (Verlässlichkeit, Vertrauenswürdigkeit u. Kompetenz) **Distribution:** - Festlegen der Vertriebswege für Kundensegmente (eigene/fremde/kombiniert) (Vgl. Kapitalbedarf, laufende Kosten + Erträge) - Auswahl d. Vertriebspartner (Qualifikation insbes. bei erklärungsbedürftigen Produkten, Marktanteil in d. Zielgruppe, pot. Absatzmenge, Angebotssortiment, Imagewirkung, Gefahr v. Know-how Abfluss, Auswirkung v. Exklusivitätsrechten) **Kommunikation:** - PR, Werbemaßnahmen, Messeauftritte, Veröffentlichungen, Verkaufsförderungsmaßnahmen, Vorankündigung usw. - Direktansprache v. Kunden (bei Buying Center Entscheidungsverantwortliche) - Aufbau einer Kundendatenbank - Referenzkunden zur Überzeugung v. pot. Erstkäufern einsetzen - Erarbeiten einer Verkaufsargumentation unter Berücksichtigung d. Preis-Leistungs-Verhältnisses u. d. Konkurrenzangebots - Verkäuferschulung (intern u. extern) ▪ Erzielen einer hohen Diffusions-/Adoptionsrate, Erstkäufe ▪ Aufbau v. Stammkunden (mit kalkulierbarem Kaufverhalten) ▪ Marketing-Mix-Instrumente gestalten u. einsetzen **Preis:** - Genaue Preisfestlegung, Preisstrategie f. nächste Monate/Jahre, Sonderkonditionen bei Einführung **Produktkonzept:** - Garantie, Kundendienst, Verpackung, Branding - Ergänzende Leistungen (Schulung, Beratung, Instandhaltung, Recycling usw.) - Markt-/Konzepttests (Product-Use-Test, Focusgruppen), Auswerten d. Kundereaktionen u. Einarbeiten von Erfahrungsrückflüssen - Evtl. frühzeitige Vermarktung/Verkauf v. Zwischenergebnissen/Modulen/Einzelteilen sowie Beratung/Service

Abb. 2-16 (Forts.): Marketingbetontes Phasenmodell des Gründungsprozesses

	Wachstumsphase (operate + harvest venture) ⟹ Expansion, Internationalisierung, Professionalisierung
Globaler Gründungs-Prozess	▪ Strukturierung d. Organisation ▪ Delegieren v. Entscheidungsbefugnis u. Verantwortung ▪ Errichten von (internationalen) Zweigstellen ▪ Formale Kontrollsysteme (auch international) ▪ Erweitern/Überarbeiten d. Unternehmenskonzepts ▪ Kritische Erfolgsfaktoren u. Stärken identifizieren u. deren Entwicklung planen und vorantreiben ▪ Identifikation von (potentiellen) Problemen ▪ Lagerverwaltung ▪ Ausbau der Fertigungskapazitäten ▪ Optimierung d. Fertigungsprozesses (Kostensenkung durch Realisierung v. Erfahrungskurveneffekten u. techn. Verbesserungen)
Ressourcenplanung (insbes. Finanzierung)	▪ Starkes Personalwachstum ▪ Internationale Ressourcenakquisition ▪ Finanzierung des Wachstums (evtl. Innenfinanzierung, Kredite) ▪ Second/Third Stage Financing (Expansion/Bridge) ▪ Vorbereitung u. Durchführung v. IPO ▪ Exitstrategie für Venture Capitalist

Marketing-bezogener Prozessbereich	▪ Formulierung eines erweiterten Marketing Konzepts (Unternehmens-, Geschäftsfeld-, Produktebene)
	▪ Kontinuierliche Marktforschung
	▪ Kontinuierliche Produktinnovation/-verbesserung
	▪ Erweitern d. Produkt- u. Leistungsangebots (Tiefe u. Breite)
	▪ Neue Zielmärkte u. Marktsegmente (Differenzierung/ Diversifikation)
	▪ Ausbau des Vertriebsnetzes
	▪ Verstärkte Kundenbindungsaktivitäten, -zufriedenheitsanalyse
	▪ Verstärkte Image-/Markenbildung (Markentransfer / Markeninnovation bei Neuprodukten)
	
	▪ Globalisierung:
	  - Internationalisierung d. Netzwerks
	  - Internationale Marktforschung (Wettbewerbs- u. Kundenanalyse)
	  - Kundenanforderungen u. nationale Bestimmungen
	  - Risikoabschätzung (spez. Dritte Welt)
	  - Kaufverhalten u. Einflussfaktoren d. Kaufentscheidung (neue Segmentierung)
	  - Erfolgsabschätzung (pot. Marktanteil, Marktentwicklung, Kosten/Erlöse)
	  - Auswahl Zielländer (gleiches Sprachgebiet, benachbarte Länder usw.)
	  - Reihenfolge d. Bearbeitung (Wasserfall-/Sprinkler-Strategie)
	▪ Internationale Markteinführungskampagne:
	  - Werbemaßnahmen u. Verkaufsförderung
	  - Distributionswege u. –partner (dir./indir. Export, Joint Venture, Vertriebsniederlassung, …)
	  - Produktentwicklung (Standardisiert/differenziert)
	  - Internationale Preisstrategie (Rabatte)

Abb. 2-16 (Forts.): Marketingbetontes Phasenmodell des Gründungsprozesses

3. Markteintrittsgestaltung

3.1 Formulierung der Marketing-Konzeption

3.1.1 Notwendigkeit und Funktion der Marketing-Konzeption

Gründer beginnen mit ihren Marketingaktivitäten oft zu spät und glauben, sich erst bei Vorhandensein des neuen Produktes mit dessen Vermarktung beschäftigen zu müssen. Dabei unterschätzen sie, wie lange es dauert, Kaufentscheidungen bei Kunden herbeizuführen, Marktwiderstände zu beseitigen, ein Image für das neue Unternehmen aufzubauen und einen leistungsfähigen Vertrieb zu organisieren (Baier/Pleschak 1996, S.31). Eine frühzeitige Planung des Markteintritts, d.h. Bestimmen der Art und Weise, wie das Produkt der angestrebten Zielgruppe näher gebracht, Wettbewerbsvorteile aufgebaut und kommuniziert oder auf welchem Wege das Angebot den Kunden zugänglich gemacht werden kann, ist ratsam. Zur möglichst optimalen Gestaltung des Markteintrittes sind ein Reihe von Faktoren, wie z.B. konkrete Anforderungen und Wünsche der Zielgruppe, Wettbewerbsbedingungen, zur Verfügung stehende Distributionskanäle, vorhandene oder zugängliche Ressourcen etc., zu berücksichtigen. Die Markteinführungsstrategie einer Unternehmensgründung kann als die intern und extern möglichst stimmige Kombination von miteinander verflochtenen Grundsatzentscheidungen mittel-/längerfristiger Art definiert werden, die zielgeleitet die zukünftige Geschäftstätigkeit und das Wettbewerbsverhalten eines neugegründeten Unternehmens festlegt (in Anlehnung an Rüggeberg 1997, S.26).

Wie in dem „idealisierten" Phasenmodell in Abb. 2-16 dargestellt, steht im Mittelpunkt der Gründungsphase die Formulierung des Unternehmenskonzepts, in dem der Unternehmensaufbau und der Markteintritt sowie die längerfristige Entwicklung des Unternehmens geplant werden. Vor dem Hintergrund der hohen Bedeutung, die dem Marketing und speziell der Markteintrittsgestaltung für die erfolgreiche Entwicklung von Neugründungen zukommt, ist eine frühzeitige und sorgfältige, d.h. an den Kundenbedürfnissen und weiteren internen und externen Rahmenbedingungen orientierte, Beschäftigung mit der Planung und Gestaltung des Markteintritts notwendig. Diese Planung wird mit Beginn der Aufbauphase und in den weiteren Phasen des Unternehmenslebenszyklus umgesetzt, wobei eine ständige Anpassung und Weiterentwicklung des Unternehmenskonzepts erforderlich ist.

(Anmerkung: Da für entrepreneurhafte Unternehmensgründungen in der Regel die Aufnahme von externen Kapital notwendig ist, wird von der Formulierung eines Businessplans ausgegangen, in dem die schriftliche Formulierung des Unternehmenskonzepts erfolgt, bestehend aus Festlegung von Zielen, Strategien und operativen Maßnahmen zu deren Umsetzung.)

Wie im vorherigen Kapitel bereits diskutiert (siehe z.B. Abb. 2-6, S. 28), bestehen bei Unternehmensgründungen und KMUs oftmals Defizite bezüglich der Rolle von Marketing im Unternehmen und dessen Verständnis als umfassendes Führungskonzept. Marketing darf nicht als abgegrenzte und eher kurzfristig orientierte Aufgabe der Werbung oder des Vertriebs gesehen werden. Marketing ist vielmehr als bewusste

Führung des Unternehmens vom Absatzmarkt her zu sehen, d.h. der Kunde und seine Nutzenansprüche sowie ihre konsequente Erfüllung stehen im Mittelpunkt des unternehmerischen Handelns, um so Erfolg und Existenz des Unternehmens dauerhaft zu sichern (Becker 2002, S.3). Professionelles Marketing ist eine originäre Aufgabe der Unternehmensgründer. Falls diese die notwendige Qualifikation und erforderlichen Kenntnisse nicht besitzen, müssen sie sich diese aneignen. Marketing soll nicht alleine aus einer bestimmten gegenwärtigen Situation heraus verstanden werden, sondern erfordert ein strategisches Herangehen an alle Aufgaben (Meier 1998, S.40f.).

Baier & Pleschak (1996, S.48) benennen einige Leitsätze für junge Technologieunternehmen, an denen sich die zu formulierenden Marketingziele, -strategien und -maßnahmen orientieren sollten:

- Marketing als Aufgabe des gesamten Unternehmens: Marketing ist als marktorientierte Unternehmensführung zu verstehen, die alle Unternehmensfunktionen und -bereiche betrifft. Das heißt auch, dass die Gründer und das Management marktorientiert denken und handeln und sich nicht nur als technische Spezialisten, Entwickler oder Erfinder sehen sollten. Marketing beginnt schon während der Gründungsvorbereitung damit, dass systematische Informationen über Märkte, Wettbewerber und Kundenbedürfnisse erhoben werden. Nur auf dieser Basis ist es möglich, bedarfsgerechte und damit auch wettbewerbsfähige Produkte und ein geeignetes Unternehmenskonzept zu entwickeln oder Kapitalgeber zu akquirieren.

- Kundenorientierung des gesamten Unternehmens: Der Kunde und der Kundennutzen müssen im Mittelpunkt aller Überlegungen stehen. Das bedeutet, dass frühzeitig Kontakte mit potentiellen Abnehmern aufgenommen werden, um deren Anforderungen bei der Produktentwicklung zu berücksichtigen, oder dass sich die Gründer in die Probleme und Denkhaltung der Kunden hineinversetzen.

- Wettbewerbsorientierung: Auch wenn Unternehmensgründungen neuartige Produkte anbieten, müssen sie sich dennoch gegenüber anderen Problemlösungen oder Substitutionsprodukten behaupten. Deshalb beinhaltet Marketing auch die Orientierung an den Wettbewerbern. Das bedeutet, Wettbewerbsvorteile zu erringen, die Marktposition zu verteidigen und weiter auszubauen. Dabei ist zu berücksichtigen, dass nicht die eigene Einschätzung dafür maßgeblich ist, ob die eigenen oder die Konkurrenzprodukte besser sind. Vielmehr kommt es auf die subjektive Sicht der Kunden an. Sie entscheiden, welche Produkte für sie den größten Nutzen haben.

- Langfristiges strategisches Denken und Handeln: Marketing kann nicht allein aus einer bestimmten gegenwärtigen Situation verstanden werden, sondern erfordert strategisches Herangehen an alle Unternehmensaufgaben. Marketingstrategien sind ein wichtiger Bestandteil der Unternehmensstrategien. Sie legen die grundsätzliche Orientierung des Unternehmens bezüglich der Auswahl der Zielmärkte, des anzubietenden Leistungsangebots etc. fest. Ein strategisch orientiertes Marketing ist eine entscheidende Voraussetzung für den Unternehmenserfolg und mindert das Risiko von Fehlentscheidungen.

- Wachstums- und Ertragsorientierung: Junge Unternehmen können sich nur dann dauerhaft am Markt etablieren, wenn sie die erforderliche Finanzkraft erlangen, um langfristig Innovationen entwickeln und vermarkten zu können, und wenn sie in ihrem Marktsegment eine ausreichende Präsenz besitzen. Dazu ist eine gewisse Unternehmensgröße bzw. ein hinreichendes Umsatzniveau erforderlich. Wachstums- und Ertragsorientierung sind deshalb zentrale Bestandteile einer Marketingkonzeption.

Marketing als markt- und kundenorientierte Unternehmensführung lässt sich nur konsequent umsetzen, wenn dem unternehmerischen Handeln eine schlüssig abgeleitete, unternehmensindividuelle Marketing-Konzeption zugrunde liegt (Becker 2002, S.3). Die Markt- und Unternehmenskonstellationen sind viel zu komplex und die Möglichkeiten des operativen Einsatzes von Marketing-Instrumenten im Rahmen der Markteintrittsgestaltung zu vielfältig, als dass ein nicht bewusst gesteuerter Marketingprozess möglich bzw. ökonomisch sinnvoll wäre. Eine Marketing-Konzeption kann aufgefasst werden als ein schlüssiger, ganzheitlicher Handlungsplan, der sich an angestrebten Zielen orientiert, für ihre Realisierung geeignete Strategien wählt und auf ihrer Grundlage die adäquaten Marketing-Instrumente festlegt (Becker 2002, S.5). Eine Marketing-Konzeption als grundlegender Leitplan des gesamten Unternehmens hat in hohem Maße eine koordinierende Funktion in Bezug auf alle markt- und kundenrelevanten Maßnahmen im Unternehmen. Durch den systematischen, an allgemeinen Strategien wie z.B. der Marktsegmentierung ausgerichteten Einsatz von Marketinginformations- und -aktionsinstrumenten sowie der konsequenten Führung der gesamten Unternehmung von den jeweils relevanten Umweltbereichen her und auf diese hin sollen dabei Marktpotentiale aufgedeckt, ausgeschöpft und langfristig gesichert werden (Kussmaul 1999, S.5). Dabei liegt eine besondere Betonung auf zwei zentralen Leitideen, nämlich der Kundenorientierung einerseits, bei der es aber keinesfalls um eine isolierte, kurzsichtige Orientierung an kurzfristigen Kundenwünschen ohne Einbeziehung anderer Interaktionspartner (Lieferanten, Konkurrenten usw.) gehen darf, und der Berücksichtigung langfristiger Umweltentwicklungen. Diese Funktion kann sie jedoch nur dann erfüllen, wenn sie schriftlich als ein konsistentes Bündel von Handlungsanweisungen niedergelegt ist (Becker 2002, S.5).

3.1.2 Elemente der Marketing-Konzeption

Bei der Formulierung einer Marketing-Konzeption, welche im Zusammenhang mit der Markteintrittsgestaltung erstmalig aufzustellen ist, lassen sich, wie in Abb. 3-1 dargestellt, die normative, strategische und operative/taktische Ebene der Unternehmensführung unterscheiden.

Die normative Managementebene beinhaltet die generellen Ziele des Unternehmens sowie die Prinzipien und Normen, d.h. die Formulierung der Unternehmensvision und -kultur, mit denen die Lebens- und Entwicklungsfähigkeit des Unternehmens sichergestellt werden soll und begründet damit die Aktivitäten der Verantwortlichen (Rüggeberg 1997, S27).

Die strategische Managementebene umfasst die Planung, Steuerung und Koordination der Unternehmensentwicklung aus einer konzeptionellen Gesamtsicht heraus. Im Mittelpunkt steht neben den zu verfolgenden Programmen (Strategien) die grundsätzliche Ausrichtung von Strukturen und Systemen sowie das Problemlösungsverhalten der

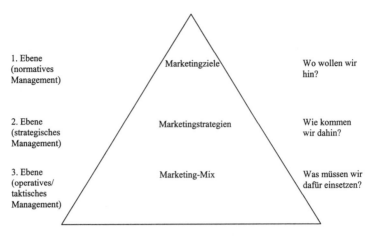

1. Ebene (normatives Management)	Marketingziele	Wo wollen wir hin?
2. Ebene (strategisches Management)	Marketingstrategien	Wie kommen wir dahin?
3. Ebene (operatives/ taktisches Management)	Marketing-Mix	Was müssen wir dafür einsetzen?

Abb. 3-1: Konzeptionspyramide als Bezugsrahmen der Marketing-Konzeption (in Anlehnung an Becker 2002, S.4)

Entscheidungsträger. Das Ziel strategischer Unternehmensführung ist der Aufbau, die Pflege und Ausbeutung von Erfolgspotentialen, für die Ressourcen eingesetzt werden müssen (Bleicher 1995, S.70). Für ihre Schaffung ist eine lange, nicht beliebig verkürzbare Zeit erforderlich. Unter Erfolgspotential versteht man das Gefüge aller jeweils produkt- und marktspezifischen erfolgsrelevanten Voraussetzungen, die spätestens dann aufgebaut sein müssen, wenn es um die Erfolgsrealisierung geht (Rüggeberg 1997, S.27f.). Strategien stellen konstitutive, mittel- bis langfristig orientierte Grundsatzregeln dar, durch welche ein konkreter Aktivitätsrahmen sowie bestimmte Stoßrichtungen des unternehmerischen Handelns determiniert werden. Während die Taktik des Unternehmens die operativen Handlungen festlegt (die laufenden Maßnahmen bestimmt und sich den täglich auftretenden Problemen widmet) und eher am Effizienzkriterium („die Dinge richtig machen") ausgerichtet ist, geht es bei der Strategie darum, „die richtigen Dinge zu machen" (Becker 2002, S.142f.). Unter heutigen Markt- und Wettbewerbsbedingungen können Unternehmen nur noch erfolgreich sein, wenn sie auf einer zukunftsgerichteten, potentialorientierten Strategie aufbauen (Kussmaul 1999, S.6).

Eine Strategie für den Markteintritt mit selbstentwickelten Leistungsangeboten von Unternehmensgründungen umfasst insbesondere Verhaltensaspekte gegenüber dem Wettbewerb, wofür die Bestimmung des eigenen Tätigkeitsbereichs Voraussetzung ist (Rüggeberg 1997, S.26). Die Markteinführungsstrategie für Unternehmensgründer gibt deshalb Antwort auf die marktbezogenen Grundsatzfragen der Unternehmensführung: In welchem Geschäftsfeld wollen wir tätig sein? Wie wollen wir den Wettbewerb in diesem Geschäftsfeld bestreiten?

Auf der taktischen Ebene steht die Auswahl geeigneter Maßnahmen zur Umsetzung der strategischen Ausrichtung und der damit formulierten Verhaltensregeln im Markt im Vordergrund. Dazu zählt auch die Festlegung der jeweils zur Verfügung stehenden Budgets und Verantwortlichkeiten.

Die Umsetzung der grundsätzlichen Planung des Unternehmensverhaltens erfolgt auf der operativen Ebene durch die konkrete Ausgestaltung und den Einsatz von Maßnahmen aus dem Marketing-Mix Bereich. Die Umsetzung und Implementierung der formulierten Marketing-Konzeption, d.h. die Ausrichtung und Orientierung des Unternehmens am Markt, genauer gesagt an den Kunden und Wettbewerbern, wird auch als Marktorientierung bezeichnet.

(Die detaillierte Darstellung der operativen Ebene der Markteintrittsgestaltung bestehend aus der Entwicklung einer Marktorientierung und dem Einsatz von Marketing-Mix-Instrumenten erfolgt in den Kap. 4 bzw. 5.)

Abb. 3-2 zeigt verschiedene Entscheidungsfelder der drei Managementebenen, die im Zuge der Planung des Markteintritts von Unternehmensgründer zu berücksichtigen sind.

Entschei-dungsdimensi-onen	Fragestellung	Entscheidung	Management-ebene
Ursache	**Warum?** tritt die Unternehmung in den Markt ein	Zielsetzung	Normative Management-ebene
Geschäftsfeld	**mit welchem Leistungs-angebot?** **in welchen Eintritts-markt?**	Fixierung des Leistungsan-gebots (Geschäftsidee) Bestimmung des relevanten Marktes & Auswahl der zu bearbeitenden Segmente	Strategische Management-ebene
Ort	**in welcher Region?**	Marktareal	
Partner	**mit wem?**	Kooperation	
Vorteil	**wie?**	Wettbewerbsvorteil	
Zeit	**wann?**	Markteintrittstiming	
Umsetzung	**mit welcher Ausgestal-tung in den Unterneh-mensbereichen?**	z.B. im Absatzbereich Markt-bearbeitung durch Marketing-Mix	Funktionsbe-reichsebene (taktisch)

Abb. 3-2: Entscheidungsdimensionen beim Markteintritt einer Unternehmensgründung (Quelle: Rüggeberg 1997, S.55)

Basis der Planungsaktivitäten zur Markteintrittsgestaltung ist, wie in Abb. 3-3 dargestellt, eine Markt- und Umfeldanalyse, wodurch die notwendige Wissensbasis für die zu treffenden Entscheidungen und Auswahl der geeigneten Handlungsalternativen geschaffen wird.

Planung des Markteintritts
Formulierung der Marketing-Konzeption

Implementierung der Marketing-Konzeption
(Marktorientierung)
Einsatz des Marketing-Mix-Instrumentariums

Strategieformulierung				Strategieimplementierung			Bewertung u. Kontrolle
Idee/Vision	Ziele	Strategien	Instrumente	Programme	Budgets	Ablauf	Erfolg
Ideenfindung Motivation	Wachstum Marktstellung	Segmentierung Positionierung	Marketing-Mix-Instrumente (Produkt, Preis, Kommunikation, Distribution)				
Unternehmensvision	Gewinn Finanzielle Ziele	Wettbewerbsverhalten					
Unternehmensgrundsätze (Kultur, Philosophie, Führungsstil)	Persönliche Ziele	Marktwahl					
		etc.					

Extern
Marktteilnehmer
Gesellschaft
Chancen & Risiken
Intern
Ressourcen
Fähigkeiten
Stärken & Schwächen

Markt-/Umfeld-Analyse

Feedback

Normatives Management	Strategisches/taktisches Management	Operatives Management

Abb. 3-3: Ablaufschema zur Planung der Markteintrittsgestaltung

58

3.2 Prozess der strategischen Planung in Neugründungen

Der Einsatz strategischer Planung im Zuge des Gründungsprozesses oder generell in KMUs wird in der Literatur durchaus kritisch diskutiert. Die Diskussion bezieht sich dabei unter anderem auf folgende Aspekte:

- Welche Gründe sprechen für die Durchführung strategischer Planung und in welchem Umfang findet diese im Gründungsprozess (in KMUs) statt?
- Wie sieht der Ablauf bzw. Prozess der strategischen Planung aus? Welche Planungsformen (Formalisierungsgrade) existieren und welche Varianten sind speziell für Unternehmensgründer geeignet?
- Wie ist die Erfolgswirksamkeit im Gründungsprozess einzuschätzen?

3.2.1 Notwendigkeit strategischer Planung

Die Notwendigkeit zur Durchführung von strategischer Planung wird in vielen Unternehmensgründungen und KMUs nicht erkannt, da sie auch ohne umfangreiche und zeitintensive Planungsaktivitäten Wachstum oder Gewinne erzielen (Carson et al. 1995, S.147). Befürworter strategischer Planung argumentieren jedoch, dass die Durchführung formaler Planung den Unternehmenserfolg deutlich steigern kann. Bei entrepreneurhaften Unternehmensgründungen identifizieren Matthews & Scott (1995) umfangreichere, langfristigere und gründlichere Planungsaktivitäten als bei „normalen" kleinen Firmen. Dies ist zum einen auf die Motivation der Gründer zum Erreichen einer marktdominierenden Stellung und das damit verbundene Engagement zurückzuführen. Zum anderen macht die Inanspruchnahme von Beteiligungskapital die formale Ausgestaltung der strategischen Planung und der damit verbundenen Wachstumsüberlegungen in Form eines Business Plans bei der Unternehmensgründung notwendig.

Die überzeugende Darstellung der Unternehmensvision und angestrebten Unternehmensentwicklung ist essentiell für die Akquisition externer Mittel (Chiagouris/ Wansley 2003). Hierbei ist allerdings kritisch zu hinterfragen, inwieweit der erstellte Businessplan im weiteren Verlauf tatsächlich als strategisches Planungsinstrument eingesetzt wird oder ob er ausschließlich der Kapitalakquisition dient. Nach Vesper (1993, S.25) ergeben sich folgende Vorteile bzw. Effekte bei der Durchführung strategischer Planung im Zuge des Gründungsprozesses:

- Teilweise oder vollständige Überprüfung des Unternehmenskonzepts, Treffen von Go-/ No Go-Entscheidungen;
- Verbessern/Anpassen des Leistungsangebots und des Gründungsprozesses;
- Finden von anderen, besseren Marktchancen bzw. Gründungsideen;
- Antizipieren von Anforderungen/Bedürfnissen, die eine gewisse Vorlaufzeit brauchen;
- Antizipieren und Vorwegnehmen von möglichen Problemen des Gründungsprozesses;
- Vorbereiten und damit beschleunigen von zukünftigen Entscheidungen;
- Einbeziehen von externen Verbesserungsvorschlägen/Feedback;

- Besseres Verständnis gemeinsamer Aufgaben;
- Durchdenken der Gründung fördert den Lernprozess.

Trotz der angeführten positiven Effekte wird der Einsatz strategischer Planung von vielen Entrepreneuren kritisch gesehen und auf deren Durchführung verzichtet. Dafür führt Vesper (1993, S.26) folgende mögliche Gründe an:

- Opportunitätskosten der Zeit, die für die Sammlung von Informationen aufgebracht werden muss;
- Veränderte Umfeldbedingungen machen vorhandene Informationen obsolet und verlangen eine Anpassung der Planung;
- Gefahr, falsche Vorstellungen über die Zukunft zu verstärken und daraufhin schlechte Entscheidungen zu treffen;
- Risiko durch auftauchende Komplexität/Schwierigkeiten entmutigt zu werden;
- Arbeitsintensive Tätigkeit ohne echtes Feedback deren Effekt erst später sichtbar wird;
- Entmutigung durch externe Kritik oder das Aufdecken von Schwächen.

Hinsichtlich des Einsatzes formaler d.h. schriftlich fixierter strategischer Planung in KMUs gibt es je nach Charakteristika der untersuchten Unternehmen variierende Angaben:

- Frank/Plaschka (1989): ca. 30% besitzen einen schriftlichen Businessplan (125 KMUs);
- Berry (1998): 13% besitzen keinen langfristigen Businessplan (257 technologie-orientierte KMUs);
- Lumpkin et al. (1998): 50% der Neugründungen besitzen einen schriftlichen Businessplan (54 Neugründungen);
- Smith (1998): 79% besitzen einen schriftlichen Businessplan (150 KMUs);
- Rue/Ibrahim (1998): 60,1% besitzen einen schriftlichen Businessplan (253 KMUs);
- Coviello et al. (2000): 46,9% führen strategische Marketing-Planung durch (302 KMUs);
- Carland/Carland (2003): 29,2% führen keine Planung durch (456 Entrepreneure);
- Lotz (2003): 64,3% besitzen einen Marketing-Plan (61 KMUs).

3.2.2 Ablauf und Formalisierungsgrad

Der Ablauf und Formalisierungsgrad strategischer Planung bei Unternehmensgründungen unterscheidet sich oftmals von dem in großen Unternehmen und hat eher informellen und kurzfristigen Charakter (Coviello et al. 2000). Die Durchführung und insbesondere die Form strategischer Planung ist stark von der Dynamik des Umfelds geprägt. Kommt es zu starken und nicht absehbaren Veränderungen der Umfeldbedingungen, kann eine zu umfangreiche Planung und stures Festhalten an der vorgegeben Unternehmensentwicklung eher schädlich als nützlich sein (Bjerke/ Hultman 2002, S.151). Die Fähigkeit zur flexiblen Gestaltung und Anpassung der Planung wird von Unternehmensgründern als wichtiger Beitrag zur erfolgreichen Unternehmensentwicklung empfunden (Chiagouris/Wansley 2003).

Spezielle Rahmenbedingungen, die neben den allgemeinen (in Kap. 2 diskutierten) Einflussfaktoren wie beispielsweise persönliche Charakteristika des Entrepreneurs eine Rolle spielen, sind z.b.:

- Hohe Unsicherheit bzgl. des internen Entwicklungsverlaufs der eigenen Unternehmung (z.b. Finanzierung, Mitarbeiterrekrutierung);

- Hohe Unsicherheit bzgl. der Entwicklung des Marktumfeldes (z.b. Wettbewerber, Konsumenten, Zulieferer, ...);

- Hohe Dynamik des Umfeldes (z.b. Eintritt neuer Wettbewerber, technologische Entwicklung);

- Geringe Informationsbasis des Gründers, keine historischen Daten;

- Oft geringes Know-how/geringe Erfahrung bzgl. Planung u. Marktanalyse;

- Übermäßiges Vertrauen in die Gründungsidee („Overconfidence") des Gründers;

- Stures Festhalten am ursprünglichen Gründungskonzept ("Escalation of Comitment");

- Schnelligkeit des Markteintritts („Speed to Market") steht im Vordergrund.

Bjerke & Hultman (2002, S.205) identifizieren zwei unterschiedliche Vorgehensweisen, wie Entrepreneure ihr Umfeld interpretieren und die ihnen vorliegenden Informationen umsetzen können. Zunächst die traditionelle, analytische und strukturierte Vorgehensweise (z.b. nach Abb. 3-3) in deren Verlauf alternative Handlungsmöglichkeiten identifiziert und bewertet werden. Entscheidungen werden aufgrund explizit formulierter Kriterien und unter Berücksichtigung beschaffter Informationen getroffen. Zum anderen eine Vorgehensweise, die auf den ersten Blick eher intuitiv und irrational erscheint und keine langfristig geplante und schriftlich formulierte Unternehmensentwicklung beinhaltet. Bei näherer Betrachtung basiert jedoch auch diese Vorgehensweise auf der Fähigkeit des Entrepreneurs relevante Informationen zur Entscheidungsunterstützung zu identifizieren und zur Gestaltung der Unternehmensvision und Entwicklung von Kundennutzen einzusetzen. Planung und Umsetzung sind allerdings stärker miteinander verknüpft, da der Entrepreneur kontinuierlich Informationen und Veränderungen des Marktes aufnimmt und in seine Entscheidungen einbezieht (Bjerke/Hultman 2002, S.172). Dieser Planungsansatz kann eher als „Learning by Doing" charakterisiert werden. Nach Meinung der Autoren (Bjerke/Hultman 2002, S.205) lässt sich nicht grundsätzlich feststellen, dass eine der beiden Vorgehensweisen zu höherem Unternehmenserfolg führen würde.

Eine weitergehende Differenzierung möglicher Planungsansätze in Neugründungen findet sich bei Frese et al. (2000). Neben der vollständigen Planung werden weitere speziell für Unternehmensgründer geeignete Formen strategischer Planung identifiziert, welche in Abb. 3-4 näher charakterisiert sind.

Strategischer Planungsansatz	Vollständige Planung	Kritischer Punkt	Opportunistische Planung	Reaktive Planung (Trial & Error, Mudding Through)
Kurzbeschreibung	Festlegung von Zielen, Strategien u. Maßnahmen aufgrund Markt-/Umfeldanalyse anschließende Umsetzung der Planung	Festlegung kritischer Punkte (z.B. Erstfinanzierung, Markteintritt) detaillierte Planung bis nächster kritischer Punkt	Grobplanung als Ausgangspunkt pragmatisches Vorgehen in Abhängigkeit vorhandener Informationen Anpassen an entdeckte Chancen u. Risiken	keine Planung reagieren auf äußere Veränderungen
Vorteile	klare Formulierung von Zielen (Vision) strukturierte Darstellung der Unternehmung für potentielle Kapitalgeber Verdeutlichen von Stärken, Schwächen, Chancen, Bedrohungen Vollständigkeit	ressourcenschonend klar formulierte Ziele gute Anpassungsfähigkeit (mittelfristig) passend für die Bedürfnisse von Gründern	hohe Agilität / flexibel nutzen von auftauchenden Chancen Kurzfristigkeit Vergangenheit zeigt Erfolg (Microsoft, Hewlett Packard)	flexibel Möglichkeit sich auf Ereignis und Reaktion einzustellen
Nachteile	hoher Aufwand, ressourcenintensiv Know-how notwendig basiert auf Vorhersagen für Zukunft zu rigide und limitierend Neigung daran fest zu halten	für Kapitalgeber ungeeignet situationsbedingte Reaktivität begrenzt	Verlieren der Orientierung, „Aufspringen" auf jede potenzielle Möglichkeit kein effizienter Einsatz der Ressourcen kaum Formalisierung möglich	„Hinterherlaufen" keine Planung - Strukturlosigkeit keine Vision, Mission nicht formalisierbar
Zielorientierung	hoch	hoch	niedrig	niedrig
Langfristigkeit der Planung	hoch	mittel	niedrig	niedrig
Situationsbedingte Ansprechbarkeit	niedrig	mittel	hoch	hoch
Proaktivität	hoch	hoch	hoch	niedrig
Überschneidung Planung-Aktion	niedrig	mittel	hoch	keine Planung

Abb. 3-4: Charakteristika von praxisorientierten Planungsansätzen für Unternehmensgründer

3.2.3 Erfolgswirksamkeit der strategischen Planung

Hinsichtlich der Erfolgswirksamkeit der strategischen Planung im Rahmen des Gründungsprozesses ergeben sich keine eindeutigen Ergebnisse (siehe z.B. Lumpkin et al. 1998). Es existieren sowohl Studien, die einen positiven, negativen, keinen oder nur unter bestimmten Bedingungen vorhandenen positiven Beitrag der strategischen Planung auf den Unternehmenserfolg identifizieren (Sager 2003). Studien, welche einen positiven Effekt der strategischen Planung auf den Unternehmenserfolg feststellen, sind beispielsweise Schwenk & Shrader (1993) oder Carland & Carland (2003).

Auch Meier (1998, S.122f.) stellt fest, dass erfolgreiche Gründungen höhere Anstrengungen bei der Definition der strategischen Wettbewerbsposition sowie bei der Identifikation und Orientierung an kritischen Schlüsselresultaten zeigen und Gründungen mit formaler Marketingplanung erfolgreicher sind. Herausgestellt wird die hohe Bedeutung der Identifikation und Erstellung von Aktionsplänen für Eventualfälle.

3.3 Markt- und Umfeldanalyse

Grundlage für eine fundierte Erarbeitung der Unternehmenskonzeption sind Informationen über den Markt, potentielle Kunden und Wettbewerber, eigene Ressourcen und Fähigkeiten sowie über die generellen Umfeldbedingungen. Insbesondere bei einer hohen Veränderungsdynamik der Marktverhältnisse ist eine laufende Beobachtung des Kunden- und Wettbewerberverhaltens und gegebenenfalls eine Anpassung des Produktdesigns an deren Anforderungen erforderlich (Kulicke 1993, S.74). Je heterogener und komplexer die potentiellen Anwender, desto höher sind die Anforderungen an eine systematische Zusammenstellung von Informationen über Kaufverhalten, Anwenderbedürfnissen, Leistungsmerkmalen von Konkurrenzprodukten usw. Der oftmals schwere Stand vieler neugegründeter Unternehmen im Wettbewerb mit ihren größeren und erfahreneren Konkurrenten dürfte unter anderem darauf zurückzuführen sein, dass in neugegründeten Unternehmen ganz allgemein dem Wissen um wichtige Marktzusammenhänge und -entwicklungen zu wenig Bedeutung beigemessen wird (Grulms 2000, S.106). So haben beispielsweise 37% der von Grulms (2000, S.104) bzw. 43,3% der von Picot et al. (1989) befragten Unternehmensgründer keine Situationsanalyse durchgeführt.

Zur Entscheidungsunterstützung und möglichst optimalen Ausrichtung des Unternehmens auf die Kundenbedürfnisse der Zielgruppe und der Marktverhältnisse besteht ein hoher Informationsbedarf. Eine auf die Bedürfnisse von Unternehmensgründern abgestimmte Markt- und Umfeldanalyse hat im Wesentlichen folgende Fragen zu beantworten (Baier/Pleschak 1996, S.50):

- Wer und wo sind die Kunden für die geplante Innovation?
- Welche Anforderungen werden an die Problemlösung gestellt?
- Welche Wettbewerber treten mit welcher Leistungsfähigkeit auf?
- Wie ist die technische Entwicklung einzuschätzen?
- Welche Faktoren wirken aus dem Umfeld?

Gründeranalyse:
- Persönliche Stärken u. Schwächen
- Vorhandene Kenntnisse, Know-how
- Persönliche Ziele u. Motive
- Nützliche Kontakte u. Beziehungen (z.B. aus bisherigem Geschäftsleben)
- Verfügbare Ressourcen (Eigenkapital)
- Familiäre Rahmenbedingungen
- Angestrebte Unternehmenskultur, -organisationsform, Eigentumsverhältnisse
- Rolle im Unternehmen
- Wo soll Unternehmen in 3-5 Jahren stehen
- ...

Konkurrenzanalyse:
- Aktuelle u. potentielle Konkurrenten
- Substitutionsmöglichkeiten, angrenzende Märkte
- Angebotsstruktur (Produkteigenschaften, Merkmale)
- Marketingaktivitäten (Preispolitik, Werbung)
- Positionierung u. Differenzierung
- Absatzkanäle, Zulieferer, Standorte
- Absatzmärkte u. Zielgruppen
- Marktanteile u. Produktionskapazitäten
- Situation auf internationalem Markt
- Stärken u. Schwächen, Wettbewerbsvorteile
- Mögliche Reaktionen auf Markteintritt
- Form u. Intensität des Wettbewerbs
- Gefahr der Vorwärts-/Rückwärtsintegration
- ...

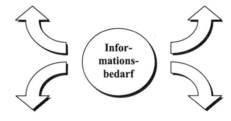

Infor-mations-bedarf

allg. Markt-/Umfeldanalyse:
- Zulieferer:
Standorte, Leistungsfähigkeit, Lieferbedingungen, -konditionen, -termine, Zuverlässigkeit, Referenzkunden
- Absatzmittler:
Absatzvolumen, Reichweite, Marktanteil in der Zielgruppe, Konditionen u. Bedingungen, Standorte, Attraktivität/Image, Angebotssortiment
- Investoren:
Standorte, Ansprechpartner, Investitionsfokus, min./max. Investitionsvolumen, unterstützende Leistungen, Erfahrung/Historie, Bedingungen/Konditionen, Netzwerk, Förderprogramme
- Gesetzliche Regelungen, Bestimmungen (Bund, Länder, Gemeinden)
- Technologische, ökonomische od. soziokulturelle Entwicklungen
- Markteintrittsbarrieren
- ...

Kunden-/Zielgruppenanalyse:
- Potentielle Nachfrager (Lead-User, Referenzkunden)
- Struktur von Kundengruppen u. –segmenten (Attraktivität, Kaufkraft u. –häufigkeit)
- Bedürfnisse u. Probleme
- Kaufverhalten u. Kaufmotive
- Relevante Kaufkriterien
- Kunden- (Funktions-)anforderungen
- Marktpotential, -volumen u. -wachstum
- Absatzpotential u. –volumen
- Potentieller Marktanteil
- Preissensibilität u. –bereitschaft
- Einkaufsstätten der Zielgruppe(n)
- Zufriedenheit mit aktuellem Angebot
- Attraktivität des neuen Leistungsangebots (Nutzen, Vor-/Nachteile aus Kundensicht)
- Anwendungsprobleme, Verbesserungsvorschläge
- Stärke der bisherigen Kundenbindung
- Höhe der Wechselkosten
- ...

Abb. 3-5: Exemplarischer Informationsbedarf des Gründungsprozesses

Abb. 3-5 gibt den Informationsbedarf des Gründungsprozesses, aufgeteilt in die Bereiche Gründeranalyse (verbunden mit einer kritischen Selbstanalyse des Gründers bezüglich Stärken, Schwächen, Fähigkeiten, Zielsetzungen etc.), Kundenanalyse, Konkurrenzanalyse und allgemeine Markt- und Umfeldanalyse, exemplarisch wieder.

Aufgrund der in zeitlicher, finanzieller und personeller Hinsicht beschränkten Ressourcen junger Unternehmen ist davon auszugehen, dass diese Marktinformationen nicht in dem Maße durch eine systematische und methodische Untersuchung gewinnen, als dass hierfür der Begriff der Marktforschung gerechtfertigt wäre. Vielmehr ist zu vermuten, dass ein Mittelweg zwischen Marktforschung und Markterkundung eingeschlagen wird, wobei die Markterkundung eher provisorischen, kurzfristigen, zufälligen und spekulativen Charakter besitzt (Driescher 1999, S.154f.). Junge Unternehmen benötigen außerdem Informationen, die über den reinen Absatzmarkt hinausgehen, so dass allgemein von einer Informationssuche oder einer Markt- und Umfeldanalyse gesprochen werden kann. Es werden in der Regel relativ wenige der sogenannten klassischen Marktforschungsmethoden eingesetzt und viel mehr informelle Kanäle wie persönliche Beziehungen und Kontakte genutzt, um marktbezogene Informationen zu gewinnen (siehe z.B. Brush 1992; Peters/Brush 1996; Hultman/Hills 2001). Abb. 3-6 zeigt die Bedeutung verschiedener Informationsquellen, die Unternehmensgründer im Verlauf des Gründungsprozesses einbeziehen.

Quelle	Prozente	Quelle	Prozente
Auf persönlichem Kontakt basierend:		Persönliche Erfahrung	85
Kunden	89	Fachzeitschriften	78
Geschäftskontakte	82	Kundengespräche	70
Konkurrenten	82	Kollegen	59
Lieferanten	74	Umsatz- u. Kundenentwicklung	37
Mitarbeiter	70	Experten und Kenner	33
Handelsvertreter	67	Eigene Marktstudien	22
Geschäftspartner	63	Marktforschungsinstitute	22
Industrieexperten	60	Wettbewerbssituation	22
Herstellervertreter	59	Massenmedien	7
Soziales Umfeld	48	Konjunkturlage	7
Freunde	48		
Zulieferer	41	(Quelle: Grulms 2000, S.119)	
Berater	33		
Familie	30		
Ohne persönlichen Kontakt:		*Auf persönlichem Kontakt basierend:*	
Fachzeitschriften	96	Geschäftskontakte	92
Verkaufsprospekte	70	Konkurrenten	70
Werbung	63	Geschäftspartner	65
Nationale Zeitungen	60	Herstellervertreter	64
Allg. Zeitschriften	56	Lieferanten	64
Lokale Zeitungen	52	*Ohne persönlichen Kontakt:*	
Herstellerprospekte	52	Handelsmagazine	91
Kataloge	51	Lokale Zeitungen	66
Jahresberichte	41	Werbung	55
Amtliche Veröffentlichungen	22	Nationale Zeitungen	50
(Quelle: Brush 1992)		(Quelle: Peters/Brush 1996, S. 85)	

Abb. 3-6: Bedeutung von Informationsquellen bei Unternehmensgründern

Die Akquisition von Marktinformationen zur Entscheidungsunterstützung ist ein wesentlicher Erfolgsfaktor des Gründungsprozesses (Peters/Brush 1996) und eine umfassendere und häufiger durchgeführte Umfeldanalyse ist mit höherem Unternehmenserfolg verbunden (Smith 1998). So zeigen bei der empirischen Untersuchung von Meier (1998, S.120) erfolgreiche Gründungen signifikant höhere Anstrengungen hinsichtlich Analyse der Wettbewerber, der Zielmärkte, des Unternehmensumfeldes, der eigenen Stärken und Schwächen, der Ermittlung des Verkaufspotentials/Profitabilität und besitzen insgesamt eine bessere Kenntnis des Marktes und der Kunden.

3.4 Normative Ebene der Markteintrittsgestaltung

Auf normativer Ebene steht die Formulierung der Unternehmensvision und Unternehmensgrundsätze, d.h. die Art und Weise wie das Unternehmen am Marktgeschehen teilnehmen und was der Gründer mit dem Unternehmen erreichen möchte, im Zentrum. Die Entwicklung und auch schriftliche Formulierung einer Unternehmensvision wird von Gründern als wichtiger Schritt zu Beginn des Gründungsprozesses bezeichnet (Chiagouris/Wansley 2003). Elemente, die im Zuge der Formulierung der Unternehmensgrundsätze festgelegt werden können, sind beispielsweise (O`Gorman/ Doran 1999): grundlegende Festlegung von Zielgruppen und Zielmärkten, Leistungsangebot, geographischer Aktionsraum, Kernkompetenzen und –technologien, Wachstumszielsetzungen, Kernelementen der Unternehmensphilosophie (Wertvorstellungen, Prioritäten etc.), Unternehmenskultur etc.

Zielsetzungen, die Gründer durch den Aufbau eines Unternehmens erreichen möchten, können, wie in Abb. 3-7 dargestellt, in persönliche und unternehmensbezogene Ziele unterteilt werden.

persönliche Ziele:	*unternehmensbezogene Ziele:*
Selbstverwirklichung / eigene Ideen umsetzen	besser sein als Mitbewerber / Konkurrenten
Unabhängigkeit / Selbständigkeit	zufriedene Kunden
eigene Existenz / gutes Einkommen	Gewinn
interessante Aufgabe	Betriebsklima / zufriedene Mitarbeiter
Einfluss gewinnen / etwas bewirken können	Vergrößerung / Wachstum des Unternehmens
Kontakt zu interessanten Menschen	Umsatz
etwas Überdauerndes schaffen	Menschen durch unsere Arbeit helfen
Ansehen / Prestige / Status	sichere Arbeitsplätze

Abb. 3-7: Persönliche und unternehmensbezogene Ziele bei der Unternehmensgründung (Quelle: Schenk 1998, S.63)

Abb. 3-8 zeigt den Bedeutungsgrad, den Gründer einzelnen Zielsetzungen zukommen lassen. Selbstverwirklichung und Unabhängigkeit stehen auf persönlicher Ebene im Vordergrund, während auf Unternehmensebene zufriedene Kunden und „besser sein als die Konkurrenz" am höchsten bewertet werden.

Abb. 3-8: Bedeutung persönlicher und unternehmensbezogener Ziele bei Unternehmensgründern (Quelle: Schenk 1998, S.66ff., n= 200)

Die Bestandteile der Unternehmensvision bestimmen neben der Unternehmensphilosophie auch das sachliche Betätigungsfeld des Unternehmens („Defining the Business") und können deshalb auch als Sachziele bezeichnet werden. Daneben lassen sich auch noch sogenannte Formalziele formulieren (nach Becker 2002, S.16f.):

- Marktleistungsziele (z.B. Produktqualität, Produktinnovation, Kundenservice);

- Markstellungsziele (z.B. Marktanteil, Umsatz, Marktgeltung, Bekanntheitsgrad)

- Rentabilitätsziele (z.B. Gewinn, Umsatzrentabilität, ROI);

- Finanzielle Ziele (z.B. Kreditwürdigkeit, Liquidität, Selbstfinanzierungsgrad, Kapitalstruktur);

- Soziale Ziele (in Bezug auf Mitarbeiter; z.B. Arbeitszufriedenheit, persönliche Entwicklung, Einkommen und soziale Sicherheit);

- Macht- und Prestigeziele (z.B. Unabhängigkeit, Image und Prestige, politischer und gesellschaftlicher Einfluss);

- Gesellschaftsbezogene Ziele (z.B. Umweltschutz, Sponsoring, Vermeidung sozialer Kosten).

3.5 Strategische Ebene der Markteintrittgestaltung

3.5.1 Überblick des strategischen Entscheidungsspektrums

Die Formulierung von Markteintrittsstrategien, mit denen das grundsätzliche und langfristig orientierte Verhalten des Unternehmens im Markt bestimmt wird, spielt eine zentrale Rolle hinsichtlich der weiteren Unternehmensentwicklung und des Unternehmenserfolges. Unternehmensgründer müssen ihr begrenztes Potential zielgerichtet auf die geeigneten Schwerpunkte lenken, um sich dauerhafte Wettbewerbsvorteile zu erarbeiten. Da Marketingstrategien langfristige Grundorientierungen des Unternehmens beinhalten und viele Ressourcen binden, ist es eine zentrale Aufgabe der Gründer bereits während des Entstehungsprozesses geeignete Marketingstrategien zu entwickeln (Baier/Pleschak 1996, S.49). Marketingstrategien haben einen allgemeinen Charakter und werden im Verlauf der Unternehmensentwicklung bzw. bei sich ändernden Marktbedingungen präzisiert, unter Umständen modifiziert, um weitere Strategien ergänzt und im Rahmen operativer Maßnahmen umgesetzt.

Da der Schwerpunkt dieser Arbeit auf der operativen Ebene der Markteintrittsgestaltung liegt, soll im Folgenden anhand von Abb. 3-9 nur ein kurzer Überblick über Handlungsfelder der strategischen Ebene gegeben werden. Eine detailliertere Darstellung erfolgt für ausgewählte und im Rahmen der empirischen Untersuchung als Einflussfaktoren aufgegriffene Aspekte des strategischen Spektrums. Dabei handelt es sich um die Segmentierung und Positionierung/Differenzierung, den geographischen Zielmarkt sowie zusätzlich die Kooperationsstrategie, durch die ein wichtiger Beitrag zur Unterstützung der Markteintrittsgestaltung geleistet werden kann. Für Details zu weiteren Handlungsfeldern und Elementen der strategischen Ebene siehe z.B. Rüggeberg (1997).

3.5.2 Segmentierung und Positionierung

3.5.2.1 Zielsetzung und Vorgehensweise

Im Zentrum der Formulierung der Marketing-Konzeption und damit auch der Markteintrittsgestaltung stehen die Marktsegmentierung, die Zielmarktwahl und die Positionierung (Hills/LaForge 1992). Richtige Segmentierung und Positionierung sind zentrale Voraussetzungen für einen erfolgreichen Unternehmensaufbau und beantworten die grundsätzliche Frage: Was verkaufe ich an wen?

Entschei-dungsdi-mensionen	Entscheidungsoptionen			
Geschäftsfelddefinition				
Markterfas-sung (Segmentierung)	Gesamtmarkt-bearbeitung (keine Marktseg-mentierung)	Gesamtmarktbearb-eitung aller Einzel-segmente (Seg-mentierung des Gesamtmarktes)	Bearbeitung eines Teilmarktes mit mehreren Seg-menten	Bearbeitung eines Teilmarktes be-stehend aus ei-nem Segment
Marktareal	National		Übernational	
	lokal | regional | überreg. | national		multinat.| internat.| global| transnat.	
Verhalten gegenüber Markpartnern (Wettbewerbsstrategie)				
Konkurrenz	Kooperation	Konflikt	Anpassung	Ausweichen
Absatzmittler	Kooperation	Konflikt	Anpassung	Ausweichen
Kooperation	mit Kooperation			ohne Kooperation

Aufgabenbe-reich	F&E	Beschaf-fung	Produk-tion	Absatz	Sonstige Funktionen
Richtung	Horizontal	Vertikal	Multilateral	Diagonal	
Bindungsart	Nicht vertraglich	Vertraglich ohne Kapitalbindung		Vertraglich mit Kapitalbindung	
Dauer	befristet		unbefristet		

Wettbewerbs-vorteil (Positionierung)	Präferenz-Strategie				Preis-Mengen-Strategie
durch...	Technologie (des Produkt-kerns)	produkt-begleitende Dienstleis-tung	Leistungs-erstellungs besonderheit innerhalb der Wertkette (z.B. Zuverlässigkeit, Schnelligkeit)	Kompetenz-position des Anbieterunter-nehmens (zuerst mangels Bekannt-heit eingeschränkt)	Preis
Markteintritt als...	Pionier / (erster) Früher Folger	Später Folger	Später Folger	Später Folger	
in...des Mark-tes	Entstehungsphase	Wachstumsphase	Reifephase	Degenerationsphase	

Abb. 3-9: Entscheidungsdimensionen und Optionen der Markteinführungsstrategie
(in Anlehnung an Rüggeberg 1997, S.65)

Im Zuge der Segmentierung und Zielmarktwahl werden der Handlungsraum und die Zielgruppe(n) des Unternehmens festgelegt. Über die Art und Weise, wie das Leis-tungsangebot des Unternehmens von der Zielgruppe im Verhältnis zu Konkurrenzange-boten wahrgenommen werden soll, wird im Rahmen der Positionierung entschieden und damit die Fragen beantwortet: „Warum soll jemand aus der Zielgruppe das neue

Angebot anstatt von Konkurrenzprodukten kaufen?" und „Was soll der wahrgenommene Nutzen des Angebots im Vergleich zu Konkurrenzangeboten sein?" (Lodish et al. 2001, S.1). Die Kernkompetenzen des Unternehmens aus Kundensicht und damit der langfristige Wettbewerbsvorteil, auf dessen Basis das Unternehmen im Markt erfolgreich sein und Kunden akquirieren möchte, werden formuliert. Segmentierung und Positionierung stellen die Grundlage für die weitere Ausgestaltung von Marketingstrategien und Marketing-Maßnahmen dar und sollen durch diese in den Markt transportiert werden.

Die Notwendigkeit zur Segmentierung ergibt sich zum einen aus den teilweise erheblichen kaufverhaltensrelevanten Merkmalsunterschieden der Nachfrager, welche einen differenzierten Einsatz der Marketinginstrumente erfordern (Hagemann 1999, S.210). Je heterogener ein Absatzmarkt bezüglich Nachfragern und Einsatzbereichen, desto notwendiger wird eine gezielte Auswahl innerhalb möglicher Abnehmergruppen für eine Konzentration der Maßnahmen zum Markteintritt (Kulicke 1993, S.74f.). Zum anderen können Unternehmensgründer aufgrund ihrer begrenzten Ressourcen nicht den gesamten Markt bearbeiten (Baier/Pleschak 1996, S.59). Vielmehr muss eine Konzentration auf besonders attraktive Segmente erfolgen, die mittels der Marktsegmentierung identifiziert werden können. Insbesondere wenn ein Markteintritt in etablierte und reifere Märkte geplant wird, ist vor dem Hintergrund des zumeist intensiven Wettbewerbs und der oftmals schon weit fortgeschrittenen Segmentierung der Marktbearbeitung durch die Wettbewerber eine Konzentration auf ausgewählte Marktbereiche empfehlenswert.

Bei erfolgreichen Gründungen zeigen sich höhere Anstrengungen bzgl. einer starken Ausrichtung des gesamten Unternehmens auf Zielmärkte, der bewussten Auswahl der Zielmärkte, einer Marktwahl aufgrund langfristiger Wachstums- oder Gewinnpotentiale sowie der Entwicklung segmentspezifischer Marketingpläne und Angebote (Meier 1998, S.118).

Grundlage einer Marktsegmentierung ist die Definition des relevanten Marktes, den ein Unternehmen als Ergebnis der Marktabgrenzung bzw. Marktdefinition als sein Aktionsfeld (Unternehmenszweck) festlegt (Hagemann 1999, S.210). Eine Segmentierung des Marktes wird vorgenommen, um Teilbereiche zu identifizieren, die hinsichtlich der vermuteten Wirkung von Marketing-Aktivitäten in sich möglichst homogen sind, sich jedoch deutlich voneinander unterscheiden.

Die Vorgehensweise zur Marktsegmentierung und Positionierung umfasst in der Regel drei Stufen (nach Kotler/Bliemel (1995, S.422) u. Baier/Pleschak (1996, S.59)):

- Segmentierung des Marktes, d.h. Zerlegung eines relativ inhomogenen Gesamtmarktes in möglichst homogene Teilmärkte, mittels geeigneter Faktoren (wie z.B. Branche, Größe der Unternehmen, Aufgeschlossenheit gegenüber Innovation und neuen Anbietern, Problemlösungsbedarf, Kaufverhalten etc.) und jeweilige Entwicklung von Segmentprofilen (Marktsegmentierung i.e.S.)

- Abschätzung der Attraktivität der Segmente, verbunden mit der Auswahl der Zielsegmente (Zielmarktfestlegung/Marktwahl)

- Erarbeitung möglicher zielgruppenspezifischer Positionierungskonzepte zur Stellung der Produkte im Zielmarkt sowie deren Auswahl, Entwicklung und Signalisierung (z.B. Entwicklung segmentspezifischer Nutzenkomponenten der Innovation, Werbekampagnen, Distributionskanäle etc.)

3.5.2.2 Segmentierungs- und Auswahlkriterien

Hinsichtlich der Segmentierung des Marktes schlagen Baier & Pleschak (1996, S.60) für technologieorientierte Gründer ein zweistufiges Verfahren vor. In der ersten Stufe erfolgt eine sogenannte Markosegmentierung, die auf Charakteristika der potentiellen Kunden basiert (z.B. Branche oder Technologiegebiet, Unternehmensgröße, Organisationsstruktur, Standort des Kunden, Kaufsituation, Innovationsverhalten/-aufgeschlossenheit). Als zweite Stufe folgt die Mikrosegmentierung. Hierbei werden die Zielgruppen, die als Ergebnis der ersten Stufe definiert wurden, noch weiter eingegrenzt. Als Kriterien können z.B. herangezogen werden: Rolle der Entscheidungsträger bzw. der Personen, die am Entscheidungsprozess beteiligt sind (z.B. Förderung oder Verhinderung der Kaufentscheidung, Gutachter etc.); Stellung der Personen in der Unternehmenshierarchie; technische Kompetenz der am Beschaffungsprozess Beteiligten; Einstellung gegenüber jungen Technologieunternehmen oder das Kooperationsverhalten.

Hinsichtlich der Auswahl des oder der Segmente sind eine Reihe von Faktoren zur Beurteilung der Attraktivität zu berücksichtigen (siehe z.B. Hagemann 1999, S.214). Kriterien für attraktive Segmente wären beispielsweise: geringe Markteintrittsbarrieren; gute Erreichbarkeit der Zielgruppe durch Marketing-Instrumente (speziell Distributionskanäle und Werbung); stabile, in sich homogene aber abgegrenzte Bedürfnisse; angemessenes Wachstum und Marktpotential; von Konkurrenten weitgehend vernachlässigt oder mit nicht zufriedenstellendem Angebot versorgt etc.

Bei der Konzentration der Anstrengungen zur Marktbearbeitung auf wirklich attraktive Kunden kann eine Kundenbewertung z.B. in Form einer Kundenwertanalyse eine wichtige Hilfestellung zur der Optimierung der Vermarktungsstrategien leisten (Kulicke et al. 2002, S.125). Der Kundenwert ist dabei aus Unternehmenssicht die ökonomische Gesamtbedeutung eines Kunden, die sich sowohl aus dessen direktem als auch indirektem Beitrag zur Zielerreichung ergibt (Cornelsen 1996). Gerade in frühen Entwicklungsphasen von Märkten muss die Bewertung nicht nur tatsächliche sondern auch potentielle Kunden einschließen. Rein quantitative, auf den aktuellen Zeitpunkt bezogene Größen wie Umsätze oder Deckungsbeiträge spielen dann für den Kundenwert noch eine untergeordnete Rolle. Dies gilt vor allem für junge Unternehmen in High-Tech-Sektoren, bei denen es eine ganze Reihe nicht-ökonomischer Größen (soft facts) gibt, anhand derer sich der Wert eines Kunden bestimmen lässt. Abb. 3-10 gibt einen Überblick über mögliche Elemente aus denen sich der Kundenwert zusammen setzen kann.

Eine hohe Bedeutung beim Markteintritt kommt speziell der Beurteilung des Referenzpotentials möglicher Kunden zu. Dieses hängt davon ab, wie viele potenzielle weitere Abnehmer ein Kunde durch Weiterempfehlen, durch seine Beispielwirkung, über direkte Einflussnahme u.ä. für das Unternehmen gewinnen kann. Markt- oder Technologieführer auf der Referenzliste haben eine andere Marketingwirkung als Verkaufsabschlüsse mit randständigen Marktteilnehmern (Kulicke et al. 2002, S.125). Das Referenzpotential von Pilotkunden ist gerade für neue Marktanbieter oft von entscheidender Bedeutung (siehe hierzu auch Kap. 5.4, S.132ff.).

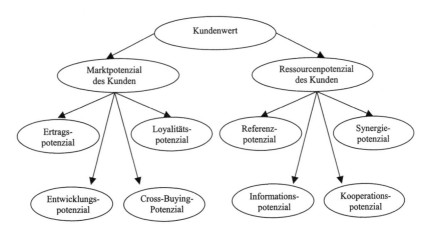

Abb. 3-10: Elemente des Kundenwertes (Quelle: Rudolf-Sipötz 2001)

Weitere wichtige Kundengruppen neben potentiellen Referenzkunden mit hohem Referenzpotential wären potentielle Lead User, die sich eher durch ein hohes Kooperations- und Informationspotential auszeichnen und schon während des Entwicklungsprozesses zur Einbeziehung von Marktfeedback integriert werden können.

3.5.2.3 Formen und Praxis der Marktbearbeitung

Generelle Formen der Marktbearbeitung, die sich aus der Segmentierung und Marktwahl ergeben können, sind Massenmarktbearbeitung (d.h. keine Segmentierung sondern Ansprache des durchschnittlichen Nachfragers), Bearbeitung mehrerer Segmente mit spezifischen Angeboten, Bearbeitung mehrerer Segmente mit standardisiertem Angebot, Bearbeitung eines Segments oder Konzentration auf eine Nische (= bisher von Konkurrenz unzureichend oder nicht besetztes Spezial-/Teilsegment).

Zielt eine Unternehmensgründung mit ihrem innovativen Produkt auf Marktnischen, kann auf eine spezielle Marktsegmentierung unter Umständen verzichtet werden (Kulicke 1993, S.74f.). Insbesondere bei einer stark begrenzten Anzahl potentieller Anwender können diese eventuell ohne großen Marketingaufwand durch direkte Kundenansprache relativ leicht identifiziert und informiert werden. Die Marktsegmentierung kann bei Unternehmensgründungen auch eine zeitbezogene, dynamische Komponente enthalten (Baier/Pleschak 1996, S.59). Dies ist dann der Fall, wenn für die Zeit der Markteinführung eine ganz spezielle Zielgruppe ausgewählt wird, die dann im Zuge des Wachstums und der Marktbearbeitung um weitere Kundengruppen ergänzt wird.

80% der bei Kulicke (1993, S.93) befragten Gründer geben an, eine gezielte Auswahl einzelner Marktsegmente für den Markteintritt vorgenommen zu haben. Dabei wird die Nischenstrategie in empirischen Studien als dominante Marktbearbeitungsform von Unternehmensgründungen identifiziert: 28% (+ 22% kundenspezifische Entwicklung/Produktion) bei Kulicke (1987, S.80); 68% bei Hunsdiek (1987, S.84); 61% bei Kulicke & Wupperfeld (1996, S.149); 45% (vs. 55% mit breitem Segment) bei Baier

& Pleschak (1996, S.31); 81,8% bei Balderjahn (1997, S.12); 89% bei Grulms (2000, S.179).

Trotz der Angabe vieler Gründer sich auf Marktnischen auszurichten, sind jedoch nur wenige in der Lage, einen typischen Kunden genauer zu beschreiben und zu spezifizieren (Grulms 2000, S.181).

Im Vergleich zu der strukturierten Vorgehensweise mit Segmentierung des Marktes, Beurteilung der Attraktivität der Marktsegmente und Zielmarktwahl bei der ein „Top-Down"-Ansatz gewählt wird, ist bei Unternehmensgründern teilweise ein anderer Ansatz zu beobachten (Stokes 2000). Im Vorfeld des Markteintritts wird keine Analyse möglicher Zielkunden vorgenommen. Schon während der Entwicklung der Gründungsidee werden Kontakte zu potentiellen Kunden hergestellt oder das Ursprungsangebot beruht auf einer konkreten Auftrags- oder Entwicklungsproduktion. Von dieser begrenzten Kundenbasis ausgehend erfolgt eine sukzessive Erweiterung um ähnliche Kunden mit gleichem Profil (z.B. durch Empfehlungen der ursprünglichen Kunde oder aus Eigeninteresse potentieller weiterer Nachfrager), so dass sich auf diese Weise der Zielmarkt herausbildet. Die Vorgehensweise lässt sich als „Bottum Up"-Ansatz beschreiben.

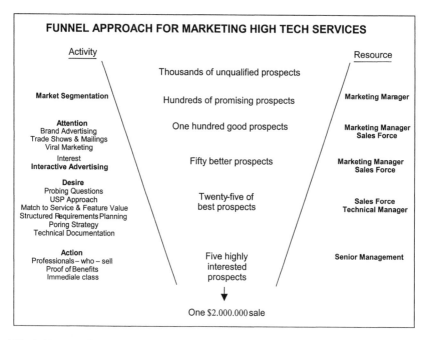

Abb. 3-11: Funnel Approach for Marketing High Tech Services
(Quelle: Dunn et al. 2003)

Insbesondere vor dem Hintergrund der begrenzten Ressourcen ist eine Analyse potentieller Zielgruppen und eine Isolierung besonders aussichtsreicher und attraktiver

Segmente des Marktes für Unternehmensgründer jedoch empfehlenswert. Aktivitäten zur Kundenakquisition sollten auf Nachfragergruppen konzentriert werden, bei denen eine reelle Chance zum Verkauf der Leistung besteht. Der Versuch, ein für alle unterschiedlichen Marktsegmente in gleichem Umfang attraktives Angebot zu entwickeln und zu vermarkten, ist in der Regel zum Scheitern verurteilt (Dunn et al. 2003). Eine mögliche Vorgehensweise zur schrittweißen Eingrenzung der Zielgruppe und potentieller Nachfrager, auf die sich Marketing-Aktivitäten konzentrieren sollten, ist in Abb. 3-11 dargestellt.

3.5.2.4 Positionierung und Differenzierung

In engem Zusammenhang mit der Segmentierung, d.h. der Festlegung des zu bearbeitenden Marktes und der Zielgruppe(n), steht die Formulierung der Positionierung. Im Zuge der Positionierung des Unternehmens im Marktraum wird festgelegt, auf welcher Art und Weise das Abnehmerverhalten beeinflusst bzw. der Markt stimuliert werden und wie sich das Unternehmen in der Wahrnehmung der Nachfrager von Konkurrenten abgrenzen und differenzieren soll. Nach Kulicke & Wupperfeld (1996, S.163) ist es zunächst wesentliche Aufgabe jedes neuen Marktteilnehmers sich mit seinem Leistungsangebot sichtbar von den Produkten der bisherigen Anbieter abzugrenzen.

Wichtig ist zu beachten, dass Kunden nicht alleine aufgrund technischer Leistungsmerkmale kaufen, sondern aufgrund des Kundennutzens, den sie mit dem Angebot verbinden (Lodish et al. 2001, S.10). Der Unternehmensgründer sollte sich in diesem Zusammenhang zunächst informieren, welches die kaufentscheidenden Kriterien aus Kundensicht sind (z.B. Preis, Image, Lieferbarkeit, hohe Qualität, umfangreicher Kundenservice, individuelle Problemlösung etc.). Ausgehend von diesen Informationen sollte entschieden werden, was die besonderen, differenzierenden Charakteristika des Produktes oder der Dienstleistung sind, die von den Teilnehmern der Zielgruppe(n) wahrgenommen werden und wodurch eine Abgrenzung zu Konkurrenzangeboten stattfinden kann.

Wettbewerbsvorteile in einem Markt können durch eine konsequente Ausrichtung der gesamten Unternehmenspolitik auf den Kundennutzen erzielt werden. Nach Becker (2002, S.179ff.) besitzt ein Unternehmen prinzipiell zwei Alternativen, wie es sich im Kampf um die Gunst des Endverbrauchers von Konkurrenten differenzieren kann. Er unterscheidet zwischen der Präferenz-Strategie und der Preis-Mengen-Strategie, wobei man die Präferenz-Strategie, wie beispielsweise in Abb. 3-12 dargestellt, noch weiter unterteilen kann (siehe auch Meffert 1998, S.261ff.).

Bei der Wahl einer abnehmergerichteten Differenzierungsstrategie handelt es sich nicht um eine eindimensionale Ausrichtung des Unternehmens, sondern eher um eine Schwerpunktsetzung. So verlangen Abnehmer zunehmend hohe Qualität bei gleichzeitig niedrigen Preisen. Auch werden innovations-, qualitäts- und/oder dienstleistungsorientierte Unternehmen zusätzlich eine starke Imageorientierung besitzen müssen, um ein entsprechendes Unternehmens- bzw. Markenimage aufbauen zu können und sich damit einen langfristigen Wettbewerbsvorteil zu sichern. Durch die Schwerpunktsetzung bezüglich der Orientierung wird auch eine grundlegende Richtung bezüglich der weiteren Entwicklung des Angebots vorgegeben. Zukünftige neue Angebote des Unternehmens müssen mit der Positionierung in Einklang stehen. Nur so sind aufgebaute Wettbewerbsvorteile und Kompetenzen übertragbar und können die Erfolgsaussichten weiterer Angebote verbessern.

Präferenzstrategie: Mehrdimensionale Präferenzbildung, Befriedigung von Zusatzbedürfnissen, hohe Kundenbindung, Minderung des Preiswettbewerbs			
<u>Innovationsorientierung</u>	<u>Qualitätsorientierung</u> <u>Besonderheiten der Leistungserstellung</u>	<u>Dienstleistungsorient.</u>	<u>Imageorientierung</u>
• Hoher FuE-Anteil am Umsatz • Pionierrolle • Setzen von Standards • Befriedigung neuer Kundenbedürfnisse • Hohe Innovationsziele (Neuproduktumsatz) • Akzeptanz des Risikos	• Relativ höhere Produktqualität • Qualität: Haltbarkeit, Gebrauchsnutzen, Zuverlässigkeit u. Serviceleistungen • Schnelligkeit, Erreichbarkeit	• Anbieten begleitender Dienstleistungen • Hohe Kundennähe • Neuartige Dienstleistungskombinationen • Hoher Personaleinsatz	• Image des Gründers • Einmalige, glaubwürdige Botschaft über Produkteigenschaften u. Kompetenz • Aufbau von Image als Spezialist • Psychologische Differenzierung
⇒ Differenzierung durch innovative neue Produkte /ausgewählte Produktmerkmale	⇒ Differenzierung durch überlegene Produktqualität	⇒ Differenzierung durch zusätzliche Dienstleistungen	⇒ Differenzierung durch überlegene Kompetenz
Preis-Mengen-Strategie: aggressiver Einsatz preis- u. konditionenpolitischer Mittel, Realisierung v. Degressions- u. Erfahrungskurveneffekten, effizientere/neue Produktionsverfahren, günstigere Rohstoffe, ausgeprägte Kostenorientierung, Weitergabe von Preisvorteilen ⇒ Differenzierung durch relativ günstigeren Preis			

Abb. 3-12: Strategien zur Differenzierung im Marktraum

Angestrebtes Marktsegment und Zielgruppe sollten die durch die Positionierung transportierten Nutzenaspekte des Angebots höher einschätzen als andere Marktbereiche und auch höher als die vorhandener Konkurrenzangebote (Lodish et al. 2001, S.5). Dadurch ergeben sich eine höhere Kundenzufriedenheit, höhere Eintrittsbarrieren für bestehende und potentielle Wettbewerber sowie eine geringere Preissensitivität der Nachfrager. In Kombination mit einer Nischenstrategie kann sich eine Unternehmensgründung durch eine ideal an die Nachfragerbedürfnisse angepasste Positionierung und Differenzierung eine monopolartige Marktstellung verbunden mit höheren Deckungsbeiträgen erarbeiten (Kleindl 1999).

Abb. 3-13 zeigt Rangfolgen empirischer Studien technologieorientierter Gründungen bezüglich der Bedeutung von Kriterien des Leistungsangebots, die aus Kundensicht für den Kauf eines Produktes ausschlaggebend und bei der Positionierung und Vermarktung des Angebots zu berücksichtigen sind.

3.5.3 Geographischer Zielmarkt

Hinsichtlich der geographischen Verteilung des Zielmarktes ist in den letzten Jahren eine starke Zunahme einer internationalen Marktbearbeitung von Beginn des Unternehmenslebenszyklus an zu beobachten. Auch auf wissenschaftlicher Seite ist ein zunehmendes Interesse an diesen sogenannten Born Globals, die schon bei oder kurz nach ihrer Gründung internationale Aktivitäten verfolgen, zu verzeichnen (Schmidt-Bucholz 2001, S.1). Nach Rüggeberg (1997, S.89) wirkt sich eine Bearbeitung von Auslandsmärkten insgesamt positiv auf den Unternehmenserfolg aus.

Kulicke (1993, S.84):	Kulicke/Wupperfeld (1996, S.164):
1. höherer Funktionsumfang od. Leistungsvorteile (von 72% der befragten Gründer als wichtig für Kunden eingestuft) 2. höhere Einsatzflexibilität (45%) 3. Kostenvorteile für Anwender (40%) 4. neuartige Anwendungsmöglichkeiten (10%)	1. Funktionsumfang der Produkte (78%) 2. Kosteneinsparung beim Anwender (55%) 3. Produktqualität (45%) 4. Know-how der Mitarbeiter (38%) 5. leichte Handhabbarkeit (38%) 6. Unterstützung bei der Implementierung (35%) 7. Qualität des Service (28%) 8. Preisvorteile (28%)
Balderjahn (1997):	Grulms (2000, S.136ff.):
1. höhere Qualität (52%) 2. höhere Flexibilität (48%) 3. Kostenreduktion (41%) 4. neue Bedürfnisse (39%) 5. Zeitersparnis (27%) 6. Umweltschonung (25%) 7. höhere Produktivität (20%)	1. Lösung spezieller Kundenprobleme 2. Vetrauenswürdigkeit des Existenzgründers 3. Qualität der angebotenen Produkte 4. zusätzliche Dienstleistungen

Abb. 3-13: Bedeutung von Kriterien des Leistungsangebots bei der Kaufentscheidung

Erfolgreiche Unternehmensgründungen zeichnen sich durch eine schnelle Internationalisierung aus und bearbeiten überdurchschnittlich häufig Auslandsmärkte bereits selbst (Kulicke 1993, S.156). Teilweise wird der deutsche Markt von Unternehmensgründern zunächst als Einstiegsmarkt bearbeitet, um dann, von den gewonnenen Erfahrungen ausgehend, weltweit zu verkaufen (Baier/Pleschak 1996, S.32).

Als mögliche Motive für eine frühzeitige Internationalisierung von neugegründeten Unternehmen lassen sich unter anderem folgende Aspekte anführen:

- Erschließung weiterer Absatzmöglichkeiten bei begrenztem nat. Marktpotential;

- Durchsetzen der Produkte als Industriestandard;

- Nähe zu wichtigen ausländischen Kunden;

- Erschließen von Finanzierungsressourcen im Ausland;

- Zugang zu Technologie-Know-how u. qualifizierten Mitarbeitern;

- Zugang zu regionalen Branchenclustern (jeweils Zaby 1999, S.160ff.);

- Zwang zu aggressivem Wachstum durch Venture Capital-Geber (Murray 1996);

- Folgen von wichtigen Kunden ins Ausland (Bell 1995);

- Amortisation hoher Forschungs- und Entwicklungskosten bei kurzen Produktlebenszyklen (Litvak 1990);

- Umsetzen der Technologieführerschaft (First Mover-Advantage);

- Aufbau von globalen Markteintrittsbarrieren;

- Ausnutzen von Skaleneffekten durch größere Absatzmenge;

- Erreichen einer kritischen Masse von Nutzern (Netzeffekte) (jeweils Schmidt-Buchholz 2001, S.162ff.).

Weitergehende Aspekte der internationalen Markteintrittsgestaltung wie z.B. internationale Marktwahl/Segmentierung und Positionierung, Markteintrittsformen, Risiken, Marktforschung in internationalen Märkten etc. sollen hier nicht vertieft werden.

Abb. 3-14 gibt einen Überblick bezüglich empirischer Studien, die sich mit der geographischen Verteilung der Zielmärkte von Unternehmensgründern beschäftigt haben. Dabei ist eine Bandbreite von 11% bis 66% der befragten Unternehmen festzustellen, die bereits in frühen Phasen des Gründungsprozesses international tätig sind.

Studie / Quelle	geographische Verteilung des Marktraumes	
Kulicke (1993, S.88)	3% primär regional 33% primär deutsch 12% primär deutsch u. angrenzende europäische Märkte	25% primär europäisch 27% europäische u. außereuropäische Märkte
Baier/Pleschak (1996, S.31)	2% nur regionaler Markt 22% nur deutscher Markt	28% osteuropäischer Markt 21% Weltmarkt 14% keine eindeutigen Angaben
Kulicke/ Wupperfeld (1996, S.161)	66% international tätig (allerdings 80% der Produkte im deutschen Markt abgesetzt)	
Balderjahn (1997)	66% national	34% international
Meier (1998, S.105)	21,5% regional 44,9% Schweiz/national	19,7% Europa 14,1% Welt
Grulms (2000, S.168ff.)	7,4% auf Standort begrenzt 18,5% innerhalb 50 km 18,5% innerhalb 100 km 14,8% innerhalb 250 km 29,6% innerhalb Deutschland	11,1% international

Abb. 3-14: Geographische Verteilung des Marktraumes bei Unternehmensgründungen

3.5.4 Kooperationsstrategie

Das Denken in Netzwerken und der Aufbau derartiger Netzwerke entpuppt sich immer mehr zu einem wichtigen Erfolgsfaktor. Unternehmensinterne und –externe Netzwerke sollen zu einem strategiekonformen und möglichst reibungslosen Funktionieren von Kommunikation und Kooperation im Rahmen der Ideenfindung, Entwicklung und Vermarktung neuer Produkte beitragen (Schneider 2002, S.19). Moderne Informationstechnologien und weltweit effiziente Distributionssysteme erlauben auch kleinen und neugegründeten Unternehmen die Teilnahme an Kooperationen und Netzwerken (Bjerke/Hultman 2002, S.105). Als Teil eines Netzwerkes können größenbedingte Nachteile von Unternehmensgründungen durch Partnerunternehmen ausgeglichen werden. Im Zuge der strategischen Markteintrittsgestaltung ist insbesondere die Formulierung der langfristigen Kooperationsstrategie vorzunehmen.

Allgemein bezeichnet der Begriff der Kooperation eine auf freiwilliger Basis beruhende, vertraglich geregelte Zusammenarbeit rechtlich und wirtschaftlich selbständiger Unternehmen zur Steigerung ihrer Leistungsfähigkeit (Olesch 1995, Sp.1273). Kooperationen äußern sich durch gemeinschaftliches Vorgehen im transaktionsgerichteten Verhalten der Marktakteure (Steffenhagen 1994, S.37) und werden als „arbeitsteiliges Zusammenwirken" verstanden. Grundsätzlich werden sie von Marktakteuren eingegangen, wenn sich diese durch ein abgestimmtes Verhalten im Vergleich zu einem alleinigen Vorgehen einen größeren wirtschaftlichen Erfolg und eine bessere Verwirklichung ihrer individuellen Zielsetzungen versprechen. Nach Außen gerichtet steht die Verbesserung der Wettbewerbsposition gegenüber nicht an der Kooperation beteiligten Konkurrenten im Vordergrund. Intern sollen sie zur Vermeidung von Wettbewerb zwischen Kooperationspartnern führen.

Wichtige Motive oder Zielsetzungen, die aus Sicht von Unternehmensgründern mit Kooperationen verbunden werden, sind beispielsweise (in Anlehnung an Hagemann 1999, S.79):

- Zugang zu Ressourcen (Finanziell, Marktmacht, Vertrieb, Logistik, Einkauf, Personal, Expertenwissen, Produktionsanlagen etc.);

- Imagetransfer auf Neugründung;

- Referenz der Leistungsfähigkeit und Zuverlässigkeit;

- Synergien bei Know-how, Technologie;

- Potentiell höhere Marktanteile mit damit verbundener Kostendegression und besseren Wettbewerbsfähigkeit;

- Zugang zu Auslandsmärkten, Finanzierung internationaler Marketingstrategien;

- Flächendeckender Service- und Kundendienst;

- Nutzung bestimmter Absatzkanäle;

- Vermeidung kostspieliger Doppelforschung, Nutzung von Testmarktinstrumenten und breiter angelegter Marktstudien (einschließlich Patentrecherchen);

- Bessere Nutzung externen Expertenwissens;

- Bessere Qualifizierung des Personals, Personalaustausch;

- Effizientere Durchführung von Kundenschulungen;

- Gemeinsame Werbeaktivitäten.

Als wesentliche Kooperationsrichtungen neugegründeter Unternehmen werden Entwicklungs-, Beschaffungs- und Vermarktungskooperationen identifiziert (Rüggeberg 1997, S.190f.). Wichtige Kooperationspartner bei Vermarktungskooperationen sind Handelsunternehmen ohne eigene Leistungserstellung, Hersteller ergänzender Leistungsangebote oder Hersteller gleichartiger Leistungsangebote. Abb. 3-15 gibt einen Überblick bezüglich möglicher Kooperationsformen im Bereich der Absatzpolitik.

Abb. 3-15: Beispiele für Kooperationsformen der Absatzpolitik
(in Anlehnung an Hagemann 1999, S.81)

Bei der Kooperation mit anderen Unternehmen ergeben sich für Unternehmensgründer jedoch auch Schwierigkeiten, wie z.b.: Suche nach geeigneten Kooperationspartnern insbesondere im Ausland, Beurteilung von Know-how und Qualität im Vorfeld, Gefahr des Know-how Abflusses oder Regelung der Rechte an gemeinsamen Erfindungen (Kulicke et al. 2002, S.100ff.). Außerdem verzichten Unternehmensgründer zur Erhaltung der Flexibilität und Eigenständigkeit teilweise auf langfristige, dauerhafte Bindungen an Zulieferer, Absatzmittler etc. (Carson et al. 1995, S.65).

4. Marktorientierung

4.1 Das Konzept der Marktorientierung (MO)

4.1.1 Grundlagen der MO

4.1.1.1 Ausgangspunkt: Marketing-Konzeption und Marktorientierung

Im vorherigen Kapitel wurde betont, dass Marketing als bewusste Führung des Unternehmens vom Absatzmarkt her zu sehen ist, d.h. der Kunde und seine Nutzenansprüche sowie ihre konsequente Erfüllung stehen im Mittelpunkt des unternehmerischen Handelns. Marketing ist somit als markt- und kundenorientierte Unternehmensführung zu bezeichnen. Unter Marktorientierung wird damit die grundlegende Implementierung der Marketing-Konzeption verstanden welche sich in konkreten Maßnahmen und Aktivitäten äußert, die zur Ausrichtung des Unternehmens auf den Markt, d.h. auf Kunden und Wettbewerber, dienen. In diesem Sinne stellt Marktorientierung eine wichtige Grundlage für die Markteintrittsgestaltung dar und der Aufbau einer Marktorientierung lässt sich der operativen Ebene der Markteintrittsgestaltung zuordnen.

Auch oder gerade von neugegründeten Unternehmen wird gefordert, dass sie marktorientiert sein sollen, um höhere Erfolgschancen im Markt zu besitzen. In diesem Kapitel wird das Konzept der Marktorientierung zunächst allgemein näher vorgestellt. Was genau ist unter Marktorientierung zu verstehen, welche Handlungen und Vorgehensweisen machen ein Unternehmen marktorientiert, kann Marktorientierung in weitere Elemente untergliedert werden, wie kann Marktorientierung eines Unternehmens gemessen werden, wie sieht der Zusammenhang zwischen Marktorientierung und Unternehmenserfolg im Detail aus und welche empirische Beweise gibt es für diesen unterstellten positiven Zusammenhang? Anschließend wird Marktorientierung im Hinblick auf Anwendbarkeit und Erfolgswirksamkeit in neugegründeten Unternehmen diskutiert.

Seit mehr als 40 Jahren werden Manager dazu angehalten, "to stay close to the customer", "to put the customer at the top of the organizational chart" und den Zweck einer Unternehmung in der Schaffung und Erhaltung von Kundenzufriedenheit zu sehen (Day 1994). So stellte zum Beispiel Drucker (1954) fest, „marketing is not a company activity. Rather it involves the entire organisation viewed from the customers' point." Seit geraumer Zeit wird in der Marketingliteratur der Anspruch erhoben, dass Marketing im Sinne einer bestimmten Grundhaltung oder Philosophie den Einsatz von Marketinginstrumenten erfolgreicher mache bzw. sogar als Voraussetzung für den Erfolg von Unternehmen anzusehen sei (Anderson 1982, Desphande/Webster 1989, Grönroos 1990b). Als Bezeichnung für diese Philosophie hat sich der Begriff des ‚Marketing Concept' (Marketing-Konzeption) durchgesetzt, welches seit seiner Einführung in den 50er Jahren als ideale „Business-Philosophy" gilt (Drucker 1954). So definiert z.B. Felton (1959) Marketing-Konzeption als "a corporate state of mind that insists on the integration and co-ordination of all the marketing functions which, in turn, are melded with all other company functions, for the basic purpose of producing maximum long-range corporate profits." Eine weitergehende Definition findet sich bei McNamara

(1972), indem Marketing-Konzeption als „a philosophy of business management, based upon a company-wide acceptance of the need for customer orientation, profit orientation, and recognition of the important role of marketing in communicating the needs of the market to all major corporate departments" beschrieben wird.

Diese Auffassungen gehen einher mit einer Professionalisierung des Marketing, indem es zu einer funktionsübergreifenden Integration und Koordinierung der Aktivitäten kommt, verbunden mit der Auffassung, dass Marketing die zentrale Unternehmensfunktion zur Verbindung des Unternehmens mit dem Markt ist und ihr damit eine entscheidende Rolle für den Unternehmenserfolg zukommt. Wichtigster Aspekt dieser Philosophie ist die grundsätzliche Ausrichtung bzw. Orientierung des Unternehmen an den Bedürfnissen des Marktes, d.h. eine Marktorientierung (im Vergleich zu beispielsweise einer Technologie-, Produktions- oder Kostenorientierung). Die Begriffe Marktorientierung und Marketing-Konzeption werden in diesem Zusammenhang weitgehend synonym verwendet. Weitergehende Konkretisierungen, was genau ein marktorientiertes Unternehmen speziell auf operativer Ebene ausmacht und durch welche Aktivitäten oder Handlungen sich Marktorientierung äußert werden nicht vorgenommen.

Barksdale & Darden (1971, S.36) machen jedoch deutlich, dass diese idealisierten Aussagen bezüglich der Marketing-Konzeption nur von begrenztem praktischem Nutzen sind und dass die große Herausforderung in der Entwicklung von umsetzungsbezogenen Definitionen der Marketing-Konzeption liegt. Die parallel erscheinenden Arbeiten zweier amerikanischer Forscherteams Kohli & Jaworski (1990) und Narver & Slater (1990) nehmen diese Kritik auf und erweitern die Diskussion um eine neue, operative Dimension. Diese Beiträge verändern das Verständnis von Marktorientierung insofern, als damit die philosophische Ebene verlassen wird und Marktorientierung nunmehr für ein Bündel von Verhaltensweisen steht, die Organisationen erfolgreicher machen sollen (Bötschen 1999, S.1).

Zwei unterschiedliche Ebenen von Marketing können in diesem Zusammenhang differenziert werden: die philosophische und die operative. Auf der einen Seite ist die Forderung nach der Ausrichtung einer Organisation auf ihre Kunden eine Frage der Einstellung, der Unternehmenskultur. Auf der anderen Seite muss diese Ausrichtung oder Orientierung in den operativen Prozessen einer Unternehmung umgesetzt werden (Diamantopoulos/Hart 1993).

Marketing als Philosophie der Unternehmensführung ist mit der Implementierung in Bezug zu setzen, welche durch Aktivitäten und Verhaltensweisen einer Unternehmung zum Ausdruck kommen. Unternehmen, die einer solchen Philosophie folgen und diese operativ umgesetzt haben, d.h. deren Handlungen mit der Ausrichtung der Marketing-Konzeption konsistent sind, werden folglich als marktorientiert bezeichnet. Marktorientierung (MO) steht somit für ein Bündel von Aktivitäten, die den Grad widerspiegeln, zu dem eine Unternehmung die Philosophie der Marketing-Konzeption angenommen und umgesetzt hat (Atuahene-Gima 1996). Als grundlegende, theoriebildende Arbeiten sollen die beiden Artikel von Kohli & Jaworski und Narver & Slater im Folgenden kurz zusammengefasst werden.

4.1.1.2 Kohli/Jaworski (1990): "Market Orientation: The Construct, Research Propositions and Managerial Implications"

Obwohl in der Literatur die Auffassung vorherrschte, dass die Marketing-Konzeption der Eckpfeiler des Marketing ist, wird der Implementierung wenig Aufmerksamkeit gewidmet. Der Marketing-Konzeption im Sinne einer Unternehmensphilosophie kann nach Meinung der Autoren dessen Implementierung gegenübergestellt werden, welche sich in Aktivitäten und Verhaltensweisen einer Organisation äußert. Die Autoren verwenden deshalb den Begriff „Market Orientation" als Bezeichnung für die Implementierung der Marketing-Konzeption. Eine marktorientierte Unternehmung ist demzufolge eine Unternehmung, deren Handlungen mit der Marketing-Konzeption übereinstimmen.

Anhand eines umfangreichen Literaturüberblicks bezüglich der Marketing-Konzeption und deren Implementierung kommen die Autoren zu dem Schluss, dass

- keine klare Definition der MO besteht,

- keine Operationalisierung bzw. kein Modell zur Messung von MO existiert,

- keine empirisch belegte Theorie und Überprüfung des postulierten Zusammenhangs zwischen Ausprägung einer Marketing-Konzeption und Unternehmenserfolg vorhanden ist und

- keine Berücksichtigung von situativen Einflussfaktoren stattfindet, welche die Beziehung MO - Unternehmenserfolg beeinflussen können.

Die Versäumnisse der bestehenden Literatur nehmen die Autoren als Motivation für ihre Arbeit, mit der sie eine Abgrenzung des MO-Konstrukts, eine operationale Definition sowie einen Rahmen für weitere Forschungsvorhaben liefern wollen. Die Analyse der bisherigen Literatur zur Marketing-Konzeption ergänzen die Autoren durch strukturierte Interviews mit 62 Managern und 10 Wirtschaftswissenschaftlern.

Zunächst werden drei elementare Bestandteile einer Marketing-Konzeption identifiziert:

1. Kundenfokus;

2. koordiniertes Marketing;

3. Profitabilität.

Eine marktorientierte Unternehmung hat demzufolge diese drei Eckpfeiler der Marketing-Konzeption operational umgesetzt. Zur Umsetzung werden folgende Vorschläge gegeben:

1. Eine oder mehrere Abteilungen betreiben Aktivitäten, die zur Entwicklung eines Verständnisses der momentanen und zukünftigen Kundenbedürfnisse sowie der Faktoren, die diese beeinflussen können, dienen;

2. Verbreitung dieses Verständnisses über Abteilungsgrenzen hinweg;

3. Die verschiedenen Abteilungen engagieren sich in Aktivitäten, die zur Befriedigung ausgewählter Kundenbedürfnisse führen.

Aus diesen Überlegungen leiten die Autoren drei Bestandteile einer MO ab:

1. **Informationsgewinnung (Intelligence Generation)**: Geäußerte Kundenbedürfnisse und –präferenzen ergänzt um exogene Faktoren, welche diese beeinflussen (z.b. gesetzliche Regelungen, Technologien oder Wettbewerber); antizipierte, zukünftige Bedürfnisse; wechselnde Bedingungen in den Industriesektoren der Kunden; Überwachen von Aktionen der Wettbewerber und wie dadurch die Kundenpräferenzen beeinflusst werden könnten; Identifizierung von Kunden; allgemeine Umfeldanalyse; Verständnis der Bedürfnisse der Absatzmittler; generiert auf formellem und informellem Wege; nicht ausschließliche Verantwortung der Marketing-Abteilung sondern z.b. auch von FuE.

2. **Informationsverbreitung (Intelligence Dissemination)**: Beteiligung nahezu aller Abteilungen notwendig; gemeinsame Basis für konzertierte Aktionen; formelle und informelle Kommunikation.

3. **Umsetzung (Responsivenss)**: Aktionen, die als Antwort auf die gewonnen und verbreiteten Informationen unternommen werden, z.B. Wahl von Zielmärkten, Entwicklung und Einführung von Produkten, Produktion, Distribution und Vermarktung von Produkten, die mit den momentanen oder zukünftigen Kundenbedürfnissen übereinstimmen.

Mit anderen Worten lässt sich MO definieren als unternehmensweite Generierung von Marktinformationen, die sich auf momentane oder zukünftige Kundenbedürfnisse beziehen, die Verbreitung dieser Informationen über Abteilungsgrenzen hinweg und die unternehmensweite Umsetzung zur Befriedigung von Kundenbedürfnissen.

In der Literatur wird stellenweise auch der Begriff Marketingorientierung (Marketing Orientation) verwendet. Die Autoren plädieren jedoch für den Begriff Marktorientierung, um deutlich zu machen, dass nicht die Marketing-Abteilung allein verantwortlich ist, sondern dass eine Vielzahl von Unternehmensfunktionen an der Gewinnung, Verbreitung und Umsetzung von Informationen beteiligt ist. Außerdem lenkt der Begriff die Aufmerksamkeit auf den Markt und seine Teilnehmer sowie auf Faktoren welche diese beeinflussen.

Kohli & Jaworski weisen außerdem darauf hin, dass MO keine dichotome Ausprägung besitzt (d.h. ein Unternehmen ist entweder marktorientiert oder nicht), sondern dass verschiedene Ausprägungsstufen den Grad widerspiegeln können, indem eine Organisation in der Generierung, Verbreitung und Umsetzung von Marktinformationen engagiert ist.

Im weiteren Verlauf des Artikels werden Faktoren betrachtet, die zum einen die Ausprägung einer MO unterstützen oder behindern können (Geschäftsführung, Beziehung zwischen den Abteilungen, Unternehmensorganisation) und zum anderen die Beziehung zwischen MO und Unternehmenserfolg verstärken oder abschwächen können (Marktturbulenzen, technologische Turbulenzen, Wettbewerbsintensität, allg. Wirtschaftskraft). Hierzu wird zunächst die grundlegende Hypothese aufgestellt, dass je höher die MO einer Organisation ist, desto höher ist ihr Unternehmenserfolg. Auf die Untersuchung der Wirkung verschiedener Einflussfaktoren auf die Ausprägung und Erfolgswirksamkeit der MO wird in Kap. 4.2.2 näher eingegangen.

Die Leistung von Kohli & Jaworski besteht in der klaren Abgrenzung von MO und Marketing-Konzeption, der umsetzungsbezogenen Definition von MO, der Identifikation von drei wesentlichen Elemente der MO (Intelligence generation, dissemination, responsiveness), sowie der Betrachtung von Einflussfaktoren. Die Ergebnisse stützen sich jedoch auf eine Literaturrecherche und Feldinterviews. Eine empirische Überprüfung des postulierten positiven Zusammenhangs zwischen MO und Unternehmenserfolg oder auch der aufgestellten Hypothesen bezüglich der Wirkung verschiedener Einflussfaktoren findet nicht statt.

4.1.1.3 Narver/Slater (1990): "The Effect of a Market Orientation on Business Profitability"

Kurze Zeit nach der Arbeit von Kohli & Jaworski erschien der Artikel von Narver & Slater, in dem sich die Autoren speziell der Untersuchung der Beziehung zwischen MO und Unternehmenserfolg widmen und einen ersten empirischen Beweis für die positive Beziehung zwischen den beiden Elementen erbringen.

Seit langer Zeit wurde von Wissenschaftlern und Praktikern aus dem Marketing-Bereich die Behauptung aufgestellt, dass Unternehmen, die ihre MO erhöhen, auch ihren Unternehmenserfolg verbessern werden. Bisher gab es jedoch keinen validen Ansatz, wie MO gemessen werden kann und folglich auch keine systematische Analyse der Effekte auf den Unternehmenserfolg. Es konnten dementsprechend keine Hinweise für Praktiker gegeben werden, was genau MO ausmacht, wie diese umzusetzen ist und welche konkreten Effekte sich aus der Umsetzung ergeben.

Grundlage für die Erzielung einer überdurchschnittlichen Marktperformance ist nach Meinung der Autoren die Entwicklung eines dauerhaften Wettbewerbsvorteils, d.h. das Anbieten eines langfristig bestehenden und überlegenen Nutzen für den Kunden. Diese Ansicht ist die Grundlage für die weitere Untersuchung des Zusammenhanges zwischen MO und Unternehmenserfolges:

> "Market Orientation is the organization culture (i.e., culture and climate, Deshpande/Webster 1989) that most effectively and efficiently creates the necessary behaviors for the creation of superior value for buyers and, thus, continuous superior performance for the business (Aaker 1988; Kohli/Jaworski 1990; Kotler 1984; Kotler/Andreasen 1987; Peters/Austin 1985; Peters/Waterman 1982; Shapiro 1988; Webster 1988). (zitiert nach Narver/Slater 1990)"

Ausgehend von einer Literaturanalyse zu den Themengebieten MO und dauerhafter Wettbewerbsvorteil entwickeln die Autoren Verhaltensweisen, welche eine marktorientierte Unternehmung kennzeichnen. Drei Verhaltenskomponenten und zwei Entscheidungskriterien (im Weiteren nicht näher dargestellt) einer MO werden identifiziert:

- **Kundenorientierung (Customer Orientation)**: Verständnis der Wertschöpfungskette der Kunden (Kosten- und Einkommensstrukturen) sowie von deren Kunden; aktuelle Wertschöpfungskette + zukünftige Entwicklung; Identifizierung der potentiellen Kunden (aktuell und in der Zukunft), ihrer aktuellen und zukünftigen Bedürfnisse und wie diese befriedigt werden können.

- **Wettbewerbsorientierung (Competitor Orientation):** Verständnis der kurz-fristigen Stärken und Schwächen sowie der langfristigen Fähigkeiten und Stra-tegien; der wichtigsten aktuellen und auch potentiellen Wettbewerber; Band-breite der Technologien, die zur Befriedigung von aktuellen und zukünftigen Kundenbedürfnissen dienen können.

- **Funktionsübergreifende Koordination (Interfunctional Coordination):** Ko-ordinierter Einsatz der Unternehmensressourcen zur Schaffung von überlege-nem Kundennutzen für die Zielsegmente; alle Unternehmensfunktionen können einen wichtigen Beitrag zur Schaffung von Kundennutzen leisten; Überwin-dung der Isolation der einzelnen Funktionsbereiche.

Kundenorientierung und Wettbewerbsorientierung beinhalten alle Aktivitäten, die zur Gewinnung von Informationen über Kunden und Wettbewerber im Zielmarkt und zur Verbreitung dieser Informationen im gesamten Unternehmen dienen.

Zentraler Bestandteil des Artikels ist die Entwicklung eines Messmodells, welches zur Untersuchung des Zusammenhangs zwischen MO und Unternehmenserfolg eingesetzt wird. Die Autoren identifizieren dabei einen grundsätzlichen, positiven Zusammen-hang zwischen der Höhe der MO und dem Unternehmenserfolg (gemessen anhand einer Einschätzung der befragten Manager des ROA im Vergleich zum Wettbewerb). In die Analyse werden auch Kontrollvariablen (Relative Cost/Size, Market Growth/ Concentration, Entry Barriers, Buyer/Seller Power, Technological Change) einbezo-gen, die zum einen ebenfalls direkten Einfluss auf den Erfolg haben können oder ande-rerseits die Stärke des Zusammenhangs zwischen MO und Unternehmenserfolg positiv oder negativ beeinflussen können.

4.1.1.4 Zusammenfassende Betrachtung der MO

Im Prinzip zeigt sich bei beiden vorgestellten Arbeiten ein sehr ähnliches Verständnis der MO. Die Gewinnung, Verbreitung und Umsetzung von Marktinformationen wer-den als wesentliche Bestandteile einer MO dargestellt. Narver & Slater setzten in ih-rem Artikel den Schwerpunkt allerdings auf die Objekte, auf die sich die Informati-onsgewinnung richtet und beziehen neben den Kunden die Wettbewerber als wichtige Marktteilnehmer mit ein.

Eine Definition der MO, die beide Ansätze zusammenführt, stellen Deng & Dart (1994) auf:

> "Market orientation can be defined as the generation of appropriate market in-telligence pertaining to current and future customer needs, and the relative abili-ties of competitive entities to satisfy these needs; the integration and dissemina-tion of such intelligence across departments; and the coordinated design and execution of the organization's strategic response to market opportunities."

Trotz der verhaltensorientierten Sichtweise der MO, die durch die vorgestellten Arbei-ten entwickelt wurde, wird MO in der Literatur nach wie vor häufig mit der Marke-ting-Konzeption gleichgesetzt und damit als Unternehmenskultur und –philosophie verstanden. Es lassen sich demzufolge zwei Sichtweisen der Marktorientierung unter-scheiden.

Zum einen MO als Unternehmensphilosophie (Zusammenfassung wichtiger Aspekte nach Avlonitis/Gounaris 1999):

- Betonung der Kunden bei der Bewertung des Unternehmens und seiner Produkte und des Bemühens, mit dem sowohl das Unternehmen als auch seine Produkte einzelne Kundenbedürfnisse befriedigen wollen;

- Betonung von Marketing als der vorherrschenden Unternehmenskultur, um so die gesamte Organisation zur Befriedigung von Kundenbedürfnissen zu mobilisieren;

- Betonung der Anpassung von Produkten gemäß der Bedürfnisse und Wünsche des Marktes und nicht gemäß der Vorstellungen und Einschätzungen des Unternehmens, um so Kundenzufriedenheit zu generieren;

- Kundeninteresse steht an erster Stelle ohne jedoch die Interessen anderer Beteiligter, wie z.B. Besitzer, Manager oder Angestellter, auszuschließen, um so ein langfristig profitables Unternehmen zu entwickeln (Deshpande et al. 1993).

Zum anderen MO als konkretes Verhalten einer Unternehmung (Avlonitis/Gounaris 1999):

- Betonung der Gewinnung von Marktinformationen (um den Markt zu verstehen);

- Betonung der Verbreitung der Informationen in der ganzen Unternehmung (um die Unternehmung mit dem Markt vertraut zu machen);

- Betonung der Umsetzung dieser Informationen (durch Strategien und Pläne, die von der Unternehmung entwickelt und umgesetzt werden).

Die kultur- oder philosophiebezogene Sichtweise der MO soll im weiteren Verlauf des Kapitels nicht näher betrachtet werden (siehe hierzu z.B. Botschen 1999, Homburg/ Pflesser 2000). Vielmehr soll die verhaltensorientierte Sichtweise, welche durch die Arbeiten von Kohli & Jaworski und Narver & Slater geprägt wurde, einer tiefergehenden Analyse unterzogen werden. Durch die beiden Arbeiten wurde ein verstärktes wissenschaftliches Interesse am Konstrukt der MO ausgelöst, das sich in einer Vielzahl von Veröffentlichungen niederschlägt (ca. 450 Einträge in der Fachdatenbank Business Source Premier zw. 1990 u. 6/2003).

Dabei stehen insbesondere zwei Zielsetzungen im Mittelpunkt. Zum einen die Entwicklung von geeigneten Modellen zur Messung von MO und zum anderen die Anwendung der Messmodelle zur Untersuchung des Zusammenhangs zwischen MO und Unternehmenserfolg unter Berücksichtigung von moderierenden Einflussfaktoren. Hier konnte die vermutete positive Beziehung zwischen MO und Unternehmenserfolg durch eine große Anzahl von empirischen Studien weitestgehend belegt werden. MO hat sich als wichtiges Konzept sowohl in der wissenschaftlichen Forschungslandschaft als auch in der Unternehmenspraxis etabliert. Die Entwicklung einer stark ausgeprägten MO wird auch in Zukunft eine der zentralen Herausforderung für Organisationen darstellen (Harris 1996, S.25).

4.1.2 Entwicklung von Messmodellen der MO

Der erste Ansatz zum Messen von MO stammt, wie im vorherigen Abschnitt kurz dargestellt, von Narver & Slater (1990). Sie operationalisieren MO als ein Konstrukt, welches ihren Annahmen zufolge aus drei Verhaltenskomponenten (Kundenorientierung, Wettbewerbsorientierung und interfunktionale Koordination) sowie zwei Entscheidungskriterien (langfristige Ausrichtung und Gewinnerzielung) bestehen soll. Zur Beschreibung oder Erfassung der möglichen operationalen Umsetzung dieser fünf Elemente in einem Unternehmen werden jeweils mehrere Indikatoren aufgestellt und zu einem Maß zusammengeführt. Insgesamt besteht das Modell aus 21 Items.

Anhand einer Stichprobe von 371 Managern aus 113 strategischen Geschäftseinheiten eines US Konzerns wird eine empirische Überprüfung durchgeführt, indem die Reliabilität (Cronbachs Koeffizient Alpha, Item-to-Total-Korrelation) und Validität (Korrelationen, explorative Faktorenanalyse) berechnet werden. Wegen zu geringer interner Konsistenz werden die beiden Entscheidungskriterien aus dem Modell ausgeschlossen. Die Faktorenanalyse ergibt eine Ein-Faktor-Lösung. Marktorientierung wird demnach als eindimensionales Konstrukt aufgefasst, welches aus den drei Komponenten Kundenorientierung, Wettbewerbsorientierung und interfunktionale Koordination besteht. Diese sind eng miteinander verknüpft und tragen gleichermaßen zur Ausbildung einer MO bei. Die MO eines Unternehmens wird als einfacher Durchschnitt der Ausprägungen der drei Komponenten berechnet. Abb. 4-1 zeigt die Indikatoren, die zur Erfassung der drei Verhaltenskomponenten verwendet werden.

Customer Orientation
Customer commitment
Create customer value
Understand customer needs
Customer satisfaction objectives
Measure customer satisfaction
After-sales service

Competitor Orientation
Salespeople share competitor information
Respond rapidly to competitors' actions
Top managers discuss competitors' strategies
Target opportunities for competitive advantage

Interfunctional Coordination
Interfunctional customer calls
Information shared among functions
Functional integration in strategy
All functions contribute to customer value
Shared resources with other business units

Abb. 4-1: Indikatoren des Narver & Slater Modells (Quelle: Narver/Slater 1990)

Das von Kohli & Jaworski (1990) theoretisch entwickelte Modell der Marktorientierung mit den drei Komponenten Intelligence Generation, Intelligence Dissemination und Responsiveness wird von Kohli et al. (1993) operational umgesetzt und empirisch überprüft. Zur Beschreibung der drei Komponenten entwickeln die Autoren insgesamt

32 Indikatoren, welche in Abb. 4-2 dargestellt sind. Die empirische Überprüfung bestätigt die drei Komponenten, identifiziert aber zusätzlich einen allgemeinen MO Faktor. Als Resultat der Validitätsprüfung ergeben sich letztlich 20 Indikatoren, welche die Autoren für ihr Messmodell auswählen.

Intelligence Generation

1. In this business unit, we meet customers at least once a year to find out what products or services they will need in the future.
2. Individuals from our manufacturing department interact directly with customers to learn how to serve them better.
3. In this business unit, we do a lot of in-house market research.
4. We are slow to detect changes in our customers' product preferences. (R)
5. We poll end users at least once a year to assess the quality of our products and services.
6. We often talk with or survey those who can influence our end users' purchases (e.g., retailers, distributors).*
7. We collect industry information by informal means (e.g. lunch with industry friends, talks with trade partners).
8. In our business unit, intelligence on our competitors is generated independently by several departments.
9. We are slow to detect fundamental shifts in our industry (e.g., competition, technology, regulation). (R)*
10. We periodically review the likely effect on changes in our business environment (e.g., regulation) on customers.*

Intelligence Dissemination

11. A lot of informal "hall talk" in this business unit concerns our competitors' tactics or strategies.*
12. We have interdepartmental meetings at least once a quarter to discuss market trends and developments.*
13. Marketing personnel in our business unit spend time discussing customers' future needs with *other* functional departments.
14. Our business unit periodically circulates documents (e.g., reports, newsletters) that provide information on our customers.*
15. When something important happens to a major customer or market, the whole business unit knows about it within a short period.*
16. Data on customer satisfaction are disseminated at all levels in this business unit on a regular basis.
17. There is minimal communication between marketing and manufacturing departments concerning market developments. (R)
18. When one department finds out something important about competitors, it is slow to alert other departments. (R)*

Responsiveness

19. It takes us forever to decide how to respond to our competitor's price changes. (R)
20. Principles of market segmentation drive new product development efforts in this business unit.
21. For one reason or another we tend to ignore changes in our customer's product and service needs. (R)
22. We periodically review our product development efforts to ensure that they are in line with what customers want.
23. Our business plans are driven more by technological advances than by market research. (R)
24. Several departments get together periodically to plan a response to changes taking place in our business environment.
25. The product lines we sell depend more on internal politics than real market needs. (R)*
26. If a major competitor were to launch an intensive campaign targeted at our customers, we would implement a response immediately.
27. The activities of the different departments in this business unit are well coordinated.*
28. Customer complaints fall on deaf ears in this business unit. (R)*
29. Even if we came up with a great marketing plan, we probably would not be able to implement it in a timely fashion. (R)*
30. We are quick to respond to significant changes in our competitors' pricing structures.*
31. When we find out that customers are unhappy with the quality of our service, we take corrective action immediately.*
32. When we find that customers would like to modify a product or service, the departments involved make concerted efforts to do so.*

(R) denotes reserve coded item.
* Refers to addition of item during or after completion of the second pretest.

Abb. 4-2: Indikatoren des MARKOR Modells (Quelle: Kohli et al. 1993)

Das Messmodell ist unter dem Namen MARKOR bekannt und wurde z.B. von Pitt et al. (1996) außerhalb der USA (in UK u. Malta) überprüft und als zuverlässiges Instrument (reliabel, valide, unabhängig von Land und Kultur) zum Messen von MO bestätigt.

Diese beiden Messmodelle haben sich in der Literatur durchgesetzt und werden auch in aktuellen Studien noch weitestgehend unverändert zur Messung von MO eingesetzt. Eine Weiterentwicklung und insbesondere eine Anpassung an den jeweiligen speziellen Untersuchungsgegenstand findet nur selten statt, obwohl die ursprünglichen Modelle zur Messung von MO in großen Industriekonzernen entwickelt wurden (was sich deutlich anhand der Formulierung der einzelnen Indikatoren äußert). Das Modell von Narver & Slater (1990) hat sich dabei als insgesamt robuster und universeller einsetzbar gezeigt und eine höhere Verbreitung in empirischen Studien zum Messen von MO gefunden.

Im Folgenden wird eine kurze Darstellung von Ansätzen gegeben, die die bisherigen Messmodelle von Narver & Slater und Kohli & Jaworski erweitern. Generell muss allerdings festgestellt werden, dass der Weiterentwicklung und Verbesserung der Messmodelle wenig Aufmerksamkeit geschenkt wird und im Wesentlichen die Anwendung bekannter Modelle zur Untersuchung des Zusammenhanges MO – Unternehmenserfolg z.B. in verschiedenen Umfeldsituationen im Mittelpunkt der Forschung steht.

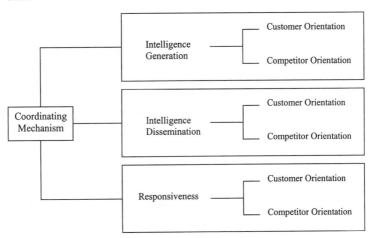

Abb. 4-3: Modell von Cadogan & Diamantopoulos
(Quelle: Cadogan/Diamantopoulos 1995)

Aufgrund der großen Überschneidungen, die sich zwischen den beiden Modellen auf der operationalen Ebene der einzelnen Indikatoren ergeben, integrieren Cadogan & Diamantopoulos (1995) beide Ansätze, wie in Abb. 4-3 dargestellt. Die Komponenten aus dem Kohli & Jaworski Modell (Intelligence Generation + Dissemination, Responsiveness), werden jeweils in eine kunden- bzw. wettbewerbsbezogene Komponente aufgeteilt. Zusätzlich wird ein übergeordneter „Coordinating Mechanism" eingeführt.

Der Ansatz hat sich in dieser Struktur nicht durchgesetzt, allerdings werden in Studien oft einzelne Indikatoren aus den beiden ursprünglichen Modellen verwendet und zu einer Gesamt-MO aggregiert.

Auch Pelham (1997a) integriert die Ansätze von Narver & Slater und Kohli & Jaworski. Die in den beiden Messmodellen verwendeten Indikatoren (insgesamt 47) reduziert er aufgrund von empirischen Untersuchungen (mit einer Stichprobe von 160 kleinen u. mittleren Industrieunternehmen) auf 9 Indikatoren, die zur Messung von MO geeignet sind und überwiegend aus dem Narver & Slater Modell stammen. MO wird als eindimensionales Konstrukt verstanden, welches aus den Komponenten Customer Orientation (unterteilt in Customer Understanding Orientation und Customer Satisfaction Orientation) und Competitor Orientation besteht. Inter-functional Coordination wird als integraler Bestandteil der Customer Orientation und nicht als eigenständiges Element aufgefasst.

Eine ähnliche Vorgehensweise findet sich bei Gray et al. (1998). Hier wird ebenfalls eine empirische Überprüfung der beiden Messmodelle von Narver & Slater und Kohli & Jaworski vorgenommen, indem 44 Indikatoren aus beiden Modellen überprüft werden. Aufgrund von Validitätsanalysen (Cronbach's Koeffizient Alpha, explorative und konfirmatorische Faktorenanalyse) werden diese auf 20 Indikatoren reduziert, die letztendlich 5 Faktoren der Marktorientierung ergeben: Interfunctional Coordination, Profit Emphasis, Competitor Orientation, Customer Orientation und Responsivenss. Das Modell wird z.B. von Matear et al. (2002) verwendet.

Kritik an der Konzeption der verwendeten Messmodelle wird von Dawes (2000) geübt. In den meisten Studien wird MO als eindimensionales Konstrukt verstanden, das sich inhaltlich zwar aus mehreren Elementen zusammensetzt (z.B. Customer Orientation, Competitor Orientation, Interfunctional Coordination oder Intelligence Generation, Intelligence Dissemination, Responsiveness), die allerdings alle gleichermaßen zur gesamten MO eines Unternehmens und zur Erfolgssteigerung beitragen. Eine individuelle Untersuchung des Erfolgsbeitrages bzw. der Erfolgswirksamkeit der einzelnen Komponenten findet nicht statt, da nur eine einzige, aggregierte Kennzahl zur Erfassung der MO verwendet wird. Dies geschieht, obwohl eigentlich kein spezieller Grund angegeben wird, die einzelnen Komponenten der MO, welche in der inhaltlichen Konzeption unterschieden werden, nicht auch getrennt zu untersuchen (Dawes 2000).

In der Literatur finden sich aber auch vereinzelte Ansätze, die hier einen anderen Weg gehen und von der eindimensionalen Umsetzung der MO abweichen, wie beispielsweise die Arbeiten von Noble et al. (2002) und Kumar et al. (2002). Auch Jaworski & Kohli (1993) analysieren die einzelnen Komponenten der MO allerdings nicht bezüglich der Erfolgswirksamkeit sondern in Bezug auf Faktoren, die die Ausprägung der einzelnen Komponenten beeinflussen können.

Die Arbeit von Deng & Dart (1994) ist in zweifacher Hinsicht interessant. Zunächst erweitern sie das Modell von Narver & Slater um eine vierte Komponente, Profit Orientation. Ein gewinnorientierter Bestandteil wurde in der Literatur schon früher diskutiert und mit der Begründung abgelehnt, dass Gewinn das Ergebnis einer MO sei und nicht als eigenständige Verhaltenskomponente aufgefasst werden kann (siehe hierzu z.B. die Diskussion bei Narver/Slater 1990). Die Autoren unterscheiden in ihrem Ansatz den Gewinn als Ergebnis der Ausrichtung des Unternehmens auf Gewinnerzielung bzw. Gewinnsteigerung, welche sich operativ im Tagesgeschäft umsetzen lässt. Außerdem wird MO nicht als eindimensionales Konstrukt aufgefasst, sondern besteht aus vier einzelnen Dimensionen, die getrennt erfasst und gemessen werden, um damit Beziehungen der einzelnen Dimensionen zum Erfolg feststellen zu können. Statistische Analysen auf Basis von 248 Firmen bestätigen den multidimensionalen Ansatz. Abb. 4-4 zeigt den Aufbau des Modells, welches in der Literatur allerdings keine weite Verbreitung gefunden hat.

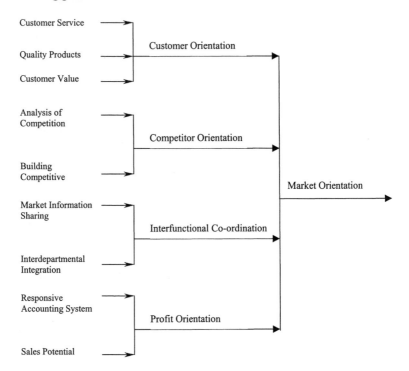

Abb. 4-4: Operationalisierung der MO bei Deng & Dart (Quelle: Deng/Dart 1994)

Greenley (1995b) untersucht die Ausprägungen der einzelnen Elemente des Narver & Slater Modells und sieht diese als drei eigenständige Dimensionen an. Dabei werden je nach unterschiedlichem Ausprägungsgrad der einzelnen Dimensionen 5 verschiedene Formen der MO identifiziert: Undeveloped MO (geringe Ausprägungen in allen drei Dimensionen), Fragmented Orientation (starke Ausprägung in einzelnen Indikatoren aber kein klarer Fokus), Customer Focus Orientation, Competitive Focus Orientation sowie Comprehensive MO (durchgehend hohe Ausprägungen in allen drei Dimensionen).

Weitere Ansätze mit multidimensionaler Auffassung und Operationalisierung der MO finden sich z.B. bei Siguaw & Diamantopoulos (1995), Han et al. (1998) und Noble et al. (2002). Andere Herangehensweisen zur Messung von MO werden beispielsweise von Botschen (1999) vorgestellt, wo die Messung auf individueller Ebene stattfindet oder von Helfert et al. (2002), die einen beziehungsorientierten Ansatz verfolgen. Wie bereits erwähnt, lässt sich jedoch feststellen, dass der (Weiter-)Entwicklung von Messmodellen zur Erfassung von MO, die z.b. an spezifische Branchen angepasst sind, relativ wenig Aufmerksamkeit gewidmet wird.

In den meisten Studien kommen die Ansätze von Narver & Slater oder Kohli & Jaworski weitgehend unverändert zur Anwendung oder einzelne Indikatoren aus beiden Modellen werden zusammen eingesetzt. Dabei wird auf die Untersuchung von zwei Sachverhalten ein besonderer Schwerpunkt gelegt:

1. In welchen Situationen wird eine hohe MO festgestellt, welche internen und externen Faktoren führen zu einer hohen MO bzw. unterstützen/behindern die Entwicklung der MO in einem Unternehmen?

2. Gibt es eine positive Beziehung zwischen MO und Unternehmenserfolg, in welchen Situationen wird eine besonders starke/schwache Beziehung zwischen MO und Erfolg festgestellt, d.h. welche Faktoren beeinflussen die Erfolgswirksamkeit der MO?

Abb. 4-5 zeigt einen möglichen Ansatz zur Untersuchung dieser Fragestellungen anhand des von Kohli & Jaworski (1990) aufgestellten Untersuchungsmodells, in das verschiedene Einflussfaktoren integriert sind, die zum einen die Höhe der Ausprägung und auch die Erfolgswirksamkeit der MO mitbestimmen können.

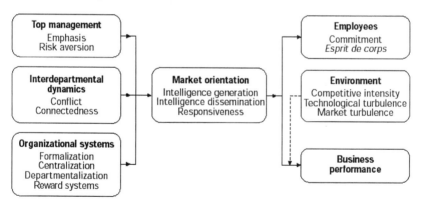

Abb. 4-5: Untersuchungsmodell von Kohli & Jaworski
(Quelle: Jaworski/Kohli (1993))

4.2 Ergebnisse der empirischen Forschung zur Marktorientierung

4.2.1 Einflussfaktoren auf die Ausprägung der MO

Der Wunsch nach einer hohen MO ist sicherlich in vielen Unternehmen vorhanden. Es stellt sich nun die Frage, wie ist eine MO am besten zu implementieren und welche internen Rahmenbedingungen unterstützen oder behindern eventuell die Entwicklung einer hohen MO. Wodurch können Aktivitäten, die zur Gewinnung, Verteilung und Umsetzung von marktbezogenen Informationen dienen, initiiert und gefördert werden?

Einflussfaktoren auf die Ausprägung einer hohen MO Wirkung: verstärkend (+), hemmend (–), kein Effekt	
extern:	**intern:**
- Hohe Wettbewerbsintensität (+) [1, 2]	- Hoher Top Management-Zusammenhalt (+) [5]
- Niedrige Eintrittsbarrieren (+) [1]	- Starke Betonung durch Top Management (+) [4]
- Hohe Käuferkraft (+) [1]	
- Hoher technologischer Wandel (+) [1]	- Hohe Freigiebigkeit (–) [5]
- Hohes potentielles Marktwachstum (+) [1]	- Niedrige Zentralisierung (+) [3,4]
	- Niedrige Formalisierung (+) [3] (kein Effekt) [4]
- Hohe Marktturbulenzen (+) [2]	
- Hohe Umfelddynamik (+) [5]	- Serviceorientierte Strategie (+) [3]
	- Ausgereifte Koordination, Kommunikationssysteme and Integrationsmethoden (+) [3]
	- Starke Konflikte zw. Abteilungen (–) [4]
	- Starker Zusammenhalt (+) [4]
	- Hohe Risikoabneigung (–) [4]

Abb. 4-6: Einflussfaktoren auf die Ausprägung einer hohen MO
[Quellen: 1: Avlonitis/Gounaris 1999, 2: Diamantopoulos/Hart 1993, 3: Harris/ Pierce 1999, 4: Jaworski/Kohli 1993, 5: Van Egeren/O'Connor 1998]

Schon in der grundlegenden Arbeit von Kohli & Jaworski (1990) werden interne und externe Faktoren vorgestellt und in ihrer vermuteten Wirkung diskutiert, die zum einen die Ausprägung und Implementierung einer MO in einem Unternehmen (z.B. senior management factors, interdepartmental dynamics, organizational system) und zum anderen die Auswirkungen auf den Erfolgsbeitrag der MO (market turbulence, technological turbulence, competition, economy) beeinflussen können (siehe Abb. 4-5). Die Wirkungsweisen dieser Faktoren wurden zunächst nur theoretisch erörtert. In späteren empirischen Studien der Autoren erfolgt dann die Untersuchung von externen Bedingungen, in denen sehr häufig Unternehmen mit einer hohen MO identifiziert werden, und von internen Faktoren, die eine hohe MO unterstützen oder behindern können (siehe z.B. Jaworski/Kohli (1993)). Abb. 4-6 fasst die Ergebnisse von Studien, die sich diesen Fragestellungen widmen, zusammen.

Die externen Faktoren in Abb. 4-6 stellen Situationen dar, in denen überdurchschnittlich häufig Unternehmen mit einer hohen MO identifiziert werden konnten. Ursache hierfür kann sein, dass Unternehmen, die sich diesen Umfeldsituationen gegenüber sehen, einen besonders starken äußeren Zwang zur Entwicklung einer hohen MO verspüren oder eine besonders starke Erfolgswirksamkeit der MO vermuten und deshalb Aktivitäten, die zu einer hohen MO führen, intensivieren. Dies sind Situationen, die durch eine hohe Dynamik und große Veränderungen gekennzeichnet sind, sei es bzgl. der Technologie, der Kundenbedürfnisse, oder weiterer Faktoren. Hier ist eine kontinuierliche Beobachtung des Umfeldes verbunden mit dem frühzeitigen Erkennen von Veränderungen aus Sicht der Unternehmen in besonderem Maße notwendig.

Die identifizierten internen Faktoren stellen wichtige Rahmenbedingungen dar, die von einer Unternehmung geschaffen werden sollten, um einfacher und effektiver einen hohen Grad an MO erreichen zu können. Die abteilungs- und funktionsübergreifende Kommunikation im Unternehmen sollte durch das Schaffen einer gewissen organisatorischen Struktur und Kultur unterstützt werden.

4.2.2 Beziehung MO – Unternehmenserfolg

Das starke wissenschaftliche Interesse am Konstrukt der MO hat ihren Ursprung vor allem in der vermuteten erfolgssteigernden Wirkung einer stark ausgeprägten Marktorientierung. Diese Vermutung, die lange Zeit nicht empirisch belegt war, stellte schon den Ausgangspunkt und die Motivation für die Arbeiten von Kohli & Jaworski (1990) und Narver & Slater (1990) dar. Zur Untersuchung dieser postulierten Wirkungsbeziehung wurden die im vorherigen Abschnitt erläuterten Messmodelle entwickelt. Bevor die Darstellung der genauen Effekte der MO, die in empirischen Studien festgestellt werden, erfolgt, zunächst einige globale Aussagen zur Erfolgswirksamkeit der MO:

"A business that increases its market orientation will increase its market performance." (Narver/Slater 1990)

"MO leads to satisfied customers who spread the good word to other potential customers and keep coming back to the organisation, higher customer satisfaction, higher repeat business, higher organizational commitment and higher esprit de corps." (Kohli/Jaworski 1990)

"MO represents the foundation of high-quality marketing practice and the prevailing wisdom is that a market-oriented culture is crucial for superior performance and long-term success in the highly competitive environment of modern day businesses." (Appiah-Adu 1998)

4.2.2.1 Untersuchung der Beziehung MO – Unternehmenserfolg

Erste empirische Ergebnisse zur Bestätigung der vermuteten positiven Beziehung zwischen MO und Unternehmenserfolg werden von Narver & Slater (1990) erzielt und durch eine Vielzahl von weiteren Studien im Wesentlichen bestätigt. Dawes (2000) analysiert beispielsweise 36 Studien, welche sich dieser Fragestellung widmen, und kann für die Mehrheit robuste empirische Ergebnisse bezüglich einer positiven Beziehung zwischen MO und Unternehmenserfolg feststellen. In 30 Studien wird ein direkter, positiver Einfluss von MO auf den Unternehmenserfolg identifiziert. Nur in 3 Studien kann keine signifikante Beziehung ermittelt werden (siehe Esslemont/Lewis 1991, Tse 1998 und Caruana et al. 1999). Drei weitere Studien stellen einen positiven Zusammenhang zwischen MO und Unternehmenserfolg nur unter bestimmten Vorraussetzungen, wie z.B. hohem technologischem Wandel, fest (siehe z.B. Greenley 1995a).

Abb. 4-7 gibt einen Überblick über die Ergebnisse von 29 ausgewählten empirischen Studien, die einen direkten oder indirekten (d.h. nur bei bestimmten externen Bedingungen vorliegenden) Einfluss von MO auf den Unternehmenserfolg identifizieren.

Zur Analyse der Wirkungsbeziehung MO – Unternehmenserfolg werden zum einen Korrelations- oder Regressionsanalysen durchgeführt (z.B. Narver/Slater 1990; Deshpande et al. 1993; Diamantopolus/Hart 1993; Jaworski/Kohli 1993; Greenley 1995a; Pelham 1999; Slater/Narver 2000, Dawes 2000); zum anderen werden auch kausalanalytische Untersuchungen vorgenommen (z.B. Fritz 1992; Pelham 1997b; van Egeren/ O'Connoer 1998; Matsuno/Mentzer 2000 + 2002). Des weiteren werden in den Studien unterschiedliche Indikatoren zur Erfassung des Unternehmenserfolges verwendet, welches die Vergleichbarkeit der Ergebnisse erschwert. Teilweise ergeben sich in Studien, die mehrere Erfolgsindikatoren einbeziehen, positive Beziehungen zwischen MO und einzelnen Erfolgsindikatoren, während bei weiteren keine signifikanten Einflüsse festgestellt werden können.

Bei der stattfindenden Konzentration auf die Untersuchung des Erfolgsbeitrags der MO, welcher aufgrund der zahlreichen vorliegenden Ergebnisse unbestritten ist, darf jedoch nicht die Wirkung weiterer interner und externer Faktoren vergessen werden, um so den Beitrag zum Unternehmenserfolg, der von einer starken MO geleistet wird, in Relation setzen zu können. Aussagen über den Zusammenhang von MO und Erfolg sind ohne Berücksichtigung anderer Faktoren, die sich ebenfalls auf den Erfolg auswirken nicht valide (Botschen 1999, S.2). Tellefsen (1993) liefert empirische Hinweise, dass bei Berücksichtigung anderer Orientierungen (z.B. Liefermarktorientierung) der Zusammenhang zwischen MO und Erfolg nicht mehr eindeutig gegeben ist. Fritz (1992) stellt bei der Untersuchung des Einflusses verschiedener Dimensionen der Unternehmensführung auf den Unternehmenserfolg (Marktorientierung, Produktions-/ Kostenorientierung, Technologie-/Innovationsorientierung, Mitarbeiterorientierung, Umwelt-/Gesellschaftsorientierung) fest, dass MO zwar einen zentralen, jedoch nicht den wichtigsten Erfolgsfaktor im Rahmen der unternehmerischen Führungskonzeption darstellt. Mitarbeiter- sowie Produktions-/Kostenorientierung übertreffen den Einfluss von MO auf den Unternehmenserfolg (Fritz 1992, S.257).

Im Rahmen der Untersuchung der Beziehung MO – Unternehmenserfolg werden zahlreiche weitere Faktoren identifiziert, die einen direkten, positiven Einfluss auf den Unternehmenserfolg haben, wie z.B.: Aufbau hoher Markteintrittsbarrieren, relative Unternehmensgröße (je größer desto besser) (Dawes 2000); niedrige relative Kosten, hohes Marktwachstum (Narver/Slater 1990 + 1994); Kundenmacht, leichter Markteintritt (Narver/Slater 1994); feindlicher Wettbewerb sowie geringe Anzahl von Wettbewerbern (jeweils positiver Effekt) (Harris 2001).

Autor	Stichprobe	wichtige Ergebnisse
Narver/ Slater (1990)	371 Manager eines Konzerns	→ pos. Bez. MO → Perf. → pos. Bez. relative Kosten, Marktwachstum → Perf. → unterschiedl. Bez. MO → Perf. bei Nicht-/Rohstoff-Erzeugung
Fritz (1992)	417 Industrieunternehmen in D	→ MO leistet hohen Beitrag zum Unternehmenserfolg → Produktions-/Kostenorient. u. Mitarbeiterorient. wichtiger → Analyse von Einflussfaktoren, die Rolle der MO u. Bez. MO → Perf. verstärken/abschwächen
Rueckert (1992)	5 SGEs eines Konzerns	→ SGEs mit höherer Leistung haben eine höhere MO
Deshpande et al. (1993)	50 Zulieferer/ Kunden-Paare in Japan	→ pos. Bez. Kundenorientierung → Perf. aus Kundensicht → kein Effekt aus Sicht der Hersteller
Diamantopoulos/Hart (1993)	87 CEOs, prod. Gewerbe, UK	→ keine eindeutigen Ergebnisse bzgl. Bez. MO → Perf. → Einfluss von Marktdynamik auf MO → Perf. nicht eindeutig → stärkerer Effekt MO → Perf. bei hoher Wettbewerbsintensität und hoher Nachfrage/starker Volkswirtschaft
Jaworski/ Kohli (1993)	1.Stichprobe: n=222 SGEs 2.Stichprobe: n=230 SGEs	→ Effekte MO: höhere Perf., Mitarbeitermotivation → kein Einfluss von Markt-, Technologiedynamik oder Wettbewerbsintensität auf Bez. MO → Perf.
Slater/ Narver (1993)	140 SGEs eines Konzerns d. Holzindustrie	→ pos. Bez. MO → Perf. → Beziehung wird durch den Strategietyp beeinflusst (Miles & Snow Typologie, bei Defender stärkerer Effekt MO → Perf.)
Deng/Dart (1994)	248 Firmen versch. Branchen	→ pos. Bez. MO → Perf.
Slater/ Narver (1994)	107 SGEs in 2 Konzernen	→ pos. Bez. MO → ROA, Absatzwachstum, Neuprodukterfolg → stärkerer/schwächerer Effekt bei: hoher Marktdynamik → ROA (+), hoher techn. Wandel → Neuprodukterfolg (-), niedriges Marktwachstum → Absatzwachstum (+)
Greenley (1995a)	240 CEOs in UK, >5000 Mitarb., versch. Branchen	→ kein direkter Einfluss MO → Perf. → neg. Bez. MO → Perf. bei hohem techn. Wandel, hoher Marktdynamik, geringer Käufermacht
Balakrishnan (1996)	139 im Werkzeugbau	→ pos. Bez. MO → Perf. (Gewinn, Kundenbindung, Wiederkaufrate)
Pelham/ Wilson (1996)	68 US Firmen, versch. Branchen	→ pos. Bez. MO → Perf.
Pitt et al. (1996)	161 DL in UK + 193 versch. Branchen in Malta	→ schwache, pos. Bez. MO → Perf. → Beziehung unabhängig von Kultur u. wirt. Entwicklungsstand
Slater/Narver (1996)	228 aus prod. Gewerbe	→ pos. Bez. MO → Absatzwachstum → keine Bez. MO → Profitabilität
Avlonitis/ Gounaris (1997)	444 in Griechenland, versch. Branchen	→ pos. Bez. MO → Perf. (Gewinn, Umsatz, ROI, Marktanteil)
Pelham (1997b)	160 KMU, prod. Gewerbe	→ pos. Bez. MO → Unternehmenseffektivität → kein Einfluss MO → Profitabilität, Absatzwachst./Marktanteil

Abb. 4-7: Empirische Studien zum Zusammenhang MO – Unternehmenserfolg

Autor	Stichprobe	wichtige Ergebnisse
Appiah-Du (1998)	74 prod. Gewerbe u. DL in Ghana	→ kein direkter Effekt MO → Perf. (Absatzwachstum, ROI) → pos. Bez. MO → Perf. bei hoher Wettbewerbsintensität u. hoher Marktdynamik
Deshpande/ Farley (1998)	82 Manager in Europa u. USA	→ pos. Bez. MO → Perf. (Absatzwachstum, Kundenbindung, ROI)
Van Egeren/ O'Connor (1998)	70 DL, CEO & Top Mng. Team	→ pos. Bez. MO → Perf. → Untersuchung v. Einflussfaktoren bzgl. Ausprägung der MO
Kumar/ Subramanian (1998)	159 Krankenhäuser	→ pos. Bez. MO → Perf. (ROA, Umsatzwachst., Erfolg neuer Angebote etc.) → stärkerer Effekt MO → Perf. bei: hoher Wettbewerbsintensität, hoher Marktdynamik, geringer Macht der Zulieferer
Harris/ Pierce (1999)	Je 50 Interviews in 3 Handelsuntern., 107 Verkaufsläden	→ 3 Ausprägungsniveaus von MO → pos. Bez. MO → Perf. → Untersuchung v. Einflussfaktoren bzgl. Ausprägung der MO
Pelham (1999)	229 KMU	→ stärkerer Einfluss der MO auf die Leistung als Wettbewerbsumfeld und als generische Strategien (low cost/differentiation)
Dawes (2000)	123 in 1997 93 erneut in 1998 in Süd-Australien	→ pos. Bez. Wettbewerbsorientierung → Perf. → kein Effekt von Kundenanalyse/Responsiveness
Matsuno/ Mentzer (2000)	364 prod. Gewerbe	→ Bez. MO → Perf. wird von Strategie mitbestimmt → Bez. MO → ROI ist bei Defenders stärker als bei Prospectors/ Analyzers
Pelham (2000)	235 KMU	→ pos. Bez. MO → Perf. → stärkerer Effekt bei kleinen Firmen u. wenigen Segmenten
Slater/ Narver (2000)	53 SGEs v. Konzernen	→ pos. Bez. MO → Perf. → kein Einfluss EO → Perf. → kein Einfluss von Kontrollvariablen auf Perf. → hohe Korr. MO - EO ($r=0{,}515$)
Harris (2001)	241 firms in UK across industry	→ kein direkter Effekt MO → Perf. → pos. Bez. MO → Absatzwachst. bei hoher Wettbew.intensität → neg. Bez. MO → ROI bei hoher Marktdynamik
Matsuno et al. (2002)	364 prod. Gewerbe	→ pos. Bez. MO → Perf. (Marktanteil, Anteil Neuprodukte, ROI) → pos. Bez. MO - EO → kein dir. Einfl. EO → Perf. aber notwendig für MO → Perf.
Noble et al. (2002)	Langzeitstudie in vier Handelskonzernen	→ pos. Bez. Wettbew.orient. → Perf. (nicht für andere Elemente) → pos. Bez. national brand focus u. selling orient. → Perf.

Abb. 4-7 (Forts.): Empirische Studien zum Zusammenhang MO – Unternehmenserfolg

Anmerkungen:

- Perf. = Unternehmenserfolg, SGE = Strategische Geschäftseinheit, DL = Dienstleistungsunternehmen

- pos. Bez. MO → Perf. bedeutet, es wurde eine signifikante, positive Beziehung zwischen der Höhe der MO und dem Grad des Unternehmenserfolges festgestellt.

- Falls nicht anders vermerkt, fand die Untersuchung in den USA statt.

4.2.2.2 Einflussfaktoren auf die Beziehung MO – Unternehmenserfolg

Im Verlauf des Kapitels wurde bereits darauf hingewiesen, dass verschiedene interne und externe Faktoren identifiziert wurden, die den Ausprägungsgrad der MO in einem Unternehmen beeinflussen können. Genauso verhält es sich mit der Beziehung zwischen MO und Unternehmenserfolg. In der Untersuchung von Jaworski/Kohli (1993) wird zunächst kein Einfluss von Marktturbulenzen, Wettbewerbsintensität oder technologischem Wandel auf die Beziehung MO - Unternehmenserfolg festgestellt. Dies veranlasst die Autoren zu der Aussage: „The linkage between MO and performance seems to be robust across contexts chararctezied by varying levels of market turbulence, competitive intensity and technological turbulence" (Kohli/Jaworski 1993).

Einflussfaktor	Wirkung auf Beziehung MO → Perf. (Quelle)
Marktturbulenz	hoch: stärkerer Effekt MO → Perf. (Slater/Narver 1994; Appiah-Du 1998; Kumar/Subramanian1998)
	hoch-mittel: kein Effekt MO → Perf. (Diamantopoulos/Hart 1993; Greenley 1995a; Harris 2001)
	allg. kein Effekt auf pos. Bez. MO → Perf. (Jaworski/Kohli 1993)
Marktwachstum	niedrig: stärkerer Effekt MO → Perf. (Slater/Narver 1994)
Technologischer Wandel	hoch: geringerer Effekt MO → Perf. (Kohli/Jaworski 1990; Slater/Narver 1994; Greenley 1995a)
	allg. kein Effekt auf pos. Bez. MO → Perf. (Jaworski/Kohli 1993)
Wettbewerbsintensität	hoch: stärkerer Effekt MO → Perf. (Kohli/Jaworski 1990; Diamantopoulos/Hart 1993; Appiah-Du 1998; Kumar et al. 1998; Harris 2001)
	allg. kein Effekt auf pos. Bez. MO → Perf. (Jaworski/Kohli 1993)
Allg. Wirtschaftslage	schwach: stärkerer Effekt MO → Perf. (Kohli/Jaworski 1990)
	stark: stärkerer Effekt MO → Perf. (Diamantopoulos/Hart 1993)
Kundenmacht	niedrig: negativer Effekt MO → Perf. (Greenley 1995a)
Macht d. Zulieferer	niedrig: stärkerer Effekt MO → Perf. (Kumar/Subramanian 1998)
Industriesektor/Branche	untersch. Verläufe der Bez. MO → Perf. bei Nicht-/Rohstoff-Erzeugung (Narver/Slater 1990)
	im Konsumgüterbereich stärkerer Effekt (Fritz 1992)
	allg. kein Effekt auf pos. Bez. MO → Perf. (Jaworski/Kohli 1993; Pelham 1997b; Slater/Narver 2000)
Unternehmensstrategie (Defenders, Prospectors, Analysers, Reactors)	Defenders: stärkerer Effekt MO → ROI Prospectors: stärkerer Effekt MO → Marktanteil/Umsatzwachstum/Umsatzanteil Neuprodukte (jew. Matsuno/Mentzer 2000)
(Cost Leader, Differentiator)	Cost Leader: stärkerer Effekt MO → Perf., pos. Bez. funktionsübergreifende Koordination → Perf. Differentiator: pos. Bez. Kundenorient. u. Wettbewerbsorient. → Perf. (jew. Kumar et al. 2002)

Abb. 4-8: Einfluss des Umfeldes auf die Beziehung MO – Unternehmenserfolg

Diese Aussage wird jedoch durch weitere Untersuchungen bezüglich der Wirkung von Umfeldbedingungen auf den Zusammenhang widerlegt und es werden Situationen identifiziert, in denen ein besonders starker oder auch schwacher Zusammenhang zwischen der Ausprägung einer MO und dem Unternehmenserfolg existiert (siehe auch Ergebnisse in Abb. 4-7). Abb. 4-8 fasst die Ergebnisse wichtiger Studien zusammen. Allgemein lässt sich feststellen, „a positive perception and implementation of the marketing concept does not impact on performance in a uniform manner but varies across market context" (Diamantopoulos/Hart 1993).

In seiner Untersuchung hat Fritz (1992) zahlreiche interne und externe Faktoren identifiziert, welche die Beziehung MO – Unternehmenserfolg beeinflussen. Ein höherer Erfolgsbeitrag kommt der MO beispielsweise in folgenden Situationen zu (siehe Fritz 1992, S.434ff.): ausgeprägte Kooperation zwischen Marketing, Produktion und FuE; geringe Eigentümerkontrolle; hohe Entscheidungsdelegation; hohe Markteintrittskosten sowie hohe gesamtwirtschaftliche Dynamik. Wenn der Absatzmarkt den dominanten Engpassfaktor und Konsumgüter den Schwerpunkt des Leistungsprogramms bilden, avanciert MO zum entscheidenden Erfolgsfaktor im Vergleich zu anderen untersuchten Orientierungsrichtungen der Unternehmensführung.

Die Aussagen über den Einfluss der untersuchten Faktoren sind teilweise widersprüchlich und gegensätzlich, insbesondere bezüglich der Wirkung eines turbulenten Marktumfeldes. Eindeutigkeit herrscht hinsichtlich eines stärkeren Effektes einer hohen MO auf den Unternehmenserfolg in einem Umfeld mit hoher Wettbewerbsintensität. Weitgehend stabil scheint der positive Effekt einer MO über Industriesektoren hinweg zu sein. Dies wird auch durch branchenspezifische Studien beispielsweise im Dienstleistungssektor belegt. Vor dem Hintergrund der generell nicht immer eindeutigen Ergebnisse sind weitere Untersuchungen notwendig, um die unterschiedlichen Einflüsse der Umfeldbedingungen auf die Wirkungsbeziehung MO – Unternehmenserfolg besser zu verstehen und so Hinweise zu erhalten, in welchen Situationen der Einfluss von MO (im Vergleich zu anderen Orientierungen) besonders hoch ist und Unternehmen ihre Anstrengungen zur Implementierung einer hohen MO intensivieren sollten.

Nach Meinung von Narver & Slater (1990) ist MO in jedem Marktumfeld relevant. Die Frage ist nicht MO ja oder nein, sondern vielmehr was ein Unternehmen unter Berücksichtigung des aktuellen und zukünftigen Marktumfeldes als optimalen Ausprägungsgrad der MO ansieht. MO sollte als ein stetiges und nicht als ein dichotomes, entweder oder, Konstrukt aufgefasst werden (Kumar/Subramanian 1998). Der Ausprägungsgrad der MO und auch die Erfolgswirksamkeit wird, wie hier dargestellt, von internen und externen Faktoren beeinflusst, so dass ein Unternehmen sorgfältig überlegen sollte, welches das optimale Niveau darstellt. Auch hier kommt eines der Grundgesetze der Wirtschaft zur Anwendung. Für jedes Unternehmen kommt der Punkt, an dem die zusätzlichen Kosten zur Erhöhung der MO den zusätzlichen Nutzen übersteigen werden (Narver/Slater 1990). Das Ausmaß der Ressourcen, die zur Implementierung oder Verstärkung einer MO eingesetzt werden, ist vor dem Hintergrund der möglichen positiven Effekte zu sehen. Insbesondere in Situationen, in denen kein oder nur ein schwacher Einfluss der MO festgestellt werden konnte, wie z.B. im Bergbau, bei Auftragsfertigung oder Rohstoffmärkten, sollten Kosten im Verhältnis zu Nutzen kritisch überdacht werden (Dobni/Luffman 2000).

Bei der Untersuchung der Effekte einer MO auf globaler Ebene darf auch die Bedeutung einer effektiven und effizienten Umsetzung der einzelnen Maßnahmen, welche in den Studien nicht erfasst wird, nicht vernachlässigt werden.

4.2.3 Ursachen für die Erfolgswirksamkeit der MO

Die Ergebnisse der empirischen Untersuchungen lassen Fragen nach den Ursachen für die Steigerung des Unternehmenserfolges durch eine Erhöhung der MO aufkommen. Die Theorie des dauerhaften Wettbewerbsvorteils (Sustainable Competitive Advantage, siehe z.B. Day/Wensley 1983) liefert Unterstützung für den grundlegenden Zusammenhang zwischen den Elementen einer MO und dem Unternehmenserfolg und wird schon von Narver & Slater (1990) bei der Herleitung ihres Ansatzes in den Mittelpunkt gestellt. Sie definieren MO als die Unternehmenskultur, aus der sich am effizientesten und effektivsten die Handlungen ergeben, die zur Schaffung eines überlegenen Wertes für Kunden notwendig sind und somit den dauerhaften überdurchschnittlichen Erfolg des Unternehmens sicherstellen. Oder, wie es Morgan & Strong (1998) ausdrücken: Die Fähigkeit markorientierter Unternehmen, ihre weniger stark marktorientierten Wettbewerber zu übertreffen, liegt darin begründet, dass diese einen langfristig überlegenen Wert für ihre Kunden schaffen können.

Ein Unternehmen mit einem hohen Grad an MO ist ständig auf der Suche nach alternativen Quellen zur Entwicklung eines dauerhaften Wettbewerbsvorteils, um somit auf effektivstem Wege einen überlegenen Nutzen für seine heutigen und zukünftigen Kunden zu schaffen (Kumar/Subramanian 1998). Als wichtiger Aspekt darf dabei die Sicherstellung der Profitabilität des Unternehmens nicht in den Hintergrund geraten. Die Erfüllung von Kundenwünschen darf nicht um jeden Preis erfolgen, oberstes Unternehmensziel bleibt die Erzielung von dauerhaften Gewinnen, d.h. von ausreichenden Deckungsbeiträgen der Produkte bei einem wettbewerbsfähigem Preis.

Mehrere Komponenten tragen zur Schaffung von einem im Vergleich zum Wettbewerb überlegenem Kundennutzen bei: ein generell besseres Marktverständnis speziell bezüglich der Marktteilnehmer Kunden und Wettbewerber, eine engere Bindung der Kunden an das Unternehmen sowie die effizientere und effektivere Gestaltung der internen Prozesse und Abläufe.

Auffälligste Merkmale marktorientierter Unternehmen sind ihre Überlegenheit bezüglich des allgemeinen Marktverständnisses (Market Sensing) und ihrer Fähigkeit zur Gestaltung von Kundenbeziehungen (Customer Linking) (Day 1994). Wenn diese beiden Fähigkeiten tief in einer Organisation verankert sind, werden alle funktionalen Aktivitäten besser darauf ausgerichtet sein, sich ändernde Marktanforderung zu antizipieren und darauf schneller als die Konkurrenten zu reagieren.

Bezüglich der Kunden führt die systematische Informationsgewinnung zu einem besseren Verständnis aktueller und einem besseren Abschätzen zukünftiger Bedürfnisse und Wünsche sowie der hinter diesen Bedürfnissen stehenden Motivation und Zielsetzung. Besonders wichtig ist ein frühzeitiges Erkennen von Veränderungen der Kundenstrukturen und –bedürfnissen, um ein besseres Gespür für Trends und entstehende neue Marktsegmente zu entwickeln und diese vor der Konkurrenz zu erkennen und in neue oder angepasste Leistungen umzusetzen. Da sich Kundenbedürfnisse und –erwartungen im Zeitverlauf kontinuierlich verändern, ist zur dauerhaften Bereitstellung von qualitativ hochwertigen Produkten oder Dienstleistungen ein ständiges Beobachten von sich verändernden Marktbedürfnisse verbunden mit einer geeigneten Reaktion notwendig, d.h. marktorientiert zu sein (Jaworski/Kohli 1993). Wenn ein Unternehmen ein größeres Verständnis der Kundenpräferenzen hat, kann es Angebote entwickeln, die die Kunden ansprechen und eine hohe Marktakzeptanz finden, gleichzeitig aber auch finanziell für die Firma attraktiv sind (Dawes 2000). Nicht nur die Gewinnung kundenbezogener Informationen und deren Umsetzung sondern auch die Aufnahme und Gestaltung von Kundenbeziehungen ist ein wichtiger Aspekt der MO und liefert einen bedeutenden Beitrag zum Unternehmenserfolg (Day 1994). Die frühzeitige Integration von Kunden in den Produktentwicklungsprozess, z.B. in Form von Lead Usern, Interviews oder Konzepttests, ist als bedeutsamer Erfolgsfaktor identifiziert worden (siehe z.B. Ernst 2002 und dortige Literaturhinweise). Oft suchen Kunden (insbesondere im Industriegütermarkt) selbst eine engere Beziehung und Zusammenarbeit zu ihren Zulieferern und wollen diese in ihre Produktions- und Distributionsprozesse integrieren.

Hinsichtlich der Wettbewerber ergibt sich durch eine höhere MO eines Unternehmens ein besseres Verständnis der Ziele und Strategien und ein frühzeitiges Abschätzen der zukünftigen Handlungen und Aktivitäten, wie z.B. Neuprodukteinführungen, Werbekampagnen oder Preissenkungen, der im Markt operierenden Konkurrenten. Darauf aufbauend können Gegenmaßnahmen und Strategien entwickelt werden, um die Auswirkungen der Konkurrenzaktivitäten auf die eigene Marktstellung zu minimieren. Außerdem wird die rechtzeitige Identifizierung zukünftiger Wettbewerber erleichtert. Die Analyse von Stärken und Schwächen der Wettbewerber ist bei der Auswahl neuer Marktsegmente hilfreich, um die Chancen und das Absatzpotential neu zu entwickelnder Produkte abschätzen zu können. In Verbindung mit einer Analyse von Kundenpräferenzen ermöglicht eine Untersuchung von Konkurrenzangeboten eine Antwort auf die Frage, wie viel besser als der Wettbewerber muss ich sein, um ausreichend Kunden zu akquirieren oder zu halten. In diesem Sinne wird das Aufstellen einer Kosten-Nutzen-Rechnung, um abzuschätzen, welche Investitionen zur Schaffung eines ausreichenden Wettbewerbsvorteils aus Kundensicht notwendig sind, ermöglicht. Wettbewerber sind außerdem wichtige Quellen zur Identifizierung von Ideen für neue Produkte oder Produktverbesserungen. Maßnahmen, die für Wettbewerber gut oder schlecht funktioniert haben, können bestimmt und in die eigenen Planungen einbezogen werden (Dawes 2000). Die Analyse von Schwachstellen der Konkurrenz ermöglicht ein gezieltes Ausrichten von Maßnahmen darauf und damit eine hohe Effektivität.

In Bezug auf die Gestaltung der Unternehmensabläufe und –prozesse bewirkt eine hohe MO zunächst eine Verteilung der Marktinformationen im ganzen Unternehmen, so dass eine gemeinsame Wissensbasis vorhanden ist. Damit werden koordinierte Aktionen zur Umsetzung dieses Informationsvorsprungs in überlegenen Produkte mit hoher Marktakzeptanz erst ermöglicht. Die Überwindung funktionaler Barrieren und die funktionsübergreifende Zusammenarbeit sind zentrale Elemente der MO. Zusammen mit der frühzeitigen Integration des Kunden in den Entwicklungsprozess sind diese beiden Faktoren in zahlreichen Studien als wichtige Erfolgsfaktoren des Neuproduktentwicklungsprozesses identifiziert worden (siehe z.B. Rothwell 1992, Ottum/Moore 1997, Mullins/Sutherland 1998, Ernst 2002). In marktorientierten Unternehmen ist der Prozess der Gewinnung, Interpretation und Umsetzung von Marktinformationen systematischer, durchdachter und stärker antizipativ ausgerichtet als in anderen Firmen. Die gemeinsame Basis von Informationen über Kunden, Wettbewerber und andere Markttrends hilft jeder Unternehmensfunktion, die Operationen auf sich ändernde externe Bedingungen anzupassen (Dawes 2000).

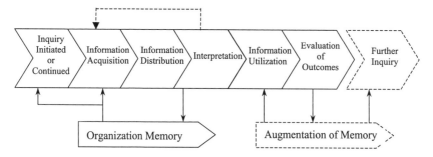

Abb. 4-9: Market Sensing: Processes for Learning About Markets (Quelle: Day 1994)

Abb. 4-9 zeigt den Prozess, der zur aktiven Akquisition und Verteilung von Informationen führt, die sich beispielsweise auf Marktbedürfnisse und –reaktionen, Segmentbildungen, Beziehungsgeflechte, Intentionen und Fähigkeiten von Wettbewerbern sowie den Einfluss der Distributionsmittler beziehen können. Bevor diese Informationen in Aktionen umgesetzt werden, ist eine Interpretation notwendig, indem es durch einen Prozess des Sortierens, Klassifizierens und Vereinfachens zur Aufdeckung bestehender Muster kommt (Day 1994).

Marktorientierte Firmen unterscheiden sich durch ihre Fähigkeit, Ereignisse und Trends in ihrem Markt vor den Wettbewerbern zu erkennen. Sie können die notwendigen Handlungen zur Erhaltung oder Gewinnung von Kunden, zur Verbesserung der Beziehungen zu Absatzmittlern oder zur Überflügelung der Konkurrenz früher und genauer antizipieren. Sie können frühzeitig und in einer geeigneten Art und Weise reagieren, da die Informationen und Annahmen bezüglich des Marktgeschehens im ganzen Unternehmen bekannt sind und damit eine gemeinsame Wissensbasis existiert (Day 1994). Diese antizipative Fähigkeit basiert auf einer Überlegenheit in jedem der in Abb. 4-9 dargestellten Prozessschritte.

Die Betonung der Informationsgewinnung, der Beobachtung von Wettbewerbern und der Verbreitung der Marktinformationen über Abteilungsgrenzen hinweg führt nach Meinung von McNaughton et al. (2001) aus folgenden Gründen zur Entwicklung eines dauerhaften Wettbewerbsvorteils:

1. Lernen was Kunden wollen,
2. Entwurf von Geschäftsmodellen, die Kunden den gewünschten Nutzen liefern,
3. Beobachten von momentanen und zukünftigen Wettbewerbern und Reagieren auf deren Handlungen und
4. Anpassen der Wertschöpfungskette an sich ändernde Marktbedingungen.

Abb. 4-10 stellt die Verbindung zwischen den Elementen der MO und der Steigerung des Unternehmenswertes graphisch dar.

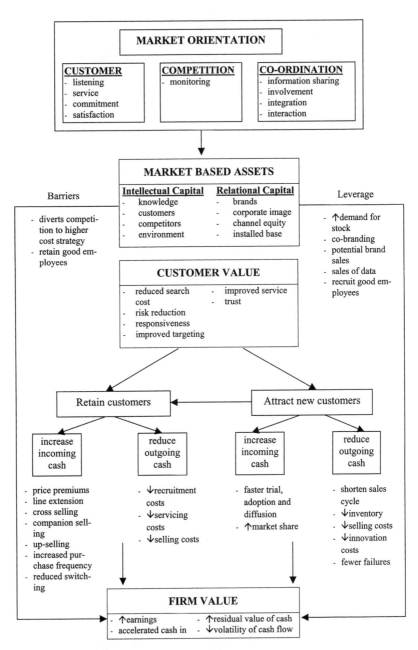

Abb. 4-10: Wirkungsbeziehung MO – Unternehmenswert
(Quelle: McNaughton et al. 2001)

4.2.4 Weiterführende Ansätze zur MO

Zu Beginn der wissenschaftlichen Forschung erfolgte meist eine Konzentration auf die Untersuchung von MO in großen Industriekonzernen überwiegend in Nordamerika. Das Spektrum der Untersuchungsgegenstände wurde seit dem sukzessive erweitert.

Untersuchungen finden mittlerweile auch für andere Branchen statt. Speziell die Erforschung der Rolle der MO im Dienstleistungsbereich erfährt aktuell eine verstärkte Aufmerksamkeit (siehe z.B. Van Egeren/O'Connor 1998, Esteban et al. 2002, Gray/ Hooley 2002, Guo 2002, Matear et al. 2002, McNaughton et al. 2002, Agarwal et al. 2003 oder Hooley et al. 2003), wobei die positiven Effekte einer MO auf den Unternehmenserfolg auch hier bestätigt werden. Spezifischere Untersuchungen z.B. in Nonprofit-Organisationen (siehe z.B. Gonzalez et al. 2002, Sargeant et al. 2002 oder Vazquez et al. 2002) oder im Gesundheitswesen werden ebenfalls durchgeführt (siehe z.B. Kumar/Subramanian 1998 oder Lonial/Raju 2001).

Außerdem wird der geographische Untersuchungsraum ausgedehnt. Zunächst werden neben Nordamerika weitere Industrienationen einbezogen (siehe z.B. Deutschland: Fritz 1992, 1996, 1997; UK: Greenley 1995a, Harris 2001 oder Japan: Deshpande et al. 1993). Die Untersuchung in (ehemaligen) Entwicklungsländern und vor allem auch in früheren Planwirtschaften, die sich nun in freie Marktwirtschaften mit hoher Dynamik entwickeln, ist ein weiterer Forschungsschwerpunkt im Bereich der MO (siehe z.B. New Zealand: Gray et al. 1998; Hong Kong: Ngai/Ellis 1998; China: Sin/Tse 2000, Liu et al. 2003, Tse et al. 2003; Ghana: Appiah-Du 1998; Elfenbeinküste: Chelariu et al. 2002; Nigeria u. Kenia: Winston/Dadzie 2002; Guatemala: Kara/Spillan 2002; Indien: Subramanian/Gopalakrishna 2001; Osteuropa: Hooley et al. 2003). Die Bedeutung der MO bei der Gestaltung einer Exportstrategie wird beispielsweise von Cadogan & Diomantopoulos (1995), Cadogan et al. (2002a+b) sowie von Rose & Shoham (2002) betrachtet.

Neben großen Konzernen sind auch kleine und mittlere Unternehmen Gegenstand von empirischen Untersuchungen (siehe z.B. Pelham (1997a+b, 1999, 2000); Enright (2001) oder Tzokas et al. (2001).

Erst in jüngerer Zeit erhält die Analyse der MO in neugegründeten, entrepreneurhaften Firmen verstärkte Aufmerksamkeit (siehe z.B. Gaul/Jung 2002, Müller 2003 oder die Beiträge des UIC Research Symposium at the Marketing/Entrepreneuship Interface 2003 von Klandt/Roskos, Renko und Vitale et al.). Die positive Wirkung einer starken MO auf den Unternehmenserfolg konnte in ersten (vorläufigen) Erkenntnissen auch hier bestätigt werden.

4.3 Rolle der Marktorientierung in Neugründungen

4.3.1 Vergleich von MO in Neugründungen vs. etablierten Unternehmen

Welche Unterschiede existieren im Hinblick auf die Rolle, die der MO in etablierten und in neugegründeten oder jungen Unternehmen zukommt? Bei beiden steht die Entwicklung von Produkten mit einem dauerhaften Wettbewerbsvorteil im Mittelpunkt. Der Ausgangspunkt, die Voraussetzungen und Aufgabenstellungen, um dies zu erreichen, sind jedoch sehr unterschiedlich.

Neugegründete Unternehmen sehen sich mit anderen Herausforderungen konfrontiert als dies bei älteren Unternehmen mit einer etablierten Marktposition, bekannten Produkten und Marken sowie einem teilweise langjährigem Kundenstamm der Fall ist. Der Schwerpunkt dieser etablierten Unternehmen liegt auf der Gestaltung und Intensivierung vorhandener Kundenbeziehungen, es sei denn, sie agieren entrepreneurhaft und suchen nach neuen Marktchancen und neuen Märkten. Neugründungen haben, bis auf die persönlichen Erfahrungen des Gründers, keine vorhandenen Markterfahrungen oder Marktdaten, die aus einer bisherigen Tätigkeiten im Markt resultieren und beispielsweise Aufschluss über die Wirkung verschiedener Marketinginstrumente in der Zielgruppe geben könnten. Die Generierung von markt- und umfeldbezogenen Informationen spielt in allen Phasen des Gründungsprozesses eine wichtige Rolle. Ein Großteil des Prozesses der Unternehmensgründung besteht aus dem Suchen und Interpretieren von Informationen. Untersuchungen von Unternehmensgründungen haben ergeben, dass fehlende Marktinformationen eines der schwerwiegendsten Probleme und eine der wichtigsten Markteintrittsbarrieren darstellen, denen sich neugegründete Unternehmen gegenübersehen (Brush 1992). Ausgehend von der Identifikation oder dem Erkennen einer Marktchance über die Entwicklung eines Unternehmenskonzepts oder Businessplans bis zur Entwicklung und Einführung eines neuen Marktangebots, es gibt einen ständigen Bedarf nach Informationen, um die Entscheidungsprozesse des Gründers zu unterstützen. Speziell wenn die Gründung mit der Akquisition von externem Kapital verbunden ist und ein Businessplan erstellt werden muss, kann auf eine umfassend Analyse und Darstellung des Markt- und Wettbewerbsumfelds nicht verzichtet werden. Versäumnisse und unzureichende Analysen in diesem Bereich führen in der Regel zur Ablehnung der Geschäftsidee durch VC-Gesellschaften oder anderen möglichen Investoren. Vorhandene Branchen- und Markterfahrung werden häufig als wichtige Erfolgsfaktoren des Gründungsprozesses angegeben (siehe z.B. Cooper et al. 1994; Brüderl et al. 1996, S.126). Wenn ein angehender Unternehmensgründer noch nicht über diese Erfahrung und damit verbundene Wissensbasis verfügt, so muss er sich die notwendigen Informationen im Verlauf des Gründungsprozesses aneignen.

Die Entscheidung, ein Unternehmen zu gründen, bedeutet immer auch einen Schritt ins Ungewisse zu tun und hier können Informationen helfen, diese Ungewissheit zu reduzieren und das Risiko besser einschätzen zu können (Wickham 2001, S.239). Agieren unter Ungewissheit wird zwar als ein Wesenszug von Entrepreneuren beschrieben (Churchill/Muzyka 1994, S.15), unvollständige oder fehlende Informationen können jedoch zu Entscheidungen führen, die sich im Nachhinein als falsch herausstellen. Informationsgewinnung alleine ist jedoch nicht ausreichend. Informationen müssen analysiert, überprüft, verstanden und dann in Strategien oder Handlungen umgesetzt werden. Um die Entwicklungsrichtung des Unternehmens richtig bestimmen und das Überleben des Unternehmens sicherstellen zu können, ist es notwendig, ein Verständnis für die kritischen Erfolgsfaktoren im heutigen und zukünftigen Marktraum zu entwickeln (Pelham 1997a).

Marktbezogene Informationen, die während des Gründungsprozesses relevant sind, können beispielsweise folgendermaßen kategorisiert werden (siehe hierzu auch Kap. 3.3, S.64ff.): allgemeine Marktbedingungen (z.B. Kundenwünsche und Kaufverhalten, Marktpotential, Struktur der Marktsegmente), Attraktivität der Innovation (z.B. Kundenzufriedenheit mit bestehenden Angeboten, Preisstruktur der Wettbewerber, Kundenreaktionen auf neue Angebote) sowie Art und Weise, wie Wettbewerber auf den Markteintritt der Neugründung reagieren könnten (z.B. Stärken/Schwächen der Wettbewerber, Strategien, Reaktionen auf frühere Markteintritte). Aber Neugründungen brauchen auch Informationen, die über den Markt (Kunden, Wettbewerber) hinaus gehen, wie beispielsweise hinsichtlich gesetzlicher Regelungen und Bestimmungen, möglicher Standorte, Investoren, Zulieferer oder Kooperationspartner. Aufgrund der hohen Bedeutung von Netzwerken (formellen und informellen Beziehungen) beim Unternehmensaufbau und der Vermarktung des Angebots (Zugang zu Ressourcen, Know-how, Distributionskanälen etc.), spielt die Identifizierung von potentiellen Netzwerkpartnern und der Aufbau von Beziehungen zu diesen eine wichtige Rolle. Entsprechende Ansätze, die den Beziehungsaufbau und Netzwerkeffekte in die Gestaltung einer MO integrieren, finden sich bei Helfert et al. (2002) oder Renko (2003).

Entrepreneuren wird oft ein „angeborenes" Marktverständnis zugesprochen, indem sie Lücken im bestehenden Markangebot oder Veränderungen in der Marktstruktur frühzeitig erkennen und ausnutzen können. Dieses „intuitive Bauchgefühl" gilt es durch Marktinformationen hinsichtlich Marktpotential, Marktakzeptanz, Kundennutzen, Wettbewerbsvorteil etc. abzusichern und auf Umsetzbarkeit zu überprüfen. Wichtig ist es, eine angemessene Balance zwischen umfassender aber auch zeit- und ressourcenintensiver Marktforschung und unreflektiertem und nicht überprüftem Verlassen auf Intuition zu erreichen. Langley (1995) nennt diese beiden gegensätzlichen Ansätze „Paralysis by Analysis" und „Extinction by Instinct".

Eine intensive Analyse der Konkurrenz kann für Neugründungen besonders hilfreich sein. Zum einen können wertvolle Ideen oder Verbesserungsmöglichkeiten bei der Analyse der Konkurrenzangebote entdeckt werden. Lücken und Nischen im bestehenden Marktangebot, die von den aktuellen Marktteilnehmern nicht abgedeckt werden, können gute Eintrittsmöglichkeiten für neuen Firmen darstellen. Die Abgrenzung und Positionierung des eigenen Angebots gegenüber der Konkurrenz setzt eine gute Kenntnis der Konkurrenzangebote, der bearbeiteten Marktsegmente und der jeweiligen Stärken und Schwächen der Wettbewerber voraus. Zum anderen kann durch die Konkurrenzbeobachtung ein eventuell vorhandenes Erfahrungsdefizit bezüglich des Zielmarktes abgemildert werden. Aktivitäten und Vorgehensweisen, die bei Wettbewerbern gut funktionieren bzw. nicht funktioniert haben, können aufgedeckt werden, um so den Erfahrungsrückstand aufzuholen. Ein Abschätzen möglicher Reaktionen der Wettbewerber auf den eigenen Markteintritt wird erleichtert. Für Neugründungen, die meist nicht über die für einen intensiven Konkurrenzkampf notwendigen Ressourcen verfügen, kann so die Konfrontation abgemildert oder verhindert werden, indem man ihr aus dem Weg geht. Wird die direkte oder indirekte Konfrontation gesucht, kann auf Basis der Wettbewerbsanalyse eine geeignete Vorgehensweise entwickelt werden, die die eigenen Stärken und Schwächen auf die des Wettbewerbers abstimmt und so die Erfolgsaussichten steigert.

Als Ergebnis dieses hohen Bedarfs an (marktbezogenen) Informationen sollten Neugründungen generell eine hohe MO anstreben. Drucker (1986, S.189) bemerkt hierzu: "If a (new) venture does not organize itself to take advantage of the unexpected and unseen markets, if it is not totally market-focused, if not market-driven, then it will succeed only in creating an opportunity for a competitor."

MO ist besonders wichtig für kleine Firmen, zu denen die Mehrzahl der Neugründungen zu zählen ist. Durch eine hohe MO können diese ihre potentiellen Vorteile wie Flexibilität, Anpassungsfähigkeit und Kundennähe in überlegene und individualisierte Angebote umsetzen (Pelham 1999). Ziel von Neugründungen ist es entweder neue Kunden (bisherige Nichtkäufer einer bestehenden oder neuen Produktkategorie) oder Kunden von Wettbewerbern zu gewinnen. Für neue, den Kunden bisher unbekannte Unternehmen kann dies nur durch Produkte mit einem hohen Kundennutzen und einem dauerhaften Wettbewerbsvorteil erreicht werden. Die Entwicklung eines hohen Wettbewerbsvorteils wurde als Haupteffekt einer hohen MO und zentrale Ursache für den höheren Erfolg marktorientierter Unternehmen identifiziert (Lado et al. 1992, Slater/Narver 2000).

Abb. 4-11 zeigt anhand von Beispielen die unterschiedlichen Rollen sowie Besonderheiten der MO in etablierten und in neugegründeten Unternehmen.

Schwerpunkte der MO	
etablierte Unternehmen	Neugründungen
- Gute Kenntnis des Marktes (der Kunden, des Kundenverhaltens, der Wettbewerber usw.) vorhanden	- Keine vorliegenden Marktinformationen (höchstens pers. Erfahrung des Gründers)
- Etablierte Beziehungen zu Marktteilnehmern (Zulieferern, Distributoren etc.)	- Erstmaliges Analysieren, Identifizieren von Kundenbedürfnissen, -verhalten, -präferenzen
- Management von bereits eingeführten Produktprogrammen und Marken	- Analyse d. Marktstruktur u. -segmente
- Bindung der bestehenden Kunden, Verhindern von Abwanderung zur Konkurrenz	- Informationen über vorhandene Wettbewerber (Stärken/Schwächen, Angebote, Kundensegmente, Marketing-Aktivitäten)
- Anpassung der bestehenden Produkte an sich ändernde Marktbedingungen	- Erstmalige Entwicklung eines Produkts
- Analyse von Beschwerden, Verbesserungswünschen eigener Kunden	- Überprüfung einer technischen Innovation auf Marktakzeptanz
- Analyse von Veränderungen des Marktumfeldes (bzgl. Kunden, Wettbewerber etc.)	- Verbesserung/Anpassung des Produktes u. d. Marketing-Aktivitäten aufgrund neuer Erkenntnisse
- Verbreitung der gewonnen Informationen im gesamten Unternehmen	- Identifikation u. Akquisition v. Erstkäufern
- Steigerung der funktions-/abteilungsübergreifende Koordination	- Identifikation und Kontaktierung von pot. Netzwerkpartner (Zulieferern, Lead Usern, Universitäten etc.)
- Oft wenig dynamische Märkte (Stabilität der zentralen Technologien und Erfolgsfaktoren)	- Abschätzen potentieller Reaktion der Wettbewerber auf eigenen Markteintritt
	- Oft hoch dynamische Märkte mit starken Veränderungen der Technologie, Marktstrukturen, Marktteilnehmern
	- Beschränkte Ressourcen

Abb. 4-11: Schwerpunkte der MO in etablierten vs. neugegründeten Unternehmen

Da sich Aktivitäten bei neugegründeten Unternehmen in den hier betrachteten frühen Phasen der Unternehmensentwicklung im Wesentlichen auf den Unternehmensgründer und vielleicht wenige Mitarbeiter konzentrieren, sind Maßnahmen, die zur Verbreitung der Informationen und zur Steigerung der abteilungs- und funktionsübergreifenden Zusammenarbeit dienen, nur von untergeordneter Bedeutung. Dahingegen muss beachtet werden, dass alle notwendigen Aktivitäten zur Informationssammlung und –verarbeitung vom Unternehmensgründer selbst durchgeführt werden müssen und es keine Marktforschungsabteilung mit professionellen Mitarbeitern gibt, die über die notwendigen Erfahrungen, Methodenkenntnisse, Kontakte und Informationsquellen verfügen. Neben den vorhandenen finanziellen Restriktionen, die die Informationssuche auf Verwendung von Sekundärquellen oder persönlichen Kontakten beschränken können, ergeben sich auch zeitliche und kapazitäre Restriktionen im Hinblick auf die Durchführung einer umfassenden Markt- und Umfeldanalyse.

4.3.2 Beziehung Marktorientierung und Entrepreneurial Orientation

Entrepreneurhafte Gründungen basieren definitionsgemäß auf einer Innovation. Innovation ist ein zentraler Bestandteil des Entrepreneurship und ein Element der Entrepreneurial Orientation (EO), welche zur Beschreibung des Verhaltens von Unternehmen im Markt entwickelt wurde (siehe Kap. 1). Aus diesem Grund ist es besonders interessant, die Beziehung dieser beiden Orientierungsrichtungen der Unternehmensführung, MO und EO, und ihre gemeinsame Wirkung auf den Unternehmenserfolg zu betrachten.

In der Literatur lassen sich unterschiedliche Auffassungen über die Beziehung von MO und EO finden und potentielle Spannungen zwischen den beiden werden erörtert. Insbesondere die Auswirkung einer hohen MO auf die Innovationsfähigkeit wird kontrovers diskutiert. Es wird argumentiert, dass marktorientierte Firmen zu stark auf die Befriedigung von artikulierten Kundenbedürfnissen fokussiert sind und so Chancen zur Entwicklung neuer Produkte, die momentan noch nicht von Kunden beschrieben werden können, verpassen (Hamel/Prahalad 1994; Christensen/Bower 1996; Christensen 1997). Dies führt zur Entwicklung von Produkten, die mit dem momentanen Bereich des Unternehmens verbunden sind und die vorhandene Erfahrung und Wissensbasis des Unternehmens ausnutzen (Slater/Narver 1995). Vor allem die Kundenorientierung wird kritisiert, da sie unter anderem zu inkrementellen und trivialen Produktentwicklungsbemühungen und kurzsichtigen FuE-Programmen führen kann (Frosch 1996, Slater/Narver 1998). Hamel & Prahalad (1994) warnen, dass durch eine Fokussierung auf den Markt, selbst wenn sie auf die Entdeckung latenter Bedürfnisse ausgerichtet ist, die Entstehung neuer Märkte oder Marktsegmente verpasst werden kann. Auch die Rolle der Marktforschung wird eher kritisch gesehen, wenn es um die Entwicklung von innovativen Produkten geht. Drucker (1986, S.191) bemerkt hierzu beispielsweise: „One cannot do market research for something genuinely new. One cannot do market research for something that is not yet on the market." Wenn Konsumenten nur ein begrenztes Wissen über das neue Produktkonzept und die zugrundeliegende neue Technologie haben, ist es für sie sehr schwierig, diese zu verstehen, ihre Bedürfnisse zu äußern und mögliche Verbesserungen vorzuschlagen (Trott 2001).

MO fördert nach dieser Argumentation also eher die Entwicklung und Verbesserung von gängigen Produkten, die sich an die momentanen Bedürfnisse richten und nicht von Produkten, die auf neu entstehende, bisher noch nicht geäußerte Bedürfnisse abzielen (Atuahene-Gima/Ko 2001).

Slater & Narver (1998 + 1999) begegnen der Kritik an einer Innovations-hemmenden Wirkung einer hohen MO mit einer Abgrenzung zweier vom Markt geprägter Vorgehensweisen oder Orientierungsrichtungen, die oft miteinander verwechselt werden. Zum einen eine kundengeführte Philosophie (customer-led), die in erster Linie darauf ausgerichtet ist, die geäußerten Bedürfnisse der Kunden zu befriedigen und typischerweise kurzfristig und reaktiv ausgerichtet ist. Zum anderen Marktorientierung, die über die Befriedigung geäußerter Bedürfnisse hinaus auf das Verstehen und Befriedigen von latenten Bedürfnissen ausgerichtet ist und langfristig und proaktiv orientiert ist, ohne dabei jedoch den aktuellen Kundenstamm und dessen geäußerte Bedürfnissen zu vernachlässigen (Slater/Narver 1999). Neben traditionellen Marktforschungsmethoden (wie sie auch „customer-led" Unternehmen nutzen, wie z.b. Umfragen, Konzepttests, Fokusgruppen etc.) setzen marktorientierte Unternehmen verstärkt auf die Analyse latenter Bedürfnisse, z.b. durch Einsatz von Lead Usern oder Beobachtung der Produktverwendung durch Kunden. Abb. 4-12 gibt einen Überblick über Unterschiede zwischen den beiden Orientierungen.

	Customer-led	Market-oriented
Strategic orientation	Expressed wants	Latent needs
Adjustment style	Responsive	Proactive
Temporal focus	Short-term	Long-term
Objective	Customer satisfaction	Customer value
Learning type	Adaptive	Generative
Learning process	Customer surveys	Customer observation
	Key account relationships	Lead-user relationships
	Focus groups	Continuous experimentation
	Concept testing	Selective partnering

Abb. 4-12: Unterschiede „Customer-led" vs. „Market-oriented"
(Quelle: Slater/Narver 1998)

MO lässt sich in diesem Sinne eher als unterstützende Orientierung oder gar als Vorraussetzung für die Innovationsfähigkeit einer Unternehmung und damit für die Entwicklung erfolgreicher Innovationen betrachten (Hurley/Hult 1998). So zeigen Firmen mit einer starken Ausrichtung auf Innovationen eine höhere MO (Conrad 1999). Die positive Auswirkung einer starken MO auf die Innovationsfähigkeit und auch auf den Erfolg der entwickelten Neuprodukte wird durch mehrere Studien bestätigt (siehe z.B. Deshpande et al. 1993, Atuahene-Gima 1995 + 1996, Kahn 2001 oder Vazquez et al. 2001).

Firmen, die entrepreneurhaft ausgerichtet sind, werden als innovativ, bereit zur Übernahme von Risiken und proaktiv beschrieben. Ein zentrales Thema der Literatur zur Innovationsforschung ist, dass Informationssammlung und –analyse entscheidend für die erfolgreiche Entwicklung und Umsetzung von innovativen Strategien sind (Barringer/Bluedorn 1999, Matsuno et al. 2002). Sammlung, Verbreitung und Verwendung von Informationen werden als wichtige Erfolgsfaktoren des Neuproduktentwicklungsprozesses identifiziert (Rothwell 1992, Ottum/Moore 1997, Mullins/Sutherland 1998). Der häufigste Grund für das Scheitern neu entwickelter Produkte ist das Unvermögen, Kundenbedürfnisse zu verstehen und zu befriedigen (Edgett et al. 1992, Urban/Hauser 1993, Song/Parry 1997, Cooper 1999). Ein Weg, um die Erfolgsrate neuer Produkte zu steigern, ist die frühzeitige Integrierung von Kunden (Lead-Usern) in den Entwicklungsprozess (Rothwell 1992, Cooper/Kleinschmidt 1995). Für sehr innovative Produkte erfolgt die Einbeziehung der Konsumenten eher in späteren Phasen, um beispielsweise die Marktakzeptanz zu überprüfen, Anpassungs- und Verbesserungsvorschläge von Benutzern aufzunehmen oder eine Markteinführungsstrategie zur Beschleunigung der Adoption und Diffusion zu gestalten.

Die proinnovative und proaktive Kultur entrepreneurhafter Unternehmen unterstützt diese notwendige Informationsverbreitung und -verwendung und führt so fast zwangsläufig zu einer starken MO (Matsuno et al. 2002). Selbst wenn ein Unternehmen oder auch ein Unternehmensgründer ursprünglich von einer technischen Innovation ausgeht, so besteht die grundlegende Zielsetzung in der Erzielung von Gewinn, welches nur zu realisieren ist, wenn das Angebot die Marktbedürfnisse erfüllen und ausreichend Käufer anziehen kann. Gerade für Unternehmensgründer ist es notwendig das vorhandene Risiko bzw. die Unsicherheit über die Marktentwicklung durch das Einholen von entsprechenden Informationen zu reduzieren. MO und EO können in diesem Zusammenhang als sich ergänzende Konstrukte betrachtet werden, die beide notwendig sind, wenn eine Firma eine möglichst optimale Leistung und Effektivität erzielen möchte (Slater/Narver 1995). Die Tatsache, dass dies jedoch nicht in allen Umfeldsituationen gleichermaßen zutrifft, wurde durch die Analyse von externen Einflussfaktoren auf die Erfolgswirksamkeit sowohl der MO (siehe Abb. 4-8, S.99) als auch der EO (siehe Abb. 1-8, S.20) dargelegt.

Der Zusammenhang zwischen MO und EO und deren gemeinsame Effekte auf den Unternehmenserfolg wird in empirischen Arbeiten näher untersucht. Zunächst können signifikante und positive Korrelationen zwischen den beiden Konstrukten gemessen werden, welches die vermutete Verwandtschaft und das gleichförmige Auftreten der beiden Orientierungsrichtungen unterstützt (siehe z.B. Morris/Paul 1987, r = 0,24; Miles/Arnold 1991, r = 0,52; Becherer/Maurer 1997, r = 0,69; Slater/Narver 2000, r = 0,515; George/Zahra 2002, r = 0,27). Trotz der teilweise hohen Korrelationen zwischen den beiden Konstrukten beschreiben diese dennoch unterschiedliche Philosophien der Unternehmensführung (Miles/Arnold 1991).

In einem nächsten Schritt werden Beziehungen und gemeinsame Effekte beider Orientierungsrichtungen auf den Unternehmenserfolg betrachtet. Dabei zeigt sich, dass Unternehmen mit hohen Ausprägungen sowohl bezüglich MO als auch EO eine überlegene Leistung aufweisen (siehe z.B. Slater/Narver 2000, Atuahene-Gima/Ko 2001, Tzokas et al. 20001, Matsuno et al. 2002). Unternehmen mit niedrigen Ausprägungen in beiden Orientierungen weisen mit Abstand die schlechteste Performance auf. Die Kombination von hohen Ausprägungen in beiden Orientierungen unterstützt die Entwicklung innovativer Angebote mit hohen Wettbewerbsvorteilen und großen Kundennutzen. Ein substantieller Produktvorteil aus Kundensicht ist einer der wichtigsten Erfolgsfaktoren für die Entwicklung von neuen Produkten (Rothwell 1992, Montoya-Weiss/Calantone 1994, Cooper 1999). Die Entwicklung eines substantiellen Produktvorteils aus Kundensicht stellt eine zentrale Aufgabenstellung von Neugründungen dar, nachdem die notwendigen Ressourcen für den Unternehmensaufbau akquiriert worden sind. Neugründungen, welchen man grundsätzlich einen gewissen Grad an entrepreneurhafter Ausrichtung zusprechen kann, sollten bemüht sein, dies durch die Entwicklung einer an die Umfeldbedingungen angepassten MO zu ergänzen.

Die positiven Effekte der beiden Orientierungsrichtungen können für Neugründungen sogar größer sein als für etablierte Großunternehmen. In allen Phasen des Gründungsprozesses ist es wichtig die innovativen, proaktiven und risikobehafteten Vorhaben eines Unternehmensgründers durch marktorientiertes Verhalten und Aktivitäten zu unterstützen. Die Firma lernt noch, sich an das Umfeld anzupassen und der Unternehmensgründer als alleiniger Entscheidungsträger ist schneller in der Lage, auf Marktchancen oder externe Bedrohungen zu reagieren, wodurch sich eine direkte Auswirkung auf den Unternehmenserfolg ergibt. Die Ausrichtung des Unternehmen liegt alleine beim Unternehmensgründer und wird nicht durch eine bestehende Unternehmensstruktur oder –kultur beeinflusst (Becherer/Maurer 1997).

Über die genauen Wirkungen und Effekte der beiden Orientierungsrichtungen, einzeln und gemeinsam, in Neugründungen insbesondere unter Berücksichtigung von externen und internen Einflussfaktoren liegen allerdings noch keine ausreichenden Kenntnisse vor.

5. Einsatz von Marketing-Maßnahmen

5.1 Aufgabenstellungen der Markteintrittsgestaltung

5.1.1 Überblick bisheriger wissenschaftlicher Arbeiten

Nach der Darstellung der normativen und strategischen Ebene der Markteintrittsgestaltung, wobei Marktsegment, geographischer Zielmarkt, Art der Differenzierung vom Wettbewerb etc. festgelegt werden und des Konzepts der Marktorientierung, welches die grundsätzliche Implementierung der Marketing-Konzeption und Ausrichtung des Unternehmens auf den Markt beschreibt, wird in diesem Kapitel der Einsatz von Marketing-Maßnahmen im Zuge der operativen Markteintrittsgestaltung von neugegründeten Unternehmen näher betrachtet. Das zur Verfügung stehende Marketing-Instrumentarium, d.h. Maßnahmen aus dem produkt-, preis-, kommunikations- und distributionspolitischen Bereich ergänzt um beziehungsorientierte Maßnahmen, wird unter dem besonderen Blickpunkt der Einsetzbarkeit im Zuge der Markteintrittsgestaltung neugegründeter Unternehmen und der Erreichung der damit verbundenen marketingbezogenen Ziele dargestellt. Der Schwerpunkt liegt auf der Vorstellung der bisherigen empirischen Ergebnisse, welche die Praxis in neugegründeten Unternehmen beschreiben. (Anmerkung: Für eine detailliertere Darstellung einzelner Marketing-Maßnahmen sei auf die bekannte Marketing-Literatur verwiesen.)

Abb. 5-1 zeigt ausgewählte empirische Studien, die sich mit der Markteintrittsgestaltung neugegründeter Unternehmen oder von KMUs beschäftigen. Generell muss angemerkt werden, dass bezüglich der konkreten Vorgehensweise der Markteintrittsgestaltung und Marketing-Praxis von neugegründeten Unternehmen nur wenig detaillierte Erkenntnisse vorliegen (Chiagouris/Wansley 2003, Lodish et al. 2001, S.xi). Ausnahmen bilden die Untersuchungen von Grulms (2000), der das Marketing neugegründeter Unternehmen anhand von 27 ehemaligen Teilnehmern des Existenzgründer-Trainings „ExTra!" analysiert, und von Lodish et al. (2001), die das Marketing-Verhalten von Inc. 500 Unternehmen mit einer Stichprobe von Entrepreneuren aus dem Raum Detroit vergleichen.

Die Untersuchung der operativen Ebene beschränkt sich davon abgesehen meist auf einzelne Maßnahmen oder wird gar nicht durchgeführt. Eine Untersuchung des gesamten Marketing-Mix findet sich nur bei Grulms (2000). Außerdem ist zu erwähnen, dass sich bis auf Hultman & Shaw (2003) die Studien auf technologieorientierte Gründungen konzentrieren. Untersuchungen, die das Markteintrittsverhalten unter Einbeziehung von Erfolgsdimensionen durchführen, um so unterschiedliche Vorgehensweisen bei erfolgreichen und weniger erfolgreichen Unternehmensgründungen zu identifizieren, finden sich beispielsweise bei Rüggeberg (1997) oder Meier (1998). Dabei stehen allerdings strategische oder konzeptionelle Fragestellungen des Markteintritts im Vordergrund. Eine Identifizierung von Erfolgsfaktoren auf operativer Ebene fehlt bisher.

Autor(en)	Stichprobe	relevante Untersuchungsgegenstände
Kulicke (1987)	83 technologieorientierte Unternehmen (gegründet 1961-83, ∅: 9 Jahre alt)	u.a.: Produkt-/Marktstrategien, Problemfelder, Charakteristika der Gründer, Strukturen der Absatzmärkte
Kulicke (1993)	93 geförderte JTU	Produktprogramm, Zielmärkte, Markterschließung und **Marktbearbeitung**, Problemfelder
Kulicke/ Wupperfeld (1996)	118 JTU des Modellversuchs BJTU, bis 1993 gefördert	Gründungsvorbereitung, Rolle des Fördergeldes, Marketingstrategien und Absatzmärkte, **Marktbearbeitung**, Problemfelder
Baier/Pleschak (1996)	212 geförderte, technologieorientierte Gründungen in Ostdeutschland	Kundennutzen, Zielmarkt, **Vertriebskonzept**, nicht empirisch: Marketingstrategien, Marketing in FuE, Marketing-Maßnahmen, (Finanzierung, Betreuung u. Beratung)
Balderjahn (1997)	44 Unternehmen in Technologiezentren in Brandenburg (gegründet nach 1990)	Verständnis von Marketing, Innovationsaktivitäten, Marktausrichtung, Beratungsbedarf
Rüggeberg (1997)	140 JTU (gegründet 1981-1991)	Unternehmensressourcen, Managementorientierung, Gründungsvorbereitung, Gründungsidee, Absatzmärkte, Markteinführungsstrategie
Meier (1998)	111 JTU in der Schweiz (gegründet 1984-1993)	Kundenorientierung, integrierte Marketingorganisation, strategische Orientierung, effektive Abwicklung, vollständiger Innovationsprozess, einzigartiger Produktcharakter, Marktcharakter
Zentgraf (1999)	105 High-Tech-Unternehmen (62 Gründungen)	Marktorientierung (als market-pull) und Technologieorientierung
Grulms (2000)	27 ehemalige Teilnehmer eines universitären Existenzgründertrainings, überwiegend technologieorientiert	Person des Gründers, Angebotsprofil, Situationsanalyse, Ziele, Marktsegmentierung, Marketingstrategie, **Marketingprogramm**, Marketingkontrolle
Hultman/Hills (2001)	29 KMUs in Schweden 30 in USA (bis zu 200 Mitarbeiter, mind. 5 Jahre alt), growth/non-growth firms	Networking and Referrals, Reputation/ Credibility/Customer Loyalty, Marketing Planning, Formal Market Research, Marketing Goals
Lodish et al. (2001)	34 Unternehmen der Inc. 500 (+ 43 Entrepreneure aus Pennsylvania), 5-10 Jahre alt	**Internet use, pricing, advertising/public relations, salesforce, concept testing**
Hultman/Shaw (2003)	Fallstudien: 5 schottische u. 7 schwedische kleine Dienstleistungsunternehmen	Transactional vs. Relationship Marketing

Abb. 5-1: Ausgewählte empirische Studien zur Markteintrittsgestaltung neugegründeter Unternehmen (**fett:** Untersuchung der operativen Ebene; JTU = junge technologieorientierte Unternehmen)

5.1.2 Zielsetzungen und Charakteristika der Markteintrittsgestaltung

5.1.2.1 Überblick der Zielsetzungen

Die Gestaltung des Markteintritts mit der Einführung des entwickelten Leistungsangebots ist eine der Schlüsselaktivitäten des Gründungsprozesses. Während die Entwicklung des Leistungsangebots, bei technologieorientierten Gründungen die FuE-Phase des Innovationsvorhabens, für die technisch versierten Gründer meist eine überwindbare Hürde darstellt, zeigt sich erst mit der Markteinführung und dem Versuch, das Unternehmen auf dem Markt zu etablieren, die wirtschaftliche Tragfähigkeit der Gründungsidee (Kulicke 1993, S.72). Zentrale Bedeutung kommt dabei der Markteinführung zu.

Bei der Gestaltung des Markteintritts handelt es sich um die operative Umsetzung der im Zuge der Formulierung der Markteintrittsstrategie festgelegten Art und Weise der Marktbearbeitung des ausgewählten Zielmarktes und Kundensegments. Das Leistungs-/Marktangebot ist der größte Wertträger des Unternehmens. Dieses verkauft sich trotz gegenteiliger Annahme mancher Existenzgründer nicht von selbst. Geeignete Maßnahmen müssen ergriffen werden, um potentielle Kunden zum Kauf zu bewegen (Bjerke/Hultman 2002, S.181) und die Absatzchancen zu maximieren. Je nach Art des Leistungsangebots, Innovationsgrad, angestrebten Zielkunden, Wettbewerbssituation und anderen internen und externen Rahmenbedingungen ergeben sich unterschiedliche Aufgabenstellungen und Zielsetzungen, die wiederum eine individuelle Auswahl und angepasste Gestaltung von Marketing-Maßnahmen notwendig machen. Allgemein oberste Zielsetzung der Markteintrittsgestaltung ist die Kundenakquisition.

Dabei sehen sich neugegründete Unternehmen im Vergleich zu etablierten Wettbewerbern mit einigen Nachteilen bei der Gestaltung des Markteintritt konfrontiert. Die Marktstellung etablierter Anbieter beruht auf einer Reihe von Faktoren, deren sich eine Neugründung bei der Gestaltung des Markteintritts bewusst sein muss (siehe z.B. Grulms 2000, S.172): langjährige Kunden-Lieferanten-Beziehungen, Referenzen, Sicherheit der Kunden bzgl. langfristiger Präsenz des Anbieters am Markt, Leistungsfähigkeit und Einsatzsicherheit der Produkte, Preisvorteile durch große Losgrößen u.ä.

Diese sind bei Existenzgründern im Allgemeinen noch nicht vorhanden und müssen während der Markteinführung und –etablierung erst geschaffen werden. Speziell die Stärke der bestehenden Kunden-Zulieferer-Beziehungen wird oftmals unterschätzt (Kulicke 1993, S.103) und nicht durch entsprechende Maßnahmen angegangen (nicht der Leistungsvorsprung des neuen Produktes ist kaufentscheidend, sondern die Sicherheit der Bedarfsdeckung aus früheren Käufen). Wichtigstes Problem, dem sich neugegründete Unternehmen gegenüber sehen, besteht jedoch in der Unbekanntheit bzw. dem Image als neuer Anbieter oder neues Unternehmen beim Kunden. 77,8% der bei Grulms (2000, S.131) befragten Unternehmensgründer bzw. 65% bei Kulicke & Wupperfeld (1996, S.173) nennen Unbekanntheit bzw. Akzeptanzprobleme aufgrund von Unbekanntheit als bedeutende Markteintrittsbarriere.

Neben der grundsätzlichen Zielsetzung der Kundenakquisition lassen sich weitere Unterziele der Markteintrittsgestaltung identifizieren, wie beispielsweise bekannt machen des Unternehmens und des Angebots in der Zielgruppe, Kommunikation des Wettbewerbsvorteils, Bereitstellung des Angebots durch geeignete Vertriebskanäle, Überwindung von Kundenbedenken und –vorbehalten gegenüber einem neuen und unbekanntem Anbieter/Produkt (Qualitätsunsicherheit/-risiko).

Wichtige Aspekte, die bei der Markteintrittsgestaltung angestrebt werden sollten, sind:

- Überwindung vorhandener Markteintrittsbarrieren und

- Beschleunigung des Adoptions- und Diffusionsprozesses.

5.1.2.2 Überwindung von Markteintrittsbarrieren

Markteintrittsbarrieren stellen Determinanten der Eintrittsbedingungen in einen Markt dar. Sie können als Summe aller Faktoren definiert werden, die es einem Unternehmen erschweren oder gänzlich unmöglich machen, Mitglied in einem Markt zu werden (Remmerbach 1988, S.124). Diese Barrieren wirken zusammen mit der antizipierten Reaktion der etablierten Unternehmen auf die Möglichkeiten des Markteintritts anderer Unternehmen in diesen Markt.

Zwei Aspekte sind in diesem Zusammenhang für Unternehmensgründungen wichtig:

- welche Barrieren existieren, wie hoch sind diese und wie können sie überwunden werden und

- welche Barrieren können selbst aufgebaut werden, um Konkurrenten möglichst lange vom Markteintritt abzuhalten ?

Art der Barriere (Kategorie)	Markteintrittsbarrieren (Bestimmungsfaktoren)	Entstehung/ Aufbau	Überwindung
1) „Economies of Scale"-Barriere	• "Economies of scale" • Nachfragewachstum • Konzentrationsgrad • Produktionskapazität • Zusatzkapazität • Synergieeffekte • Hoher Kapitalbedarf • Kapitalintensität • Limitpreisstrategie • Investitionsvolumen	Größenbedingte Kostenvorteile durch: • Hohe Fertigungsstückzahl und damit verbundene Kostendegression pro Outputeinheit (auch bei benachbarten Produkten) • Existenz eines leistungsfähigen Vertriebssystems	**Direkt:** ⇨ Investition in Economies-of-Scale **Indirekt:** ⇨ Ausgleich über andere Wettbewerbsinstrumente, z.B. höhere Qualität, bessere Garantiebedingungen
2) Produktdifferenzierungsbarriere (Produktdifferenzierungsvorteil)	• Produktdifferenzierungsvorteil	• Aufbau von Abnehmerloyalität für einen bestimmten Hersteller • Gilt für Industrien mit starker Produktdifferenzierung • Hoher Marktanteil in angrenzenden Märkten	**Indirekt:** ⇨ Inkaufnahme von Preisnachteilen über längere Zeit
3) Kompatibilitätsbarriere (Umstellkosten)	• Alle Kosten aufgrund mangelnder Kompatibilität der Produkte verschiedener Hersteller	• Nicht-Kompatibilität von Produkten verschiedener Hersteller • Schulung der Anwender • Höhere Aufwendungen durch parallele Serviceleistungen	**Direkt:** ⇨ Berücksichtigung verschiedenster Schnittstellen ⇨ Übernahme der Standards des Marktführers **Indirekt:** ⇨ Anreizgewährung zum Wechsel des Standards

Abb. 5-2: Markteintrittsbarrieren nach Schewe
(Quelle: Schewe 1992 nach Hagemann 1999, S.94)

4) Rechtlich- politische Barriere (Rechtlich-politische Bestimmungen)	• Rechtlich-politische Rahmenbedingungen • Staatliche Förderung • Lizenzpolitik • Patentschutz	• Einräumen einer monopolitischen Marktstellung • Festlegen hoher Anforderungen und Kontrollvorschriften • Bevorteilung bei staatlicher Förderung	**Indirekt:** ⇨ höhere Qualität ⇨ Niedrigpreispolitik
5) Distributionsbarriere (Zugang zu Distributionskanälen)	• Zugang zu Distributionskanälen	Begrenzter Zugang durch: • Limitierte Anzahl von Distributionskanälen zur Erreichung einer großen Zahl von Abnehmern • Existenz langfristiger Lieferkontrakte • Abnahme nur begrenzter Mengen in den einzelnen Kanälen	**Direkt:** ⇨ Aufbau eigener Distributionskanäle **Indirekt:** ⇨ Niedrige Preise ⇨ Weitgehende Servicezugeständnisse
6) Referenzbarriere (Herstellerreferenz)	• Referenzvorteil des Herstellers • Imagevorteile, die aus der Innovator-Tatsache resultieren	• Notwendigkeit von Referenzanlagen • Notwendigkeit von Referenzen im persönlichen Bereich	**Direkt:** ⇨ Investition in Referenzanlagen und persönlichen Referenzen **Indirekt:** ⇨ Weitgehende Zugeständnisse im Service- und Garantiebereich
7) Know-how bez. der Technologie	• Know-how bez. Technologie • F&E-Intensität • Anteil der F&E-Beschäftigten • F&E-Aufwand • Qualität des F&E-Personals • Zeitbedarf für die Entwicklung • Technologische Komplexität • Neuprodukteinführungsrate	• Produktions- bzw. Fertigungsanlagen aus ähnlicher Produktion bzw. Fertigung • Erfahrung bzw. Lerneffekte im jeweiligen Produktionsbereich	**Direkt:** ⇨ Vorhandenes F&E-Potential ⇨ Investition in F&E ⇨ Kauf von Know-how **Indirekt:** ⇨ Kauf einer innovativen Unternehmung
8) Know-how bez. der Produktion	• Know-how bez. Produktion • Produktionserfahrung • Produktqualität	• Produktions- bzw. Fertigungsanlagen aus ähnlicher Produktion bzw. Fertigung • Erfahrung bzw. Lerneffekte im jeweiligen Produktionsbereich	**Direkt:** ⇨ Investition in Know-how **Indirekt:** ⇨ Externe Fertigung bzw. Produktion
9) Präferenz der Nachfrager	• Präferenzen der Nachfrager • Marketingaufwendungen • Werbeaufwand • Werbung • Preispolitik • Preisspanne • Vermarktungserfahrung	• Notwendigkeit der Markterschließung	**Direkt:** ⇨ Intensive Marketingaktivitäten **Indirekt:** ⇨ Entwicklung in Zusammenarbeit mit dem Anwender

Abb. 5-2 (Forts.): Markteintrittsbarrieren nach Schewe
(Quelle: Schewe 1992 nach Hagemann 1999, S.94)

Schon im Rahmen der Markt- und Umfeldanalyse gilt es, vorhandene Barrieren und daraus resultierende Schwierigkeiten abzuschätzen. Diese sind bei der Beurteilung der Attraktivität und der Auswahl eines erfolgversprechenden Zielmarktes zu berücksichtigen. Schwierigkeiten bestehen allerdings speziell für angehende Existenzgründer ohne vorhandene Erfahrung im angestrebten Markt in der Beurteilung der Höhe der bestehenden Barrieren und in der Abschätzung möglicher Reaktionen vorhandener und potentieller Wettbewerber. Gängigste Eintrittsstrategie zur Vermeidung oder Abschwächung der Wirkung bestehender Markteintrittsbarrieren besteht für Unternehmensgründer im Ausweichen in eine Nische, d.h. ein bisher unbearbeitetes Marktsegment.

Abb. 5-2 fasst potentielle Markteintrittsbarrieren in Kategorien zusammen und zeigt mögliche Entstehungs-/Aufbauweisen und Wege zur Überwindung.

5.1.2.3 Beschleunigung des Diffusions-/Adoptionsprozesses

Voraussetzung eines erfolgreichen Markteintritts insbesondere bei technologieorientierten Gründungen ist die Übernahme der technologischen Innovation durch potentielle Abnehmer. Die Erklärung der Verbreitung von neuen Ideen, Verfahren, Informationen oder Produkten (allgemein Innovationen) ist Ziel der Diffusions- und Adoptionsforschung (Weiber 1992, S.2; Kleinaltenkamp 1993, S.63). Die Entscheidung eines Abnehmers zur Übernahme einer Innovation wird als Adoption bezeichnet und ist das finale Elemente des Adoptionsprozesses. Dieser kann als mentaler Prozess bezeichnet werden, den jeder Nachfrager von der ersten Information über die Innovation bis zur endgültigen Adoptionsentscheidung durchläuft (Weiber 1992, S.3). Der allgemeine Prozess, den jeder einzelne Nachfrager durchläuft, kann gemäß Abb. 5-3 in mehrere Phasen unterteilen werden (siehe Rogers 1983, S.163ff.).

	1. Erkenntnisphase	Der potentielle Übernehmer erfährt von der Existenz / Verfügbarkeit einer Innovation.
Meinungsbildungs-phase	2. Phase der Interesses	Die Erwerbs- und Gebrauchsmöglichkeit wird durch den potentiellen Übernehmer in Erwägung gezogen.
	3. Bewertungsphase	Vor- und Nachteile der Neuerung werden abgewogen und bewertet.
	4. Versuchsphase	Der Übernehmer probiert die Innovation im kleinen Rahmen aus.
Übernahmephase	5. Entscheidungsphase	Herbeiführung der endgültigen Entscheidung.
	6. Implementierungsphase	Innovationsnutzung durch Implementierung.
	7. Bestätigungsphase	Auftreten kognitiver Dissonanzen und Bekämpfung derselben z.B. durch Informationsbeschaffung oder Ablehnung eines Wiederkaufs.

Abb. 5-3: Phaseneinteilung des Adoptionsprozesses (Quelle: Rüggeberg 1997, S.100)

Während der Adoptionsprozess sich auf ein Individuum bezieht, beschreibt der Diffusionsprozess den Vorgang der Übernahme eines Produktes (einer Innovation) durch eine Gruppe von potentiellen Abnehmern in Abhängigkeit der Zeit (Böcker/Gierl 1987). Idealtypischerweise wird von einem Modell ausgegangen, das die zeitliche Verteilung des Übernahmezeitpunktes einer Innovation als Glockenform darstellt (siehe Abb. 5-4). In Abhängigkeit von dem Zeitpunkt, zu dem ein Abnehmer eine Innovation übernimmt (adoptiert), wird er einer der fünf Adopterkategorien (Innovator, früher Adopter/Übernehmer, frühe Mehrheit, späte Mehrheit, Nachzügler) zugeordnet (vgl. Rogers 1995, S.262ff.).

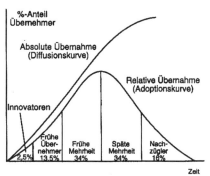

Abb. 5-4: Diffusionsmodell von Rogers (nach Rüggeberg 1997, S.101)

Da es sich bei der Diffusion einer Innovation nicht um einen automatisch stattfindenden Vorgang handelt, sondern eher um einen in unterschiedlichen Geschwindigkeiten
verlaufenden, unstetigen Prozess (Heidingsfelder 1990, S.53), kommt der Identifikation von Einflussfaktoren auf den Adoptionsprozess einer Innovation durch die über-
nehmende Organisation eine hohe Bedeutung zu. Insbesondere die Eigenschaften einer
Produktneuheit beeinflussen die Adoptionsentscheidung potentieller Adopter und damit die Diffusionsgeschwindigkeit in entscheidender Weise (Backhaus 1992, S.381;
Weiber 1992, S.5). Innovationsspezifische Einflussfaktoren der Adoption können als
Wegweiser erfolgreicher Neuproduktentwicklungen aufgefasst werden, die eine leichte
Übernehmbarkeit durch den potentiellen Adopter ermöglichen (Rüggeberg 1997,
S.101f.).

Für Neugründung gilt es zunächst in Abhängigkeit des Innovationsgrades zu ermitteln,
welche Adopterkategorie primär angesprochen wird und welche Maßnahmen ergriffen
werden können, um den Verlauf der Diffusion zu beschleunigen oder in der gewünschten Weise ablaufen zu lassen. Unter Berücksichtigung der einzelnen Phasen des Adoptionsprozesses sind geeignete Maßnahmen auszuwählen. Auch die Bestätigungsphase
ist durch den Einsatz von After-Sales-Service und entsprechenden Kommunikationsmaßnahmen nicht zu vernachlässigen. Untersuchungen zur Innovationsdiffusion stellen vermehrt die Bedeutung der absatzpolitischen Maßnahmen der Anbieter (Produkt-,
Preis-, Kommunikations- und Distributionspolitik) in den Vordergrund (Fantapié Altobelli 1990, Weiber 1992).

Als adoptionsrelevante Eigenschaften des Marktangebots werden zurückgehend auf
Rogers (1983, S.211ff.) folgende Charakteristika genannt, die zur Beschleunigung der
Marktdurchdringung beitragen können (Zentgraf 1999, S.153):

• Relative Vorteilhaftigkeit (Rentabilität, Zuverlässigkeit, Einfachheit der Hand-
habung);

• Hohe Kompatibilität (technologische Integrationsfähigkeit, Wertesysteme);

• Geringe Komplexität (leicht handhabbar, verständlich, geringe Einarbeitung);

• Mitteil-/Kommunizierbarkeit (Vorteile leicht vermittelbar);

119

- Erprob-/Testbarkeit.

(Anmerkung: Für eine genauere Beschreibung siehe Rogers (1983, S.211ff.) oder Rüggeberg (1997, S.102f.).)

Zusätzlich zu den oben aufgeführten Merkmalen des Innovationsgutes im Bereich der Produktpolitik sind produktbegleitende Nebenleistungen (Wartung, Service, Reparatur und Beratung/Schulung) sowie in zunehmendem Maße nicht produktbegleitende Dienstleistungen (z.b. Finanzierungshilfen) zu berücksichtigen, die positiv auf die Beschleunigung des Diffusionsprozesses wirken (Heidingsfelder 1990, S.107). Besonders die Einbeziehung der Preispolitik leistet im Vergleich zur Kommunikationspolitik einen stärkeren Beitrag zur Erklärung der Diffusionsverläufe (Fantapié Altobelli 1990, S.299f.).

Der Beginn der Vorbereitung des Maßnahmeneinsatzes und der Zeitpunkt des erstmaligen Aktivwerdens im Zielmarkt hängt von der vermuteten Dauer des individuellen Adoptionsprozesses ab. Diese ergibt sich aus produkt- und kundenbezogenen Aspekten sowie den herrschenden Marktverhältnissen. Eine frühzeitige Marktbearbeitung birgt das Risiko, Konkurrenten frühzeitig auf die Neuentwicklung aufmerksam zu machen, es können auf diesem Wege aber frühzeitig Anwenderbedürfnisse in das Produktdesign aufgenommen werden (Kulicke 1993, S.75). Nach Erfahrung der von Kulicke (1993, S.102) befragten Unternehmensgründer sind die Behinderungen des Markteintritts, z.b. aufgrund von Imageproblemen als Marktneuling, umso geringer, je früher mit Marketingaktivitäten begonnen wird. 12% der befragten Gründer begannen mit ersten Marketingaktivitäten bereits vor der formalen Gründung, 43% im ersten Jahr nach Gründung, 34% bis 3 Jahre nach Gründung und 11% mehr als drei Jahre nach Gründung (Kulicke 1993, S.88). Bei Kulicke & Wupperfeld (1996, S.162) beginnen knapp 2/3 der Gründer mit ersten Marketingaktivitäten bereits vor dem Start der FuE-Arbeit.

Anzumerken ist in diesem Zusammenhang, dass Gründer teilweise schon vor dem eigentlichen Markteintritt Kunden akquiriert haben oder zumindest schon Kontakte zu diesen bestehen. Bei 51,8% der Gründer sind bei Grulms (2000, S.142) schon vor der Gründung Kunden vorhanden; 48% haben bei Kulicke & Wupperfeld (1996, S.162) schon Kontakte zu Kunden; bei Kulicke (1987, S.94) sind bei 28,9% schon Kunden und bei weiteren 30% konkrete Interessenten vorhanden. Dabei besteht das ursprüngliche Leistungsangebot dieser technologieorientierten Gründungen allerdings teilweise aus einer Auftragsforschung oder -entwicklung.

Auch auf operativer Ebene besteht ein starker Einfluss der in Kap. 2 beschriebenen Besonderheiten und Charakteristika von Neugründungen/KMUs, wie z.B. begrenzt vorhandene Ressourcen, oftmals fehlendes Marketing-Know-how, geringe Markterfahrung sowie hoher Einfluss der Persönlichkeit des Gründers. Mangels Alternativen, wie beispielsweise geschulter Marketing-Experten, ist es in der Regel der Gründer, der oftmals ohne über entsprechende Kenntnisse zu verfügen, den Einsatz und die Gestaltung der einzelnen Maßnahmen festlegt und durchführt. Zu nennen sind hier Festsetzung des Preises, Entwurf von Werbeanzeigen, Führen von Verkaufsverhandlungen und viele weitere Maßnahmen.

Im weiteren Verlauf dieses Kapitels werden Maßnahmen aus den einzelnen Marketing-Bereichen, die bei der Markteintrittsgestaltung zum Einsatz kommen können, und die vorhanden Erkenntnisse zur Praxis von Unternehmensgründungen bezüglich des Maßnahmeneinsatzes dargestellt. Da hier vor allem Erkenntnisse von technologieorientierten Gründungen zugrunde liegen, fasst Abb. 5-5 Unterschiede bei der Vermarktung von High-Tech-Produkten im Vergleich zu „normalen" Produkten zusammen.

	Traditionelles Produktmarketing	High-Tech-Marketing
Märkte	hohe Markttransparenz, geringe Risiken für Marktteilnehmer	geringe Markttransparenz, hohe Risiken für Marktteilnehmer
Wettbewerb	zwischen gleichartigen Produkten zu unterschiedlichen Konditionen, Verfügbarkeit	Substitutionsprozesse, Lösungen mit Systemcharakter, Einsatzbereitschaft
Diffusionsverhalten	weniger wichtig	sehr wichtig (Einteilung: Innovatoren, Frühadopter, frühe Mehrheit, späte Mehrheit, Nachzügler)
Prognose	große Sicherheit der Prognosen	geringe Sicherheit, da vielfältige und komplexe Einflussgrößen
Produktpolitik	hohe funktionale Qualität, geringe Erklärungsbedürftigkeit, geringer After-Sales-Service	hohe integrale Qualität, sehr hohe Erklärungsbedürftigkeit
Kommunikationspolitik	Image, Kundentreue	Aufklärung, Information, Risikoverminderung
Distributionspolitik	mehrstufig	kurze Absatzwege (pers. Verkauf)
Preispolitik	Kostenreduktion, konkurrenzorientierte Preise	Preisdurchsetzung durch Beratung, Kundenbetreuung, technischen Vorsprung

Abb. 5-5: Unterschiede zwischen traditionellem Produktmarketing und High-Tech-Marketing im Instrumentalbereich (Quelle: Schaible/Hönig 1991, S.9)

5.2 Produktpolitische Maßnahmen

5.2.1 Überblick Aufgabenstellungen und Maßnahmen

Nach Zentgraf (1997, S.27) umfasst die Produkt- und Programmpolitik alle Maßnahmen, die dazu dienen, die einzelnen Produkte sowie das gesamte Unternehmen so zu gestalten, um sowohl beim Kunden zur Lösung seiner Probleme als auch zur Erfüllung der Absatzziele des Unternehmens beizusteuern. Die Produktpolitik steht folglich im Zentrum des Marketing-Instrumentariums und bildet die Grundlage zur Erarbeitung eines Wettbewerbsvorteils aus Kundensicht. Elemente der Produktpolitik sind neben der eigentlichen Produktentwicklung die weitergehende Gestaltung des Angebots, welche bespielsweise die Festlegung des Produkt- und Sortimentsprogramms, die Namensgebung bzw. Markierung, die Verpackungsgestaltung sowie die Ausgestaltung des Kundendienstes und weiterer Serviceleistungen umfasst. Die Grundzüge des Angebots werden im Wesentlichen schon im Rahmen der Formulierung der Gründungsidee oder Unternehmensvision festgelegt. Daraus ergibt sich der Neuigkeits- oder Innovationsgrad des Angebots im Vergleich zu den bisher bestehenden Angeboten der gleichen Kategorie, in welcher Phase des Marktlebenszyklus ein Unternehmen in den Zielmarkt eintritt und welcher Adopterkategorie die primär anzusprechende Zielgruppe angehört.

Die grundlegende Zielsetzung besteht in der Gestaltung eines aus Kundensicht attraktiven Marktangebots mit einem dauerhaften Wettbewerbsvorteil, welches zu einem schnellen Adoptions- und Diffusionsprozess führt. Dabei sind die zuvor dargestellten Charakteristika wie relative Vorteilhaftigkeit, hohe Kompatibilität, geringe Komplexität etc. geeignet zu berücksichtigen. Die Entwicklung eines einzigartigen technischen Wettbewerbsvorteils und geringe Übernahmehindernisse sind in diesem Zusammenhang als wichtige Erfolgsfaktoren neugegründeter Unternehmen identifiziert worden (Rüggeberg 1997, S.176f.).

Abb. 5-6 gibt einen Überblick über wichtige Aktivitäten bzw. zur Verfügung stehende Maßnahmen, welche im Zuge der Markteintrittsgestaltung im produktpolitischen Bereich zum Einsatz kommen können.

Wichtige Aspekte aus dem Bereich der Produkt-/Angebotspolitik, die im weiteren Verlauf aufgrund ihrer Bedeutung in der gründungsbezogenen Literatur kurz vorgestellt werden sollen, sind die Sortimentsgestaltung, Anbieten von Kundendienst und Serviceleistungen sowie Maßnahmen zur Kundenintegration. Für eine detailliertere, nicht gründungsspezifische Darstellung von Maßnahmen aus dem produktpolitischen Bereich sei auf die entsprechende Marketing-Literatur verwiesen.

5.2.2 Sortimentsgestaltung

Die Sortimentsgestaltung bezieht sich auf die grundsätzliche Festlegung des Umfangs des angebotenen Produktprogramms bestehend aus der Festlegung der

- Breite (Anzahl unterschiedlicher Geschäftsfelder),

- Länge (Anzahl der Angebote innerhalb der Geschäftsfelder) und

- Tiefe (Anzahl der verschiedenen Varianten für einen Angebotstyp) (Kotler/Bliemel 1995, S.668).

Aufgrund der beschränkten Ressourcen ist für neugegründete Unternehmen in der Regel eine Konzentration auf ein einziges Geschäftsfeld, in dem die Kernkompetenz des Gründers liegt, empfehlenswert (Carson et al. 1995, S.83). Bei einer Bearbeitung mehrerer Geschäftsfelder von Beginn an ist zusätzliches Kapital, Personal, Know-how etc. notwendig. Es müssten gleichzeitig unterschiedliche Produkte entwickelt und in den Markt eingeführt werden. Sofern keine Synergien zwischen den Geschäftsfeldern bestehen, ist zu befürchten, dass eine Unternehmensgründung mit der simultanen Ansprache unterschiedlicher Zielgruppen überfordert wäre. Bei erfolgreichem Aufbau eines Geschäftsfeldes kann dieses im weiteren Verlauf durch zusätzliche, angrenzende Geschäftsfelder ergänzt werden.

Produkt-/Angebotspolitik
Sortimentsgestaltung: - Breite (Anzahl unterschiedlicher Geschäftsfelder) - Länge (Anzahl der Angebote innerhalb der Geschäftsfelder) - Tiefe (Anzahl der verschiedenen Varianten für einen Angebotstyp) - Neben- und Zusatzleistungen (z.b. ergänzende Dienstleistungen) - Bundling (Zusammenfassen von einzelnen Angeboten zu Angebotsbündeln)
Markierung: - Markentyp (Einzel-, Familien-, Dachmarke) - Premium-Marke, Konsum-Marke, Auch-Marke, Handelsmarke - Markennamengestaltung (Wortmarke, Buchstabenmarke, Bildmarke, Kombinierte Marke)
Verpackung: - Verpackungsgestaltung (Größe, Form, Material, Handling, Design) - Technische Funktion (Schutz, Lagerung, Transport, Sicherheit) - Absatzwirtschaftliche Funktion (Information, Verkaufs- u. Verwendungsleistung, Marken-/Imagebildung) - Ökologische Funktion (Entsorgung, Umweltverträglichkeit, Recycling, Mehrweg-verpackung, Nachfüllpack)
Kundendienst und Serviceleistungen: (für Kunden/Händler) - Pre- und After-Sales-Services, After-Use-Services - Kunden-/Händlerbeziehung (Spezielle Ansprechstellen/Rufnummern/Informa-tionsstellen, kostenlose 24h-Hotline, Beschwerdemanagement) - Finanzierungsdienste (Ratenkauf, Zahlungsziele, Leasing, Inzahlungnahme, Inves-titionsunterstützung), - Lieferdienste (Hauslieferung, Ersatzteilverfügbarkeit, Warenwirtschaftssystem, Lagerhaltung, Leihgerät, Entsorgung/Recycling Altgerät, 24h-Lieferung, Liefer-bereitschaft und Lieferzuverlässigkeit), - Beratungs-/Schulungsdienste (Persönliche Schulung, Gebrauchsanweisung, an-wendungstechnische Beratung) - Gewährleistungsdienste (Rückgabe-/Umtauschrecht, Garantiezeitverlängerung, Garantieumfang, Garantiedauer, Kulanzleistungen) - Technischer Kundendienst (Installation, Inspektion/Wartung/Reparatur)
Kundenintegration/Akzeptanztests: Konzepttests, Markttests, Testmärkte, Lead User, Fokusgruppen etc.

Abb. 5-6: Ausgewählte Entscheidungsfelder und Maßnahmen der Produkt-/Angebots-politik

Innerhalb eines Geschäftsfeldes kann sich der Existenzgründer allerdings durch mehrere Angebote der Unsicherheit und des Erfolgszwangs entledigen, dem er beim Angebot eines einzigen Produktes bzw. Services ausgesetzt ist (Grulms 2000, S.90). Erfüllt ein Produkt oder eine Dienstleistung die Erwartungen nicht, so kann dies durch den Aufbau mehrerer Standbeine kompensiert werden. Durch ein vielfältiges Angebot kann der Existenzgründer gegenüber dem Kunden als universeller Problemlöser auftreten und ihm verschiedene Lösungen aus einer Hand anbieten. Dadurch ergibt sich eine bessere Abdeckung von ähnlichen aber trotzdem heterogenen Kundenbedürfnissen. Untersuchungen von Kulicke (1993, S.73) bestätigen diese Tendenz, da erfolgreiche Unternehmensgründungen überdurch-schnittlich häufig eine Produktpalette von mehr als drei Produkten anbieten.

5.2.3 Kundendienst und Serviceleistungen

Neben Entscheidungen, die sich um das einzelne Produkt im engeren Sinne als Teileelement des gesamten Leistungsprogramms drehen, sind Festlegungen zu treffen, in welcher Form über das Produkt hinausgehende Neben- und Zusatzleistungen angeboten werden sollen. Konkret sind damit die immateriellen Bestandteile angesprochen, die in Abb. 5-7 als Dienstleistungen bezeichnet sind und das Produkt im weiteren Sinne konstituieren. Gerade in diesem Bereich bieten sich Ansatzpunkt für die Herausbildung eines komparativen Konkurrenzvorteils (Zentgraf 1999, S.107). Bei Zusammenstellung des Leistungsprogramms wird das eigentliche Angebot stufenweise um weitere Leistungsmerkmale ergänzt, um den Kundennutzen sukzessive zu erhöhen. Die Ausgestaltung des Service-Mix kann dabei als entscheidendes Differenzierungsmerkmal in Erscheinung treten und der durch die Kombination aus Produkt- und Serviceleistungen erweiterte Kundennutzen kann sich zum ausschlaggebenden Wettbewerbsvorteil entwickeln (Baier/Pleschak 1996, S.75). In diesem Zusammenhang geht es um die Definition der sogenannten Unique Selling Proposition (USP), d.h. um jene Eigenschaften, die das Produkt von Konkurrenzprodukten in besonderem Maße unterscheiden, Alleinstellungsmerkmale sind und im Mittelpunkt der Verkaufsargumentation stehen.

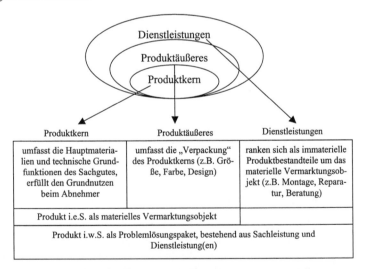

Abb. 5-7: Elemente der Produktpolitik (Quelle: Backhaus 1992, S.257)

Speziell bei standardisierten oder im Kern wenig innovativen Produkten können zusätzliche Leistungen zu einem wichtigen Entscheidungskriterium der Abnehmer

124

werden. Ergänzende Dienstleistungen können beispielsweise zur Abdeckung eines kompletten Abnehmerbedürfnisses oder Kundenprozesses aus einer Hand beitragen. Ein Zusatz an Leistung ist aber nicht automatisch mit einem Zusatz an Kundennutzen gleichzusetzen (Grulms 2000, S.187). Ein sorgfältiges Abwägen von Kosten und Nutzen ist notwendig. Generell wird der Gestaltungs-spielraum zur Bearbeitung unterschiedlicher Kundensegmente (z.B. einem Premiumsegment) oder zur Differenzierung vom Wettbewerb deutlich erhöht. Das Anbieten zusätzlicher Dienstleistungen ist dabei in Verbindung mit einer differenzierteren und flexibleren Gestaltung der Preispolitik, dem Umgehen eines intensiven Preiskampfes für standardisierte Angebote sowie einer möglicherweise einhergehenden Intransparenz der Preisfestlegung (z.B. beim Bundling von Produkten und Dienstleistungen) zu sehen.

Durch unterstützende Dienstleistungen wird außerdem ein wichtiger Beitrag zur Beschleunigung des Adoptions- und Diffusionsprozesses geleistet. Insbesondere Garantieleistungen aber auch ein auf Pilotkunden ausgerichteter Kudendienst und der Einsatz ergänzender Unterstützungsleistungen erfüllen die Funktion, dem Qualitätsunsicherheitsproblem der Nachfrager zu begegnen, da sie deren subjektiv wahrgenommenes Risiko reduzieren (Hagemann 1999, S.278). Über rechtliche Bestimmungen hinausgehende Gewährleistungen oder beispielsweise das Anbieten eines Ersatzgerätes, 24h-vor-Ort-Austausch etc., wirken vertrauensbildend und imagefördernd, binden auf der anderen Seite aber wichtige und knappe Ressourcen. Gerade in der Markteinführungsphase ist darauf zu achten, dass einwandfreie Qualität geliefert wird oder beim Auftreten von Kinderkrankheiten Garantiezusagen großzügig und schnell eingelöst werden (Baier/Pleschak 1996, S.75).

Eine wichtige Rolle spielt der Kundendienst, den ein Unternehmen anbietet. Wesentliche Aufgabe des Kundendienstes ist die Sicherstellung des reibungslosen Einsatzes der Hauptleistung (Baier/Pleschak 1996, S.75). Mit zunehmender Komplexität des Produktes steigen die Aufgaben, die der Kundendienst zu erfüllen hat. Hierzu zählen Installation, Inspektion, Wartung, Reparaturen, Ersatzteilversorgung aber auch Einweisung der Kunden und Klärung von anfallenden Rückfragen und Problemen. Bei diesen Tätigkeiten kann es ebenfalls in erheblichem Maße zur Bindung von Personal kommen, das eigentlich für Neukundenakquisition, Produktion etc. benötigt wird und dessen Einsatz oftmals in der Planung nicht vorgesehen war. Besonders wichtig ist, dass der Kundendienst nicht ausschließlich als eine den Verkauf begleitende Notwendigkeit angesehen wird, sondern gleichermaßen der eigenen Informationsgewinnung dient (Baier/Pleschak 1996, S.75). Neben der Zufriedenstellung der Kunden ist es das Ziel, latente oder zukünftige Bedürfnisse und Probleme der Kunden zu erfassen und diese Informationen für das eigene Unternehmen zu verwerten. Der Informationsrückfluss von Kunden in das eigene Unternehmen macht auf bestehende Probleme aufmerksam und weckt Ideen für neue Problemlösungen.

Weitere Unterstützungsleistungen umfassen z.B. Produktschulungen, Bereitstellung von Schulungsunterlagen oder anwendungstechnische Beratung (Baier/Pleschak 1996, S.75f.). Oft scheitert der reibungslose Einsatz neuer Technologien an Widerständen oder Qualifizierungsdefiziten der Mitarbeiter in Abnehmerunternehmen. Um dem vorzubeugen, sind die von der Einführung der Technologie betroffenen Mitarbeiter frühzeitig zu informieren und gegebenenfalls zu qualifizieren. Bei innovativen

Investitionsgütern kommt dem Umtausch und Rückgaberecht aufgrund der Komplexität und individuellen Anpassungsnotwendigkeit hingegen ein vergleichsweise niedriger Stellenwert für die Vermarktung zu (Kleinschmidt et al. 1996, S.201).

5.2.4 Kundenintegration und –feedback

Zur Sicherstellung der Akzeptanz des entwickelten oder noch zu entwickelnden Angebots ist (wie in Kap. 4 dargestellt) die frühzeitige Einbeziehung von Kunden in den Innovationsprozess wichtig. Neugründungen scheitern oft aufgrund von nicht ausreichend oder gar nicht durchgeführter Überprüfung der Marktakzeptanz (Hills/ LaForge 1992). Im Nachhinein bestätigen Gründer den Nutzen einer frühzeitigen Integration von Kundenfeedback zur Steigerung der Profitabilität und bedauern dies nicht in stärkerem Maße realisiert zu haben (Chiagouris/Wansley 2003).

Zu berücksichtigen sind allerdings auch in diesem Zusammenhang die schon mehrfach angesprochenen begrenzten Ressourcen und Defizite im Know-how bezüglich der Durchführung von komplexeren Testverfahren. Speziell der Einsatz von Testmärkten als Ressourcen- und Know-how-intensives Instrument dürfte bei Unternehmensgründungen nur begrenzt möglich sein. Teilweise hat jedoch die zunächst eingeschränkte Bearbeitung eines ausgewählten regionalen Marktgebietes mit im Erfolgsfall anschließender Erweiterung des Marktraumes Testmarktcharakter. Für Gründungen geeignete Verfahren sind beispielsweise die Durchführung von Fokusgruppen, Konzept- oder Produkttests sowie die Entwicklung mit Hilfe von Lead Usern. Speziell die Durchführung von Produkttests wird von Gründern sehr hoch bewertet und auch relativ intensiv angewendet (Meier 1998, S.127).

5.3 Preispolitische Maßnahmen

5.3.1 Überblick Aufgabenstellungen und Maßnahmen

Der Einsatz preispolitischer Maßnahmen und insbesondere die Festlegung des Einstiegspreises gehört für den Unternehmensgründer in der Regel zu den schwierigsten aber auch wichtigsten Entscheidungen, da hier letztendlich festgelegt wird, wie viel Gewinn ein Unternehmen erzielen kann (Lodish et al. 2001, S.41). Dem gegenüber steht jedoch oftmals der Glaube, dass Preisentscheidungen sehr einfach zu treffen sind, da es vorgegebene Vorgehensweisen zur Unterstützung und Vereinfachung der Entscheidung gibt. Dazu zählen z.B. Zuschlags- (Kosten plus Deckungsbeitrag) oder konkurrenzorientierte Verfahren (etwas niedriger oder gleich wie Wettbewerber). Die Preispolitik ist tendenziell das am wenigsten kreative Element der Marketing-Politik neugegründeter Unternehmen, obwohl Beispiele erfolgreicher Firmen auf die wichtige Rolle der Preispolitik für die Unternehmensentwicklung hinweisen (Pitt et al. 1997). Ein Beispiel für kreative und erfolgreiche Preispolitik ist die kostenlose Einführung von Mosaic durch Netscape, wodurch die Firma in ihrem Markt zum Marktführer aufstieg. Bundling von Angeboten aus Preisgründen, differenzierte Preisgestaltung für unterschiedliche Marktsegmente, flexible Preise in Abhängigkeit des Kaufs-/ Verbrauchszeitpunktes, Anbieten verschiedener Zahlungsmöglichkeiten oder kreative Rabattstrukturen wären weitere Möglichkeiten aus dem preispolitischen Gestaltungsraum, der Unternehmen beim Markteintritt zur Verfügung steht. Auch auf dieser

Ebene kann der proaktive, innovative und flexible Charakter entrepreneurhafter Firmen zum Ausdruck kommen.

Grundsätzliche Charakteristika des Preismanagements sind nach Pitt et al. (1997) kostenbasiert vs. marktbasiert; risikoavers vs. risikobereit; reaktiv vs. proaktiv und standardisiert vs. flexibel. In Umgebungen mit großer Dynamik ist generell eine hohe Marktorientierung und Flexibilität der Preispolitik notwendig.

Allerdings ist festzuhalten, dass neugegründete Unternehmen nur in seltenen Fällen direkt auf Basis des Angebotspreises konkurrieren. In jungen Märkten findet der Wettbewerb über neuartige, innovative Produkte statt. Im Vordergrund stehen die Problemlösungskompetenz bezüglich spezieller Kundenprobleme, die Qualität, Flexibilität und technologische Neuerungen. Nach Rüggeberg (1997, S.284) grenzen sich wirtschaftlich erfolgreichere Unternehmensgründungen von weniger erfolgreichen Gründungen nicht durch niedrigere Preise ab. Ein höher angesiedelter Preis dient im Gegenteil oft als Ausdruck technologischer und qualitativer Überlegenheit. Dies gilt insbesondere für Nischenmärkte oder individuell angebotene Kundenlösungen, für die es kaum vergleichbare Angebote gibt. Die in der Regel kundenspezifischen Angebote führen oftmals zu einer niedrigeren Preissensitivität der Nachfrager. Bei innovativen Produkten besteht eine größere Akzeptanz für einen höheren Einführungspreis als für spätere Preiserhöhungen bei bereits eingeführten Produkten (Hagemann 1999, S.281). Trotzdem darf der Preis als ein wichtiges Kaufentscheidungskriterium nicht außer Acht gelassen werden. Wird im Vergleich zu vorhandenen Wettbewerbern ein höherer Preis gewählt, muss in Anbetracht der Unbekanntheit einer Neugründung und der daraus für den Kunden resultierenden Unsicherheit ein deutlicher Leistungsvorteil mit hoher Bedeutung für potentielle Kunden vorhanden sein (und auch kommuniziert werden). Die Preisgestaltung ist grundsätzlich in engem Zusammenhang mit der Positionierung und der Gestaltung insbesondere der Produkt- und Kommunikationspolitik zu sehen. Der Preispolitik kommt ferner eine hohe Bedeutung bei der Überwindung von Markteintrittsbarrieren und der Gewinnung von Pilot- und Referenzkunden zu (Hagemann 1999, S.281).

Allgemeine Zielsetzungen der Preispolitik im Rahmen der Markteintrittsgestaltung, die jedoch in Abhängigkeit des Neuigkeitsgrades und weiterer Einflussfaktoren variieren und unterschiedlich gewichtet werden können, sind: Gestaltung eines aus Kundensicht (unter Berücksichtigung des wahrgenommenen Nutzens, Preis-/Leistungsverhältnisses) und im Vergleich zum Wettbewerb attraktiven Preises, Sicherstellung der Profitabilität/Liquidität des Unternehmens, Abschöpfen der Konsumentenrente, Gewinn-/Umsatzmaximierung, Erleichterung der Akquisition von Pilotkunden, Beschleunigung der Diffusion oder Überwindung bzw. Aufbau von Markteintrittsbarrieren (siehe Abb. 5-2, S.116f.).

Abb. 5-8 gibt einen Überblick über mögliche preispolitische Maßnahmen im Zusammenhang mit der Markteintrittsgestaltung.

Im Folgenden werden einige ausgewählte Aspekte der Preis-/Konditionenpolitik hinsichtlich des Einsatzes im Rahmen der Markteintrittsgestaltung neugegründeter Unternehmen detaillierter betrachtet. Allerdings ist anzumerken, dass die Preis-/Konditionenpolitik der Bereich des Marketing-Instrumentariums ist, in dem die wenigsten Erkenntnisse zum Vorgehen von Unternehmensgründern und der Wirkung von unterschiedlichen Vorgehensweisen auf die Unternehmensentwicklung vorliegen. Aufgrund des hohen direkten Einfluss, den der Preis auf den Umsatz und damit auf die Liquidität und den Erfolg eines Unternehmens hat, besteht hier weiterer Forschungsbedarf beispielsweise hinsichtlich einer situations-, branchen- oder auch zielgruppenspezifischen Betrachtung, wie Unternehmensgründungen sich durch geeigneten Maßnahmeneinsatz Wettbewerbsvorteile erarbeiten können.

Preis-/Konditionenpolitik

Preisstrategie: (spez. für innovative Neuprodukte)
- Skimming/Abschöpfung
- Penetration/Marktdurchdringung

Preislage: (Verhältnis Preis/Qualität im Vergleich zum Wettbewerb)
  untere, mittlere oder obere

Preisfindung:
- Kostenorientiert
- Nachfrage-/Marktorientiert
- Konkurrenzorientiert
- Nutzenorientiert
- Ertragskalkulation
- Individuelle Preisfestlegung, Verhandlung etc.

Preisdifferenzierung:
- nach Alters-/Kaufkraftgruppen
- nach geographischen Regionen
- nach Kaufzeitpunkt etc.

Konditionen-/Rabattpolitik:
- Funktionsrabatte (z.B. Groß-/Einzelhandelsrabatt, für Lead User/Referenzkunden)
- Marktbearbeitungsrabatt (z.B. Zweitplatzierungsrabatt, Sonderaktionsrabatt, Exklusivitätsrabatt)
- Finanzierungsfunktionsrabatt (z.B. Skonto/Delkredere/Inkasso)
- Mengenrabatt
- Zeitrabatt (z.B. Frühbucherrabatt, Einführungsrabatt, Vorausbestellungsrabatt, Saisonrabatt, Ausverkaufsrabatt)
- Treuerabatt (z.B. Jahresrückvergütungsrabatt)
- Segmentspezifische Rabatte (z.B. Seniorenrabatt, Studentenrabatt)

indirekte Preisermäßigung:
- Geldzuwendungen (z.B. Werbekosten, Platzierungszuschüsse, Regalmieten)
- Sachzuwendungen (z.B. kostenlose Testware, Naturalrabatt, Displaymaterial)
- Dienstleistungen (z.B. Regalpflege, Preisauszeichnungen, Verkostungsservice)

Abb. 5-8: Ausgewählte Entscheidungsfelder und Maßnahmen der Preis-/ Konditionenpolitik

5.3.2 Preisstrategie

Im Zusammenhang mit der Einführung von innovativen Produkten werden in der Wissenschaft und auch in der Praxis vor allem die Penetration- und die Skimming-Strategie diskutiert (vgl. Meffert 1998, S.548).

Bei der Skimming-Strategie (auch Abschöpfungsstrategie) wird das neue Produkt zunächst zu einem vergleichsweise hohen Preis eingeführt, der allerdings nicht aufrechterhalten sondern im Zeitverlauf sukzessive gesenkt werden sollte (vgl. Simon 1992, S.293). Als optimale Strategie für einen Pionier, der eine Skimming-Strategie verfolgt, empfiehlt sich eine proaktive Preissenkung, d.h. eine Senkung des Preises bereits vor dem erwarteten Eintritt eines Konkurrenten. Als hohen Einführungspreis schlägt Simon (1992, S.293) einen Preis vor, der oberhalb des gewinnmaximalen Preises (Cournotpreis) der Einführungsperiode liegt.

Die Penetration-Strategie (auch Marktdurchdringungsstrategie) besteht dagegen in der Einführung zu einem besonders niedrigen Preis. Durch rasches Marktwachstum sollen größere Absatzzahlen und eine Senkung der Stückkosten durch Ausnutzung von Erfahrungskurven- und Skaleneffekten erreicht werden. Benutzt man als Klassifikationskriterium wiederum den Cournotpreis der Einführungsperiode, so müsste ein Penetrations-Preis diesen fühlbar unterschreiten. Über die weitere Preisentwicklung gibt es unterschiedliche Angaben, so ist sowohl ein Beibehalten, ein Absenken als auch ein Anheben des Preises denkbar.

Für innovative Produkte von Unternehmensgründern eignet sich in erster Linie die Abschöpfungsstrategie. Dadurch ergibt sich unter anderem eine bessere Ausnutzung des erreichten Zeit-, Qualitäts- und Technologievorsprungs, kurzfristige Realsierung hoher Gewinne, bei kurzen Produktlebenszyklen eine schnelle Armotisation der FuE- und Markteintrittskosten sowie eine bessere Abdeckung von Liquiditätsengpässen. Allerdings sollte das Marktsegment der Innovatoren eine ausreichende Größe besitzen, die Innovation nur von kurzem Bestand oder durch Schutzrechte geschützt sein (längere Monopolstellung) und eine relativ preisunelastische Nachfrage zu Beginn des Lebenszyklus vorliegen (Preissenkungen führen später zu deutlicher Nachfragesteigerung).

5.3.3 Preislage

Mit Festlegung der Preislage wird das Preis-Qualitäts-Verhältniss des Angebots in Relation zum Wettbewerb festgelegt. Mit der Neuartigkeit des Produktes steigt aufgrund des fehlenden preislichen und qualitätsmäßigen Bezugssystems die Bedeutung der Preislage für die Qualitätsbeurteilung und die imagebildende Wirkung des Preises (Simon 1992, S.605). Die Entscheidung über die Positionierung eines Produktes im Preis-Qualitäts-Feld wird auch als Preispositionierung bezeichnet (Diller 1991, S.187). Hier geht es zunächst um die Rolle des Preises als langfristigen, strategischen Parameter, jedoch noch nicht um eine präzise Festlegung oder Optimierung des Preises.

Bei der Untersuchung des Preis-Qualitäts-Verhältnisses gibt die Mehrzahl (78,3%) der von Grulms (2000, S.192) befragten Gründer, wie in Abb. 5-9 dargestellt, an, ein mittleres Preisniveau bei gleichzeitig hoher Qualität des Produktes bzw. der

Dienstleistung zu besitzen. Für den Kunden ergibt sich also ein positives Preis-Qualitäts-Verhältnis und im Vergleich zum Wettbewerb ein eventueller Vorteil.

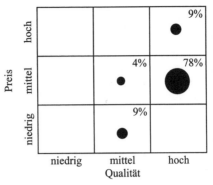

Abb. 5-9: Preis-Qualitäts-Verhältnis des Angebots bei Grulms (2000, S.192)

5.3.4 Preisfestlegung/-findung

Neben der grundsätzlichen Preislage bzw. der langfristigen Preisstrategie muss der Gründer auch den Einstiegspreis festlegen, zu dem das Angebot in den Markt eingeführt werden soll. Mögliche Vorgehensweisen sind:

- Kostenorientiert (Zuschlagskalkulation, z.B. Selbstkosten + Gewinnaufschlag, auf Vollkosten- oder Teilkosten-Basis);

- Nachfrage-/Marktorientiert (Preis hängt von Kaufbereitschaft der Nachfrager ab; Abschätzung der Preis-Absatz-Funktion zur Maximierung des Absatzes/ Gewinns, Ermitteln der Preisbereitschaft);

- Konkurrenzorientiert (Preis richtet sich nach Preisen der Konkurrenz; z.B. Preisüber-/-unterbietung, Durchschnittspreis, Preisführer etc.);

- Nutzenorientiert (Wert des Angebots aus Kundensicht; Percieved Value Pricing, Ermittlung z.B. durch Nutzwertanalyse oder Conjoint Analyse);

- Ertragskalkulation (Berechnung des Preises, der für angestrebten Gewinn notwendig ist, bei vermuteter Preis-Absatz-Funktion und geschätzten Stück-kosten);

- Individuelle Preisfestlegung/Verhandlung;

- Gesetzliche Regelungen (z.B. vorgegebene Stundensätze etc.).

Generell ist eine eindimensionale Festlegung des Preises mit einem hohen Risiko verbunden. Wichtige Parameter, welche die Attraktivität oder Profitabilität des Angebots gefährden können, bleiben eventuell unberücksichtigt. Empfehlenswert ist die Einbeziehung von Informationen sowohl über die eigene Kostenstruktur, das Preisgefüge von Wettbewerbern als auch über mögliche Reaktionen und Ein-schätzungen auf Kundenseite (Schwalbe 1993, S.78). Abschätzungen bezüglich Herstellungs-, Lager-, Distributionskosten etc. sollten in jedem Falle ermittelt und eine

Aufteilung anfallender fixer und variabler Kosten vorgenommen werden. Die Sicherstellung der Liquidität ist eine wichtige Zielsetzung der Preisfestlegung. Selbst wenn der Preis nicht das primäre Kaufentscheidungskriterium darstellt, ergeben sich unterschiedliche Absatzzahlen in Abhängigkeit des Preises. Um diese Preis-Absatz-Funktion einschätzen zu können, ist die Akzeptanz des Preises und der wahrgenommene Nutzen des Angebots bei einem bestimmten Preis aus Kundensicht zu ermitteln. Es ist äußerst schwierig den Preis nach der Markteinführung anzuheben, wenn etwa festgestellt wird, dass die Kosten deutlich höher liegen oder der Wert des Produktes aus Kundensicht bedeutend größer ist als ursprünglich vermutet (Lodish et al. 2001, S.41).

Besonders schwierig gestaltet sich die Preisfestlegung bei Angeboten mit hohem Innovationsgrad (Hagemann 1999, S.285ff.). In der Regel sind keine Vergleichsangebote vorhanden, der Nutzen des Produktes und damit auch der Wert für Kunden ist durch den Existenzgründer selbst nur schwer einschätzbar. Bei Vorhandensein der notwendigen Ressourcen und Kenntnisse sind hier nachfrage- oder auch nutzenorientierte Verfahren anzuwenden, bei denen die Marktseite z.B. durch Expertenbefragung oder mit Hilfe des Conjoint Measurement erfasst werden.

Nach Erfahrung von Carson et al. (1995, S.83) werden Preisentscheidungen bei KMUs häufig ohne eine langfristige und durchdachte Strategie getroffen. In den meisten Fällen erfolgt die Preisfestlegung entweder auf Basis der variablen Kosten plus einem Zuschlag für Gemeinkosten und Gewinn oder nahe der Preise von Wettbewerbern. Diese Einschätzung, nach der sich die Preisfindung häufig an Wettbewerbern orientiert, wird durch Grulms (2000, S.194) bestätigt. 46,2% der befragten Gründer verfolgen eine konkurrenzorientierte Preisfindung, 26,9% eine Zuschlagskalkulation, 7,7% beziehen die Meinung von Kunden in die Preisfindung mit ein und nur 3,8% legen die Preise aufgrund einer Ertragskalkulation fest. 38,5% der Gründer verfolgen keine feste Kalkulationsregelung.

Bei der Untersuchung von Lodish et al. (2001, S.45) werden folgende Vorgehensweise für die Inc. 500 Unternehmen (und die befragte Kontrollgruppe) ermittelt: Zuschlagskalkulation 17,7% (39,5%), nutzenorientiert 32,4% (23,3%), konkurrenzorientiert 29,4% (25,6%), Verhandlung 5,9% (-), kein spezielles Verfahren 5,9% (-). Immerhin knapp ein Drittel der befragten Unternehmen führt Konzepttests im Rahmen der Preisermittlung durch (Lodish et al. 2001, S.252).

5.3.5 Konditionenpolitik

Durch den geeigneten Einsatz der Konditionenpolitik ergibt sich eine Erhöhung des Spielraumes zur differenzierten Ansprache unterschiedlicher Kundengruppen und zur Abgrenzung vom Wettbewerb. Beispielsweise können ausgewählten Kundensegmenten besondere Preise eingeräumt, ein bestimmtes Kaufverhalten unterstützt oder gefördert sowie mögliche Adoptions- und Diffusionsbarrieren gemindert werden. Insbesondere in der Markteinführungsphase können Unternehmensgründer die Instrumente der Konditionenpolitik vielseitig und flexibel nutzen, um Geschäftsbeziehungen individuell auszugestalten. So kann z.B. die Gewährung eines Einführungsrabattes die Markteinführung eines neuen Produktes unterstützen (Baier/Pleschak 1996, S.80). Ein zeitlich befristeter Einführungsrabatt trägt zur Beschleunigung des Diffusionsprozesses bei, da das von den Nachfragern wahrgenommene Risiko reduziert und ein zusätzlicher Kaufanreiz geschaffen wird (Hagemann 1999, S.295).

Abb. 5-8 (S.128) gibt einen Überblick über verschiedene Varianten von Rabatten, d.h. Nachlässen auf den Listenpreis.

Im Zusammenhang mit dem Markteintritt eines neugegründeten Unternehmens sind in besonderem Maße auch Funktionsrabatte interessant. Diese werden für Leistungen gewährt, die ein Nachfrager (oder Absatzmittler) für einen Anbieter übernimmt. Im Innovationsmarketing werden sie vornehmlich für die Gewinnung von Lead Usern (im Zuge der Produktentwicklung) und Pilot-/Referenzkunden (bei der Markteinführung) eingesetzt (siehe hierzu Kap. 5.4.6, S.141f.). Speziell für Pilot- und Referenzkunden wird dadurch ein Anreiz zur frühen Übernahme des Leistungsangebots der Unternehmensgründung gegeben. Es ist durchaus üblich, den ersten Kunden das Angebot kostenlos zur Verfügung zu stellen (Lodish et al. 2001, S.44). Wichtig ist in diesem Zusammenhang, den speziellen Charakter dieser Rabatte und den Nachlass gegenüber dem regulären Preis zu kommunizieren. Durch Bekanntgabe des üblichen Marktpreises kommt es später nicht zu Irritationen oder dem Eindruck einer unfairen Behandlung aus Sicht von anderen Kundengruppen. In gleichem Maße kann das Gewähren spezieller Konditionen für Absatzmittler die Bereitschaft zur Aufnahme des Angebots in das Sortiment erhöhen.

Allgemein ist die jeweilige Marktsituation mit der bisher vorherrschenden Preis- und Konditionenpolitik, das Produktangebot (Wettbewerbsvorteil aus Kundensicht, Innovationsgrad etc.), die internen Zielsetzungen (Gewinn- oder Wachstumsziele) und die Ressourcenausstattung (Liquiditätsreserven, Kapazitätsgrenzen) zu berücksichtigen. Die Preis- und Konditionenpolitik ist durch den Unternehmensgründer in Einklang mit der gewählten Positionierung und Präferenzstrategie sowie den übrigen Bereichen des Marketing-Instrumentariums zu gestalten.

5.4 Kommunikationspolitische Maßnahmen

5.4.1 Überblick Aufgabenstellungen und Maßnahmen

5.4.1.1 Zielsetzungen und Rahmenbedingungen

Die Kommunikationspolitik umfasst die bewusste, planmäßige Gestaltung und Übermittlung aller auf den Absatzmarkt gerichteten Informationen eines Unternehmens zum Zwecke der Verhaltensbeeinflussung aktueller und potentieller Käufer im Sinne eines Unternehmens (Hagemann 1999, S.322).

Bezüglich der Gestaltung der Kommunikationspolitik lassen sich zwei Aufgabenschwerpunkte unterscheiden, die für Unternehmensgründer beim Markteintritt im Vordergrund stehen. Zunächst muss das Angebot und das Unternehmen als Ganzes im Markt bekannt gemacht werden. Potentielle Kunden aber auch andere wichtige Marktteilnehmer wie z.B. Zulieferer, Absatzmittler oder Kooperationspartner, müssen über die Existenz des Leistungsangebots und neuen Unternehmens informiert werden. Ziel ist die Überwindung der zunächst bestehenden Unbekanntheit und die möglichst schnelle Steigerung des Bekanntheitsgrades in der Zielgruppe und bei weiteren bedeutenden Marktteilnehmern.

Zweiter und sich daran anschließender Aufgabenschwerpunkt liegt in der Überwindung des fehlenden Image, der nicht vorhandenen Reputation und den damit verbundenen Schwierigkeiten den Produktnutzen, die Leistungsfähigkeit und Zuverlässigkeit des neuen Unternehmens aus externer Sicht einschätzen zu können. In erster Linie besteht diese Qualitätsunsicherheit auf Seiten potentieller Abnehmer, kann aber auch bei Entscheidungen von Investoren, Kooperationspartnern oder potentiellen Mitarbeitern ein Rolle spielen. Das neugegründete Unternehmen muss bemüht sein, möglichst schnell in Einklang mit der angestrebten Positionierung Image und Reputation aufzubauen, seine Kompetenz und den Wettbewerbsvorteil bzw. Kundennutzen (z.B. höhere Qualität, Flexibilität, Kostensenkung, individuelle Problemlösung) zu kommunizieren. Durch Bereitstellung von geeigneten Informationen soll die Kommunikationspolitik den Adoptionsprozess, d.h. das Durchlaufen der einzelnen Phasen von der ersten Information bezüglich des Angebots über den Erwerb bis hin zur Nutzung, beschleunigen.

Folgende Zielsetzungen lassen sich speziell bei der Vermarktung von Innovationen unterscheiden (Hagemann 1999, S.323):

- Vermittlung von Informationen über die Existenz der Innovation;

- Überwindung der sich aus der asymmetrischen Informationsverteilung und kognitiver Dissonanzen ergebenden Unsicherheit der Nachfrager;

- Vermittlung von Informationen zur Funktionsweise der Innovation und damit zum relativen Nutzen für die Nachfrager;

- Berücksichtigung des spezifischen Informationsverhaltens der am Innovationsprozess beteiligten Personen.

5.4.1.2 Überwinden der Unbekanntheit

Neugegründete Unternehmen sind den Marktteilnehmer zunächst unbekannt und haben aufgrund dessen einen entscheidenden Nachteil gegenüber bereits im Markt tätigen Konkurrenten mit etablierten Produkten und Marken. Mit großem Abstand wird die Unbekanntheit neugegründeter Unternehmen von potentiellen Kunden als maßgeblicher Grund für fehlende Kaufbereitschaft angesehen (Grulms 2000, S.128). Auch aus Sicht der Unternehmensgründer stellt die Unbekantheit des Angebots und Unternehmens die wichtigste Markteintrittsbarriere dar. 77,8% der bei Grulms (2000, S.131) oder 65% der bei Kulicke & Wupperfeld (1996, S.173) befragten Gründer nennen Unbekanntheit bzw. Akzeptanzprobleme aufgrund von Unbekanntheit als bedeutende Markteintrittsbarriere. Aufgrund ihrer Unbekanntheit müssen Existenzgründer zur Vermarktung ihres Leistungsangebots mehr Überzeugungsarbeit leisten als ihre etablierten Wettbewerber (Kulicke/Wupperfeld 1996, S.173).

Die Bekanntmachung der Existenz des neuen Angebots und Unternehmens bei potentiellen Nachfragern und anderen Marktteilnehmern ist Voraussetzung für die Vermittlung weitergehender Informationen und kann schon vor der eigentlichen Markteinführung eine positive Einstellung der Nachfrager hinsichtlich des neuen Angebots/Unternehmens bewirken (Hagemann 1999, S.323). Dabei ist insbesondere der Zeitpunkt in Bezug auf die Markteinführung interessant, zu dem erstmals das neue Produkt angekündigt wird. Die Produktankündigung kann alternativ ab dem Markteinführungszeitpunkt oder davor erfolgen, wobei letztere Möglichkeit als sogenannte Produktvorankündigung bezeichnet wird. Die Vorteile einer Produktvorankündigung (z.b. früher Bekanntheitsgrad bei potentiellen Nachfragern) ergeben sich aufgrund der langen Zeitdauer des Entscheidungsprozesses beim Nachfrager, sind aber gegenüber ihren Nachteilen (z.b. Gefahr der Information der Konkurrenz) genau abzuwägen (siehe auch Preukschat 1993).

5.4.1.3 Aufbau von Reputation/Image

Die Bekanntmachung des Unternehmens und seines Angebots stellt jedoch nur den ersten Schritt dar. Imagenachteile gegenüber etablierten Konkurrenten spielen ebenfalls eine wichtige Rolle. 53% der bei Kulicke & Wupperfeld (1996, S.171) bzw. 58% der bei Kulicke (1993, S.99) befragten Gründer geben ein Image als neuer Anbieter und neues Unternehmen aus Kundensicht als Hinderniss beim Markteintritt an. Daraus resultiert ein erhebliches Qualitätsunsicherheitsproblem auf seiten der Nachfrager. Kern des Qualitätsunsicherheitsproblems ist die mangelnde Möglichkeit des Nachfragers, die Qualifikation des Anbieters hinsichtlich dessen Problemlösungsfähigkeit einzuschätzen (Hagemann 1999, S.68).

Obwohl die Unternehmen Produkte bzw. Leistungen oftmals zu einem deutlich besseren Preis-Leistungsverhältnis anbieten als Wettbewerber, erhalten sie keine Aufträge, weil der Nachweis von Zuverlässigkeit, Qualität und Lieferfähigkeit nur auf längere Sicht erworben werden kann (Baier/Pleschak 1996, S.32). Es besteht für Nachfrager das Risiko einen falschen Anbieter zu wählen. Um dieses Risiko zu reduzieren, werden Nachfrager bestrebt sein, möglichst umfangreiche Informationen über den Anbieter, z.B. über Kontakte mit anderen Nachfragern, zu gewinnen. Bisher fehlende Referenzen stellen bei 17,4% der bei Grulms (2000, S.128) befragten Gründer ein Hindernis bezüglich der Akquisition neuer Kunden dar. Potentielle Nachfrager müssen nicht nur die Leistungsfähigkeit der angebotenen Innovation beurteilen, sondern auch die Überlebenswahrscheinlichkeit des Unternehmens abschätzen, da die in Verbindung mit der Hauptleistung vereinbarten Nebenleistungen (Garantie, Wartung, Instandsetzung, Ersatzteillieferungen usw.) nur im Falle des Fortbestandes der Unternehmensgründung gesichert sind.

Ein neugegründetes Unternehmen sieht sich mit der sogenannten "Liability of Newness" (Stinchcombe 1965) konfrontiert. Schwierigkeiten klare Nachweise hinsichtlich der Wettbewerbsfähigkeit gegenüber etablierten Wettbewerbern erbringen zu können, führen zu Asymmetrien bezüglich tatsächlicher und im Markt wahrgenommener Leistungsfähigkeit (Weigelt/Camerer 1988; Dixon 1991). Dadurch kommt es zu Nachteilen bei der Akquisition von Kapital, Kunden und Mitarbeitern (Zimmerman 1997). Die Kommunikationspolitik muss daher gleichermaßen bestrebt sein, sowohl allgemeine Öffentlichkeitsarbeit wie auch produktbezogene Werbung zu betreiben (Baier/Pleschak 1996, S.80), um somit Vertrauen der Nachfrager und anderer Marktteilnehmer in die Leistungsfähigkeit und Zuverlässigkeit des neugegründeten Unternehmens zu erzeugen. Das Erzeugen von Vertrauen und Glaubwürdigkeit wird als einer der Schlüsselfaktoren insbesondere bei der Vermarktung von High-Tech-Produkten bezeichnet (Meldrum 1995).

Für eine Unternehmensgründung ist es deshalb hilfreich, sich aktiv um den Aufbau einer gewisse Reputation im Markt zu bemühen. Diese ist in der Wahrnehmung der

Marktteilnehmer Ausdruck von Wettbewerbsfähigkeit und Leistungsfähigkeit der Unternehmensführung sowie des zukünftigen Erfolges und dient zur Legitimation im Markt (Fichman/Levinthal 1991). Eine gute Reputation erleichtert die Akquisition von Investoren, ermöglicht bessere Konditionen bei Zulieferern oder Absatzmittlern, unterstützt den Kaufentscheidungsprozess von Nachfragern und hilft bei der Rekrutierung von fähigen Mitarbeitern (Fombrun 1996; Mowery 1996; Dollinger et al. 1997).

Möglichkeiten, den Aufbau einer vorteilhaften Reputation zu unterstützen, bestehen beispielsweise in (Goldberg et al. 2003):

- der Entwicklung und Vermarktung innovativer, qualitativ hochwertiger Produkte mit hohem Kundennutzen, unterstützt durch Demonstrationen, kostenlose Nutzung, Rückgabe-/Umtauschrecht, Testberichte/Zertifikate, umfangreiche Garantieleistungen und weitere Dienstleistungen (siehe auch Meldrum 1995);

- dem Aufbau einer starken organisatorischen Infrastruktur mit gut ausgebildeten Mitarbeitern, erfahrenen Managern, bekannten Beiräten oder Investoren und weiteren Faktoren, welche die Außenwahrnehmung positiv beeinflussen;

- dem Suchen von Verbindungen zu etablierten Firmen, um deren guten Ruf für die eigene Legitimierung zu nutzen, z.B. in Form von strategischen Partnerschaften zur Ergänzung der Ressourcenbasis oder durch die Gewinnung von bekannten Unternehmen als Referenzkunden.

Nach Eighmey et al. (1994, S.207ff.) sind Unternehmensgründungen entweder sehr stark oder sehr schwach in der Kommunikationspolitik engagiert. Persönliche Kommunikation und Netzwerk-Aktivitäten stehen sehr oft im Zentrum der Aktivitäten. Der Mangel an Ressourcen und spezialisierten Kenntnissen sowie die hohe Bedeutung der persönlichen Kommunikation durch den Unternehmensgründer lassen vermuten, dass Kommunikationsmaßnahmen im Hinblick auf Absatzmittler und weitere institutionelle Marktteilnehmer effektiver sind als die an Endverbraucher gerichteten Maßnahmen. Ein gleichmäßiger und ausgewogener Einsatz von direkten und indirekten Kommunikationsmaßnahmen wird in der Regel nicht stattfinden, sondern das Vorgehen wird im Wesentlichen durch die verfügbaren Ressourcen bestimmt sein (Carson et al. 1995, S.83). Auch ist der Planungshorizont eher kurzfristig.

Der Erfolg des Unternemens hängt entscheidend davon ab, wie gut es gelingt, das Leistungsangebot aus Kundensicht von Konkurrenzangeboten zu differenzieren und den Kundennutzen zu kommunizieren. Voraussetzung dafür ist eine gute Kenntnis der Stärken/Schwächen von Konkurrenten und insbesondere der Kundenbedürfnisse und wie diese angesprochen werden können. Aufgrund oftmals nur begrenzter Kenntnisse bezüglich der Auswahl und Gestaltung von Kommunikationsmaßnahmen kann der Einsatz von Werbe-/PR-Agenturen hilfreich sein und zu einem effektiveren und letztlich auch effizienteren Mitteleinsatz beitragen.

Unternehmensgründer stehen vor der Aufgabe, unter Berücksichtigung der internen Fähigkeiten und Ressourcen sowie der externen Rahmenbedingen, eine an das Leistungsangebot und die Zielgruppe angepasste Kommunikationspolitik zu entwickeln. Abb. 5-10 gibt einen Überblick über mögliche Maßnahmen, die im Rahmen der Markteintrittsgestaltung und darüber hinaus eingesetzt werden können. Nicht in der Abbildung enthalten sind übergreifende Maßnahmen wie Produktvorankündigung,

Messen/Ausstellungen, Referenzen oder persön-licher Verkauf, die sich nicht eindeutig einer der enthaltenen Kategorien zuordnen lassen.

Kommunikationspolitik

Werbung:

- Werbeziele: z.B. kurzfristige Aufmerksamkeit/Bekanntheit vs. langfristiges Image

- Werbeobjekte: z.B. Angebot, Unternehmen, Gründer

- Werbesubjekte: z.B. Konsumenten, Distributoren, Massen-, Segment-, Individualwerbung

- Werbeinhalt: z.B. Leistungswerbung (Produktnutzen, -eigenschaften), Imagewerbung, Preiswerbung

- Werbeträger:

  - Massenwerbemedien: Printmedien (Zeitung, (Fach-)Zeitschrift, Plakatanschlagstelle); elektronische Medien (Fernsehen, Kino, Internet) etc.

  - Direktwerbung/-marketing: Werbebriefe, Telefonate, Emails, Handzettel/Flyer, Kataloge, After-Sales-Kommunikation (Dankschreiben, Hinweis auf weitere Leistungen, Befragung bzgl. Zufriedenheit etc.) etc.

- Werbebudgetfestlegung, Werbewirkungskontrolle

Verkaufsförderung:

- Verbraucherpromotion: Postwurfsendungen, Gutscheine/Coupons, Verbundangebote, Warenproben, Verbraucherzeitschriften, Gewinnspiele/Preisausschreiben/ Verlosungen, Kundenclubs, Zugaben u. Werbegeschenke, Ausstellungen, Rabattmarken/Sammelrabatte, Unterhaltungs- u. Bewirtungsangebote, Anwendungsberatung (Gebrauchsanweisung/Handbücher/persönliche Beratung) etc.

- Händlerpromotion: Displays, Theken-/Bodenaufsteller, Schilder, Plakate, Vorführungen, Dekorationsdienst, gemeinsame Aktionsplanung, Verkäufer-/Präsentationsschulung, zur Verfügung stellen von Verkaufspersonal etc.

- Mitabeiter-/Verkäuferpromotion: Verkaufshandbücher, Verkaufsmappen, Verkaufsinformationen, Argumentationssammlungen, Testergebnisse, Verkäuferzeitung, Verkäuferseminare, Verkäuferwettbewerbe etc.

Öffentlichkeitsarbeit/PR:

- Zielgruppen: Fremd-/Eigenkapitalkapitalgeber, Lieferanten, Kunden, Konkurrenten, Staat u. Gesellschaft, Eigentümer, Management, Mitarbeiter etc.

- Maßnahmen: Tag der offenen Tür, Presseinformationen, Reden/Vorträge an Unis/ Existenzgründertagen, Kundenbroschüren/-zeitschriften, Pressemappen, Sponsoring, Spenden, Seminare, Veröffentlichungen, Teilnahme an wissenschaftlichen Veranstaltungen, Engagement in Verbänden/Organisationen, Newsgroups/Newsletter, Product Placement etc.

Abb. 5-10: Ausgewählte Entscheidungsfelder und Maßnahmen der Kommunikationspolitik

Im Folgenden werden einige ausgewählte Maßnahmen aus dem Bereich der Kommunikationspolitik auf die Einsetzbarkeit zur Erreichung der kommunikationspolitischen Ziele und ihre praktische Bedeutung im Zuge der Markteintrittsgestaltung neugegründeter Unternehmen näher betrachtet.

5.4.2 (Direkt-)Werbung

Ziel von Werbung ist es in erster Linie, das Leistungsangebot bzw. Unternehmen einer großen Schicht von potentiellen Käufern bekannt zu machen und Informationen (wie Kundennutzen, Preise etc.) über das Angebot zu vermitteln. Besonders in den ersten beiden Phasen des Adoptionsprozesses, der Wahrnehmungs- und Interessephase, werden Informationen seitens der Kunden überwiegend aus Massenmedien aufgenommen, während in den letzten Phasen, der Versuchs- und Kaufphase, persönliche Kontakte als Hauptinformationsquellen dienen (Baier/Pleschak 1996, S.82). Von einer direkten Handlungsauslösung bei der Zielgruppe im Sinne einer Kaufentsscheidung alleine aufgrund von Werbung kann in der Regel jedoch nicht ausgegangen werden.

Entscheidungen, die im Rahmen des Werbeeinsatzes getroffen werden, lassen sich unterteilen in Festlegung des Budgets, Mediaplanung (wo und wann wird geworben) sowie Werbeinhalt (was wird kommuniziert) (Lodish et al. 2001, S.178ff.). Vor dem Hintergrund der beschränkten Ressourcen ist es für Gründer wichtig, eine Werbewirkungskontrolle durchzuführen. Veränderungen der Verkaufszahlen sollten nach dem Erscheinen von Werbung genau beobachtet werden und unter Umständen kann man Kunden direkt ansprechen, ob die Werbung ihre Kaufentscheidung beeinflusst hat. Idealerweise sollten schon vor dem Schalten von Werbung Tests bezüglich der Wirkung auf die Zielgruppe durchgeführt und eventuell Verbesserungen vorgenommen werden. Es muss sichergestellt werden, dass die Werbung den Einscheidungsprozess der Nachfrager unterstützt und in Einklang mit der Positionierung steht.

Festlegung des Werbebudgets aufgrund:	Inc. 500		Non-Inc.	
	nie (%)	in erster Linie (%)	nie (%)	in erster Linie (%)
was sich die Firma leisten kann	14,7	29,4	7,0	65,1
aktuellem oder erwartetem Umsatz/Gewinn	14,7	41,2	30,2	16,3
Ausgaben von Wettbewerbern	55.9	0,0	60,5	0,0
Ergebnissen von Markttests	52,9	2,9	58,1	4,7
Analyse früherer Erfolge/Misserfolge	8,8	26,5	14,0	23,3
festgelegter Werbeziele	20,6	23,5	30,2	18,6
prognostizierter zusätzl. Umsätze im Verhältnis zu zusätzl. Kosten	29,4	20,6	58,1	4,7
sonstiges	0,0	5,9	0,0	4,7

Abb. 5-11: Festlegung des Werbebudgets (Quelle: Lodish et al. 2001, S.253)

Schwierigkeiten bestehen für Gründer speziell bezüglich der Festlegung des Werbebudgets und generell hinsichtlich der Verteilung der zur Verfügung stehenden Mittel auf verschiedene Kommunikationsmaßnahmen. Für die beiden von Lodish et al.

(2001) untersuchten Stichproben ergeben sich die in Abb. 5-11 dargestellten Vorgehensweisen bezüglich der Festlegung des Werbebudgets. Insgesamt werden 5,4% des Umsatzes von den Inc. 500 Firmen für Werbung ausgegeben (8,1% von den Non-Inc. Firmen), wobei 82,4% (bzw. 67,4%) angeben, das Werbebudget in Zukunft erhöhen zu wollen (5,9% (7,0%) wollen es senken und 11,8% (18,6%) unverändert lassen). Interessant ist weiterhin, wie viele zusätzliche Altenativen für die letzte durchgeführte Werbekampagne entwickelt wurden: keine: 17,7% bei den Inc. 500 Firmen (14,0% Non-Inc.); eine: 14,7% (11,6%); zwei: 8,8% (4,7%); ≥ drei: 20,6% (21,0%). Im Durchschnitt werden 1,52 (1,57) alternative Kampagnen entworfen.

Direktwerbung stellt eine gute Möglichkeit zur ersten zielgruppenspezifischen Information von potentiellen Nachfragern über das Unternehmen und das Angebot dar. Direktwerbung hat im Vergleich zu Massenwerbemedien einen deutlich geringeren Streuverlust. Allerdings sind mit Direktwerbung in der Regel höhere Kosten verbunden, sei es zur Versendung der Werbemittel oder zur Beschaffung der notwendigen, zielgruppenspezifischen Adressen. Mit jeder Durchführung von Direktwerbung sollte eine Abschätzung der Kosten im Vergleich zum Nutzen der Werbeaktion verbunden sein, z.B. in Form einer Einschätzung der Anzahl der akquirierten Kunden und deren Wert für das Unternehmen (Lodish et al. 2001, S.165). Auch der Bereich der After-Sales-Kommunikation ist wichtig, um Kunden langfristig an das Unternehmen zu binden oder Rückmeldungen über Probleme oder Verbesserungsvorschläge zu erhalten. Die von Kulicke (1993, S.96) befragten Gründer nennen die direkte Kunden-ansprache über Direkt-Mail-Aktionen als die effizienteste und am häufigsten genutzte Form der Marktbearbeitung. Lediglich 20% hatten zum Befragungszeitpunkt keine oder nur einmalig solche Aktionen durchgeführt.

5.4.3 Öffentlichkeitsarbeit/PR

Ziel der Öffentlichkeitsarbeit ist es, den Bekanntheitsgrad des Unternehmens zu erhöhen und ein positives Image aufzubauen, um so als verlässlicher und kompetenter Geschäftspartner angesehen zu werden und eine positive Haltung dem Unternehmen gegenüber zu erzeugen (Baier/Pleschak 1996, S.81). Prinzipiell hat PR gegenüber Werbung einen nicht zu unterschätzenden Vorteil: höhere Glaubwürdigkeit (Hans/Hüser 2001, S.28). Bei richtigem Einsatz kann PR sehr wertvoll und effektiv sein, da die Informationen im Vergleich zur bezahlten Werbung einen höheren Glaubwürdigkeitsgrad in der Zielgruppe besitzen (Lodish et al. 2001, S.65). Wenn jemand etwas über sich selbst behauptet, ist es noch lange nicht so glaubwürdig, als wenn ein neutraler Beobachter (z.B. ein Journalist) über etwas schreibt.

Es ist wichtig, ein professionelles Erscheinungsbild, z.B. durch die Gestaltung des Broschürenmaterials und der Messestände, zu vermitteln und durch professionelles Auftreten zu überzeugen. Insbesondere bei der Markteinführung kommt diesen Maßnahmen eine große Bedeutung zu. Marktteilnehmer kommen erstmals in Kontakt mit der Neugründung und es gilt für jedes öffentliche Inerscheinungtreten des neuen Unternehmens der Leitspruch: «You never get a second chance to make a first impression».

Eine der wichtigsten Aufgaben im Rahmen der PR-Bemühungen ist es, für eine (oder max. zwei) Personen im Unternehmen persönliche Beziehungen zu wichtigen Schlüsselpersonen herzustellen. In jeder Industrie gibt es wenige Personen, die großen

Einfluss auf die Informationsverteilung haben und wichtige Trends und neue Entwicklung mitbestimmen. Diese Schlüsselpersonen dienen anderen Personen wie beispielsweise Journalisten als bedeutende Informationsquellen. Gründer sollten sich bemühen, persönliche Beziehungen zu Schlüsselpersonen in ihrem Markt aufzubauen, um diese als Kommunikatoren für das eigene Unternehmen und Leistungsangebot zu gewinnen (Lodish et al. 2001, S.67ff.).

PR kommt weiterhin die Aufgabe zu, die Beziehugen zu wichtigen Interessensgruppen (z.B. staatlichen Institutionen und insbesondere Investoren) zu pflegen. Zur Vorbereitung schlagen Lodish et al. (2001, S.70f.) Unternehmensgründern vor, ihr Gründungskonzept in drei verschiedenen Versionen parat zu haben, um je nach Situation Interesse wecken zu können und Kontakte zu knüpfen: Elevator Story (30s – 2 min.), 15 min. Demonstration und 30-45 min. Road Show.

In einer Umfrage (Hans/Hüser 2001, S.14) gaben 73% der StartUps an, dass PR für den Erfolg des Launches aussschlaggebend gewesen sei. Das Problem der meisten Startups liegt jedoch nicht in der Launch-PR, sondern vielmehr in der kontinuierlichen Kommunikation im Anschluss an den Neuigkeitseffekt. Viele Startups sind direkt nach dem Launch in ein kommunikatives Loch gefallen. Insbesondere Gründungen im Bereich der New Economy konzentrierten sich sehr stark auf diesen Aufgabenkreis. Die Außendarstellung wurde teilweise wichtiger als das Geschäftsmodell. Die einzige Innovation mancher Startups lag im Rühren der Werbetrommel abseits von Melodie und Takt – also ohne Planung und Strategie (Hans/Hüser 2001, S.16).

Der direkteste Weg an die Öffentlichkeit ist für Gründer der Aufbau einer Internet-Homepage. Dazu gehört der direkte Versand von Emails genauso wie die Zusammenstellung eines Infocenters im Internet, aus dem Unternehmensinformationen heruntergeladen werden können. Das Internet hat die PR-Arbeit in den letzten Jahren drastisch verändert (Hans/Hüser 2001, S.29ff.). Die Endverbraucher sind in der Lage sich selbst ein Bild zu machen. Der Journalist als Transporteur der Nachricht hat in gewissen Kreisen erheblich an Einfluss eingebüßt. In Web-Communities und Meinungsportalen können sich Kunden über Unternehmen und deren Leistungsangebot austauschen. Für das Unternehmen ist damit nicht mehr direkt steuerbar, wer über das Unternehmen wie kommuniziert.

Im Rahmen ihrer Untersuchung analysieren Lodish et al. (2001, S.254) wieviel Zeit Gründer/CEOs im Monat für PR-Tätigkeiten aufbringen:

- <= 5h: 32,4% der Inc. 500 Firmen (34,9% der Non Inc. Firmen),
- 6-10h: 29,4% (21,0%),
- 11-20h: 17,7% (27,9%),
- >20h: 11,8% (16,3%).

Das jährliche PR-Budget beträgt dabei (in % des jährlichen Umsatzes): 1,04% bei Inc. 500 Firmen (3,5% bei Non Inc. Firmen).

Veröffentlichungen in Fachzeitschriften und Auftritte auf wissenschaftlichen Veranstaltungen sind ebenfalls eine sehr zielgruppenspezifische Werbemaßnahme. Nach Einschätzung vieler Gründer sind sie ein wirksames und kostengünstiges Vorgehen, um das neue Produkt zu präsentieren (Kulicke/Wupperfeld 1996, S.166).

5.4.4 Messen und Ausstellungen

Zu den wichtigsten Kommunikationsinstrumenten speziell für technologieorientierte Unternehmensgründungen zählen Messen und Ausstellungen (Baier/Pleschak 1996, S.81). Sie stellen ein gutes Instument zur Bekanntmachung der Innovation, Aufbau des Unternehmensimage und zur Überwindung von Qualitätsunsicherheitsproblemen dar. Sofern entsprechende Fachmessen für die angebotenen (Nischen-)Produkte existieren, ergeben sich Möglichkeiten ohne große Streuverluste potentiellen Anwendern die Produkte in Realität vorzuführen. Dadurch ist eine Verknüpfung von Produktinformation, Anwendungserklärung und Produktdemonstration verbunden mit der Möglichkeit zur Kommunikation mit den einkaufsentscheidenden Fachleuten möglich (Hagemann 1999, S.339f.). Außerdem wird die Sammlung von Informationen über den Stand der Technik einzelner Wettbewerber sowie die Durchführung von Kundenbefragungen oder anderen Marktforschungstätigkeiten ermöglicht. Während die reine Ausstellung in erster Linie der Werbung zuzurechnen ist, gilt die Messe auch als Verkaufsveranstaltung, da sie nicht nur der Kommunikation dient und den Verkauf in erster Linie unterstützen soll, sondern auch auf direkte Verkaufsabschlüsse ausgerichtet ist (Schwalbe 1993, S.185).

Aufgrund der herausragenden Bedeutung dieses Instruments und der oft nicht gerade günstigen Teilnahmekosten müssen Messen sorgfältig vor- und nachbereitet werden. Im Rahmen der Messevorbereitung ist es wichtig, (potentielle) Kunden mit Hilfe von Inseraten oder Werbebriefen über die Messepräsenz zu informieren und zu einem persönlichen Gespräch einzuladen (Baier/Pleschak 1996, S.81). Auch Pressemitteilungen, Pressegespräche, Beiträge in Messezeitschriften etc. stellen weitere Kommunikationsmöglichkeiten im Rahmen einer Messe dar. Wer aus Anlass einer Messebeteiligung Pressemitteilungen herausgibt, sollte sich aber darüber im Klaren sein, dass er in Konkurrenz zu den anderen Messeteilnehmern steht und es eines entsprechenden Neuigkeits- und Interessantheitsgrades bedarf, um Aufmerksamkeit zu erlangen (Schwalbe 1993, S.195). Es besteht außerdem die Möglichkeit zusätzliche Begleitveranstaltungen wie Seminare, Kongresse, Empfänge etc., anzubieten, um so die im Rahmen der Messe versammelten Experten, Nachfrager oder Journalisten anzusprechen.

Ergebnisse von Verkaufsgesprächen sowie in diesem Zusammnhang geäußerte Kundenprobleme sollten strukturiert erfasst werden, so dass sie für spätere Auswertungen zur Verfügung stehen (Baier/Pleschak 1996, S.81). Nach Abschluss der Messe ist es sinnvoll, Gesprächspartnern weiteres Informationsmaterial zu senden, um das eigene Unternehmen nochmals in Erinnerung zu bringen.

Die Präsentation des Produktes bzw. Verfahrens auf Fachmessen und in Veröffentlichungen hat allerdings die Konsequenz, dass auch allen Wettbewerbern die Innovation bekannt wird (Baier/Pleschak 1996, S.82). Der günstigste Zeitpunkt dafür ist aus Sicht des gesamten Innovationsprozesses zu finden. Zu berücksichtigen sind dabei der Zeitpunkt der Lieferfähigkeit und des Erfindungsschutzes. Detaillierte Hinweise zur Ausgestaltung eines Messeauftittes finden sich beispielsweise bei Schwalbe (1993, S.185ff.).

Der Ansprache potentieller Kunden über Fachveranstaltungen und Messen kommt in der Praxis eine hohe Bedeutung zu. Lediglich 20% der bei Kulicke & Wupperfeld

(1996, S.165) bzw. 16% der bei Kulicke (1993, S.97) befragten Unternehmensgründer nutzen diese Form der Kundenansprache nicht. Als Gründe werden meist das Fehlen entsprechender Fachmessen, durch die ohne große Streuverluste ein Erreichen der Zielgruppen möglich ist, oder zu hohe Kosten für die Messepräsenz genannt. Ohne Gemeinschaftsstände mit anderen (kleinen) Unternehmen, meist durch Landes-zuschüsse gefördert, ist für die überwiegende Mehrheit der Gründer eine Präsenz auf Auslandsmessen bei der Markteinführung nicht finanzierbar (Kulicke 1993, S.97).

5.4.5 Persönlicher Verkauf

Von ebenso besonderer Bedeutung für die Kommunikationspolitik im Innovations-marketing ist der persönliche Verkauf. Die meisten Unternehmensgründer betrachten den persönlichen Verkauf als dominanten Teil ihres Marketingprogramms und –budgets (Hultman/Hills 2001). Die unmittelbare, persönliche Kommunikation von Mitgliedern des anbietenden Unternehmens mit potentiellen Nachfragern ist speziell geeignet, der hohen Erklärungsbedürftigkeit Rechnung zu tragen. Persönlicher Verkauf ist tendentiell das wirksamste aber auch kostenintensivste Instrument. Speziell bei großen zu bearbeitenden und/oder internationalen Märkten ergeben sich hohe Kosten pro Nachfragerkontakt. Hier ist eine Vorauswahl von potentiellen Nachfragern mit hoher Kaufwahrscheinlichkeit zweckmäßig.

Insbesondere erfolgreiche Gründer erkennen, dass ihre Fähigkeiten zum Verkauf zentrale Voraussetzung sind, um Kunden vom Nutzen ihres Angebots zu überzeugen (Smith 1998). Die persönliche Fähigkeit des Verkaufens stellt häufig einen entscheidenden Wettbewerbsvorteil dar (Stokes 2000). Auf weitere Aspekte des persönlichen Verkaufs wird im Rahmen der Distributionspolitik näher eingegangen.

5.4.6 Referenzkunden

Ein Instrument, dass der steigenden Bedeutung von herstellerunabhängigen Informationsquellen Rechnung trägt, ist die Zusammenarbeit mit Referenzkunden (Hagemann 1999, S.335). Speziell für sehr innovative und damit aus Nachfragersicht risikoreiche Angebotskonzepte kann die sorgfältige Auswahl von ersten Referenz-kunden die Adoptions- und Diffusionsrate des Marktes stark beeinflussen. In vielen Märkten gibt es Individuen oder Organisationen, die als Innovatoren bekannt sind und großes Gewicht hinsichtlich der weiteren Verbreitung im Markt ausüben. Gelingt es, diese Innovatoren als Refenzkunden zu gewinnen, kann die Verbreitung des neuen Angebots im Zielmarkt stark beschleunigt werden (Lodish et al. 2001, S.125).

Referenzkunden, die eventuell bereits als Pilotkunden in den Innovationsprozess integriert wurden und somit schon Erfahrungen mit dem Leistungsangebot sammeln konnten, stellen sich als Ansprechpartner für andere potentielle Nachfrager zur Verfügung (Hagemann 1999, S.335). Der hohen Erklärungsbedürftigkeit der Innovation und damit der Reduzierung der Unsicherheit und Risiken bezüglich der Kaufentscheidung auf Nachfragerseite kann mit diesem Instrument in geradezu idealer Weise Rechnung getragen werden. Kunden schenken den Ausführungen von anderen Nachfragern in der Regel mehr Glauben als beispielsweise Werbeaktionen eines Unternehmens (McGrath/McMillan 2000, S.198; Lodish et al. 2001, S.124ff.).

Unter dem Aspekt der Neutralität ist es wichtig, mehrere Referenzkunden zu gewinnen und diese beispielsweise im Internet als Referenzliste zur Verfügung zu stellen, um interessierten potentiellen Nachfragern oder auch Pressevertretern eine Auswahl von Ansprechpartnern zu geben. Eventuell sind sogar unmittelbare Demonstrationen und Führungen bei Referenzkunden möglich. Die Herausgabe von Presseberichte über Erfahrungen bei für die Öffentlichkeit besonders bekannten oder interessanten Referenzkunden ist ebenfalls möglich.

Allerdings stellt dieses Kommunikationsinstrument hohe Anforderungen an die Leistungsfähigkeit des Anbieters, denn Mängel im Angebot werden im Referenz-unternehmen aufgedeckt und unter Umständen weiteren potentiellen Nachfragern vermittelt. Negative Informationen, die in diesem Falle vom Referenzkunden ausgehen, bedeuten schwerwiegende Imagebeeinträchtigungen, die kaum korrigierbar sind (Hagemann 1999, S.336f.).

Um Nachfrager als Referenzkunden zu gewinnen, müssen ihnen besondere Anreize geboten werden. Diese können beispielsweise in Preisnachlässen, einer kostenlosen Überlassung des Produktes, intensiven Schulungen, erhöhtem Kundenservice oder direkter Betreuung ohne Einbeziehung von Dritten bestehen.

Der Einsatz von Referenzkunden stellt eine besondere und kontrollierte Variante der Mund-zu-Mund-Propaganda (Word-of-Mouth Marketing) dar (Lodish et al. 2001, S.124ff.). Marketing von neugegründeten Unternehmen und speziell die Kundenakqui-sition beruht zu einem großen Teil auf Empfehlungen. Empfehlungen werden in Stu-dien als wichtigste Quelle der Neukundenakquisition identifiziert (Stokes 2000). Ins-besondere wachstumsorientierte Neugründungen und KMUs setzen dieses Mittel häu-fig ein (Hultman/Hills 2001).

Word-of-Mouth Marketing beinhaltet zwei wichtige Charakteristika (Stokes 2000):

1. Es beruht auf dem direkten, persönlichen Kontakt zwischen einem Kommuni-kator und einem Empfänger.

2. Der Kommunikator wird als unabhängig angesehen und hat keine direkte Be-ziehung mit dem zur Diskussion stehenden Angebot.

Mit dieser Form der Kundenakquisition sind allerdings auch Nachteile verbunden:

1. Begrenzte Reichweite: Der Einsatz von persönlicher Kommunikation unter Nachfragern beschränkt sich auf bestimmte Netzwerke und Marktsegmente in denen diese agieren. Das Wachstum des Unternehmens ist damit auf diese Teil-bereiche begrenzt.

2. Nicht kontrollierbar: Der Inhalt und Ablauf der Kommunikation kann vom Un-ternehmen nicht kontrolliert werden. Die einzige Möglichkeit der Einflussnah-me besteht im Anbieten hochwertiger Produkte und Dienstleistungen.

Elektronische Variante des Word-of-Mouth ist das sogenannte Viral Marketing. Dieses besteht aus der Weitergabe von Empfehlungen und guten Erfahrungen aber auch negativen Berichten im Internet (z.B. in Foren) durch Nutzer, die das Angebot schon kennen. Hotmail machte sich dieses z.B. zu Nutzen, indem die Firma ans Ende jeder verschickten Email eine kurze Botschaft anfügte und so Millionen von neuen Kunden ohne weitere Werbeausgaben akquirieren konnte (Dunn et al. 2003).

Unterstützung der hier diskutierten hohen Bedeutung des Word-of-Mouth Marketing wird durch die empirische Untersuchung von Grulms (2000, S.210) geliefert. Bei 65,4% der befragten Gründer werden Kontakte zu neuen Kunden durch Empfehlungen von Altkunden hergestellt. Beinahe ebenso wichtig bei der Gewinnung von Neukunden sind Kontakte aus dem bisherigen Geschäftsleben (bei 61,5% der Gründer relevant). Der Gründer nutzt die beim bisherigen Arbeitgeber oder an der Universität gewonnen Kontakte, um diesen bereits bekannten Personen seine Leistungen anzubieten. Hier muss der Gründer nicht von Beginn an gegen bestehende Unbekanntheit ankämpfen, da dieser Personenkreis die Fähigkeiten des Gründers einzuschätzen weiß und eventuell ein Vertrauensverhältnis besteht. In ähnlichem Umfang werden auch Beziehungen oder Bekannte aus dem privaten Bereich zur Neukundenakquisition eingesetzt (bei 42,3% der Gründer). Insgesamt stehen damit persönliche Formen der Ansprache bzw. Kontaktaufnahme zu neuen Kunden im Mittelpunkt der Kommunikationspolitik (Grulms 2000, S.211). Direktwerbung wird von 53,8% der Gründer eingesetzt, Messen und Ausstellungen von 50%, Kontakte durch Außendienst von 26,9%. Werbung, Öffentlichkeitsarbeit und Verkaufsförderung spielen keine Rolle, nur Anzeigenwerbung wird von 23,1% der befragten Gründer als Kommunikationsmittel genutzt.

5.5 Distributionspolitische Maßnahmen

5.5.1 Überblick Aufgabenstellungen und Maßnahmen

(Anmerkung: Im Folgenden wird die akquisitorische Distribution (d.h. der Warenver-kaufsprozess) behandelt, welche Entscheidungen über Absatzwege und Distributions-organe und keine Aspekte der physischen Distribution (Warenverteilungsprozess, Marketing-Logistik) beinhaltet.)

Im Bereich der Distributionspolitik wird festgelegt, auf welche Art und Weise die Pro-dukte oder Dienstleistungen den Kunden zugänglich gemacht, d.h. zum Verkauf oder zur Verwendung angeboten werden. Der oftmals schwierige Zugang zu etablierten Vertriebskanälen stellt in diesem Zusammenhang eine weitere wichtige Markteintritts-barriere dar, die den Eintritt von neugegründeten Unternehmen in den Zielmarkt ver-hindern oder zumindest erschweren kann. Durch die rasch voranschreitende Entwick-lung des Internets hat sich der Gestaltungsspielraum speziell für weniger ressourcen-starke Unternehmen jedoch deutlich verbessert. Allerdings wird auch durch eine rela-tiv kostengünstige Internetpräsenz der Zugang zur Zielgruppe und im besonderen die Erzielung einer ausreichenden Aufmerksamkeit und Präsenz nicht von alleine garan-tiert, sondern muss durch begleitende Kommunikationsmaßnahmen unterstützt wer-den. Die Distributionspolitik nimmt innerhalb des Marketinginstrumentariums eine gewisse Sonderstellung ein, da ihre Entscheidungen das Unternehmen langfristig fest-legen und in der Regel mit hohen, schwer revidierbaren Kosten verbunden sind. Je nach Leistungsangebot wird die Gestaltung der Distributionspolitik maßgeblich durch den angestrebten geographischen Zielmarkt mitbestimmt und ist in der Regel in engem Zusammenhang mit der Standortwahl zu sehen.

Allgemeine Ziele der Distributionspolitik sind beispielsweise (Hagemann 1999, S.306):

- Markterschließung und Aufbau stabiler Geschäftsbeziehungen;

- Sicherung adäquater Beratungs- und Qualitätsstandards;

- Gewährleistung der gewünschten Serviceleistungen;

- Kontrollierbarkeit und Steuerbarkeit;

- Imagebildung durch Absatzweg;

- Wirtschaftliche Effizienz.

Prinzipiell lassen sich die Möglichkeiten zur Gestaltung der Vertriebswege für neugegründeten Unternehmen in drei Bereiche unterteilen: Direktvertrieb, indirekter Vertrieb (sowie Kopplung aus direktem und indirektem Vertrieb) und Lizenzvergabe.

Bei der Wahl des direkten Vertriebs werden die Nachfrager direkt durch den Anbieter bzw. seine Distributionsorgane, beim indirekten Vertrieb über Absatzmittler bedient. Beide Vertriebsarten können auch parallel eingesetzt werden, insbesondere wenn eine rasche Marktdurchdringung und Abschöpfung des Marktpotentials erfolgen soll. Abb. 5-12 gibt einen Überblick über mögliche Entscheidungsfelder und Maßnahmen aus dem distributionspolitischen Bereich.

Bezüglich der Gestaltung der Distributionspolitik spielen verschiedene Einflussfaktoren eine Rolle (Hagemann 1999, S.306):

- Produktbezogene Faktoren (z.B. technische Komplexität, Softwarebedürftigkeit, Neuartigkeitsgrad und Erklärungsbedarf, Bedarfshäufigkeit, Service- und Montagebedürftigkeit, Wert, Größe und Gewicht);

- Nachfragebezogene Faktoren (z.B. Zahl der Bedarfsträger und ihre geographische Verteilung, Zahl der am Beschaffungsprozess beteiligten Mitarbeiter des nachfragenden Unternehmens);

- Wettbewerbsbezogene Faktoren (z.B. Anzahl der Wettbewerber und Art der Wettbewerbsprodukte, Absatzwege der Wettbewerber, Machtposition der Wettbewerber in den aktuellen Absatzkanälen und damit bestehende Markteintritts- (insbesondere Distributions-)Barrieren);

- Distributionsbezogene Faktoren (z.B. Art, Anzahl, Standorte und Verfügbarkeit von Absatzmittlern, Qualifikation, Beratungs- und Servicefähigkeit der Distributionsorgane, Kooperationsbereitschaft und Motivation der Distributionsorgane).

Distributionspolitik

- *Anzahl der Absatzstufen*: Nullstufen- (direkt)/Ein-/Zwei-/Dreistufenkanal

- *Anzahl der Distributionspartner*: exklusiv (einer), selektiv (mehrere, aber nicht alle möglichen), intensiv (so viele wie möglich)

- *Absatzwege*:
  - direkt: persönlicher Verkauf durch Gründer oder eigenes Vertriebspersonal/Außendienstmitarbeiter, herstellergebundene Handelsvertreter, Versandhandel/Bestellung (per Telefon, Internet, Post, Fax), eigene Verkaufsstellen, Franchise, Key Account etc.
  - indirekt: Großhandel/Einzelhandel (Fachgeschäfte, Spezialgeschäfte, Fachmärkte, klassische Einkaufsläden, Kaufhäuser, Warenhäuser, Kleinkaufhäuser, Supermärkte, Verbrauchermärkte, SB-Warenhäuser, Discountmärkte, Off-Price-Retailer/Outlets), selbstständige Handelsvertreter, Kooperationspartner etc.
  - Lizenzvergabe

- Kontrolle der Partner (Verkaufsquoten, Lagerbestandshaltung, Lieferzeiten etc.)
- Problembehandlung (Beschädigung, Verlust v. Ware etc.)
- Mitwirkung bei Absatzförderung, Kundendienst u. Schulungsprogrammen des Absatzmittlers, Integration von Absatzmittlern in Produktentwicklung

Abb. 5-12: Ausgewählte Entscheidungsfelder und Maßnahmen der Distributionspolitik

5.5.2 Direkter Vertrieb

Der direkte Vertrieb (durch eigene Vertriebs-/Außendienstmitarbeiter, Unternehmensgründer, Mitglieder der Geschäftsleitung, herstellergebundene Handelsvertreter etc.) ist durch einen engen Kontakt zwischen Hersteller und Abnehmer gekennzeichnet. Speziell bei der Vermarktung von High-Tech-Produkten werden die direkt am Entwicklungsprozess Beteiligten der resultierenden Erklärungsbedürftigkeit besser gerecht als Zwischenhändler oder Absatzmittler (Baier/Pleschak 1996, S.76). Insbesondere der Vertrieb über den Gründer oder andere Mitglieder der Geschäftsleitung stellt eine besonders geeignete Vertriebsform dar (Hagemann 1999, S.312). Oftmals besitzen nur die Unternehmensgründer das spezifische Know-how, um der Erklärungsbedürftigkeit der Innovationen gerecht zu werden. Eine gewisse Verkaufserfahrung bzw. die Fähigkeit zur Produktvermarktung ist als wichtiger Erfolgsfaktor für die Person des Unternehmensgründers identifiziert worden (Meier 1998, S.32). Der Verkaufsprozess beinhaltet bei erklärungsbedürftigen Produkten immer auch eine gewisse Schulung bezüglich der konkreten Anwendung und dem besonderen Nutzen des Angebots für den Kunden, welche durch den Gründer im Allgemeinen am besten wahrgenommen werden kann. Der Unternehmensgründer oder eigenes Vertriebspersonal ist darüber hinaus in Verkaufssituationen stärker motiviert. Zudem sind die Angebote aufgrund der anfänglich geringen Stückzahlen für Handelsvertreter oder den Handel oftmals nicht lukrativ genug.

Wenn eigene Mitarbeiter oder die Gründer selbst Kundenbesuche vornehmen, erlangt das Unternehmen einen tieferen Einblick in die ungelösten oder neu auftretenden Probleme der Kunden. Erfahrungen zeigen, dass es in der Einführungsphase von Vorteil ist, den direkten Vertrieb zu wählen (Baier/Pleschak 1996, S.76). Die Informationen laufen direkter und bleiben unverfälscht, insbesondere wenn Vertriebs- und Entwicklungsarbeiten in Personalunion ausgeführt werden. Der direkte Informationsrückfluss vom Kunden über Probleme bei der Nutzung des Produktes sowie über weitere Lösungswünsche muss dabei gezielt gefördert und methodisch (z.B. über Fragenkataloge) gestützt werden. In gleichem Maße wird der Know-how-Abfluss über Absatzmittler verhindert.

Weiterhin empfiehlt sich insbesondere bei Kundenstrukturen, die durch wenige Großkunden gekennzeichnet sind sowie bei außerordentlich großen Aufträgen die Einbindung der Unternehmensgründer/Geschäftsleitung in den Verkaufsprozess. Für den Aufbau einer großen Vertriebsorganisation fehlen Unternehmensgründungen in der Regel die erforderlichen finanziellen und personellen Kapazitäten (Hagemann 1999, S.312). Der direkte Vertrieb durch die Gründer stellt – zumindest in der Anfangsphase – somit oftmals den einzigen erfolgversprechenden Weg dar (Pleschak et al. 1994, S.102ff.). Wichtig ist, dass die Verkaufsaktivitäten auf Grundlage der Marktsegmentierung und einer Auswahl potentieller Kunden mit guten Verkaufsaussichten stattfinden (Dunn et al. 2003).

Da junge Technologieunternehmen häufig einen schmalen, aber globalen Markt anvisieren, setzt der direkte Vertrieb eine hohe Reisebereitschaft mit entsprechendem Zeit- und Kostenaufwand voraus (Baier/Pleschak 1996, S.76). Schwierigkeiten können daraus erwachsen, dass länderspezifische Gegebenheiten (Sprache, Mentalität, Rechtsvorschriften etc.) nicht genügend bekannt sind. Insbesondere in frühen Phasen, wenn die Kundenakquisition in erster Linie vom Gründer alleine durchgeführt wird, besteht die Gefahr der Überlastung des Gründers, so dass es zu einer Vernachlässigung der Kundenakquisition und ineffizienten Vertriebsstrukturen kommen kann.

Abb. 5-13 fasst einige Vor- und Nachteile des direkten Vertriebs aus der Sicht von technologieorientierten Unternehmensgründern zusammen.

Vorteile	Nachteile
• Sicherung eines hohen Beratungsbedarfs für technisch komplexe Sachgüter; • Hohe technologische Kompetenz des Vertriebspersonals; • Hohes Niveau der angebotenen Serviceleistungen und Gewährleistung eines After-Sales-Service; • Direkter Kontakt des Anbieters mit ungelösten und neu auftretenden Problemen des Nachfragers; • Herstellung frühzeitiger Kontakte mit Nachfragen und damit Ansatzpunkte zur Gewinnung von Pilot- und Referenzkunden; • Große Flexibilität bei der Einstellung auf spezifische Anwenderbedingungen oder technologische Entwicklungen.	• Erhebliche Kosten (insbesondere Personalkosten) für den Aufbau einer eigenen Vertriebsorganisation; • Ungünstige Kostenstruktur aufgrund des hohen Fixkostenanteils, der Anpassungen an Marktschwankungen erschwert; • Schwierige Personalsuche nach qualifizierten Absatzorganen; • Schmale Sortimente von technologieorientierten Gründungen sind oftmals allein für eine Problemlösungen nicht ausreichend; • Gesamtes Lager- und Kreditrisiko beim Anbieter.

Abb. 5-13: Vor-/Nachteile des direkten Vertriebs für innovative Sachgüter
(Quelle: Hagemann 1999, S.311)

5.5.3 Handelsvertreter

Handelsvertreter können sowohl dem direktem als auch dem indirektem Vertrieb zugeordnet werden, je nachdem ob herstellergebundene (direkter Vertrieb) oder ungebundene (indirekter Vertrieb) Handelsvertreter eingesetzt werden. Handelsvertreter besitzen einige Vorteile, die neugegründeten Unternehmen zu Gute kommen können: gute Kundenbeziehungen sind bereits vorhanden; bestehende Reputation bei Kunden; evtl. Synergieeffekte durch komplementäre Produkte; oft bessere Kostenorientierung/höhere Effizienz; höhere Flexibilität; geringe oder gar keine Fixkosten; leichter zu entlassen als eigene Vertriebsmitarbeiter.

Eventuell existieren jedoch noch keine Handelsvertreter, die auf den konkreten Markt spezialisiert sind, durch ein größeres Produktprogramm sind diese nicht so auf das neue Produkt fokussiert, treffen eventuell nicht die genaue Zielgruppe, können dem hohen Erklärungsbedarf nicht vollständig gerecht werden, stehen unter geringerer Kontrolle und bieten keinen so detaillierten Informationsrückfluss wie eigene Vertriebsmitarbeiter. Nach Meinung von Lodish et al. (2001, S.137ff.) ist der Einsatz von Handelsvertretern bei hoch komplexen oder schwierig zu erklärenden Produkten, wenn vertrauliche Kundeninformationen betroffen sind und wenn begleitende Dienstleistungen oder Aktivitäten kaufentscheidend sind, nicht zweckdienlich. Bei der Auswahl von geeigneten Handelsvertretern sind unter anderem die bestehenden Kundenkontakte in der Zielgruppe, die Reputation, spezifische Kenntnisse bezüglich des neuen Produktes sowie die mögliche Bedeutung des Produktes im Verhältnis zu anderen Angeboten im Sortiment zu beachten.

5.5.4 Indirekter Vertrieb

Der indirekte Vertrieb hingegen entlastet die personellen Ressourcen im eigenen Unternehmen und bietet unter Umständen den Vorteil etablierter, effizienter Vertriebswege und ausgeprägter Marketingerfahrungen (Baier/Pleschak 1996, S.76). Hier kann der Unternehmensgründer vom Image des Absatzmittlers/Distributionskanals profitieren und erreicht ohne weitere eigene Aufwendungen ein entsprechendes Kundenpotential.

Der Zugang zu etablierten Distributionskanälen ist für neugegründete Unternehmen als eher schwierig einzuschätzen, da eine ausreichende Attraktivität des Angebots aus Sicht der involvierten Absatzmittler vorhanden sein muss, um in die generell begrenzten und oft stark umworbenen Absatzkanäle aufgenommen zu werden. Das Angebot von Unternehmensgründungen zeichnet sich in der Regel eher durch kleine oder mit hoher Unsicherheit verbundene Absatzmengen aus und besteht nicht aus einem kompletten Produktsortiment. Das neugegründete Unternehmen hat keinen hohen Bekanntheitsgrad oder attraktives Image wodurch neue Kunden angelockt werden könnten.

Aus Sicht des Unternehmensgründers ergibt sich bei der Einbeziehung von Absatzmittlern eine geringere Kontrolle über die Präsentation der Waren (Regalplatz, benachbarte Konkurrenzprodukte etc.) oder die Preis- und Konditionengestaltung. Es besteht außerdem die Notwendigkeit zur Durchführung von Schulungen und zur Qualifikation des Vertriebspartners oder auch die Gefahr des Know-how-Abflusses. Zur Sicherstellung der Akzeptanz des Angebots bei den Absatzmittlern und um die volle Unterstützung zu bekommen, kann es hilfreich sein, Absatzmittler schon frühzeitig in den

Entwicklungsprozess zu integrieren und eventuell bereits Konzepttests mit ihnen durchzuführen. Außerdem können so wichtige Hinweise zur Verbesserung des Angebots erhalten werden, die teilweise sogar hilfreicher sein können als Reaktionen von Nachfragern (Lodish et al. 2001, S.121).

Als Probleme bei der Kooperation mit Vertriebspartner werden aus Gründersicht genannt, dass die realisierbaren Absatzzahlen dem Partner in Relation zum Aufwand einen zu geringen Gewinn versprechen oder nicht in die Angebotspalette des Partners passen (Kulicke 1993, S.79). Speziell bei der Kooperation mit ausländischen Absatzmittlern entstehen oft Kommunikationsschwierigkeiten oder Probleme aufgrund unterschiedlicher Mentalitäten, die sich gerade bei kleinen Unternehmen gravierender auswirken als bei größeren.

Für junge Unternehmen ist es zumindest in der Anfangsphase unverzichtbar, einen Teil des Vertriebes selbst zu übernehmen, um Kundenkontakte zu bewahren und ständig über neue Probleme informiert zu sein. Typisch ist eine Kopplung von direktem und indirektem Vertrieb. Dabei beschränken sich Unternehmensgründer auf die Bearbeitung der besonders attraktiven Marktsegmente und schalten für die weitere Marktbearbeitung Absatzmittler ein. Die Auswahl der richtigen Vorgehensweise hängt sehr stark von situativen Faktoren und den daraus resultierenden Kosten- und Erlösgesichtspunkten der einzelnen Alternativen ab. Abb. 5-14 zeigt Entscheidungskriterien für die Wahl zwischen direkten oder indirekten Absatzwegen.

Entscheidungskriterien		Absatzwegentscheidung	
		direkter Absatzweg	indirekter Absatzweg
Produkt - bezogen	Technische Komplexität:	hoch	gering
	Softwarebedürftigkeit:	hoch	gering
	Neuartigkeit u. Erklärungsbedürftigkeit:	hoch	gering
	Bedarfshäufigkeit:	niedrig	hoch
	Service- und Montagebedürftigkeit:	hoch	gering
	Wert, Größe und Gewicht:	hoch	gering
Nachfrager-bezogen	Zahl der Bedarfsträger:	gering	groß
	Geographische Verteilung der Bedarfsträger:	gering	hoch
	Unternehmensgröße der Nachfrager:	groß	klein
	Zahl der am Beschaffungsprozess Beteiligten:	groß	klein

Abb. 5-14: Erfahrungswerte für die Absatzwegentscheidung nach produkt- und anwenderbezogenen Faktoren (Quelle: Hagemann 1999, S.308)

Weitere für die Auswahl von Absatzmittlern zu berücksichtigende Faktoren sind z.B.: Absatzpotential/-menge, Image, Zugang zur Zielgruppe, Bedingungen/Konditionen, mögliche Exklusivitätsvereinbarungen, Qualifikation/Know-how, Zuverlässigkeit, Zugang zu Auslandsmärkten, bestehendes Produktsortiment, Relevanz des Umsatzes, Gefahr des Know-how-Abflusses etc. Wichtig ist es auch, die Distributionskanäle im Verlauf des Produktlebenszyklus zu wechseln und an die sich geänderten internen und externen Rahmenbedingungen anzupassen.

5.5.5 Anzahl der Absatzwege (exklusiver – selektiver – intensiver Vertrieb)

Neben der Art des Absatzweges (direkt oder indirekt) ist auch über die Anzahl der parallel verwendeten Absatzwege (Ein- oder Mehrwegeabsatz) zu entscheiden. Diese Entscheidung steht in engem Zusammenhang zur Marktwahl und –segmentierung, da die Bearbeitung mehrerer Marktsegmente eventuell unterschiedliche, speziell an die jeweiligen Zielgruppen angepasste Absatzkanäle erforderlich macht. Dabei sind vor allem potentielle Konflikte zwischen verschiedenen Absatzkanälen zu beachten (z.B. traditionelle Absatzwege vs. Internet). Insbesondere der direkte Vertrieb durch den Unternehmensgründer oder z.B. über das Internet kann von den etablierten Absatzmittlern als Konkurrenz angesehen werden.

Bei der Zusammenarbeit mit Absatzmittlern besteht die Möglichkeit, diesen ein Exklusivvertriebsrecht (für ein bestimmtes Gebiet und/oder einen bestimmten Zeitraum) einzuräumen. Dadurch können sich folgende Vorteile ergeben (Lodish et al. 2001, S.88ff.):

- In der Regel bessere Chancen zur Aufnahme bei Absatzmittler (höhere Attraktivität, Mehrwert für Absatzmittler);

- Kein Preiswettbewerb bzw. höhere Deckungsbeiträge wegen fehlender Konkurrenz auf Händlerseite;

- Vorauszahlung oder Mindestabsatzmenge garantiert durch Absatzmittler;

- Besserer Imagetransfer vom Absatzmittler (und anderen Produkten in dessen Angebot);

- Höhere Motivation auf Händlerseite (besserer Regalplatz, In-store-Advertisement);

- Konkurrenz profitiert nicht von Händleraktionen (keine Free-Riding-Effekte);

- Bessere Kontrolle über Absatzmittler;

- Bessere/intensivere Schulungen möglich;

- Imagegerechter Verkauf etc.

5.5.6 Kooperationspartner und Lizenzvergabe

Weitere Alternativen bestehen für neugegründete Unternehmen in der Zusammenarbeit mit Kooperationspartnern, die über etablierte Distributionswege verfügen. Hier kann der Gründer sich bestehende Erfahrungen zu Nutze machen, Zugang zu Auslandsmärkten erhalten, vom Image/Bekanntheitsgrad profitieren, Synergien zu Produktfamilien des Partners herstellen etc. Bei Baier & Pleschak (1996, S.33) gestalten zwei Drittel der befragten Unternehmen den Markteintritt zusammen mit Kooperationspartnern.

Im Rahmen der Lizenzvergabe kann der Lizenzgeber gegen eine vereinbarte Gebühr dem Lizenznehmer das Recht gewähren, ein gewerbliches Schutzrecht (Patent, Gebrauchsmuster) oder ein nicht schutzfähiges Recht (Know-how) für eine bestimmte Zeit zu nutzen (Baier/Pleschak 1996, S.77). Vorteile dieser Vorgehensweise liegen in der Erschließung neuer Märkte bei begrenzten finanziellen Ressourcen, Senkung der Transportkosten bei großen Entfernungen, Überwindung von Schutzzöllen oder Einfuhrsperren, Unterbindung von Konkurrenzerfindungen und der Einnahme von Lizenzgebühren. Als Nachteile sind jedoch zu nennen: verschärfte Konkurrenzsituation nach Ablauf des Lizenzvertrages, Schädigung des eigenen Images durch schlechte Leistungen der Lizenznehmer, Verhandlungs- u. Kontrollkosten, Know-how-Abfluss, Reduzierung der Wertschöpfung und unter Umständen langfristige finanzielle Einbußen.

Von den bei Grulms (2000, S.198) befragten Gründern übernehmen 92,3% die Vertriebsaufgabe selbst; bei Kulicke & Wupperfeld (1996, S.168) sind es 80%. Allerdings ist zu bemerken, dass 62,5% dies ohne vorherige Analyse der Vertriebswege und damit möglicher Alternativen tun (Grulms 2000, S.198). Andere Vertriebswege wie Vertrieb durch Absatzmittler, Vertriebspersonal oder über Kataloge werden nur sehr selten angewendet. Außerdem bringen in dieser Untersuchung nur 42,9% der Gründer, die ihr Angebot selbst vertreiben, ausreichend Zeit für den Vertrieb auf. Mit 53,8% verfügt die Mehrzahl der Gründer über keine Erfahrungen im Vertriebsbereich. Bei Kulicke & Wupperfeld (1996, S.168) findet bei 46% der befragten Gründer ausschließlich direkter Vertrieb statt, bei 54% indirekter Vertrieb über Partner (bei 24% durch Hersteller von Komplementärprodukten, bei 17% durch freie Handelsvertreter, bei 15% durch Fachhandelsfirmen, bei 10% durch Industriekunden).

Insgesamt kann bezüglich der Praxis zur Vertriebspolitik festgestellt werden, dass Vertriebsaktivitäten eher den Charakter von Adhoc-Aktivitäten haben, auf nur begrenzter Erfahrung basieren, und die Tendenz besteht, den Markteintritt aus eigener Kraft zu realisieren und Alternativen von vornherein auszuschließen (Grulms 2000, S.200, Kulicke/Wupperfeld 1996, S.167). Zur Erhaltung der Flexibilität wird das Eingehen von langfristigen, dauerhaften Bindungen an Zulieferer, Absatzmittler etc. oftmals vermieden (Carson et al. 1995, S.65).

6. Untersuchungsdesign zur operativen Markteintrittsgestaltung

6.1 Zielsetzungen und Fragestellungen

Im bisherigen Verlauf der Arbeit wurde Marketing als wichtiger Erfolgs- bzw. Misserfolgsfaktor des Gründungsprozesses dargestellt und die Notwendigkeit einer vorausschauenden und umfassenden Vorbereitung der Markteintrittsgestaltung im Sinne der Formulierung einer Marketing-Konzeption betont. Gleichzeitig wurde jedoch ein Mangel an empirischen Erkenntnissen zur Vorgehensweise von neugegründeten Unternehmen bei der Gestaltung ihres Markteintritts festgestellt. Zu bemerken ist weiterhin, dass die wenigen vorliegenden Erkenntnisse zur operativen Markteintrittsgestaltung sich im Wesentlichen auf technologieorientierte Gründungen konzentrieren oder eine pauschale Betrachtung von Vorgehensweisen ohne Berücksichtigung der spezifischen internen und externen Rahmenbedingungen stattfindet. Außerdem fehlt bisher die Integration von Erfolgsdimensionen, um so unterschiedliche Vorgehensweisen bei erfolgreichen und weniger erfolgreichen Gründungen zu analysieren und Erfolgsfaktoren auf der operativen Ebene zu identifizieren.

Der folgende empirische Teil der Arbeit soll einen Beitrag zur Beseitigung dieses Mangels leisten. In Anbetracht der hohen Bedeutung, die der Gestaltung des Markteintritts zukommt, und dem bisher nur geringen Wissensstand bezüglich dieses Themas wird die Vorgehensweise neugegründeter Unternehmen zur Vermarktung ihres Leistungsangebots untersucht. In den vorangehenden Kapiteln wurden auf Ebene der operativen Markteintrittsgestaltung zwei wichtige Bereiche unterschieden. Zum einen die Entwicklung einer Marktorientierung (MO), d.h. die Generierung von marktbezogenen Informationen insbesondere bezüglich Kunden und Wettbewerbern, die Verbreitung dieser Informationen im gesamten Unternehmen und die funktionsübergreifende Umsetzung der Erkenntnisse durch die Entwicklung möglichst optimaler Leistungsangebote mit hohem Wettbewerbsvorteil aus Kundensicht. Zum anderen der Einsatz von Marketing-Maßnahmen aus den Bereichen Produkt, Preis, Kommunikation und Distribution zur Entwicklung, Bekanntmachung sowie Bereitstellung des Leistungsangebots und insbesondere zur Kundenakquisition.

Vor dem Hintergrund der großen Unterschiede, die sich bei Gründungen aus den verschiedenen Angebotskonzepten und jeweiligen Umfeldsituationen ergeben, ist eine generelle Betrachtung der Vorgehensweise zur Markteintrittsgestaltung allerdings nur wenig aufschlussreich. Vielmehr sind einerseits interne Faktoren zu berücksichtigen, die wie der geographische Zielmarkt oder die Marktbearbeitungsstrategie beispielsweise im Rahmen der strategischen Ausrichtung des Unternehmens festgelegt werden. Andererseits können auch externe Rahmenbedingungen, wie z.B. die Wettbewerbssituation oder Umfelddynamik, den Einsatz der Maßnahmen beeinflussen und zu unterschiedlichen Vorgehensweisen bezüglich der Gestaltung des Markteintritts führen.

Die sich anschließende Untersuchung hat hauptsächlich explorativen Charakter und greift im Rahmen einer Befragung neugegründeter Unternehmen in erster Linie folgende Punkte auf:

- Beschreibung der Zielmarkt- und Unternehmenscharakteristika von Neugründungen;

- Untersuchung der Unternehmensentwicklung (Mitarbeiter, Umsatz, Investitionen, Gewinnsituation);

- Allgemeine Analyse der Gestaltung des Markteintritts auf operativer Ebene (d.h. Entwicklung von Marktorientierung und Einsatz von Marketing-Mix-Maßnahmen aus den Bereichen Produkt, Preis, Kommunikation und Distribution);

- Situationsspezifische Analyse der Markteintrittsgestaltung (MO, Marketing-Mix);

- Allgemeiner Vergleich der Vorgehensweise erfolgreicher vs. weniger erfolgreicher Gründungen bei der Markteintrittsgestaltung (MO, Marketing-Mix);

- Situationsspezifischer Vergleich erfolgreicher vs. weniger erfolgreicher Gründungen bei der Markteintrittsgestaltung (MO, Marketing-Mix).

Abb. 6-1 stellt das Untersuchungsdesign zur situationsspezifischen und erfolgsbezogenen Analyse der operativen Markteintrittsgestaltung mit den einzelnen Elementen und betrachteten Fragestellungen graphisch dar.

Zunächst erfolgt die generelle Beschreibung der Märkte, in die neue Unternehmen eintreten, sowie interner Charakteristika der Unternehmen, welche die Rahmenbedingungen und den Gestaltungsspielraum des Markteintritts bestimmen. Dabei dienen die Faktoren Branche, Zielkunden, Gründungsjahr, geographischer Zielmarkt, Marktphase, Marktbearbeitungsstrategie, Wettbewerbssituation, Umfelddynamik sowie Ausprägungen der Entrepreneurial Orientation (EO) und der MO als Einflussfaktoren bei der späteren situationsspezifischen Untersuchung.

Anschließend wird untersucht, welche Entwicklungsverläufe neugegründete Unternehmen nehmen können, wie viele Arbeitsplätze geschaffen werden, welcher Umsatz erzielt wird, in welcher Höhe Investitionen getätigt werden, wie es um die Profitabilität steht etc. In diesem Zusammenhang wird auch eine Unterteilung der untersuchten Unternehmensgründungen in besonders erfolgreiche und weniger erfolgreiche Unternehmen vorgenommen.

Danach wird die operative Ebene der Markteintrittsgestaltung neugegründeter Unternehmen, bestehend aus der Implementierung einer MO und dem Einsatz von Marketing-Mix-Maßnahmen, analysiert. Zunächst allgemein, um die am häufigsten eingesetzten Maßnahmen und Vorgehensweisen zu erfassen. Dann jeweils unter Berücksichtigung ausgewählter Einflussfaktoren, um so unterschiedliche Vorgehensweisen in Abhängigkeit interner und externer Rahmenbedingungen zu identifizieren. In diese Analyse wird im nächsten Schritt eine Einschätzung des Unternehmenserfolgs der neugegründeten Unternehmen einbezogen. Damit soll die Vorgehensweise von erfolgreichen und weniger erfolgreich Unternehmensgründungen zunächst allgemein und wiederum in den jeweiligen Situationen gegenübergestellt werden. Dies dient zur Identifikation von Maßnahmen, die eine besonders hohe Bedeutung bei erfolgreichen Gründungen haben und somit in gewissem Sinne als Erfolgsfaktoren der operativen Ebene bezeichnet werden können. Durch den situationsspezifischen Ansatz sollen auf

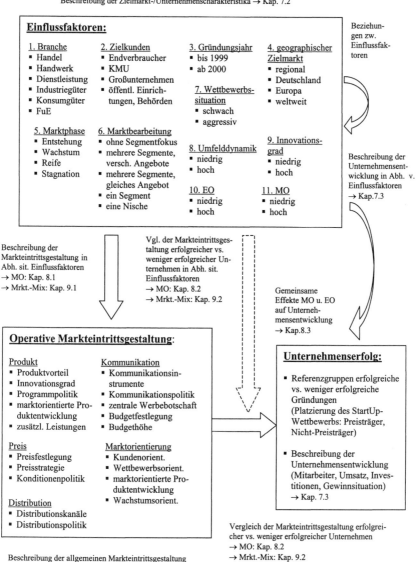

Abb. 6-1: Untersuchungsdesign zur situationsspezifischen und erfolgsbezogenen Analyse der operative Markteintrittsgestaltung neugegründeter Unternehmen

individuelle Bedürfnisse zugeschnittene Handlungsempfehlungen abgeleitet werden können. Außerdem wird dadurch die teilweise vorhandene Dominanz bestimmter Charakteristika in der Stichprobe und insbesondere bei erfolgreichen Unternehmensgründungen, die zu einer Verzerrung und nur eingeschränkten Übertragbarkeit der Erkenntnisse auf andere Situationen führen könnten, abgemildert.

Als ein Element der operativen Markteintrittsgestaltung erfolgt die Untersuchung inwiefern neugegründete Unternehmen eine MO umgesetzt/implementiert haben und welche Erfolgswirksamkeit der MO im Rahmen des Gründungsprozesses zukommt. Hierzu ist zunächst die Auswahl geeigneter, gründungsspezifischer Indikatoren und die Formulierung eines für Neugründungen geeigneten Messmodells notwendig. Hierbei wird ein mehrdimensionaler Ansatz verfolgt. Dieses Messmodell wird anschließend verwendet, um zu untersuchen, welche Anstrengungen Neugründungen zur Implementierung einer MO vornehmen und welche situationsspezifischen Unterschiede insbesondere auch im Hinblick auf die einzelnen Dimensionen der MO vorhanden sind. Die Schwerpunktsetzung bei der Untersuchung der MO liegt jedoch nicht in der Entwicklung eines möglichst optimalen Messmodells für Neugründungen (d.h. Schwerpunktsetzung zur Erreichung einer möglichst hohen Reliabilität/Stabilität oder einer geringen Anzahl von Indikatoren), sondern eher auf der Beschreibung bzw. Untersuchung des gesamten Spektrums von Aktivitäten, die zur Implementierung einer MO von Neugründungen eingesetzt werden.

Des weiteren soll die in Kap. 4 erörterte Erfolgswirksamkeit der MO im Gründungszusammenhang näher untersucht werden und eine Überprüfung stattfinden, ob eine hohe MO auch in der Phase der Unternehmensgründung und des erstmaligen Markteintritts zu einem höheren Unternehmenserfolg beiträgt. In Anlehnung an die in Kap. 4 vorgestellten Untersuchungen sollen Faktoren, welche die Ausprägung und auch die Erfolgswirksamkeit der MO beeinflussen können, betrachtet werden. Von besonderem Interesse ist außerdem, die Beziehung zwischen Entrepreneurial Orientation und MO in Unternehmensgründungen näher zu betrachten und gemeinsame Effekte auf den Erfolg neugegründeter Unternehmen zu analysieren.

Wie schon in Kap. 4 diskutiert, ist MO nicht die einzige Unternehmensorientierung, die zum dauerhaften Unternehmenserfolg beiträgt. Andere Orientierungsrichtungen wie z.B. Produktions- oder Kostenorientierung, Technologieorientierung usw. sind im Rahmen des Unternehmensaufbaus ebenso zu betonen und dürfen vom Gründer nicht vernachlässigt werden. Im Rahmen der Untersuchung der operativen Markteintrittsgestaltung wird der Fokus jedoch auf die Untersuchung der MO gelegt und Beziehungen zu anderen Orientierungen (außer zur EO) sowie eine mögliche Bestimmung des relativen Beitrag der MO zum Unternehmenserfolg im Verhältnis zu anderen Orientierung im Gründungszusammenhang nicht weiter verfolgt.

Auf Ebene der Marketing-Mix-Maßnahmen findet im Rahmen der empirischen Untersuchung eine Konzentration auf Maßnahmen statt, die in erster Linie auf die angestrebten Endkunden ausgerichtet sind und der Erfüllung der marketing-bezogenen Aufgabenstellungen beim Markteintritt (Kundenakquisition, Erzielen von Aufmerksamkeit, Erhöhen der Adoption und Diffusion, Entwicklung eines Wettbewerbsvorteils etc.) dienen. Weitergehende Maßnahmen, die beispielsweise der Markenbildung oder Kundenbindung zuzuordnen sind, werden nicht betrachtet.

Nach der kurzen Beschreibung der Zielsetzungen und der generellen Vorgehensweise der empirischen Untersuchung, erfolgt im weiteren Verlauf dieses Kapitels die Darstellung der hierzu notwendigen Untersuchungsinstrumente und deren Operationalisierung, welche zur Entwicklung des für die empirische Untersuchung eingesetzten (und im Anhang wiedergegebene) Fragebogens führen. Im Einzelnen werden die Operationalisierungen der Marktorientierung, der Marketing-Mix-Maßnahmen, der betrachteten Einflussfaktoren sowie des Erfolgsmaßes, zur Unterscheidung von erfolgreichen und weniger erfolgreichen Gründungen, erläutert.

Die Bewertung der Einsatzhäufigkeit bzw. der Bedeutung eines Instruments/Indikators im Rahmen der Markteintrittsgestaltung durch die befragten Unternehmensgründer erfolgt anhand von Skalen mit Bewertungen von 1 (keine Bedeutung, kein Einsatz) bis 7 (sehr hohe Bedeutung, sehr häufiger Einsatz). Zur Durchführung von Mittelwertvergleichen, um so signifikante Unterschiede hinsichtlich der Beurteilung der untersuchten Instrumente/Indikatoren zwischen den bezüglich der Einflussfaktoren und des Unternehmenserfolges gebildeten Gruppierungen identifizieren zu können, werden Varianzanalysen eingesetzt.

6.2 Operationalisierung der Marktorientierung

6.2.1 Auswahl von Indikatoren zur Messung der MO in Neugründungen

In Anlehnung an die Diskussion in Kap. 4 werden im Folgenden wichtige Dimensionen und Indikatoren einer MO in Neugründungen hergeleitet und in einem Messmodell zusammengefasst (siehe auch Gaul/Jung 2002a). Als zentrale Bestandteile einer MO in Neugründungen werden dabei Kunden- und Wettbewerbsorientierung angenommen. Neue Unternehmen haben einen hohen Informationsbedarf bezüglich ihres Zielmarktes und dessen (potentiellen) Teilnehmern. Z.B. können Informationen über Kundenbedürfnisse und deren Kaufentscheidungskriterien, potentielle Referenzkunden, Angebote und Marketingaktivitäten von Wettbewerbern sowie deren Stärken und Schwächen hilfreich für Neugründungen sein (siehe hierzu auch den beispielhaft dargestellten Informationsbedarf in Abb. 3-5, S.65). Aktivitäten, um an solche Informationen heranzukommen, sind beispielsweise (informelle) Treffen mit (potentiellen) Kunden oder auch Befragungen. Kundenorientierung schließt auch Aktivitäten mit ein, die auf die Erfassung der Kundenzufriedenheit gerichtet sind, Kunden zu Beschwerden und Kommentaren ermutigen oder Reaktionen auf negative Kundenzufriedenheit darstellen.

Eine dritte für Gründungen relevante Dimension der MO ist die marktorientierte Neuproduktentwicklung. Die Entwicklung und Gestaltung des Leistungsangebots ist eine, wenn nicht sogar die zentrale Aktivität des Gründungsprozesses. Eine frühzeitige Integration von Feedback aus dem Zielmarkt ist notwendig, um sicherzustellen, dass ein Produkt mit einem substantiellen Wettbewerbsvorteil aus Kundensicht entwickelt wird. Diese Komponente ist ähnlich zur Responsiveness-Komponente, die von Kohli & Jaworski (1990) formuliert wird.

Als vierte Dimension der MO in Neugründungen wird die Wachstumsorientierung oder –ambition formuliert. In ihrem ursprünglichen Modell haben Kohli & Jaworski (1990) die Gewinnorientierung als Ziel-Dimension der MO integriert. Später wurde die Gewinnorientierung als eigenständige Dimension aufgefasst (siehe z.B. Deng/Dart

1994, Gray/Matear 1998). Da in der Phase des Markteintritts wichtige Zielsetzungen neugegründeter Unternehmen in der Kundenakquisition und Gewinnung eines ausreichenden Marktanteils bestehen, wird Wachstumsorientierung als adäquatere Beschreibung des Marktverhaltens einer Gewinnorientierung zumindest in frühen Phasen des Unternehmenslebenszyklus vorgezogen. Die Erzielung von Gewinn wird zunächst oftmals dem Erzielen eines ausreichenden Wachstums, verbunden mit den dafür notwendigen Investitionen, untergeordnet. Trotzdem bleibt die Erzielung eines substantiellen Gewinns langfristig oberste Zielsetzung der Unternehmenstätigkeit. Die Wachstumsorientierung spiegelt wider, wie stark das Unternehmen bemüht ist, Wettbewerbsvorteile aktiv zur Erzielung von raschem Marktwachstum einzusetzen, den Markt selbst mitzuentwickeln und möglichst schnell eine dominierende Marktstellung zu erreichen. Diese Zielsetzung wird als Teil der Unternehmensphilosophie aufgefasst, welche sich durch konkretes Verhalten im Markt äußert und ergibt sich nicht automatisch als Resultat der MO.

Im Gegensatz zur Implementierung der MO in etablierten Unternehmen kommt der funktionsübergreifende Koordination sowie der Verbreitung der Informationen im gesamten Unternehmen in Neugründungen nur eine untergeordnete Rolle zu. Die Anzahl der Beschäftigten ist in den ersten Jahren in der Regel sehr gering, interne Kommunikationswege sind kurz und Funktionsabteilungen bestehen noch nicht oder sind noch nicht stark voneinander abgegrenzt. Außerdem kommt dem Unternehmensgründer eine integrative und koordinierende Funktion zu. Abb. 6-2 gibt einige Indikatoren wieder, die zur Erfassung der MO in etablierten Unternehmen verwendet werden und denen in Neugründungen zunächst keine entscheidende Rolle zukommt.

Interfunctional Coordination	• Market information is shared with all departments (2, 3). • All departments are involved in preparing company plans (2, 3). • We do a good job of integrating activities of each department (2, 3). • The marketing people in our organization interact frequently with other departments (2, 3).
Intelligence Dissemination	• We have interdepartmental meetings at least once a quarter to discuss market trends and developments (1, 3, 4, 5). • Marketing personnel in our business unit spend time discussing customers' future needs with other functional departments (1, 3, 4, 5). • Our business unit periodically circulates documents (e.g., reports, newsletters) that provide information about customers (1, 4). • When one department finds out something important about competitors, it is slow to alert other departments (1, 3, 5).
Responsiveness	• Several departments get together periodically to plan a response to changes in our business environment (1, 5). • The product lines we sell depend more on internal politics than real market needs (1, 3, 4). • The activities of the different departments in this business unit are well coordinated (1, 3, 4).

Quellen: (1) Jaworski/Kohli 1993, (2) Deng/Dart 1994, (3) Gray/Matear 1998, (4) Matsuno/Mentzer 2000, (5) Atuahene-Gima/Ko 2001

Abb. 6-2: Beispiele für weniger bedeutende Indikatoren der MO in Neugründungen

Zur Beschreibung der MO in neugegründeten Unternehmen, die die vorgestellten und im Gründungszusammenhang als relevant eingestuften Aktivitäten abdecken, werden geeignete Indikatoren ausgewählt. Der Großteil dieser Indikatoren stammt (teilweise mit leichter Anpassung an die Anforderungen von Neugründungen) aus bisherigen Studien zur MO in etablierten Unternehmen und dient dort zur Beschreibung der Informationsgewinnung, Umsetzung, Kundenorientierung sowie Wettbewerbsorientierung. Weitere verwendete Indikatoren beschreiben Erfolgsfaktoren des Gründungs- und Neuproduktentwicklungsprozesses, die mit einer marktorientierten Verhaltensweise in Zusammenhang stehen (z.b. Einsatz von Lead Usern, Durchführung von Produkttests, besseres Preis-/Leistungsverhältnis, bestehende Marktkenntnisse oder schneller Markteintritt).

Im Rahmen der Beschreibung des Marketing in Gründungen wurde die hohe Bedeutung von Netzwerken (formellen u. informellen Beziehungen) beim Unternehmensaufbau und der Vermarktung des Angebots (Zugang zu Ressourcen, Know-how, Distributionskanälen etc.) betont. Im Zusammenhang mit der Implementierung einer MO spielt deshalb auch die Identifizierung von potentiellen Netzwerkpartnern und der Aufbau von Beziehungen zu diesen eine wichtige Rolle und darf bei der Formulierung von Indikatoren zur Messung der MO nicht vernachlässigt werden (siehe auch Helfert et al. 2002; Renko 2003).

Insgesamt werden 29 Indikatoren ausgewählt, die zur Messung marktorientierter Verhaltensweisen und Einstellungen in neugegründeten Unternehmen geeignet erscheinen und somit die als wichtig eingestuften Handlungsfelder abdecken. Abb. 6-3 gibt eine Übersicht unter Angabe der jeweiligen Literaturquellen, aus denen die Indikatoren abgeleitet werden.

6.2.2 Entwicklung des Messmodells

Die ausgewählten ursprünglichen Indikatoren werden anschließend zu einem Messmodell zur Erfassung der MO in neugegründeten Unternehmen zusammengefasst. Die einzelnen Indikatoren sind dabei im Rahmen der (in den folgenden Kapiteln im Detail dargestellten) empirischen Untersuchung von den befragten Unternehmensgründern hinsichtlich ihrer Bedeutung auf 7er Skalen beurteilt worden.

Um das Messmodell und dessen Dimensionen aufzustellen, wird eine explorative Faktorenanalyse sowie die Berechnung von Cronbachs Koeffizienten Alpha und Item-to-Total-Korrelationen eingesetzt. Dabei sind von den ursprünglich ausgewählten 29 Indikatoren 4 Indikatoren ausgeschlossen worden, um eine bessere Interpretierbarkeit der Faktoren sowie eine höhere interne Konsistenz der Messskalen zu erhalten. Zu den ausgeschlossenen Indikatoren zählen: gute Marktkenntnisse aufgrund früherer Tätigkeiten/Erfahrungen (Nr. 7), Durchführung von Markttests (Testverkäufe in begrenztem Gebiet) (Nr. 8), Aufbau einer Kundendatenbank (Nr. 9) sowie besseres Preis-/Leistungsverhältnis als Konkurrenz (Nr. 25).

Zur Überprüfung der Dimensionalität des Messmodells wird zunächst eine explorative Faktorenanalyse (Hauptkomponentenanalyse, Rotationsmethode nach Varimax mit Kaiser-Normalisierung) durchgeführt. Die Ergebnisse können als Aufteilung der MO in fünf Kategorien verstanden werden, wobei 57% der Varianz der ursprünglichen Variablen erklärt werden. Aufgrund der jeweils zugeordneten Indikatoren lassen sich

Nr.	Indikator	Quelle
1.	Informationsgewinnung über Kundenbedürfnisse des Zielmarktes	(1)
2.	Informationsgewinnung über Kaufentscheidungskriterien der Endabnehmer	(a)
3.	Identifizierung potentieller Pilot- / Referenzkunden	(a) (b)
4.	Vorstellung über Kosten/Nutzen v. Marketing-Aktivitäten	ähnlich wie (7) (a)
5.	Eigene Umfragen bei Kunden / Zulieferern usw.	ähnlich wie (2) (5) (6)
6.	Informelle Treffen / Kontakte mit Kunden / Zulieferern usw.	ähnlich wie (2) (4)
7.	Gute Marktkenntnisse aufgrund früherer Tätigkeiten/Erfahrungen	(a)
8.	Durchführung von Markttests (Testverkäufe in begrenztem Gebiet)	(b)
9.	Aufbau einer Kundendatenbank	(a)
10.	Informationsgewinnung über aktuelle Kundenzufriedenheit	(1) (3) (4)
11.	Ermutigung von Kunden zu Beschwerden / Kommentaren	(3) (4)
12.	Persönliche Gespräche mit Kunden	ähnlich wie (6)
13.	Marktverhalten basiert auf Verständnis der Kundenwünsche	ähnlich wie (5)
14.	Sofortige Reaktion auf negative Kundenzufriedenheit	(5)
15.	Aufbau von Kundenbeziehungen	(a)
16.	Informationsgewinnung über Angebote vorhandener / potentieller Wettbewerber	ähnlich wie (3) (4)
17.	Informationsgewinnung über Marketing-Aktivitäten von Wettbewerbern	ähnlich wie (3) (4)
18.	Informationsgewinnung über Stärken und Schwächen vorhandener / potentieller Wettbewerber	(7)
19.	Informationsgewinnung über Volumen / Attraktivität der Marktsegmente	(a)
20.	Konkrete Kundenwünsche / -bedürfnisse als Ursprung des Leistungsangebots	ähnlich wie (6)
21.	Anpassung / Verbesserung wegen Kundeninformationen	(b)
22.	Entwicklung von Produktvorteilen mit hoher Kundenbedeutung	(b)
23.	Durchführung von Produkttests mit Kunden	(a) (b)
24.	Entwicklung des Leistungsangebots mit Hilfe von Lead Usern / Pilotkunden	ähnlich wie (6)
25.	Besseres Preis-/Leistungsverhältnis als Konkurrenz	ähnlich wie (6) (b)
26.	Entwicklung unterschiedlicher Marketing-Pläne für verschiedene Segmente	(7) (a)
27.	Ziel schneller Markteintritt	(a)
28.	Schnelles Umsatzwachstum wichtiger als Gewinne	neu
29.	Sofortige Reaktion auf Konkurrenzkampagnen, die auf eigene Kunden gerichtet sind	(1) (2) (3) (6)

Quellen: (1) Narver/Slater (1990), (2) Jaworski/Kohli (1993), (3) Deng/Dart (1994), (4) Gray/Matear (1998), (5) Pelham (2000), (6) Atuahene-Gima/Ko (2001), (7) Tzokas et al. (2001); (a) Erfolgsfaktor des Gründungsprozesses (siehe z.B. Meier 1998); (b) Erfolgsfaktor der Neuproduktentwicklung (siehe z.B. Rothwell 1992, Edgett et al. 1992, Urban/Hauser 1993, Montoya-Weiss/Ca-lantone 1994, Ottum/Moore 1997, Song/Parry 1997, Cooper 1999)

Abb. 6-3: Ursprüngliche Indikatoren zur Beschreibung der MO in Neugründungen

diese als Kundenverständnis, Kundenbefriedigung, Wettbewerbsorientierung, marktorientierte Neuproduktentwicklung sowie Wachstumsorientierung interpretieren. Die beiden Kategorien Kundenverständnis und Kundenbefriedigung werden in der Dimension Kundenorientierung zusammengefasst. Damit ergeben sich vier Dimensionen der

MO in Neugründungen: Kundenorientierung, Wettbewerbsorientierung, marktorientierte Neuproduktentwicklung und Wachstumsorientierung; womit eine Aufteilung in die vorher diskutierten Bestandteile unterstützt wird.

Zur Überprüfung der internen Konsistenz der einzelnen Dimensionen werden Cronbachs Koeffizient Alpha und Item-to-Total-Korrelationen berechnet. Die Werte der berechneten Cronbachs Koeffizienten Alpha für die einzelnen Dimensionen können dabei als ausreichend bezeichnet werden (0,810 für Kundenorientierung, 0,832 für Wettbewerbsorientierung, 0,608 für Neuproduktentwicklung und 0,619 für Wachstumsorientierung). Eine Eliminierung von weiteren Indikatoren mit den geringsten Item-to-Total-Korrelationen brachte keine Verbesserung des Cronbach Koeffizienten Alpha bezüglich der 4 Dimensionen. Cronbachs Koeffizient Alpha für die Gesamt-MO beträgt 0,71 bei Analyse der vier Dimensionen und 0,866 bei Analyse der 25 einzelnen Indikatoren.

Nr.		Faktor-ladung	Cronbach alpha	Item-to-Total
	Gesamte Marktorientierung		0,710	
	Kundenorientierung		0,810	
	Kundenverständnis		0,738	
1.	Informationsgewinnung über Kundenbedürfnisse des Zielmarktes	0,673		0,587
2.	Informationsgewinnung über Kaufentscheidungskriterien der Endabnehmer	0,605		0,549
3.	Identifizierung potentieller Pilot- / Referenzkunden	0,548		0,444
4.	Vorstellung über Kosten/Nutzen von Marketing-Aktivitäten	0,514		0,374
5.	Eigene Umfragen bei Kunden / Zulieferern usw.	0,641		0,469
6.	informelle Treffen / Kontakte mit Kunden / Zulieferern usw.	0,532		0,409
	Kundenbefriedigung		0,762	
10.	Informationsgewinnung über aktuelle Kundenzufriedenheit	0,655		0,494
11.	Ermutigung von Kunden zu Beschwerden / Kommentaren	0,641		0,487
12.	Persönliche Gespräche mit Kunden	0,706		0,488
13.	Marktverhalten basiert auf Verständnis der Kundenwünsche	0,565		0,462
14.	Sofortige Reaktion auf negative Kundenzufriedenheit	0,734		0,550
15.	Aufbau von Kundenbeziehungen	0,637		0,522
	Wettbewerbsorientierung		0,832	
16.	Angebote vorhandener / potentieller Wettbewerber	0,820		0,681
17.	Marketing-Aktivitäten von Wettbewerbern	0,817		0,716
18.	Stärken und Schwächen vorhandener / potentieller Wettbewerber	0,811		0,756
19.	Volumen / Attraktivität der Marktsegmente	0,581		0,502
	Marktorientierte Produktentwicklung		0,608	
20.	Konkrete Kundenwünsche / -bedürfnisse als Ursprung	0,842		0,251
21.	Anpassung / Verbesserung wegen Kundeninformationen	0,749		0,310
22.	Produktvorteile mit hoher Kundenbedeutung	0,586		0,352
23.	Produkttests mit Kunden	0,760		0,451
24.	Entwicklung mit Hilfe von Lead Usern / Pilotkunden	0,779		0,480
	Wachstumsorientierung		0,619	
26.	Unterschiedliche Marketing-Pläne für verschiedene Segmente	0,617		0,399
27.	Ziel schneller Markteintritt	0,520		0,416
28.	Schnelles Umsatzwachstum wichtiger als Gewinne	0,646		0,404
29.	Eher Reaktion auf Kampagnen der Konkurrenz als Aktion	0,389		0,375

Abb. 6-4: Ergebnisse der Faktorenanalyse und der Überprüfung der internen Konsistenz

(Anmerkung: In der Literatur wird meist ein Mindestwert für Cronbachs Koeffizienten Alpha von 0,7 gefordert (Nunnally 1978, S.245), jedoch werden auch Werte über 0,6 als akzeptabel angesehen (siehe z.B. Petersen 1994; Greenley/Foxall 1997; Botschen 1999, S.101).)

Abb. 6-4 zeigt die Ergebnisse der explorativen Faktorenanalyse sowie der Berechnung von Cronbachs Koeffizienten Alpha und der Item-to-Total-Korrelationen.

(Anmerkung: Um die Ausprägung der MO für möglichst alle Teilnehmer der empirischen Umfrage ermitteln zu können und damit eine hohe Fallzahl für die situationsspezifische Analyse zu erhalten, werden fehlende Angaben innerhalb eines zurückgesendeten Fragebogens bezüglich eines Indikators durch den Mittelwert dieses Indikators, der sich für die gesamte Stichprobe ergab, ersetzt. Durch diese quasi Neutralisierung fehlender Werte wird der Gesamtwert der MO nicht zu sehr beeinflusst, falls ein Teilnehmer die Frage nicht verstanden hat oder aus anderen Gründen eine einzelne Frage nicht beantworten wollte/konnte. Insgesamt sind jedoch nur sehr wenige fehlenden Werte bezüglich der abgefragten MO-Indikatoren (ca. 30 fehlende Werte bei 446 klassifizierten Teilnehmern und jeweils 25 abgefragten Indikatoren entspricht ca. 0,3%) festzustellen.)

Wie in Kap. 4 dargestellt, wird MO in den meisten Studien als eindimensionales Konstrukt aufgefasst, diese eindimensionale Sichtweise jedoch durchaus kritisch gesehen (Dawes 2000), da die unterschiedliche Bedeutung und Erfolgswirksamkeit der einzelnen Elemente in verschiedenen Situation (z.B. Branchen, Märkte etc.) nicht mehr identifiziert werden kann.

Diese Kritik aufgreifend, wird MO als multi-dimensionales Konstrukt aufgefasst, das aus den vier identifizierten Dimensionen besteht, die alle gemeinsam und in gleicher Weise zur Gesamt-MO beitragen. Dementsprechend werden im weiteren Verlauf der empirischen Untersuchung neben der Betrachtung des Gesamtwertes der MO, die jeweilige Bedeutung/Ausprägung der einzelnen Dimensionen unter Berücksichtigung der Einflussfaktoren und des Unternehmenserfolges betrachtet. Diese Auffassung als multi-dimensionales Konstrukt wird durch die in Kap. 8 dargestellten empirischen Ergebnisse, d.h. die signifikant unterschiedlichen Ausprägungsniveaus der einzelnen Dimensionen, bestätigt.

Der Gesamtwert der MO setzt sich aus den vier Dimensionen mit jeweils gleicher Bedeutung zusammen (entsprechend Narver/Slater 1990) und berechnet sich als gleichgewichtete Summe:

Gesamtwert MO = ((Summe Indikatoren Kundenorientierung)/12 + (Summe Indikatoren Wettbewerbsorientierung)/4 + (Summe Indikatoren Produktentwicklung)/5 + (Summe Indikatoren Wachstumsorientierung)/4)/4

Die Ausprägung der MO wird auch als Einflussfaktor bei der Untersuchung der Markteintrittsgestaltung eingesetzt. Hierzu werden zwei Gruppen gebildet, Unternehmen mit hoher MO und solche mit niedriger MO. Als Trennungskriterium dient der Median der Gesamt-MO, welcher sich für die gesamte untersuchte Stichprobe ergibt.

6.3 Operationalisierung der Marketing-Mix-Maßnahmen

Zur Gestaltung des Markteintritts bzw. zur Umsetzung der marketing-bezogenen Aufgabenstellungen stehen den Unternehmen auf der operativen Ebene Maßnahmen zur Verfügung, welche traditionell in die Bereiche Produkt-, Preis-, Distributions- und Kommunikationspolitik unterteilt werden. Die zur Verfügung stehenden Maßnahmen und ihre Eignung im Bezug auf den Einsatz und die Zielerreichung in Neugründungen sind in Kap. 5 ausführlich dargestellt worden. In Anbetracht der gebotenen Kürze einer Befragung erfolgte eine Konzentration auf exemplarische Maßnahmen, die zur Beschreibung und Gestaltung des Markteintrittsverhaltens von Neugründungen besonders geeignet erscheinen, das genannte Spektrum des Marketing-Instrumentariums jedoch komplett abdecken.

Auf die in Kap. 2 dargestellte Diskussion bezüglich der Rolle von transaktions- vs. beziehungsorientiertem Marketing in Neugründungen zurückkommend, werden in diese eher transaktionsorientierte Aufteilung auch Maßnahmen aufgenommen und zugeordnet, die dem Aufbau und der Gestaltung von Beziehungen zu Marktteilnehmern dienen. Bisher wurde der Einsatz von Netzwerken und Allianzen schwerpunktmäßig zur Akquisition von Ressourcen diskutiert, im Folgenden wird deren Einsatz zur Gewinnung von Kunden, zur Gestaltung der Distribution etc. untersucht.

Die Bedeutung bzw. Einsatzhäufigkeit der Maßnahmen wird ebenfalls anhand von 7er Skalen abgefragt. Ausnahmen bilden kategoriale Variablen wie Preisstrategie, -festlegung, Kommunikationsfokus sowie Budgetfestlegung. Falls das jeweilige zu beurteilende Instrument bei dem entwickelten und eingeführten Angebot grundsätzlich nicht sinnvoll einsetzbar/anwendbar ist, sollte das entsprechende Instrument von den Teilnehmern nicht bewertet werden.

6.3.1 Produktpolitische Maßnahmen

Im Bereich der Produktpolitik soll untersucht werden, welchen Angebotsvorteil das neue Unternehmen den Kunden bietet, wo der Ursprung der Gründungsidee lag und wie sich die Programmbreite bzw. –tiefe sowie der Innovationsgrad des Angebots im Vergleich zum Wettbewerb darstellt. Des weiteren wird der Einsatz spezieller Instrumente im Rahmen der Produktentwicklung untersucht, die zur Integration von Kunden und damit zu einer marktorientierten Produktentwicklung führen (z.B. Lead User, Produkttests). Diese erfüllen speziell bei technologieorientierten Gründungen eine wichtige Rolle zur Sicherstellung der Akzeptanz des Produktes in der Zielgruppe.

(Anmerkung: Im Bereich der marktorientierten Produktentwicklung kommt es bezüglich der untersuchten Maßnahmen zu Überschneidungen mit den für die MO-Dimension marktorientierte Produktentwicklung verwendeten Indikatoren. Um einen kompletten Überblick über den Einsatz produktpolitischer Maßnahmen zu erhalten, werden diese Überschneidungen jedoch in Kauf genommen.)

Außerdem ist interessant, inwieweit zusätzliche Leistungen (wie z.B. Garantiezeitverlängerung) angeboten werden, die zu einer Reduktion von Unsicherheit und vorhandener Bedenken der Kunden gegenüber einem bisher unbekanntem Unternehmen und damit zur Beschleunigung der Adoption und Diffusion beitragen können.

Abb. 6-5 gibt einen Überblick bezüglich der im produktpolitischen Bereich für die empirische Untersuchung ausgewählten Maßnahmen.

	Angebotsvorteil	neuartige, bisher nicht angebotene Merkmale
		besseres Preis-/Leistungsverhältnis als Konkurrenz
		Produktvorteile mit hoher Kundenbedeutung
	Programmpolitik	größere Angebotstiefe als Konkurrenz
		größere Angebotsbreite als Konkurrenz
	Ideenursprung	konkrete Kundenwünsche/-bedürfnisse
		technische Innovation
	Innovationsgrad	Innovationsgrad im Vgl. zum Wettbewerb
	marktorientierte Produktentwicklung	informelle Treffen/Kontakte mit Kunden/Zulieferern usw.
		Anpassung/Verbesserung wegen Kundeninfos
		Produkttests mit Kunden
		eigene Umfragen bei Kunden/Zulieferern/Absatzmittlern
		Entwicklung mit Hilfe von Lead Usern/Pilotkunden
		Markttests, Testverkäufe in begrenztem Gebiet
	zusätzliche Leistungen	Rückgabe-/Umtauschrecht
		Garantiezeitverlängerung
		Installation des Produktes
		Inspektion, Wartung oder Reparatur

(Linke Spalte vertikal: Produktpolitischer Bereich)

Abb. 6-5: Untersuchte Maßnahmen des produktpolitischen Bereichs

6.3.2 Preispolitische Maßnahmen

Im Bereich der preispolitischen Maßnahmen, die in Abb. 6-6 zusammengefasst sind, wird analysiert, welche langfristige Preisstrategien neugegründete Unternehmen beim Markteintritt verfolgen und wie die Unternehmen bei der Festlegung des Preises für ihr Angebot vorgehen bzw. woran sie sich orientieren. Außerdem wird der Einsatz konditionenpolitischer Maßnahmen, wie z.B. Ratenkauf/Leasing, Einführungs- oder Vorbestellungsrabatte, welche ebenfalls zur Beschleunigung der Adoption und Diffusion beitragen können, betrachtet.

	Preispolitik	Ratenkauf /Leasing
		spezieller Einführungsrabatt
		Rabatte bei Vorbestellung
		Kostenkalkulation
		Konzepttests mit unterschiedlichen Preisen
	Preisstrategie	Hochpreisstrategie
		mittlere Preisstrategie
		Niedrigpreisstrategie
		keine
	Preisfestlegung	Wettbewerbsorientiert
		Nachfrage-/Marktorientiert
		Zuschlagskalkulation
		Ertragskalkulation
		individuelle Preisfestlegung
		kein spezielles Verfahren
		sonstiges

(Linke Spalte vertikal: Preispolitischer Bereich)

Abb. 6-6: Untersuchte Maßnahmen des preispolitischen Bereichs

6.3.3 Kommunikationspolitische Maßnahmen

Im Rahmen der Kommunikationspolitik ist zunächst interessant, welche Maßnahmen eingesetzt werden, um mit potentiellen Kunden in Kontakt zu treten und diese zu akquirieren bzw. über das Angebot/Unternehmen zu informieren. Hier wird insbesondere der Einsatz von Referenzkunden und anderer Beziehungen untersucht. Außerdem werden weitere Maßnahmen und Einschätzungen der Kommunikationspolitik betrachtet, wie z.b. Kommunikationsfokus, Häufigkeit von Werbemaßnahmen, Kreativitätsgrad der Werbung, Ausrichtung auf Konkurrenzkunden oder Überprüfung der Werbewirkung. Die Höhe des Budgets für Kommunikationsmaßnahmen in Prozent des Umsatzes und die Art der Festlegung/Bestimmung werden erfasst.

Kommunikationspolitischer Bereich	Instrumente zur Information / Kontaktierung von Kunden	Empfehlungen bestehender Kunden, Referenzkunden
		Kontakte aus bisherigem Geschäftsleben
		Hilfe von Kooperationspartnern
		private Beziehungen & Bekannte
		Presseberichte, Presseinformationen
		Vorträge & Veröffentlichungen
		Direkt-Mailings (Post, Email)
		Messen & Ausstellungen
		Events, öffentliche Vorführungen
		Besuche durch (Außendienst-) Mitarbeiter
		Flyer & Plakate
		Internet (Bannerwerbung u.ä.)
		Anzeigenwerbung
		kostenlose Nutzung / Proben
		Gewinnspiele, Preisausschreiben usw.
		Radio- oder Fernsehspots
		Point of Purchase - Displays
		sonstige
	Politik	Häufigkeit von Werbemaßnahmen
		höherer Werbedruck als die Konkurrenz
		Einsatz professioneller Werbeagenturen
		kreativere Werbung als Branchendurchschnitt
		Werbung spricht Konkurrenzkunden an
		Überprüfung der Werbewirkung
		mehrere Werbekampagnen zur Auswahl
	Kommunikations-Fokus	technische Produktmerkmale
		der Kundennutzen des Produkts/Angebots
		der Preis des Angebots
		das neue Unternehmen als Ganzes
		sonstiges
	Budgetfestlegung	aufgrund verfügbarer Mittel
		aufgrund Umsatzanteil
		aufgrund Gewinnanteil
		anhand angestrebter Ziele und notwendiger Maßnahmen
		konkurrenzorientiert
		gar nicht, ergibt sich aus Kosten der Einzel-Maßnahmen
		sonstiges
	Budgethöhe	Prozentanteil am Umsatz

Abb. 6-7: Untersuchte Maßnahmen des kommunikationspolitischen Bereichs

Abb. 6-7 zeigt die Maßnahmen des kommunikationspolitischen Bereichs, welche in den entwickelten Fragebogen aufgenommen wurden.

6.3.4 Distributionspolitische Maßnahmen

Hinsichtlich der distributionspolitischen Maßnahmen wird zuerst die Bedeutung verschiedener Distributionskanäle (z.b. persönlicher Verkauf durch Gründer, Handelsvertreter, Groß-/Einzelhandel) festgestellt. Anschließend erfolgt eine Beurteilung weitergehender Maßnahmen und Einschätzungen der Distributionspolitik, wie z.b. Vorhandensein eines langfristigen Vertriebskonzepts, angestrebter Ausbau der Absatzkanäle, Durchführung von Verkäuferschulungen oder Aufbau einer Kundendatenbank. Abb. 6-8 gibt einen Überblick.

Distributionspolitischer Bereich	Kanäle	persönlicher Verkauf durch Unternehmensgründer
		Vertriebswege von Kooperationspartnern
		Internet
		persönlicher Verkauf durch eigenes Vertriebspersonal
		Handelsvertreter
		Katalog / Bestellung
		eigene Verkaufsstellen
		Einzelhandel
		Großhandel
		sonstige
	Ausweitung	Ausbau vorhandener Absatzkanäle
		Erschließung neuer Absatzkanäle
	Politik	längerfristiges Vertriebskonzept vorhanden
		Bedeutung von Lieferbereitschaft und Liefertreue
		Durchführen von Verkäuferschulungen
		Konzepttests mit Absatzmittlern
		Aufbau einer Kundendatenbank

Abb. 6-8: Untersuchte Maßnahmen des distributionspolitischen Bereichs

6.4 Operationalisierung der situativen Einflussfaktoren

Vor dem Hintergrund der großen Unterschiede, die sich bei Gründungen aus den verschiedenen Angebotskonzepten und der jeweiligen Umfeldsituation ergeben, wird ein situationsspezifischer Ansatz bei der Untersuchung der Markteintrittsgestaltung verfolgt. Zur Charakterisierung der individuellen Ausgangssituation der befragten Unternehmensgründer werden die in Abb. 6-1 aufgeführten Einflussfaktoren (1. Branche, 2. Zielkunden, 3. Gründungsjahr, 4. geographischer Zielmarkt, 5. Marktphase, 6. Marktbearbeitung, 7. Wettbewerbssituation, 8. Umfelddynamik, 9. Innovationsgrad, 10. Ausprägung der Entrepreneurial Orientation (EO), 11. Ausprägung der Marktorientierung (MO)) mit den entsprechenden Ausprägungen verwendet.

Wettbewerbssituation (schwach - aggressiv)	Umfelddynamik (niedrig – hoch)
Ähnlichkeit der angebotenen Produkte	häufige Änderung der Kundenbedürfnisse
Intensität des Wettbewerbs	technische Dynamik
Entwicklung der Wettbewerberzahl	Marktwachstum beim Eintritt (in Kategorien)

Abb. 6-9: Operationalisierung der Wettbewerbssituation und Umfelddynamik

Die Zuordnung zu einer der Ausprägungen bezüglich der Variablen Branche, Zielkunden, geographischer Zielmarkt und Marktphase ergibt sich direkt aus der Antwort der befragten Gründer. Beim Gründungsjahr erfolgt eine Unterteilung in Gründung bis einschließlich 1999 und ab 2000, um so aufgrund der Stichprobenstruktur etwa gleich große Gruppen in Bezug auf das Unternehmensalter zu erhalten. Der Innovationsgrad des Angebots im Vergleich zum Wettbewerb wird auf einer 7er Skala beurteilt (1: viel niedriger bis 7: viel höher), was zu einer Unterteilung der Unternehmen in solche mit niedrigem (Beurteilung 1-5) bzw. hohem (Beurteilung 6-7) Innovationsgrad führt. Die Einteilung bezüglich der Wettbewerbssituation und Umfelddynamik erfolgt mit Hilfe der in Abb. 6-9 angegebenen Indikatoren, wobei wiederum der Median der Summe der jeweiligen Indikator-Beurteilungen als Gruppierungskriterium dient.

Auf die Einbeziehung von gründerspezifischen Einflussfaktoren (wie z.B. Bildungsniveau, Berufs-/Markterfahrung etc.) wird verzichtet, da sich die Gestaltung des Markteintritts in erster Linie anhand des Produktes, der internen Ressourcen, des Wettbewerbs und beispielsweise der Zielgruppe ausrichten sollte. Der persönliche Background kann hier natürlich einen Einfluss ausüben, Interpretationen oder das Ableiten von Handlungsempfehlungen, welche auch für andere Gründer relevant sind, sind allerdings nur schwer möglich.

Operationalisierung der Entrepreneurial Orientation (EO)

Ein weiterer Einflussfaktor, der in die situationsspezifische Analyse einbezogen wird, ist die Ausprägung der EO, d.h. wie stark entrepreneurhaft das Verhalten des Unternehmens ausgerichtet ist. In Kap. 1 wurde zum einen die Bedeutung von entrepreneurhaften Unternehmen für die volkswirtschaftliche Leistungsfähigkeit dargestellt und zum anderen das Konzept der EO beschrieben, welches zur Charakterisierung von entrepreneurhaftem Verhalten dient. Fünf Charakteristika werden dabei zur Beschreibung in etablierten Unternehmen verwendet: innovativ, proaktiv, autonom, risikoreich und wettbewerbs-aggressiv.

Zur Messung der Ausprägung der EO werden im Folgenden 12 Indikatoren verwendet, die zur Beschreibung von innovativem, proaktivem und wettbewerbs-aggressivem Verhalten in Neugründungen dienen. Diese wurden aus vorhandenen Studien zur Messung der EO in etablierten Unternehmen ausgewählt (Covin/Slevin 1989; Naman/Slevin 1993; Atuahene-Gima/Ko 2001; Lumpkin/Dess 2001) oder neu formuliert, um die speziellen Aspekte des Marktverhaltens von neugegründeten Unternehmen wiederzugeben. In Neugründungen wird auf die Erfassung von autonomen und risikoreichen Verhalten verzichtet, da diese als natürliche Bestandteile des Verhaltens von Unternehmensgründern aufgefasst werden können und folglich keinen substantiellen Beitrag zur Differenzierung unterschiedlicher Handlungsweisen leisten.

Analysen der internen Konsistenz der Messskala zur Erfassung der EO, bestehend aus den in Abb. 6-10 dargestellten 12 Indikatoren, ergeben einen zufriedenstellenden Wert von 0,7 für Cronbachs Koeffizienten Alpha.

Die Berechnung des Gesamtwertes der EO erfolgt als gleichgewichtete Summe aus den drei Dimensionen, wobei die einzelnen Indikatoren wiederum auf 7er Skalen beurteilt werden:

$$EO = ((\text{Summe Indikatoren proaktiv})/3 + (\text{Summe Indikatoren innovativ})/4 + (\text{Summe Indikatoren wettbewerbs-aggressiv})/5)/3$$

Für die situationsspezifische Analyse werden die Unternehmen in Gruppen mit hoher bzw. niedriger Ausprägung bezüglich der EO eingeteilt, wobei auch hier der Median als Trennungskriterium zur Aufteilung in etwa gleich große Gruppen dient.

Entrepreneurial Orientation	proaktiv	Informationsgewinnung bzgl. zukünftiger Veränderungen des Marktumfeldes
		Informationsgewinnung bzgl. zukünftiger Veränderungen der Kundenbedürfnisse
		eher Reagieren auf Aktionen der Wettbewerber als dass diese zu Reaktionen gezwungen werden (reverse coded)
	innovativ	neuartige, bisher nicht angebotene Merkmale des Leistungs-angebots
		Ursprung technische Innovation
		Innovationsgrad im Vgl. zum Branchendurchschnitt
		kreativere Werbung als Branchendurchschnitt
	wettbewerbs-aggressiv	Vermeiden von direkter Konfrontation mit Wettbewerbern (re-verse coded)
		aggressivere Marketingpolitik als Wettbewerber
		Ziel ist dominante Marktposition zu erreichen
		höherer Werbedruck als die Konkurrenz
		Werbung spricht Konkurrenzkunden an

Abb. 6-10: Indikatoren zur Beschreibung der Entrepreneurial Orientation

6.5 Operationalisierung des Erfolgsmaßes

Zur Analyse unterschiedlicher Vorgehensweisen bei der Gestaltung des Markteintritts zwischen erfolgreichen und weniger erfolgreichen Unternehmensgründungen sind geeignete Erfolgsmaße zur Unterteilung der Unternehmen notwendig. Im Gründungsbereich gestaltet sich die Auswahl eines geeigneten Erfolgsmaßes jedoch schwierig (Murphy et al. 1996) und es hat sich noch kein optimaler Indikator durchgesetzt. Klassische Rentabilitätsmaße (wie z.B. Gesamt- bzw. Eigenkapitalrentabilität) sind beispielsweise nur bedingt für die Bestimmung des Gründungserfolges geeignet, da in den ersten Jahren unregelmäßige Umsätze hohen Vorinvestitionen in die Technologie- oder Marktentwicklung gegenüberstehen (Rüggeberg 1997, S.134). Dadurch werden expandierende, langfristig erfolgreiche Unternehmensgründungen gegenüber nur wenig investierenden Unternehmen mit kurzfristig höheren Rentabilitäten schlechter beurteilt.

Prinzipiell lassen sich zwei Kategorien von Indikatoren des Unternehmenserfolges unterscheiden. Zum einen subjektive Einschätzungen des Unternehmenserfolges durch den Unternehmensgründer eventuell im Vergleich zum Wettbewerb oder vor dem Hintergrund der ursprünglichen mit der Gründung verfolgten Zielsetzungen. Diese subjektive Einschätzung ist jedoch stark durch die Stimmungslage des Gründers und dessen Wahrnehmung des Marktes geprägt. Zum anderen objektive Kennzahlen, die sich beispielsweise aus der Bilanz eines Unternehmens ergeben, wie z.B. Mitarbeiterzahlen, Umsatz, Gewinn, ROI, Umsatzwachstum etc. Die Güte und Aussagekraft dieser objektiven Kriterien hängt zum einen sehr stark vom Alter der befragten Unternehmen ab. Zum anderen sind Gründer teilweise sehr zurückhaltend, was die Herausgabe von Informationen über interne Kennzahlen, die Rückschlüsse auf die Verfassung des Unternehmens erlauben, anbelangt.

Murphy et al. (1996) analysieren die verwendeten Erfolgsmaße von 52 Studien aus dem Entrepreneurship-Bereich und kommen zu dem Ergebnis, dass eine sehr große Bandbreite unterschiedlicher Erfolgsmaße zur Anwendung kommt. In 60% der Studien werden nur ein oder zwei unterschiedliche Indikatoren verwendet. Außerdem werden nur sehr geringe Beziehungen zwischen unterschiedlichen Indikatoren festgestellt. Die Autoren schlagen deshalb vor, Erfolgsmaße zu verwenden, die sich aus mehreren Indikatoren möglichst aus verschiedene Bereichen zusammensetzen.

Für die im Rahmen dieser Arbeit durchgeführte empirische Untersuchung und die hierfür verwendete Stichprobe ergibt sich eine besondere Situation. Da sich die befragten Unternehmensgründer aus ehemaligen Teilnehmern des StartUp-Wettbewerbs zusammensetzen, besteht die Möglichkeit, das Abschneiden der Teilnehmer im jeweiligen Wettbewerbsjahr als Gruppierungskriterium hinsichtlich des Erfolges zu verwenden. Dadurch setzt sich die Referenzgruppe der besonders erfolgreichen Unternehmen aus den Preisträgern und die der weniger erfolgreichen Unternehmen aus den Nicht-Preisträgern des Businessplan-Wettbewerbs zusammen.

Diese Vorgehensweise bietet den Vorteil, dass (fast) alle befragten Unternehmen, insbesondere auch sehr junge Unternehmen, die gerade erst in den Markt eingetreten sind und noch keine verwertbaren Kennzahlen hinsichtlich der Unternehmensentwicklung vorweisen, klassifiziert werden können. Somit werden die für die für situationsspezifische Analyse notwendigen großen Fallzahlen erreicht. Zum anderen beruht das Abschneiden der Wettbewerbsteilnehmer auf einer sorgfältigen und intensiven Beurteilung der eingereichten Businesspläne durch eine Jury aus mehreren Gründungsexperten nach vorgegebenen Beurteilungskriterien und bietet eine relativ objektive und fundierte Einschätzung des zu erwartenden Unternehmenserfolges. Die verwendeten Bewertungskriterien sind mehrdimensional und beziehen neben der Qualität der verschiedenen Elemente des Businessplans (Zusammenfassung, Produkt/Dienstleistung, Branche/Markt, Marketing/Vertrieb, Unternehmensleitung, 3-Jahresplanung) auch Kriterien ein, welche die zukünftige Unternehmensentwicklung beschreiben (wie z.B. Schaffung von Vollzeitarbeitsplätzen nach 3 Jahren, Umsatz- und Rentabilitätsentwicklung nach 3 Jahren, Weiterentwicklungsmöglichkeiten/Nachhaltigkeit und Innovationspotential). Nachteile dieser Klassifizierung liegen darin, dass die Beurteilung für ältere Wettbewerbsjahrgänge schon länger zurück liegt und unter Umständen nicht die tatsächliche Unternehmensentwicklung widerspiegelt.

Im Hinblick auf den bereits realisierten Markterfolg wird durch die weitere Untersuchung allerdings bestätigt, dass die Unterteilung aufgrund der Wettbewerbsplatzierung ein zulässiges Vorgehen darstellt. Das von der Jury aufgrund einer Einschätzung des Businessplans unterstellte höhere Erfolgspotential der Gruppe der Preisträger kann durch die Unternehmen tatsächlich im Markt umgesetzt werden und zeigt sich beispielsweise anhand höherer Mitarbeiter- oder auch Umsatzzahlen (siehe hierzu Kap. 7.3, S.174ff. oder Gaul/Jung 2002b).

Die Verwendung subjektiver Einschätzungen des Unternehmenserfolges durch Unternehmensgründer wird eher kritisch gesehen. Ein beträchtlicher Teil der befragten Gründer ist nicht in der Lage, die eigene Unternehmensentwicklung mit der von Wettbewerbern zu vergleichen, was beispielsweise die geringe Zahl der Antworten hinsichtlich Anzahl der Wettbewerber, Entwicklung der Anzahl der Wettbewerber, eigener Marktanteil sowie Marktanteil des stärksten Konkurrenten verdeutlicht.

7. Stichprobe, Zielmarktcharakteristika und Unternehmensentwicklung

7.1 Umfragedurchführung und Stichprobenbeschreibung

Zur Untersuchung der Markteintrittsgestaltung neugegründeter Unternehmen wurde in Kooperation mit StartUp, der Gründungsinitiative von Sparkassen, Stern, ZDF und McKinsey & Company, eine Umfrage durchgeführt (siehe auch Gaul/Jung 2002b). Der 1997 ins Leben gerufene StartUp-Wettbewerb, Deutschlands größter nationaler und branchenübergreifender Businessplan-Wettbewerb, hat bis zum Zeitpunkt der Studie ca. 7.000 angehende Existenzgründer auf dem Weg in die Selbständigkeit begleitet. Zur Teilnahme wird die Einreichung eines Businessplans in Form einer 3-Jahres-Planung verlangt. Organisiert wird die Durchführung des Wettbewerbs über die örtlichen Sparkassen. Preise werden zunächst in einzelnen Regionen (Landessieger) und dann auf Bundesebene (Bundessieger) verliehen. Als Gewinn wird neben Geldpreisen auch eine Beratung durch McKinsey & Company vergeben.

Im Zeitraum Ende Mai bis Ende Juni 2002 wurde die empirische Erhebung der Daten durchgeführt. Dazu sind insgesamt 2.500 Fragebögen an die jeweils punktbesten Teilnehmer der Wettbewerbsjahrgänge 1997/98 bis 2001/2002 verschickt worden. Letztendlich konnte ein Rücklauf von 537 Fragebögen erreicht werden, woraus eine Rücklaufquote von 21,5% resultiert. Als Incentive zur Teilnahme wurde unter den Antwortenden eine individuelle Beratung in einem gewünschten Funktionsbereich durch StartUp-Experten verlost.

Bei der Umfrage ergab sich folgender, in Abb. 7-1 dargestellter, Rücklauf nach Wettbewerbsjahrgängen.

	Wettbewerbsjahrgang						
	1998	1999	2000	2001	2002	k.A.	gesamt
verschickte Fragebögen	530	531	531	531	377		2.500
Rücklauf	133	58	103	113	103	27	537
Rücklaufquote	25,1%	11%	19,4	21,3%	27,3%		21,5%

Abb. 7-1: Stichprobenstruktur nach Wettbewerbsjahrgängen

Die Befragten wurden gebeten anzugeben, ob sie zu den Platzierten des StartUp-Wettbewerbs gehörten (Bundessieger, Landessieger). Abb. 7-2 zeigt, wie sich die (Nicht-)Preisträger über die Wettbewerbsjahrgänge verteilen.

	Wettbewerbsjahrgang						
	1998	1999	2000	2001	2002	k.A.	gesamt
Bundessieger	12	8	10	13	15	4	62
Landessieger	29	12	24	29	28	4	126
kein Preis	85	37	65	70	53	19	329
keine Angabe	7	1	4	1	7		20

Abb. 7-2: Verteilung der StartUp-Preisträger in der Umfrage

Im Folgenden werden Bundes- und Landessieger zusammen genommen (Preisträger, n=188) und als Referenzgruppe besonders erfolgreicher Unternehmen verwendet, um

Unterschiede im Markteintrittsverhalten mit den Nicht-Preisträgern (kein Preis, n=329) zu vergleichen.

(Anmerkung: Aufgrund der nicht immer vollständig ausgefüllten Fragebögen ergeben sich für die im Folgenden untersuchten Fragen unterschiedliche Anzahlen gültiger Antworten bzw. fehlender Werte. Die Unterschiede in den Fallzahlen differieren aber nur um wenige Einheiten, so dass dadurch keine als relevant einzustufenden Abweichungen in den Resultaten entstehen.)

Interessant ist zunächst, in wieweit die Teilnehmer am StartUp-Wettbewerb ihr Gründungsvorhaben vorangetrieben haben. Hierüber gibt Abb. 7-3 Auskunft.

	Wettbewerbsjahrgang						
	1998	1999	2000	2001	2002	k.A.	gesamt
noch keine Gründung	5		5	11	26	4	51
Gründung aufgegeben	5	4	4	5	2	1	21
Neugründung	118	52	91	94	71	19	445
Übernahme	3	1		3	1	1	9
keine Angaben							11

Abb. 7-3: Stand des Gründungsvorhaben

Von den antwortenden Wettbewerbsteilnehmern waren zum Zeitpunkt der Befragung 445 neue Unternehmen gegründet worden. 21 davon waren zum Zeitpunkt der Befragung aber nicht mehr am Markt aktiv. 51 Teilnehmer haben ihr Gründungsvorhaben bis zum Zeitpunkt der Befragung noch nicht umgesetzt, 21 haben es ganz aufgegeben. 9 schon bestehende Unternehmen wurden von Wettbewerbsteilnehmern übernommen.

Da der Wettbewerbsjahrgang der StartUp-Teilnehmer und das Gründungsjahr des Unternehmens nicht übereinstimmen müssen, wurden beide Informationen erhoben. Abb. 7-4 gibt Auskunft über das Gründungsjahr und erlaubt – zusammen mit Abb. 7-1 und Abb. 7-3 – Rückschlüsse auf das Gründungsverhalten der befragten Wettbewerbsteilnehmer.

Zur Verdeutlichung von Unterschieden werden die Unternehmen für die spätere Analyse in zwei Gruppen unterteilt, Gründung bis einschließlich 1999 und ab 2000.

Gründung (Jahr)	bis 1996	1997	1998	1999	2000	2001	2002
N	9	48	80	80	90	110	36
%	1,9	10,6	17,7	17,7	19,9	24,3	7,9

Abb. 7-4: Gründungsjahr

Auf die Frage, ob der Schritt in die Selbständigkeit auch in Anbetracht der momentanen wirtschaftlichen Lage noch einmal unternommen werden würde, antworten, wie in Abb. 7-5 dargestellt, über 90% mit ja. Insbesondere die Teilnehmer der aktuelleren Wettbewerbsjahrgänge sind von dem Weg in die Selbständigkeit überzeugt. Als wichtige Gründe hierfür werden Unabhängigkeit, Selbstverwirklichung, freie Zeiteinteilung, das Umsetzen einer guten Idee mit großen Marktchancen, aber auch mangelnde Alternativen auf dem Arbeitsmarkt genannt. Gründe, die gegen eine erneute Selbständigkeit angeführt werden, sind hohe bürokratische Hemmnisse oder Finanzierungsschwierigkeiten.

in %	Wettbewerbsjahrgang					gesamt
	1998	1999	2000	2001	2002	
nein	13,2	15,4	9,1	7,7	2,8	9,2
ja	86,8	84,6	90,9	92,3	97,2	90,8

Abb. 7-5: Erneuter Wunsch nach Selbständigkeit im Zeitablauf

Dabei scheint der Wunsch nach Selbständigkeit – vielleicht auch bedingt durch die durch StartUp und andere Gründerwettbewerbe mit beeinflusste Diskussion über Existenzgründungsmöglichkeiten – zumindest aus Sicht von StartUp-Wettbewerbsteilnehmern in den letzten Jahren zuzunehmen.

7.2 Zielmarkt- und Unternehmenscharakteristika

Branche	Allg. N	Allg. %	kein Preis	Preis- träger
Handel	58	13	13,2	12,1
Handwerk	39	8,7	10,9	5,5
Dienstleistung	266	59,6	63,9	53,9
Industriegüter	64	14,3	9,4	21,8
Konsumgüter	12	2,7	2,3	3,6
FuE	57	12,8	8,7	18,8
sonstiges	58	13	15,0	9,7
(Mehrfachantwort)	554			

Marktbearbeitung	Allg. N	Allg. %	kein Preis	Preis- träger
ohne Segmentfokus	22	5	6,5	2,5
mehrere Segmente versch. Angebote	148	33,6	35,0	32,5
mehrere Segmente gleiches Angebot	57	13	11,4	15,3
ein Segment	62	14,1	13,7	16,0
eine Nische	183	41,6	40,3	42,3
sonstige	8	1,8	1,9	1,2
(Mehrfachantwort)	480			

(Anmerkung: keine bzw. fehlende Angaben sind nicht wiedergegeben)

Zielkunden	Allg. N	Allg. %	kein Preis	Preis- träger
priv. Endverbraucher	119	26,7	31,7	19,6
KMU	288	64,6	66,4	61,3
Großunternehmen	181	40,6	35,4	46,6
öffentl. Einrichtungen	104	23,3	20,5	30,1
sonstige	44	9,9	9,3	11,7
(Mehrfachantwort)	736			

geogr. Zielmarkt	Allg. N	Allg. %	kein Preis	Preis- träger
regional	115	26	35,0	12,7
Deutschland	163	36,8	36,1	36,4
Europa	76	17,2	14,4	22,4
weltweit	89	20,1	14,4	28,5
	443			

Marktphase	Allg. N	Allg. %	kein Preis	Preis- träger
Entstehung	122	29,9	26,4	34,5
Wachstum	164	40,2	37,4	45,3
Reife	51	12,5	13,4	10,8
Stagnation	71	17,4	22,8	9,5
	408			

Abb. 7-6: Zielmarkt- und Unternehmenscharakteristika der Stichprobe

Für die Analyse des Markteintrittsverhaltens ist es zunächst wichtig, die Märkte genauer zu charakterisieren, in denen die neugegründeten Unternehmen ihre Geschäftstätigkeit aufnehmen. Außerdem werden Unternehmenscharakteristika erfasst, die zusammen mit der Beschreibung der Zielmärkte später teilweise als Einflussfaktoren zur situationsspezifischen Analyse des Markteintritts verwendet werden. Hierbei werden in Abb. 7-6 speziell Unterschiede zwischen (Nicht-) Preisträgern herausgestellt (beschrieben durch die Dimensionen Branche, Zielkunden, geographischer Zielmarkt, Marktphase und Marktbearbeitungsstrategie).

Hinsichtlich der Branchenverteilung der Stichprobe gehört der Großteil der Unternehmen mit fast 60% dem Dienstleistungsbereich an. Bei den Preisträgern erkennt man einen höheren Anteil von Unternehmen aus dem Industriegüter- und dem FuE-Bereich im Vergleich zu den Nicht-Preisträgern und einen dementsprechend geringeren Anteil an Handwerksbetrieben und Dienstleistern.

Die Mehrzahl der neugegründeten Unternehmen richtet sich mit ihrem Angebot an andere kleine und mittlere Unternehmen sowie an Großunternehmen. Preisträger haben einen geringeren Anteil an privaten Endverbrauchern und dafür häufiger Behörden und andere öffentliche Einrichtungen unter ihren Kunden. An private Endverbraucher (und KMUs) richten sich verstärkt Unternehmen aus dem Handels-, Handwerks- und Konsumgüterbereich, während sich im Dienstleistungs-, Industriegüter- und FuE-Sektor eher auf KMUs und Großunternehmen konzentriert wird. Öffentliche Einrichtungen werden verstärkt bei Handwerkern und Dienstleistern als Zielkunden angegeben.

geogr. Zielmarkt	Branche											
	Handel		Handwerk		Dienstleist.		Industrieg.		Konsumg.		FuE	
	N	%	N	%	N	%	N	%	N	%	N	%
regional	13	22,4	21	55,3	81	30,7	2	3,2	3	27,3	1	1,8
Deutschland	21	36,2	9	23,7	107	40,5	14	22,2	4	36,4	12	21,4
Europa	16	27,6	3	7,9	48	18,2	18	28,6	1	9,1	13	23,2
weltweit	8	13,8	5	13,2	28	10,6	29	46,0	3	27,3	30	53,6
	58	100,0	38	100,0	264	100,0	63	100,0	11	100,0	56	100,0

geogr. Zielmarkt	Marktphase								Innovationsgrad			
	Entstehung		Wachstum		Reife		Stagnation		niedrig		hoch	
	N	%	N	%	N	%	N	%	N	%	N	%
regional	19	16,0	35	21,7	15	29,4	31	43,7	68	37,8	45	17,9
Deutschland	48	40,3	61	37,9	17	33,3	24	33,8	67	37,2	89	35,3
Europa	19	16,0	30	18,6	9	17,6	12	16,9	29	16,1	45	17,9
weltweit	33	27,7	35	21,7	10	19,6	4	5,6	16	8,9	73	29,0
	119	100,0	161	100,0	51	100,0	71	100,0	180	100,0	252	100,0

geogr. Zielmarkt	Zielkunden							
	priv. Endv.		KMU		Großunt.		öffentl. Einr.	
	N	%	N	%	N	%	N	%
regional	51	44,0	68	23,8	19	10,7	27	26,2
Deutschland	33	28,4	112	39,2	63	35,4	40	38,8
Europa	13	11,2	56	19,6	37	20,8	18	17,5
weltweit	19	16,4	50	17,5	59	33,1	18	17,5
	116	100,0	286	100,0	178	100,0	103	100,0

Abb. 7-7: Ausgewählte Charakteristika der Born Globals

Mit knapp 37% ist die Mehrzahl der Unternehmen Deutschland-weit tätig. Allerdings sind auch fast 40% der Neugründungen schon international tätig, wobei diese Tendenz bei den Preisträgern noch stärker ausgeprägt ist. In Anbetracht des aktuellen Interesses an den sogenannten Born Globals (siehe Kap. 3.5.3, S.77f.) zeigt Abb. 7-7 den Zusammenhang zwischen geographischem Zielmarkt und einigen anderen ausgewählten Faktoren. Auffällig ist, dass speziell Unternehmensgründungen, die Großkonzerne als Zielkunden haben, verstärkt international tätig und somit vermutlich ihren Kunden ins Ausland folgen bzw. dort bestehende Auslandsniederlassungen ihrer Kunden betreuen. Auch gehören international tätige Unternehmensgründungen überdurchschnittlich häufig dem Industriegüter- und FuE-Sektor an und besitzen dementsprechend auch einen höheren Innovationsgrad. Handwerksbetriebe und Dienstleitungen sind aufgrund der räumlich begrenzt möglichen Leistungserbringung eher national orientiert. Mit zunehmendem Alter des Marktes nimmt der Anteil international tätiger Unternehmensgründungen ab. Bezüglich der Marktbearbeitungsstrategie konnten keine deutlichen Unterschiede identifiziert werden, d.h. international tätige Unternehmen sind nicht in höherem Maße auf Nischen konzentriert und bearbeiten kleinere Märkte.

Die befragten Unternehmensgründungen treten überwiegend in Märkte ein, die sich in der Entstehungs- oder Wachstumsphase befinden, wobei diese Tendenz bei den platzierten Unternehmen noch stärker ausgeprägt ist. Hier ergibt sich eine offensichtliche Verbindung zu dem deutlich höheren Innovationsgrad, über den die Platzierten im Vergleich zu den Nicht-Preisträgern berichten (siehe Abb. 9-14, S.227). Handwerksunternehmen werden verstärkt in Stagnationsphasen gegründet während man FuE-Gründungen häufiger in Entstehungsphasen von Märkten findet, da hier der Markt unter Umständen durch die Innovationen mitentwickelt wird.

Hinsichtlich der Marktbearbeitung zeigt Abb. 7-6, dass sich die Mehrheit der neugegründeten Unternehmen, wie in den bisherigen Untersuchungen auch (siehe Kap. 3.5.2.3, S.73), auf eine Nische konzentriert oder mehrere Kundensegmente mit jeweils verschiedenen Leistungsangeboten bearbeitet. Auf den Massenmarkt, d.h. auf eine Marktbearbeitung ohne Segmentfokus, sind nur sehr wenige Unternehmen ausgerichtet. Im Industriegüterbereich findet sich eine geringere Nischenorientierung und eine verstärkte Bearbeitung von mehreren Segmenten mit dem gleichen Angebot. Interessant bezüglich der Marktbearbeitung ist, dass die Nischenorientierung mit zunehmendem Alter des Zielmarktes abnimmt (in Entstehungsphase 47% Nischenbearbeitung vs. 34% in Stagnationsphase). Die Bearbeitung mehrerer Segmente mit verschiedenen Angeboten steigt anteilsmäßig hingegen bis zu Reifephase an und nimmt dann wieder ab. Es lässt sich mit zunehmendem Alter der Märkte zunächst eine Differenzierung und Ausweitung des Angebots beobachten, während es in Stagnationsphasen möglicherweise zur Rationalisierung und Standardisierung des Angebots kommt.

Marktdynamik und Marktumfeld

Das durchschnittliche Wachstum der ausgewählten Zielmärkte beträgt nach Angaben der befragten Unternehmen zum Eintrittszeitpunkt knapp 25% und lässt die Anforderungen erahnen, die eine solche Marktdynamik (neben den offensichtlichen Chancen) an die Neugründungen stellt. Im Handwerksbereich wird mit nur 7% ein unterdurchschnittlicher Wert erreicht. Die Preisträger beobachten mit ca. 27% ein leicht höheres Wachstum als die Nicht-Preisträger (23% Marktwachstum).

(prozentuales Marktwachstum (% der befragten Unternehmen): 13% ≤ 0% Wachstum; 24% ≤ 5% Wachstum; 25% ≤ 15% Wachstum; 19% ≤ 25% Wachstum; 16% ≤ 100% Wachstum; 3% > 100% Wachstum)

Auf die Frage, ob sich die Kundenbedürfnisse häufig ändern, antworten 34% der Befragten mit Zustimmung (Bewertung ≥ 5 auf der zugrundeliegenden 7er Skala) und 52% mit Ablehnung (Bewertung ≤ 3). Im Dienstleistungs- und FuE-Bereich sind die wahrgenommenen Änderungen bezüglich der Kundenbedürfnisse stärker ausgeprägt. Unter Berücksichtigung der in der Regel frühen Marktphasen sind diese Werte als eher niedrig einzustufen, allerdings ist der geringe Anteil an Endverbrauchern unter den Kundengruppen zu berücksichtigen. Ähnliche Antworten werden auf die Frage gegeben, ob Kundenbedürfnisse homogen sind. 51% lehnen dies eher ab, d.h. empfinden Kundenbedürfnisse als inhomogen, während 34% zustimmend antworten. Hinsichtlich der wahrgenommenen Markteintrittsbarrieren geben 46% an, dass hohe Markteintrittsbarrieren bestanden während 41% dies eher ablehnen. In stärkerem Maße werden hohe Markteintrittsbarrieren im Industriegüter- und FuE-Bereich empfunden.

Beschreibung der Wettbewerbssituation

Die durchschnittliche Anzahl der Konkurrenten zum Zeitpunkt des Markteintritts wird mit 25 angegeben (Std.abw. 170,0), die Anzahl zum Zeitpunkt der Studie (durchschnittlich 3 Jahre später) mit 29 Konkurrenten (Std.abw. 173,8). (Anmerkung: Bei dieser Frage wurden die 5 Extremwerte (105.000 bis 2.400 Konkurrenten) aus der Analyse ausgeschlossen, da diese zu einer starken Verzerrung geführt hätten; MW: 420). Höhere Durchschnittswerte zum Zeitpunkt des Markteintritts ergeben sich im Handels- (66 Konkurrenten) und Dienstleistungsbereich (42) während es bei Handwerkern nur 7 sind. Auch weltweit operierende Unternehmen haben mit 8 Konkurrenten vergleichsweise wenige Wettbewerber.

(Anzahl Wettbewerber beim Markteintritt (% der befragten Unternehmen): 31% 0-2 Wettbewerber; 33% 3-5 Wettbewerber; 16% 6-10 Wettbewerber; 10% 10-30 Wettbewerber; 10% >30 Wettbewerber.
Anzahl Wettbewerber zum Zeitpunkt der Studie (% der befragten Unternehmen): 24% 0-2 Wettbewerber; 32% 3-5 Wettbewerber; 19% 6-10 Wettbewerber; 14% 10-30 Wettbewerber; 11% >30 Wettbewerber.)

45% der befragten Unternehmen sind der Meinung, die Anzahl der Konkurrenten bleibt gleich, 36% sagen die Wettbewerberzahl steigt. 51% der Unternehmen sprechen von einem starken bis extrem aggressiven Wettbewerb, 22% von einem nicht vorhanden oder nur schwachem Wettbewerb. Im Dienstleistungsbereich wird durchschnittlich eine höhere Aggressivität des Wettbewerbs angegeben. Bei Einschätzungen bezüglich der Ähnlichkeit der angebotenen Produkte, welche einen wichtigen Beitrag zum wahrgenommenen Wettbewerbsdruck liefert, sagen 35% die angebotenen Produkte sind sehr ähnlich, 48% stimmen der Aussage nicht zu. Im Dienstleistungs- und Handwerksbereich ergeben sich hinsichtlich der Ähnlichkeit höhere Werte, im FuE-Bereich niedrigere.

7.3 Unternehmensentwicklung und Erfolgsbetrachtung

Im Folgenden soll die Unternehmensentwicklung der befragten Unternehmen anhand der Dimensionen geschaffene Arbeitsplätze, erzielter Umsatz, getätigte Investitionen, Gewinnsituation und erreichter Marktanteil beschrieben werden. Dies dient zum einen zur Darstellung der volkswirtschaftlichen Bedeutung der gegründeten Unternehmen sowie zur Einschätzung des Unternehmenserfolges und der Unternehmensentwicklung. Außerdem wird durch den Vergleich der unterschiedlichen Entwicklungsverläufe bei Preisträgern und Nicht-Preisträgern die Auswahl der Preisträger des StartUp-Wettbewerbs als Referenzgruppe für besonders erfolgreiche Unternehmensgründungen bei der sich anschließenden Analyse der Markteintrittsgestaltung begründet. Des weiteren werden die verwendeten Finanzierungsquellen und deren Anteil am Gesamtkapital näher betrachtet.

7.3.1 Arbeitsplatzentwicklung

Abb. 7-8 zeigt, dass die nach dem Wettbewerbserfolg gebildeten Gruppen der (Nicht-) Preisträger deutliche Unterschiede hinsichtlich der geschaffenen Arbeitsplätze aufweisen.

Im Schnitt resultierten aus den vorliegenden Angaben zum Zeitpunkt der Studie durchschnittlich 8,5 feste Mitarbeiter bei einem Durchschnittsalter der Unternehmen von 2,9 Geschäftsjahren (Nicht-Preisträger: 6,1 feste Mitarbeiter; Preisträger: 11,3 feste Mitarbeiter, Maximaler angegebener Wert: 140 feste Mitarbeiter).

	gesamt			kein Preis			Preisträger		
	N	Summe	Ø	N	Summe	Ø	N	Summe	Ø
feste Mitarbeiter 1.GJ	324	1.186	3,7	176	522	3,0	137	615	4,5
feste Mitarbeiter 2.GJ	268	1.722	6,4	149	708	4,8	111	919	8,3
feste Mitarbeiter 3.GJ	194	1.881	9,7	111	742	6,7	77	1.019	13,2
feste Mitarbeiter 4.GJ	121	1.154	9,5	75	442	5,9	42	607	14,5
feste Mitarbeiter 5.GJ	53	638	12,0	31	260	8,4	19	332	17,5
freie Mitarbeiter 1.GJ	175	500	2,9	95	226	2,4	76	268	3,5
freie Mitarbeiter 2.GJ	169	713	4,2	100	343	3,4	67	365	5,4
freie Mitarbeiter 3.GJ	110	474	4,3	67	252	3,8	42	218	5,2
freie Mitarbeiter 4.GJ	73	320	4,4	48	202	4,2	23	113	4,9
freie Mitarbeiter 5.GJ	37	221	6,0	23	157	6,8	11	56	5,1
Azubis 1.GJ	42	43	1,0	25	25	1,0	15	12	0,8
Azubis 2.GJ	50	76	1,5	26	37	1,4	21	28	1,3
Azubis 3.GJ	48	79	1,7	29	43	1,5	17	26	1,5
Azubis 4.GJ	34	62	1,8	26	47	1,8	7	9	1,3
Azubis 5.GJ	21	48	2,3	14	38	2,7	7	10	1,4

(Anmerkung: N = Anzahl der Antworten, Summe = Summe der jeweiligen Arbeitsplätze, Ø = Durchschnittliche Anzahl der jeweiligen Arbeitsplätze pro Unternehmen)

Abb. 7-8: Entwicklung der Arbeitsplatzzahlen nach Preisträgern

Abb. 7-9 stellt die Entwicklung der durchschnittlichen Anzahl fester Mitarbeiter und deren jährliche Wachstumsraten nach Preisträgern graphisch dar. Bei der Analyse der gesamten Stichprobe ergibt sich ein durchschnittliches jährliches Wachstum bei den festen Mitarbeitern zwischen dem 1. und 5. Geschäftsjahr von 37% im Vergleich zu 33% bei den Nicht-Preisträgern und 43,5% bei den Preisträgern. Auch hinsichtlich der jährlichen Wachstumsraten sind die Unterschiede sowohl innerhalb der gebildeten Gruppen nach Jahreszahlen als auch zwischen den Gruppen beachtlich.

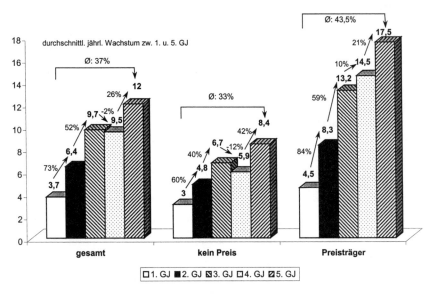

Abb. 7-9: Entwicklung der durchschnittlichen Anzahl fester Mitarbeiter nach Geschäftsjahren und nach Preisträgern

Dabei gibt die jeweils über einem Balken platzierte Zahl in Abb. 7-9 die durchschnittliche Anzahl an festen Mitarbeitern im zugehörigen Geschäftsjahr an, die an den Pfeilen notierten %-Werte die zugehörigen Wachstumsraten. Man beachte hierbei, dass es von größer werdenden Ausgangsniveaus immer schwieriger wird, zuvor realisierte Wachstumsraten wieder zu erreichen.

Zwischen dem 3. u. 4 Geschäftsjahr ist eine Stagnation oder sogar ein Rückgang der Mitarbeiterzahlen zu beobachten. Dies kann Zeichen für interne Umstrukturierungs- und Professionalisierungsprozesse, Änderungen der Kapitalstruktur, Entwicklung der nächsten Produktgeneration, Aufbrauchen der zu Beginn vorhandenen Ressourcen etc. sein, durch die es zu einer Verlangsamung des Wachstums kommt. Dieser Verlauf ist typisch für einen gewissen Reifeprozess, den viele neugegründete Unternehmen durchlaufen und der zu einem Ansteigen der Misserfolgsquote nach einigen Geschäftsjahren führen kann („Liability of Adolescence", siehe hierzu z.B. Brüderl/Schüssler 1990 oder Finchman/Levinthal 1991).

(Ein Überblick über die Mitarbeiterentwicklung sowie für weitere im Folgenden dargestellte Größen hinsichtlich ausgewählter Einflussfaktoren wird in Abb. 7-18 am Ende dieses Abschnitts auf S.179 gegeben.)

7.3.2 Umsatzentwicklung

Ein weiterer Indikator zur Beschreibung des aktuellen Entwicklungsstandes von Unternehmensgründungen und ihres Erfolgs im Markt ist der erreichte Umsatz. Aufgrund von sehr starken Unterschieden hinsichtlich der erreichten Umsatzniveaus in der Stichprobe ist es allerdings schwierig, im vorliegenden Fall allgemeingültige Aussagen zu treffen. Insbesondere ein überdurchschnittlich erfolgreiches Unternehmen aus der Gruppe der Landessieger mit einem Umsatz von 120 Mio. € im 3. Geschäftsjahr und 195 Mio. € im 4. GJ trägt zu den nicht unbeträchtlichen Schwankungen im Hinblick auf die folgenden Auswertungen bei. Da solche „Ausreißer" im positiven Sinne charakteristisch für den Entrepreneurship-Bereich sind, werden die Extremwerte für die weiteren Analysen nicht ausgeschlossen.

Für die gesamte Stichprobe lässt sich die in Abb. 7-10 gezeigte Umsatzentwicklung bezüglich der einzelnen Geschäftsjahre aufstellen. Der Vergleich zwischen den Nicht-Preisträgern und den Preisträgern zeigt – wie zuvor bereits bei den Arbeitsplatzzahlen – die deutlich höhere Performance der prämierten Unternehmen insbesondere in den ersten Jahren der Geschäftstätigkeit.

		gesamt				kein Preis				Preisträger		
	N	Summe (Tsd. €)	Ø (Tsd. €)	Std.abw. (Tsd. €)	N	Summe (Tsd. €)	Ø (Tsd. €)	Std.abw. (Tsd. €)	N	Summe (Tsd. €)	Ø (Tsd. €)	Std.abw. (Tsd. €)
1.GJ	289	61.000	211,1	953,5	175	19.685	112,5	272,8	105	37.224	354,5	1.517,2
2.GJ	234	157.507	673,1	3.615,1	144	41.471	288	617,4	82	109.195	1331,6	6.004,9
3.GJ	167	288.411	1.727,0	10.568,2	105	41.905	399,1	807,4	55	237.222	4.313,10	18.204,6
4.GJ	93	270.300	2.906,5	19.942,9	58	36.155	623,4	1.137,5	30	221.705	7.390,20	35.015,0
5.GJ	37	46.058	1.244,8	1.704,3	20	21.678	1.083,9	1.501,1	13	19.444	1.495,70	2.200,9

Abb. 7-10: Entwicklung des Jahresumsatzes

Insgesamt haben die antwortenden Unternehmen zum Zeitpunkt der Studie einen Umsatz von ca. 460 Mio. € erzielt, was einem Mittelwert von 1,55 Mio. € pro Firma entspricht (bei einem Durchschnittsalter von 2,8 GJ). Allerdings erreichen alleine die drei umsatzstärksten Unternehmen zusammen einen Umsatz von 288 Mio. €, was über 60% des momentanen Gesamtumsatzes ausmacht. Aufgrund der hohen Schwankungen hinsichtlich der Umsatzentwicklung werden auf weitere situationsspezifische Auswertungen verzichtet.

7.3.3 Investitionen

Bezüglich der Investitionen wurde nach dem Investitionsvolumen im letzten abgeschlossenen Geschäftsjahr gefragt. Insgesamt wurden von den 292 Unternehmen, die Angaben zu ihren Investitionen gemacht haben, fast 86 Mio. € investiert, wobei Abb. 7-11 noch zwischen Investitionen in Verwaltung/Büro/Produktion, Grundstücke/Gebäude und Beteiligungen unterscheidet. Es ergibt sich ein Durchschnittswert von ca. 294 Tsd. € pro Unternehmen (Max. 20 Mio. €), mit den in Abb. 7-11 dargestellten Unterschieden bezüglich der Platzierung im Start-Up-Wettbewerb.

	gesamt			kein Preis		Preisträger	
	N	Summe (Tsd. €)	Ø (Tsd. €)	N	Ø (Tsd. €)	N	Ø (Tsd. €)
gesamte Investitionen	292	85.770	293,7	181	118,4	104	568,5
Verwaltung / Büro / Produktion	212	28.405	134,0	131	82,2	76	202,2
Grundstücke / Gebäude	36	11.531	320,3	20	49,8	14	604,5
Beteiligungen	23	2.208	96,0	14	41,4	7	226,9

Abb. 7-11: Investitionen im letzten Geschäftsjahr

Hinsichtlich des Unternehmensalters ergeben sich, wie Abb.7-12 zeigt, ebenfalls deutliche Unterschiede in Bezug auf das Investitionsvolumen. Ältere Unternehmen, die 1999 oder früher gegründet wurden, investierten in ihrem letzten Geschäftsjahr ca. 370 Tsd. € zum Aufbau des Unternehmens, während jüngere Unternehmen auf einen Schnitt von ca. 215 Tsd. € kommen.

	bis 1999 gegründet			ab 2000 gegründet		
	N	Summe (Tsd. €)	Ø (Tsd. €)	N	Summe (Tsd. €)	Ø (Tsd. €)
gesamte Investitionen	146	53.796	368,5	146	31.501	215,76
Verwaltung / Büro / Produktion	108	16.156	149,6	102	11.247	110,27
Grundstücke / Gebäude	23	4.289	186,5	12	7.221	601,79
Beteiligungen	17	777	45,7	6	1.432	238,6

Abb. 7-12: Investitionen im letzten Geschäftsjahr nach Unternehmensalter

Auch bezüglich der unterschiedlichen Branchen ergeben sich deutliche Unterschiede, wie in Abb. 7-13 dargestellt. Unternehmensgründungen im Industriegüter- und FuE-Bereich zeigen die höchsten Investitionsvolumen, während diese im Handelsbereich eher unterdurchschnittlich sind.

	Handel		Handwerk		Dienstleist.		Industrieg.		Konsumg.		FuE	
	N	Ø (Tsd. €)	N	Ø (Tsd. €)	N	Ø (Tsd. €)	N	Ø (Tsd. €)	N	Ø (Tsd. €)	N	Ø (Tsd. €)
ges. Investitionen	33	90,05	31	160,10	171	158,72	48	301,32	6	104,56	41	252,07
Verwaltung	25	37,63	16	122,13	123	104,79	41	220,55	4	71,07	34	161,24
Grundstück	5	6,14	3	682,75	22	233,99	7	545,33	1	3,07	5	114,53
Beteiligungen	4	25,56	1	76,69	15	120,22	3	8,69	0	-	3	5,28

Abb. 7-13: Investitionen im letzten Geschäftsjahr nach Branche

7.3.4 Gewinnsituation

Abb. 7-14 belegt, dass etwa 40% der befragten Unternehmen die Gewinnzone schon erreicht haben und dies durchschnittlich nach 2,2 Geschäftsjahren. Unternehmen, welche die Gewinnzone bisher noch nicht erreicht haben, streben dies nach 3,8 Geschäftsjahren an. Preisträger haben die Gewinnzone in deutlich geringerem Maße schon erreicht bzw. planen dies auch tendenziell für einen späteren Zeitpunkt. Dies ist ein Indiz für einen hohen Anteil an wachstumsorientierten Unternehmen unter den Preisträgern.

	gesamt	kein Preis	Preisträger
Gewinnzone erreicht (%)	40,6	44,4	32,5
noch nicht erreicht (%)	55,1	50,2	65,6
weiß nicht (%)	4,4	5,4	1,9
in welchem GJ erreicht (MW)	2,2	2,1	2,2
in welchem GJ geplant (MW)	3,8	3,7	3,9

Abb. 7-14: Gewinnsituation

Berücksichtigt man bei der Analyse der Gewinnsituation das Alter der Unternehmen, so ergeben sich erwartungsgemäß abnehmende Anteile für die schon Gewinn-erzielenden Unternehmen in Abhängigkeit vom Gründungsjahr. Auffällig ist hier, dass jüngere Unternehmen hinsichtlich des angestrebten Zeitpunkts der Gewinnerzielung zu optimistischeren Aussagen tendieren. Abb. 7-15 liefert hierzu einen Überblick.

	bis 1996	1997	1998	1999	2000	2001	2002
Gewinnzone erreicht (%)	62,5	66,7	56,4	50,6	33,3	24,3	8,6
noch nicht erreicht (%)	37,5	28,9	37,2	46,8	64,3	72,8	77,1
weiß nicht (%)	-	4,4	6,4	2,6	2,4	2,9	14,3
in welchem GJ erreicht (MW)	2,8	2,9	2,5	2,3	1,8	1,3	1,0
in welchem GJ geplant (MW)	9,0	5,8	5,4	4,6	3,6	2,9	2,3

Abb. 7-15: Gewinnsituation nach Gründungsjahr

7.3.5 Marktanteil

Die von den Unternehmen mitgeteilten Marktanteile erscheinen (auch im Vergleich zum Marktanteil des stärksten Konkurrenten) hoch. Dazu ist zu berücksichtigen, dass die Definition des für das eigene Unternehmen relevanten Marktes entsprechende Spielräume lässt und dass die befragten Unternehmen vor allem in Märkten agieren, die sich in der Entstehungs- bzw. Wachstumsphase befinden (Abb. 7-6).

Wie Abb. 7-16 zeigt, haben die befragten Unternehmen im Schnitt einen Marktanteil von ca. 20 Prozent erreicht. Leicht größere Marktanteile sind bei Preisträgern festzu-stellen, allerdings konnten auch deren stärkste Konkurrenten entsprechend höhere Marktanteile für sich gewinnen.

	gesamt	kein Preis	Preisträger
eigener Marktanteil (%)	19,3	18,0	21,7
MA des stärksten Konkurrenten (%)	27,2	25,1	32,2

Abb. 7-16: Marktanteile der Unternehmen und des jeweils stärksten Konkurrenten

Abb. 7-17 gibt die Marktanteilsverteilung nach Branchen wieder. Über die größten Marktanteile wird von Unternehmen aus dem Handel berichtet. Die Konkurrenten mit den größten Marktanteilen finden sich allerdings im Industriegüter- und FuE-Bereich. Bei den erreichten Marktanteilen ergeben sich generell starke Schwankungen bezüg-lich der untersuchten Einflussfaktoren (siehe hierzu Abb. 7-18).

	Handel	Hand-werk	Dienst-leistung	Industrie-güter	Konsum-güter	FuE
eigener Marktanteil (%)	26,1	13,7	19,5	16,5	15,6	16,4
MA des stärksten Konkurrenten (%)	29,0	19,9	27,5	33,8	22,8	30,5

Abb. 7-17: Marktanteile nach Branchen

Bezüglich des unterschiedlichen Abschneidens der befragten Unternehmen zeigen sich deutliche Unterschiede zwischen den Nicht-Preisträgern und den Preisträgern bei den untersuchten Indikatoren geschaffene Arbeitsplätze, erzielter Umsatz, Investitionen und erreichter Marktanteil. Die Preisträger rechtfertigen damit ihr Abschneiden beim StartUp-Wettbewerb auch in der ex-post Analyse und insbesondere die Verwendung als Referenzgruppe für besonders erfolgreiche Gründungen für die Analyse der Markteintrittsgestaltung.

Abb. 7-18 fasst noch einmal (bis auf den Umsatz) die betrachteten Größen zur Beschreibung der Unternehmensentwicklung für einige ausgewählte Einflussfaktoren zusammen.

Unternehmens-entwicklung	Allg. MW	Branche							geographischer Zielmarkt				Wettbew. situation		Umfeld-dynamik		Innov.-grad	
		Handel	Handwerk	Dienstleistung	Industriegüter	Konsumgüter	FuE	sonstige	regional	Deutschland	Europa	weltweit	schwach	aggressiv	niedrig	hoch	niedrig	hoch
N	454	58	39	266	64	12	57	58	115	163	76	89	196	245	214	222	185	255
feste Mitarbeiter																		
1. GJ	3,7	2,8	5,3	3,1	4,9	3,4	2,9	4,7	2,4	3,6	5,1	3,6	3,5	3,8	3,5	3,9	3,1	4,1
2. GJ	6,4	4,8	11,0	5,3	6,9	5,9	6,9	9,1	2,5	6,9	9,0	6,9	5,7	7,0	5,6	7,2	5,5	7,2
3. GJ	9,7	5,8	14,8	8,1	9,5	7,7	9,2	15,1	3,7	10,9	10,3	13,4	9,1	10,2	8,2	11,0	6,7	12,2
4. GJ	9,5	5,5	10,1	6,4	12,2	10,7	13,3	13,4	4,8	9,2	9,1	15,1	11,2	8,7	6,1	12,5	6,2	12,7
5. GJ	12,0	7,7	6,6	8,0	21,2	2,5	28,5	8,9	7,6	8,4	7,2	21,6	16,1	10,2	13,5	11,3	6,4	17,2
Investitionen (Tsd.€)	292	88	160	158	301	105	247	766	126	385	168	469	258	313	177	389	122	418
eigener MA (%)	19,3	26,1	13,7	19,5	16,5	15,6	16,4	21,0	20,9	15,3	15,2	28,5	30,3	10,9	22,3	16,6	13,0	23,1
MA Konkurrent (%)	27,2	29,0	19,9	27,5	33,8	22,8	30,5	35,7	24,7	28,5	28,3	28,8	26,9	27,5	28,0	26,6	27,6	27,3
Gewinnerzielung (%)																		
ja	40,6	43,1	48,6	46,7	29,5	27,3	23,6	28,1	46,4	38,5	42,5	36,5	37,0	43,8	36,1	45,3	45,5	36,8
nein	55,1	51,7	48,6	47,5	68,9	63,6	76,4	70,2	46,4	58,3	56,2	58,8	57,8	52,3	58,2	51,9	47,7	60,3
weiß nicht	4,4	5,2	2,7	5,9	1,6	9,1	-	1,8	7,1	3,2	1,4	4,7	5,2	3,8	5,8	2,8	6,8	2,8
kein Preis (N) /	329 /	35 /	29 /	169 /	25 /	6 /	22 /	40 /	92 /	94 /	38 /	38 /	100 /	159 /	136 /	120 /	130 /	134 /
Preisträger (N)	188 /	20 /	9 /	88 /	36 /	6 /	31 /	16 /	21 /	59 /	37 /	47 /	85 /	79 /	70 /	93 /	49 /	113 /
% / %	64 /	64 /	76 /	66 /	41 /	50 /	42 /	71 /	81 /	61 /	51 /	45 /	54 /	67 /	66 /	56 /	73 /	54 /
	36	36	24	34	59	50	58	29	19	39	49	55	46	33	34	44	27	46

Abb. 7-18: Unternehmensentwicklung für ausgewählte Einflussfaktoren (MA = Marktanteil)

7.3.6 Finanzierung

Die Finanzierung von Unternehmensgründungen stellt bekanntermaßen ein besonderes Problem dar. Im Rahmen der gebotenen Kürze bei dieser schriftlichen Umfrage wurde nur danach gefragt, wie das Unternehmen heute (zum Zeitpunkt der Studie) finanziert ist.

Untersucht wurde einerseits, welche Finanzierungsquellen von den befragten Unternehmen eingesetzt werden. Abb. 7-19 zeigt, dass Eigenkapital bei fast 90% der Unternehmen dazu gehört, Fördermittel bei ca. 40%, Kredite bei 36% und Venture Capital nur bei 11% der befragten Unternehmen zum Einsatz kommen. Allerdings differiert der Anteil der Venture Capital–beziehenden Unternehmen gewaltig zwischen Nicht-Preisträgern (6,6%) und Preisträgern (20%), welche insgesamt höhere Anteile bei externen Kapitalquellen aufweisen.

	gesamt			kein Preis			Preisträger		
	N	verw. Quellen (in%)	durchschn. %-Anteil	N	verw. Quellen (in%)	durchschn. %-Anteil	N	verw. Quellen (in%)	durchschn. %-Anteil
Eigenmittel	383	89,70	62,78	234	90,70	67,04	136	87,74	56,09
VC	49	11,48	49,31	17	6,59	50,74	31	20,00	48,25
Kredite	147	34,43	39,31	80	31,01	39,49	59	38,06	38,31
Fördermittel	172	40,28	42,83	92	35,66	45,43	73	47,10	39,97
sonstiges	27	6,32	45,86	12	4,65	30,00	15	9,68	59,56
k.A.	17	3,98		11	4,26		6	3,87	
N Unternehmen	427	186,18		258	172,87		155	206,45	

Abb. 7-19: Finanzierungsquellen

Andererseits wurde gefragt, zu wie viel Prozent sich das Gesamtkapital auf die verwendeten Finanzierungsquellen aufteilt. Abb. 7-20 ist zu entnehmen, dass falls Eigenkapital verwendet wird, dies einen Anteil von 63% am Gesamtkapital ausmacht, bei Venture Capital sind es 54% am Gesamtkapital sofern Unternehmen VC bezogen haben. Als sonstige Quellen werden u.a. stille Beteiligungen oder Finanzierung über Aufträge genannt.

	dann %-Anteil der Quellen am Gesamtkapital				
falls Quelle verwendet	Eigenmittel	VC	Kredite	Fördermittel	sonstiges
Eigenmittel	63,0	4,3	14,0	16,8	2,0
VC	27,3	54,0	6,1	10,0	2,1
Kredite	34,9	4,5	39,9	18,5	2,3
Fördermittel	33,4	5,7	17,2	43,1	1,6
sonstiges	24,2	4,2	13,1	12,1	46,7

Abb. 7-20: %-Anteile der verwendeten Finanzierungsquellen

Eine Betrachtung der Finanzierungsproblematik nach Branchen (Abb. 7-21) zeigt, dass im Industriegüter- und FuE-Bereich von den Unternehmen überdurchschnittlich viele Finanzierungsquellen verwendet werden und auch häufiger Venture Capital-Geber als Investoren gefunden werden konnten. Im Handwerk und Handel sowie im Industriegüter-Bereich gibt es einen hohen Anteil an Fördermitteln unter den Finanzierungsquellen. In Bezug auf die Prozentanteile einzelner Finanzierungsquellen am Gesamtkapital fällt außerdem der hohe Anteil des Eigenkapitals (über 2/3) bei Dienstleistungsunternehmen und im Industriegüter-Bereich auf.

7.3.7 Finanzieller Engpass

Auf die Frage, ob die finanzielle Ausstattung einen Engpass bei der Gestaltung des Markteintritts darstellt, antwortet die Mehrheit der Unternehmen, wie in Abb. 7-22 dargestellt, mit Zustimmung (Bewertung ≥ 5 auf der zugrundeliegenden 7er Skala). Im Vergleich zu den anderen Unternehmen empfinden die Preisträger diesen Engpass etwas stärker, wofür die höhere Wachstumsorientierung mit dem damit verbundenen größeren Kapitalbedarf und Investitionsvolumen als Erklärung dienen kann.

		Handel			Handwerk			Dienstleistung	
	N	verw. Quellen (in%)	durchschn. %-Anteil	N	verw. Quellen (in%)	durchschn. %-Anteil	N	verw. Quellen (in%)	durchschn. %-Anteil
Eigenmittel	52	91,23	56,31	32	86,49	48,38	232	90,63	68,90
VC	2	3,51	22,50	1	2,70	50,00	17	6,64	48,13
Kredite	21	36,84	47,24	12	32,43	38,80	77	30,08	38,19
Fördermittel	31	54,39	52,79	21	56,76	55,38	94	36,72	42,64
sonstiges	2	3,51	20,00	4	10,81	34,23	12	4,69	45,56
k.A.	2	3,51		2	5,41		9	3,52	
N Unternehmen	57	192,98		37	194,59		256	172,27	

		Industriegüter			Konsumgüter			FuE	
	N	verw. Quellen (in%)	durchschn. %-Anteil	N	verw. Quellen (in%)	durchschn. %-Anteil	N	verw. Quellen (in%)	durchschn. %-Anteil
Eigenmittel	54	91,53	68,90	9	90,00	54,44	48	92,31	54,77
VC	16	27,12	48,13	1	10,00	60,00	16	30,77	52,08
Kredite	30	50,85	38,19	5	50,00	45,00	18	34,62	37,50
Fördermittel	38	64,41	42,64	3	30,00	41,67	26	50,00	34,83
sonstiges	6	10,17	45,56			,	7	13,46	48,14
k.A.	2	3,39		1	10,00		1	1,92	
N Unternehmen	59	247,46		10	190,00		52	223,08	

Abb. 7-21: Finanzierungsquellen nach Branchen

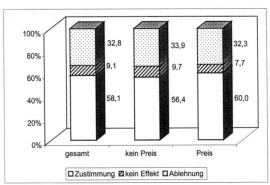

Abb. 7-22: Finanzielle Ausstattung als Engpass beim Markteintritt

8. Untersuchung der Marktorientierung

8.1 Implementierung der Marktorientierung

8.1.1 Überblick und allgemeine Analyse

Das in Kap. 6 entwickelte Messmodel wird im Folgenden eingesetzt, um die Implementierung der Marktorientierung (MO) in neugegründeten Unternehmen näher zu untersuchen. Wie intensiv sind Unternehmensgründer um die Ausprägung einer MO bemüht? Wie unterscheiden sich Ausprägungen der MO in Abhängigkeit der Umfeldsituation? Welchen Dimensionen und einzelnen Aktivitäten kommen in bestimmten Situationen eine besonders große oder niedrige Bedeutung zu?

Eine detaillierte Darstellung der Unterschiede hinsichtlich der einzelnen Indikatoren, der Dimensionen der MO sowie der Gesamt-MO ist Abb. 8-1 zu entnehmen. Hier sind zunächst die Ausprägungen für die gesamte Stichprobe angegeben. Anschließend sind die signifikanten Abweichung der Mittelwerte (MW) dieser Indikatoren hinsichtlich der in Bezug auf die Einflussfaktoren gebildeten Gruppierungen dargestellt (++, +, (+), --, -, (-) bedeuten signifikant höheren/niedrigeren Einsatz bzgl. der Signifikanzniveaus 0,01, 0,05 und 0,1). Bei dichotom ausgeprägten Einflussfaktoren werden die beiden Gruppen (z.B. hoher vs. niedriger Innovationsgrad oder hohe vs. niedrige Umfelddynamik) miteinander verglichen. Bei Einflussfaktoren mit mehreren möglichen Ausprägungen (z.B. Branche, Zielkunden) werden diese für den Vergleich der Instrumente ebenfalls dichotomisiert, so dass in den entsprechenden Spalten z.B. das Verhalten der Unternehmen aus dem Handelsbereich mit dem der Unternehmen aus den anderen Branchen verglichen wird (oder Endverbraucher vs. andere Zielkunden, Nischen-Orientierung vs. andere Marktbearbeitung, regionaler vs. anderer Zielmarkt). Außerdem ist die Ausprägung der Entrepreneurial Orientation (EO) als Vergleich und zur Untersuchung der Beziehung MO-EO dargestellt.

Insgesamt lassen sich für die untersuchten neugegründeten Unternehmen hohe Anstrengungen zur Implementierung einer MO (nur 1 Indikator mit durchschnittlicher Bewertung < 4 auf der zugrundeliegenden 7er Skala) feststellen, insbesondere bezüglich der Informationsgewinnung über Kunden und Zufriedenstellung der Kunden. Der Kundenorientierung kommt die höchste Bedeutung zu, Wettbewerbsorientierung und marktorientierte Neuproduktentwicklung folgen mit fast gleich hohen Bewertungen, während einer Wachstumsorientierung vergleichsweise die niedrigsten Werte zugesprochen werden. Die höchste Bedeutung hinsichtlich einzelner Maßnahmen zur Implementierung einer MO hat für die Unternehmen eine schnelle Reaktion auf negative Kundenzufriedenheit (89,3% der Unternehmen geben eine Bewertung ≥ 5 auf der zugrundeliegenden 7er Skala, abgekürzt: 89,3% (≥ 5)), gefolgt von der Aussage, dass das Marktverhalten auf dem Verständnis der Kundenwünsche basiert (86,2% (≥ 5)), der Aufbau von Kundenbeziehungen eine hohe Bedeutung hat (84,5% (≥ 5)) und Produktvorteile mit hoher Bedeutung aus Kundensicht vorhanden sind (80,1% (≥ 5)).

MO	Unterschiede der Marktorientierung hinsichtlich Einflussfaktoren (Signifikanz: ++/--<=0,01; +/-<=0,05; (+/-)<= 0,1)	Allg. MW (1-7)	Branche					Zielkunden					Gründ.jahr (ab 2000 vs. bis 1999)	geogr. Zielmarkt			
	N		Handel 58	Handwerk 39	Dienstleistung 266	Industrie-güter 64	Konsum-güter 12	FuE 57	Endverbraucher 119	KMU 288	Großunternehmen 181	öffentl. Einrichtungen 104	236 | 217	regional 115	Deutschland 163	Europa 76	weltweit 89
Kunden-verständnis	Inform. über Kundenbedürfnisse des Zielmarktes	5,47		-									++	-		(+)	+
	Inform. über Kaufentscheidungskriterien der Endabnehmer	4,91		-	+	++		+	(-)		(+)	(+)		-			+
	Identifizierung potentieller Pilot-/Referenzkunden	5,16		-	++	++			++		+	+	++	-		++	+
	Vorstellung über Kosten/Nutzen v. Marketing-Aktivitäten	4,60	(+)				(+)	(+)									(+)
	Eigene Umfragen bei Kunden/Zulieferern usw.	4,49	(+)	(+)	(+)				(+)			(+)	(+)				
	Informelle Treffen/Kontakte mit Kunden/Zulieferern usw.	5,42	(+)	(+)	(+)												
Kunden-befriedigung	Inform. über aktuelle Kundenzufriedenheit	5,44						-	(-)							+	
	Ermutigung zu Beschwerden/Kommentaren	5,43															
	Persönliche Gespräche mit Kunden	5,21															
	Marktverh. basiert auf Verständnis der Kundenwünsche	5,80		(+)						(+)	(+)			-			(+)
	Sofortige Reaktion auf negative Kundenzufriedenheit	6,06									(+)		(+)				+
	Aufbau von Kundenbeziehungen	5,79		(-)	(-)					(-)				-			
Wettbewerbs-orient.	Inform. über Angebote vorhandener/pot. Wettbewerber	4,82	(+)						+				+				+
	Inform. über Marketing-Aktivitäten von Wettbewerbern	4,26			-	(+)	+	++	++			+	++				++
	Inform. über Stärken u. Schwächen vorh./pot. Wettbew.	4,69		++		+	(+)	++	(+)	-	++		+			++	+
	Inform. über Volumen/Attraktivität der Marktsegmente	4,74		-	++	++		++			(+)	(+)	+	-			
	Konkrete Kundenwünsche/-bedürfnisse als Ursprung	5,04	+				+		-	(+)							
marktorient. Produkt-entw.	Anpassung/Verbesserung wegen Kundeninfos	5,11		(-)	-	(+)	+	++			+	+	+	-			++
	Produktvorteile mit hoher Kundenbedeutung	5,65		++	-	++	(+)	++	+		(+)		++	-		++	++
	Produkttests mit Kunden	4,60		-		++		++	-	-	++		+	-			++
	Entwicklung mit Hilfe von Lead Usern/Pilotkunden	4,38	(+)		(-)	+		++	(+)		+	+		-		++	++
Wachst.-orient.	Untersch. Marketing-Pläne für verschiedene Segmente	3,75	(+)										++	-			
	Zielsetzung schneller Markteintritt	4,76		++		+		++	+		++		+	-			(+)
	Schnelles Umsatzwachstum wichtiger als Gewinne	4,06		++					+				+	-			+
	Eher Aktion als Reaktion auf Konkurrenz-Kampagnen	3,49	+						++					-			
	Kundenorientierung	5,18		(-)	(+)			+			++		++	-		+	+
	Wettbewerbsorientierung	4,63		-	(-)			++	+		++	+	++	-			+
	Produktentwicklung	4,64	+		-	+		++	-	-	(+)	+	(+)	-		+	++
	Wachstumsorientierung	4,02		-	(-)	++		+	+		(+)	(+)	++	-			++
	Gesamt-MO	4,63	(+)		-	++		++	+		++	+	++	-		(+)	++
	EO	4,43				++					++	+	++	-		+	++

Abb. 8-1: Situationsspezifische Analyse der Marktorientierung

184

Tabelle: Unterschiede der Marktorientierung hinsichtlich Einflussfaktoren (Signifikanz: ++/-<=0,01; +/-<=0,05; (+/-)<=0,1)

MO		Marktphase				Marktbearbeitung					Wettbew.situation	Umfelddynamik	Innovationsgrad	EO
		Entstehung	Wachstum	Reife	Stagnation	ohne Segment-fokus	mehrere Segm. versch. Angebote	mehrere Segm. gleiches Angebot	1 Segment	Nische	schwach vs. aggressiv	hoch vs. niedrig	hoch vs. niedrig	hoch vs. niedrig
	N	122	164	51	71	22	148	57	62	183	196 | 245	222 | 214	255 | 185	255 | 185
Kunden-verständnis	Inform. über Kundenbedürfnisse des Zielmarktes	+			-	-		(+)			+	+	++	++
	Inform. über Kaufentscheidungskriterien der Endabnehmer	+			-	-					(+)	+	++	++
	Identifizierung potentieller Pilot- / Referenzkunden	++									(+)			++
	Vorstellung über Kosten/Nutzen v. Marketing-Aktivitäten				(-)	(-)		(+)	(-)		(+)	(+)		++
	Eigene Umfragen bei Kunden / Zulieferern usw.									(+)			++	++
	Informelle Treffen / Kontakte mit Kunden / Zulieferern usw.			-	-					(+)	+			++
Kunden-befriedigung	Inform. über aktuelle Kundenzufriedenheit												++	++
	Ermutigung zu Beschwerden / Kommentaren							+			(+)		++	++
	Persönliche Gespräche mit Kunden								(-)	(+)	(+)	(+)	+	++
	Marktverh. basiert auf Verständnis der Kundenwünsche										+		++	+
	Sofortige Reaktion auf negative Kundenzufriedenheit													++
	Aufbau von Kundenbeziehungen									(+)	++	(+)	++	++
Wettbewe-rbsorient.	Inform. über Angebote vorhandener / pot. Wettbewerber	++		-		-								++
	Inform. über Marketing-Aktivitäten von Wettbewerbern	++						+			(-)			++
	Inform. über Stärken u. Schwächen vorh. / pot. Wettbew.	++											++	++
	Inform. über Volumen / Attraktivität der Marktsegmente	++					(+)				(+)	+	+	++
Produkt-entw.	Konkrete Kundenwünsche / -bedürfnisse als Ursprung	-	(+)		(-)		(-)	+			(+)	(+)		(+)
	Anpassung / Verbesserung wegen Kundeninfos					-				(+)				++
	Produktvorteile mit hoher Kundenbedeutung	++		-	-	-					++	(+)	++	++
	Produkttests mit Kunden	++			-	(-)		+			+		+	++
marktorient.-orient.	Entwicklung mit Hilfe von Lead Usern / Pilotkunden	++		-	-		(+)	+			++	(+)	++	++
	Untersch. Marketing-Pläne für verschiedene Segmente					-			-				+	++
	Zielsetzung schneller Markteintritt	-											++	++
Wachst.-orient.	Schnelles Umsatzwachstum wichtiger als Gewinne	-	(+)						(-)				++	++
	Eher Aktion als Reaktion auf Konkurrenz-Kampagnen					-				(-)			+	++
	Kundenorientierung	+						(+)	(-)		(+)	+	++	++
	Wettbewerbsorientierung	(+)			-	-					++	+	++	++
	Produktentwicklung	++		-	-	-		+	(-)		+	+	++	++
	Wachstumsorientierung	+		-	-	-		(+)			++	(+)	+	++
MO	Gesamt-MO	++			-	-					++	(+)	++	++
EO	EO	++			-						++	++	++	++

Abb. 8-1 (Forts.): Situationsspezifische Analyse der Marktorientierung

Hinsichtlich der bezüglich der Einflussfaktoren gebildeten Gruppierungen ergeben sich, wie ebenfalls in Abb. 8-1 dargestellt, teilweise deutliche Unterschiede, welche im Folgenden kurz näher erläutert werden.

8.1.2 Ergebnisse für ausgewählte Einflussfaktoren

<u>Branche</u>

Berücksichtigt man die Branche, in der die Unternehmen tätig sind, so zeigen sich die höchsten Ausprägungen der MO in den eher technisch orientierten Bereichen der Industriegüterindustrie und der FuE (wobei angemerkt werden muss, dass das Messmodell eher für diese Branchen operationalisiert wurde). Insbesondere bezüglich einer marktorientierten Neuproduktentwicklung zeigen sich hier höhere Werte. Vor allem bei der Entwicklung von hohen Produktvorteilen aus Kundensicht und der Durchführung von Produkttests mit Kunden werden in diesen Bereichen höhere Anstrengungen unternommen. Im Dienstleistungsbereich zeigen die befragten Unternehmen die niedrigsten Ausprägungen hinsichtlich der Gesamt-MO. Eine marktorientierte Produktentwicklung ist hier nur von untergeordneter Bedeutung, obwohl auch bei der Ausarbeitung von Dienstleistungsangeboten die frühzeitige Einbindung und Berücksichtigung von Kunden-Feedback wichtig sein kann. Auch im Dienstleistungsbereich sehen sich die Unternehmen häufigen Veränderungen der Kundenwünsche und –bedürfnisse gegenüber, die eine kontinuierliche Beobachtung dieses dynamischen Umfeldes erforderlich machen (van Egeren/O'Connor 1998). Ein schneller Markteintritt wird im Vergleich zu den anderen Branchen nur als wenig bedeutend bewertet. Die Unternehmen haben jedoch eine bessere Vorstellung über die Kosten und den Nutzen von Marketing-Aktivitäten. Im Handwerksbereich fällt die vergleichsweise geringe Informationsgewinnung hinsichtlich der Kundenbedürfnisse (welche in dieser Branche eher schon bekannt und meist relativ stabil sind) und potentieller Pilot- oder Referenzkunden auf.

Vergleichsstudien, die die Ausprägungen der MO in verschiedenen Branchen und speziell die Höhe der Ausprägung im Dienstleistungsbereich mit der in technologieorientierten Branchen einander gegenüberstellen sind nicht vorhanden. Meist erfolgt eine isolierte Betrachtung einzelner Branchen. Anzumerken ist allerdings, dass es sinnvoll sein dürfte, branchenspezifische Messmodelle zu entwickeln, welche die jeweiligen Anforderungen geeignet berücksichtigen.

<u>Zielkunden</u>

Im Hinblick auf die verschiedenen Zielkunden, die neugegründete Unternehmen ansprechen, zeigt sich eine überdurchschnittliche MO wenn Großunternehmen und öffentliche Einrichtungen die Adressaten des Angebots sind. Dies spiegelt sich bis auf die Wettbewerbsorientierung auch in den einzelnen Dimensionen der MO wider. Bei Unternehmen, die sich an Endverbraucher richten, konnten signifikante Abweichungen im Vergleich zu anderen Zielkunden identifiziert werden. Abb. 8-2 vergleicht die Mittelwerte der beiden Gruppen, Endverbraucher und andere Zielkunden, für die einzelnen Indikatoren, die MO-Dimensionen sowie die Gesamt-MO und gibt die signifikanten Unterschiede wieder (zur besseren Darstellung werden einige Indikatoren abgekürzt). Besonders auffällig sind bei Unternehmen, die sich an Endverbraucher richten, bessere Vorstellungen über Kosten und Nutzen von Marketing-Aktivitäten, umfangreichere Informationsgewinnung bzgl. Marketing-Aktivitäten von Wettbewerbern, geringere Einbindung von Kunden als Lead User oder Pilotkunden (als Lead User werden in erster Linie Unternehmen eingesetzt) und ein höheres Bestreben selbst zu agieren und nicht auf Kampagnen der Konkurrenz zu reagieren.

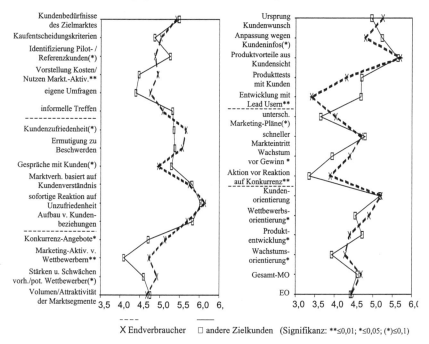

X Endverbraucher   □ andere Zielkunden   (Signifikanz: **≤0,01; *≤0,05; (*)≤0,1)

Abb. 8-2: Implementierung der MO: Endverbraucher vs. andere Zielkunden

Gründungsjahr

Wie in Abb. 8-3 dargestellt, zeigen jüngere Unternehmen, die ab dem Jahr 2000 gegründet wurden, höhere Ausprägungen in allen Dimensionen der MO. Dies kann mit einem höheren Informationsbedarf und der damit verbundenen erstmaligen Informationsbeschaffung in Bezug auf Kunden und Wettbewerber zusammenhängen. Jüngere Unternehmen zeigen auch eine höhere Wachstumsorientierung als Unternehmen, die schon 3 oder mehr Jahre im Markt aktiv sind.

Geographischer Zielmarkt

Bezüglich des geographischen Zielmarktes der Unternehmen zeigt sich ein konträres Verhalten zwischen Unternehmen, die nur regional aktiv sind und solchen die europa- und speziell weltweit agieren. International tätige Neugründungen besitzen durchgängig höhere Ausprägungen in den Indikatoren der verschiedenen MO-Dimensionen. Regional orientierte Gründungen agieren in einem dem Unternehmensgründer oft vertrauten Marktumfeld und ziehen so aus Sicht des Gründers einen geringeren Informationsbedarf nach sich. Die aktuellen Marktteilnehmer und Marktstrukturen sind dem Gründer oftmals vertraut oder lassen sich mit deutlich geringerem Aufwand erfassen als dies in einem internationalen Zusammenhang möglich wäre, bei dem vielfältige, unbekannte Regelungen und Abläufe zu erkunden sind. Auch sind regional ausgerichtete Gründungskonzepte oft weniger innovativ und wachstumsorientiert und dienen häufig nur zur Sicherung des Lebensunterhalts des Existenzgründers.

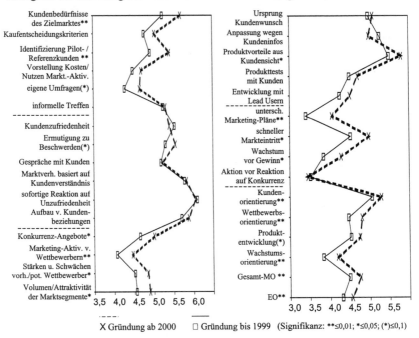

X Gründung ab 2000   □ Gründung bis 1999   (Signifikanz: **≤0,01; *≤0,05; (*)≤0,1)

Abb. 8-3: Implementierung der MO: Gründung ab 2000 vs. Gründung bis 1999

Marktphase

In späten Marktphasen (Reife- und Stagnationsphase) zeigen sich signifikant niedrigere Ausprägungen der Gesamt-MO als insbesondere bei Unternehmen, die in der Entstehungsphase in einen Markt eintreten. Aktivitäten der marktorientierten Produktentwicklung und der Informationsgewinnung über Kunden werden auf einem geringerem Niveau durchgeführt. Kundenbedürfnisse und Wege diese zu befriedigen sind in späten Marktphasen oftmals relativ gut bekannt und andere Wege zur Differenzierung und zur Erarbeitung von Wettbewerbsvorteilen, wie z.B. eine verstärkte Kostenorientierung, können in den Vordergrund treten.

Marktbearbeitung

Hinsichtlich der Marktbearbeitungsstrategie können nur wenige signifikante Unterschiede zwischen den verschiedenen Gruppierungen identifiziert werden. Unternehmen, die sich nur auf Teilbereiche eines Marktes, d.h. auf ein Segment oder auf eine Nische konzentrieren, zeichnen sich nicht durch eine verstärkte Kundenorientierung und stärkere Integration der Kunden in den Entwicklungsprozess aus, wie man eigentlich vermuten könnte.

Wettbewerbssituation

Die Ergebnisse bezüglich des Einflusses der Wettbewerbssituation auf die Ausprägung der MO für Neugründungen stehen im Widerspruch zu den Ergebnissen, die bei der Untersuchung von etablierten Unternehmen erhalten wurden. Dort wurde bei hoher Wettbewerbsintensität eine stärkere MO festgestellt (siehe z.B. Diamantopoulos/Hart 1993 oder Avlonitis/Gounaris 1999). Bei den untersuchten neugegründeten Unternehmen zeigen sich bei schwachem Wettbewerb höhere Ausprägungen der Gesamt-MO, der Kunden- und Wachstumsorientierung, der marktorientierten Produktentwicklung und einer Vielzahl von einzelnen Indikatoren. Hinsichtlich der Ausprägung der EO zeigt sich das gleiche Bild, so dass auch eine Verstärkung der Innovationstätigkeit zur Schaffung von Wettbewerbsvorteilen bei intensivem Wettbewerb nicht vorliegt (siehe auch den höheren Innovationsgrad bei schwachem Wettbewerb, Kap. 9.1.1, Abb. 9-1, S.204). Bei aggressivem Wettbewerb scheinen für Neugründungen andere Orientierungsrichtungen, wie z.B. Kostenorientierung, eine höhere Bedeutung zu erlangen, was mangels Einbeziehung weiterer Orientierungsrichtungen in die Untersuchung jedoch nicht genauer spezifiziert werden kann.

Innovationsgrad

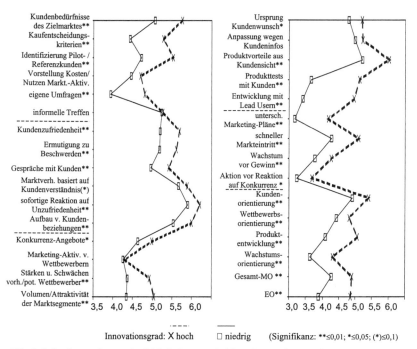

Innovationsgrad: X hoch ☐ niedrig (Signifikanz: **≤0,01; *≤0,05; (*)≤0,1)

Abb. 8-4: Implementierung der MO: hoher vs. niedriger Innovationsgrad

Unternehmen mit einem höherem Innovationsgrad zeigen, wie in Abb. 8-4 graphisch veranschaulicht, in allen Bereichen signifikant höhere Ausprägungen. Der in der Literatur diskutierte und postulierte förderliche Zusammenhang zwischen Innovationsfähigkeit und MO (siehe Kap. 4.3.2, S.109ff.) kann durch die vorliegenden Ergebnisse im Gründungsbereich eindrucksvoll unterstützt werden. Die höheren Ausprägungen könnten teilweise auch in der durch den hohen externen Kapitalbedarf bedingten professionelleren Ausrichtung und Vorbereitung von hoch innovativen Unternehmen begründet liegen.

EO

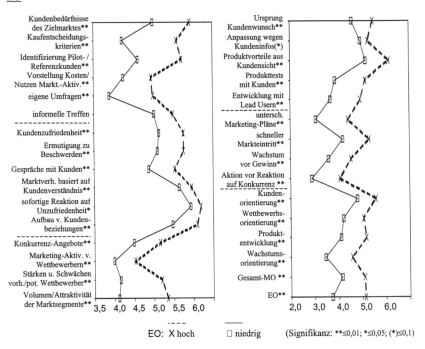

EO: X hoch   ☐ niedrig   (Signifikanz: **≤0,01; *≤0,05; (*)≤0,1)

Abb. 8-5: Implementierung der MO: hohe vs. niedrige EO

Unternehmen mit einer hohen EO zeigen in allen untersuchten Indikatoren der MO und damit auch in den MO-Dimensionen und der Gesamt-MO deutlich höhere Ausprägungen als Unternehmen mit einer niedrigen EO. Die Ergebnisse bisheriger Studien, die für etablierte Unternehmen einen positiven Zusammenhang zwischen der Ausprägung einer EO und MO festgestellt haben können anhand dieser ersten Analyse auch für neugegründete Unternehmen bestätigt werden. (Für weitere Analysen des Zusammenhangs MO-EO siehe Kap. 8.3, S.199ff.)

190

8.2 Implementierung der MO: erfolgreiche vs. weniger erfolgreiche Gründungen

8.2.1 Überblick und allgemeine Analyse

Zeigen erfolgreiche Unternehmensgründungen eine höhere MO als weniger erfolgreiche? Wenn ja, in welchen Indikatoren und Dimensionen der MO ergeben sich besonders deutliche Unterschiede?

Die Untersuchung des Zusammenhanges zwischen MO und Unternehmenserfolg nimmt, wie in Kap. 4 dargestellt, einen großen Teil der MO-bezogenen Literatur ein. Die Reduzierung dieses Zusammenhangs auf einfache Korrelationskoeffizienten oder andere statistische Größen ist für die konkrete Implementierung der MO in Unternehmen nur bedingt hilfreich. Aus diesem Grund sollen anschließend die Ausprägungen einzelner Indikatoren und Dimensionen von erfolgreichen und weniger erfolgreichen Unternehmen verglichen werden. Damit sollen Aussagen ermöglicht werden, welche Aktivitäten einen besonders hohen Beitrag zum gesteigerten Unternehmenserfolg leisten können.

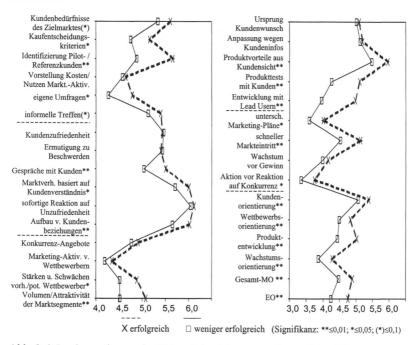

X erfolgreich   □ weniger erfolgreich   (Signifikanz: **≤0,01; *≤0,05; (*)≤0,1)

Abb. 8-6: Implementierung der MO: erfolgreiche vs. weniger erfolgreiche

Abb. 8-6 zeigt die Ausprägungen von erfolgreichen (Referenzgruppe der StartUp-Preisträger) und weniger erfolgreichen Neugründungen im Vergleich. In erfolgreichen Neugründungen kann eine signifikant höhere Gesamt-MO identifiziert werden. Auch für alle einzelnen MO-Dimensionen ergeben sich signifikant höhere Werte bei erfolgreichen Neugründungen. Erfolgreichere Unternehmensgründer zeigen deutlich höhere Anstrengungen, sich über Kunden und Wettbewerber zu informieren, ihre Kunden durch bedürfnisgerechte Produkte dauerhaft zufrieden zu stellen und an sich zu binden. Dies dürfte ein wesentlicher Beitrag für den höheren Erfolg dieser Unternehmen sein. Im Einzelnen ergeben sich höhere Ausprägungen hinsichtlich einer Vielzahl von Indikatoren, u.a. Identifizierung von Pilot-/Referenzkunden, persönliche Gespräche mit Kunden, Aufbau von Kundenbeziehungen, Informationsgewinnung über Volumen und Attraktivität von Marktsegmenten, Schaffung von Produktvorteilen mit hoher Kundenbedeutung, Produkttests mit Kunden, Entwicklung mit Hilfe von Lead Usern oder Zielsetzung schneller Markteintritt.

Nach der allgemeinen Betrachtung für die gesamte Stichprobe, erfolgt anschließend die situationsspezifische Analyse der Gesamt-MO, der MO-Dimensionen und einzelner Aktivitäten, um so spezifische Erfolgsfaktoren zu identifizieren. Abb. 8-7 gibt einen Überblick über die in den jeweiligen Situationen identifizierten signifikanten Unterschiede zwischen erfolgreichen und weniger erfolgreichen Unternehmensgründungen.

Ein Teil der „allgemeinen Erfolgsfaktoren", welche für die gesamte Stichprobe identifiziert wurden, lassen sich in einigen der untersuchten Umfeldsituationen wiederfinden. Insbesondere bei der Identifizierung von Pilot-/Referenzkunden, Informationsgewinnung über Volumen und Attraktivität von Marktsegmenten, Durchführung von Produkttests mit Kunden und Entwicklung mit Hilfe von Lead Usern kommt es in einer Vielzahl der Umfeldsituationen zu signifikant höheren Bewertungen durch die erfolgreichen Unternehmensgründungen. Hinsichtlich einiger Indikatoren können keine oder nur sehr wenige Unterschiede festgestellt werden, wie beispielsweise bei Vorstellungen über Kosten und Nutzen von Marketing-Aktivitäten, schneller Reaktion auf negative Kundenzufriedenheit (hier sowohl bei erfolgreichen als auch bei weniger erfolgreichen Gründungen sehr hohe Ausprägungen), Informationsgewinnung über Angebote vorhandener/potentieller Wettbewerber oder konkrete Kundenwünsche als Ursprung der Produktidee. Bei der Informationsgewinnung über die aktuelle Kundenzufriedenheit und der Ermutigung zu Beschwerden und Kommentaren zeigen erfolgreiche Unternehmensgründungen sogar geringfügig niedrigere Ausprägungen.

Die hinsichtlich der externen und internen Einflussfaktoren identifizierten Unterschiede zwischen erfolgreichen und weniger erfolgreichen Neugründungen sind in Zusammenhang mit der im vorherigen Abschnitt untersuchten generellen Ausprägung der MO und der einzelnen Indikatoren zu sehen. In Situationen, in denen Unternehmen allgemein eine höhere Ausprägung bezüglich der MO und speziell bezüglich einzelner Indikatoren zeigen, werden die Unterschiede zwischen den hinsichtlich des Unternehmenserfolges gebildeten Gruppen eher geringer sein. Aufgrund geringer Fallzahlen werden für den Konsumgüterbereich und für Marktbearbeitung ohne Segmentfokus keine weitergehenden Aussagen getroffen.

Abb. 8-7: Situationsspezifische Analyse der MO: erfolgreich vs. weniger erfolgreich

Unterschiede der MO bei erfolgreichen und weniger erfolgreichen Gründungen hinsichtlich Einflussfaktoren (Signifikanz: ++/-<=0,01; +/-<=0,05; (+/-)<=0,1)

N: weniger erfolgreich / erfolgreich

MO - Erfolg		Allg. MW	Erfolg		Branche						Zielkunden				Gründ.jahr		geogr. Zielmarkt			
			MW erfolgreiche 268/165	erfolgreich - weniger erfolgr.	Handel 35/20	Handwerk 29/9	Dienstleistung 170/88	Industriegüter 25/36	Konsumgüter 6/6	FuE 23/31	Endverbraucher 85/32	KMU 178/99	Großunternehmen 95/75	öffentl. Einricht.-ungen 55/48	bis 1999 137/67	ab 2000 129/95	regional 92/21	Deutschland 95/59	Europa 38/37	weltweit 38/47
Kunden-verständnis	Inform. über Kundenbedürfnisse des Zielmarktes	5,47	5,61	(+)	(+)		(+)								+			(+)		-
	Inform. über Kaufentscheidungskriterien der Endabnehmer	4,91	5,16	+			++			(+)		+	+		++			(+)		-
	Identifizierung potentieller Pilot- / Referenzkunden	5,16	5,66	++	(+)		++					++			++	+	++	(+)	+	
	Vorstellung über Kosten/Nutzen v. Marketing-Aktivitäten	4,60	4,65	+	(+)	(+)						(+)	+	(+)	(+)			(+)		
	Eigene Umfragen bei Kunden / Zulieferern usw.	4,49	4,78	+			++						+		+			+		
	Informelle Treffen / Kontakte mit Kunden / Zulieferern usw.	5,42	5,81	(+)	(+)		+				(+)	(+)	+	+	+	+	+	+	+	
Kunden-befriedigung	Inform. über aktuelle Kundenzufriedenheit	5,44	5,43																	
	Ermutigung zu Beschwerden / Kommentaren	5,43	5,40																	
	Persönliche Gespräche mit Kunden	5,21	5,51	++	+		++			+	++	(+)	+		+	++	+	+	+	
	Marktverh. basiert auf Verständnis der Kundenwünsche	5,80	6,01	+			++				(+)						+	(+)	+	
	Sofortige Reaktion auf negative Kundenzufriedenheit	6,06	6,12																	
	Aufbau von Kundenbeziehungen	5,79	6,02	++			++				(+)	+		+	+	+	+	+	+	
Wettbewerbs-orient.	Inform. über Angebote vorhandener / pot. Wettbewerber	4,82	4,90																	
	Inform. über Marketing-Aktivitäten von Wettbewerbern	4,26	4,35																	
	Inform. über Stärken u. Schwächen vorh. / pot. Wettbew.	4,69	4,88	+			+				(+)	+		(+)	+		+			
	Inform. über Volumen / Attraktivität der Marktsegmente	4,74	5,08	++			++				(+)	++		++	++	++	+	+	++	
marktorient. Produkt-entwicklung	Konkrete Kundenwünsche / -bedürfnisse als Ursprung	5,04	5,09		(+)															
	Anpassung / Verbesserung wegen Kundeninfos	5,11	5,19																	
	Produktvorteile mit hoher Kundenbedeutung	5,65	5,96	++			+			++	+	+		(+)	+	+	+	++		
	Produkttests mit Kunden	4,60	5,11	++	(+)	(+)	++			+	++	(+)	++	++	+	(+)	++			
	Entwicklung mit Hilfe von Lead Usern / Pilotkunden	4,38	4,97	+	(+)		++			++	++			+	++	+	+	+		
Wachst.-orient.	Untersch. Marketing-Pläne für verschiedene Segmente	3,75	4,01	++	+		+			+	+	+		+	+	+	+			
	Zielsetzung schneller Markteintritt	4,76	5,13	++		(+)				+	++	++	+	++	+	+	+	+		+
	Schnelles Umsatzwachstum wichtiger als Gewinne	4,06	4,16	+			+		+		+	+		+	+	+	+	+		
	Eher Aktion als Reaktion auf Konkurrenz-Kampagnen	3,49	3,75		(+)	(+)				(+)	(+)			(+)	(+)	(+)				
	Kundenorientierung	5,18	5,38	++	(+)		++			(+)	++	+	(+)	++	++	++	++	++	+	+
	Wettbewerbsorientierung	4,63	4,83	++	++		++			++	+	+		++	++	+	++	++	+	++
	Produktentwicklung	4,64	5,01	++	+		++			+	++	+	+	++	++	++	++	+	+	++
	Wachstumsorientierung	4,02	4,27	++			(+)	++		+	++	+	+	++	++	(+)	++	(+)	+	++
	Gesamt-MO	4,63	4,88	++	+		++			++	++	++	+	++	++	++	++	++	+	++
	EO	4,43	4,75	++	(+)		++	+	+	++	++	++	+	++	++	++	++	++	+	++

193

MO - Erfolg

Unterschiede der MO bei erfolgreichen und weniger erfolgreichen Gründungen hinsichtlich Einflussfaktoren (Signifikanz: ++/--<=0,01; +/-<=0,05; (+/-)<= 0,1)

N: weniger erfolgreich / erfolgreich

	Marktphase				Marktbearbeitung					Wettbew.situation		Umfelddynamik		Innovationsgrad		EO	
	Entstehung 65/51	Wachstum 92/67	Reife 33/16	Stagnation 56/43	ohne Segment-fokus 17/4	"mehrere Segm." versch. Angebote 92/53	"mehrere Segm." gleiches Angebot 30/25	1 Segment 36/26	Nische 106/69	schwach 101/85	aggressiv 160/79	niedrig 137/70	hoch 121/93	niedrig 130/49	hoch 134/113	niedrig 162/55	hoch 108/113
Kundenverständnis																	
Inform. über Kundenbedürfnisse des Zielmarktes		+									+		+				++
Inform. über Kaufentscheidungskriterien der Endabnehmer		++				(+)	(+)	(+)	++	++	++	++	+		++		++
Identifizierung potentieller Pilot- / Referenzkunden	(+)	+		(+)		++	(+)	+	++						(+)		+
Vorstellung über Kosten/Nutzen v. Marketing-Aktivitäten										(+)					(+)		+
Eigene Umfragen bei Kunden / Zulieferern usw.		(+)								++		(+)			++		-
Informelle Treffen / Kontakte mit Kunden / Zulieferern usw.																	
Kundenbefriedigung																	
Inform. über aktuelle Kundenzufriedenheit		(+)	(-)														
Ermutigung zu Beschwerden / Kommentaren														(+)	(+)		(+)
Persönliche Gespräche mit Kunden	+	+			(-)	++	(+)	++	+		+	+	(+)		+	-	+
Marktverh. basiert auf Verständnis der Kundenwünsche	+									(+)							
Sofortige Reaktion auf negative Kundenzufriedenheit		++				+	+	+		++	+	+	+		+		+
Aufbau von Kundenbeziehungen	++			-	(-)	++		++			++	++	++		++		
Wettbewe.rsorient.																	
Inform. über Angebote vorhandener / pot. Wettbewerber				(-)	(+)	(+)		(+)	(+)		(+)	++	+	(+)	(+)		(+)
Inform. über Marketing-Aktivitäten von Wettbewerbern		(+)				++		++	+	++		(+)	++		++		
Inform. über Stärken u. Schwächen vorh. / pot. Wettbew.	(+)	++			(+)	+		++		++	++	++	++		++		
Inform. über Volumen / Attraktivität der Marktsegmente					(-)		(+)	+					+				
Produktentwicklung marktorient.																	
Konkrete Kundenwünsche /-bedürfnisse als Ursprung	+	+				+	+			++	+	++	+		+		(+)
Anpassung / Verbesserung wegen Kundeninfos	+	++				++		++	+	++	++	(+)	++		++	(+)	+
Produktvorteile mit hoher Kundenbedeutung		(+)	(+)						(+)		+		+			+	++
Produkttests mit Kunden	+	+	+			+		+	+		+				+		
Entwicklung mit Hilfe von Lead Usern / Pilotkunden		++				++	(+)	++	+	(+)	++	++	++		++	(+)	(+)
Untersch. Marketing-Pläne für verschiedene Segmente						++		++				++			++	+	++
Wachst.-orient.																	
Zielsetzung schneller Markteintritt	(+)	(+)				+		+	+	(+)	(+)	+	+		+		(+)
Schnelles Umsatzwachstum wichtiger als Gewinne		+															
Eher Aktion als Reaktion auf Konkurrenz-Kampagnen		+		(+)		+		++	++	+	++	++			+		(+)
Kundenorientierung	+	+	(+)			+		++	++	++	+	(+)	++		+		(+)
Wettbewerbsorientierung	(+)	(+)				++	(+)	+	+	+	++	++	++		++		(+)
Produktentwicklung	+	+		(+)		+		+		+	+	++	+		++	(+)	(+)
Wachstumsorientierung	++	++	(+)	(+)		++	(+)	++	++	++	++	(+)	++		++	+	
Gesamt-MO	+	++	(+)	++		++	(+)	++	++	++	++	++	++		++	(+)	(+)
EO	++	++		++										++	++	++	

Abb. 8-7 (Forts.): Situationsspezifische Analyse der MO: erfolgreich vs. weniger erfolgreich

194

8.2.2 Ergebnisse für ausgewählte Einflussfaktoren

Branche

Sehr deutliche Unterschiede zwischen erfolgreichen und weniger erfolgreichen Unternehmen zeigen sich im Dienstleistungsbereich, wie in Abb. 8-8 graphisch dargestellt. Während im Dienstleistungsbereich allgemein eher niedrige Ausprägungen bezüglich der MO und einzelner Indikatoren vorherrschen (siehe Abb. 8-1), sind erfolgreiche Gründungen erheblich stärker bemüht, sich marktorientiert zu verhalten. Dies gilt bis auf die Wettbewerbsorientierung in allen MO-Dimensionen und für eine Vielzahl von Indikatoren, die im Wesentlichen die für die gesamte Stichprobe identifizierten „Erfolgsfaktoren" widerspiegeln. Der positive Zusammenhang zwischen Ausprägung der MO und Unternehmenserfolg, der für etablierte Dienstleistungsunternehmen identifiziert werden konnte (siehe z.B. Pitt et al. 1996, van Egeren/O'Connor 1998, Esteban et al. 2002), kann im Gründungsbereich zunächst dahingehend bestätigt werden, dass erfolgreiche Gründungen eine signifikant höhere Gesamt-MO besitzen. Für den Industriegüter- und FuE-Bereich ergaben sich insgesamt höhere Ausprägungen insbesondere im Bereich der marktorientierten Produktentwicklung, so dass keine signifikanten Unterschiede zwischen erfolgreichen und weniger erfolgreichen Gründungen identifiziert werden können.

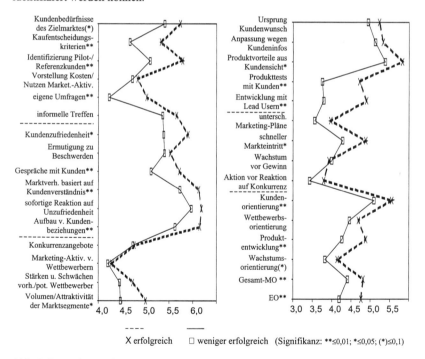

X erfolgreich ☐ weniger erfolgreich (Signifikanz: **≤0,01; *≤0,05; (*)≤0,1)

Abb. 8-8: Implementierung der MO: erfolgreich vs. weniger erfolgreich im Dienstleistungsbereich

Zielkunden

Unter Berücksichtigung der verschiedenen Zielkunden zeigen sich für erfolgreiche Gründungen, die sich an Endverbraucher, KMUs und öffentliche Einrichtungen richten, signifikant höhere MO Werte. Bei an Großunternehmen gerichteten Gründungen sind wiederum generell höhere MO-Ausprägungen identifiziert worden. Unabhängig von den angestrebten Zielkunden kann folglich von einer hohen Bedeutung der MO in erfolgreichen Gründungen ausgegangen werden. Erwähnenswert sind die signifikant höheren Anstrengungen im Bereich der marktorientierten Produktentwicklung von erfolgreichen Gründungen, die Endverbraucher oder KMUs ansprechen. Hier wurden zunächst niedrigere Bemühungen im Vergleich zu Unternehmen mit anderen Zielkunden identifiziert.

Gründungsjahr

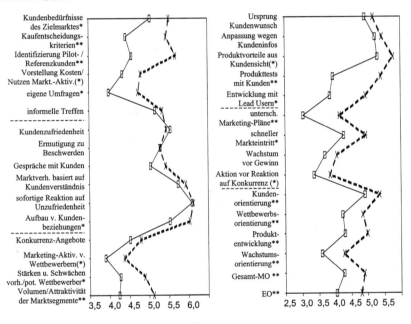

X erfolgreich   □ weniger erfolgreich   (Signifikanz: **≤0,01; *≤0,05; (*)≤0,1)

Abb. 8-9: Implementierung der MO: erfolgreich vs. weniger erfolgreich bis 1999 gegründet

Hinsichtlich des Gründungsjahres wurden für ältere Unternehmen, die bis 1999 gegründet wurden, deutlich niedrigere Ausprägungen identifiziert. Wie Abb. 8-9 zeigt, gilt dies allerdings in erster Linie für die weniger erfolgreichen älteren Gründungen. Erfolgreiche, bis 1999 gegründete Unternehmen zeigen durchgehend höhere Anstrengungen hinsichtlich der Gesamt-MO und der einzelnen MO-Dimensionen. Die Ausprägungen der Indikatoren spiegeln im Wesentlichen die für die gesamte Stichprobe identifizierten Unterschiede wider. Aufgrund der generell höheren Ausprägungen bei

Gründungen, die ab 2000 erfolgt sind, können bei diesen wiederum nur wenige Unterschiede zwischen erfolgreichen und weniger erfolgreichen Unternehmen festgestellt werden.

<u>Geographischer Zielmarkt</u>
Bei erfolgreichen international (europa- und weltweit) tätigen Gründungen ergeben sich nur wenige signifikante Abweichung im Vergleich zu den weniger erfolgreichen. Bemerkenswert ist, dass erfolgreiche weltweit tätige Gründungen geringere Ausprägungen bezüglich der Informationsgewinnung über die aktuelle Kundenzufriedenheit und der Ermutigung zu Beschwerden und Kommentaren aufweisen. Bei den deutschlandweit tätigen Gründungen zeigen die erfolgreichen Unternehmen eine höhere Gesamt-MO, welche insbesondere durch eine stärkere Ausprägungen der Kundenorientierung und den dazu gehörigen einzelnen Indikatoren bewirkt wird. Auch bei regional tätigen Gründungen, die insgesamt deutlich niedrigere Ausprägungen aufweisen, zeigen erfolgreiche Unternehmen in einigen Indikatoren signifikant höhere Werte, z.B. bei der Identifizierung potentieller Pilot- und Referenzkunden oder der Entwicklung mit Hilfe von Lead Usern. Bezüglich der Gesamt-MO ergibt sich jedoch keine signifikante Abweichung.

<u>Marktphase</u>
Hinsichtlich der unterschiedlichen Marktphasen zeigen sich vor allem in der Wachstumsphase besonders deutliche Unterschiede zwischen erfolgreichen und weniger erfolgreichen Gründungen. Dies Abweichungen spiegeln im Wesentlichen die für die gesamte Stichprobe identifizierten Unterschiede wider. Eine mögliche Interpretation warum es gerade in dieser Phase zu größeren Unterschieden kommt, könnte in dem stärkeren Wachstum der erfolgreicheren Gründungen liegen, die in dieser Phase in neue Märkte oder Marktsegmente vordringen und deshalb einen erneuten, höheren Informationsbedarf haben.

<u>Marktbearbeitung</u>
Während es beim Vergleich der Implementierung der MO zwischen den verschiedenen Marktbearbeitungsstrategien kaum signifikante Unterschiede gab, zeigen sich beim Vergleich der erfolgreichen und weniger erfolgreichen Gründungen, die einer bestimmten Strategie folgen, deutlichere Unterschiede. Auch hier treten die allgemeinen „Erfolgsfaktoren" wie Identifizierung potentieller Pilot-/Referenzkunden, Informationsgewinnung über Volumen und Attraktivität der Marktsegmente oder Produkttests mit Kunden auf. Besonders bei der marktorientierten Produktentwicklung zeigen sich höhere Werte für die erfolgreichen Gründungen, speziell bei der Bearbeitung nur eines Segmentes.

<u>Wettbewerbssituation</u>
Im vorherigen Abschnitt ergab sich für Gründungen in einem starken Wettbewerbsumfeld eine deutlich niedrigere MO als in einem schwachen Wettbewerbsumfeld. Berücksichtigt man den Unternehmenserfolg ergibt sich ein differenzierteres Bild bezüglich eines starken Wettbewerbsumfelds. Erfolgreiche Gründungen zeigen in allen Bereichen der MO deutlich höhere Ausprägungen. Dies könnte für einen starken Zusammenhang zwischen MO und Unternehmenserfolg bei starkem Wettbewerb sprechen, wie er auch in etablierten Unternehmen identifiziert worden ist (siehe z.B. Appiah-Du

1998, Kumar et al. 1998 oder Harris 2001). Auch bei den grundsätzlich schon stärker marktorientierten Gründungen in einem schwachen Wettbewerbsumfeld zeigen erfolgreiche Gründungen bezüglich der Gesamt-MO und einiger Indikatoren noch einmal signifikant höhere Werte.

Umfelddynamik
Hinsichtlich des Zusammenhangs Umfelddynamik und Erfolgswirksamkeit der MO haben Studien sowohl bei niedriger Umfelddynamik (siehe z.B. Slater/Narver 1994) als auch bei hoher Umfelddynamik (siehe z.B. Appiah-Du 1998 oder Kumar/Subramanian1998) starke Effekte der MO auf den Unternehmenserfolg identifiziert. Hinsichtlich der Stärke des Zusammenhangs können hier keine Aussagen getroffen werden, sowohl bei niedriger als auch bei hoher Umfelddynamik zeigen die untersuchten erfolgreichen Gründungen jedoch signifikant höhere MO-Werte. Insbesondere bei hoher Umfelddynamik ergeben sich zahlreiche Abweichungen in allen MO-Dimensionen. Abb. 8-10 stellt die Unterschiede zwischen erfolgreichen und weniger erfolgreichen Gründungen bei hoher Umfelddynamik graphisch dar.

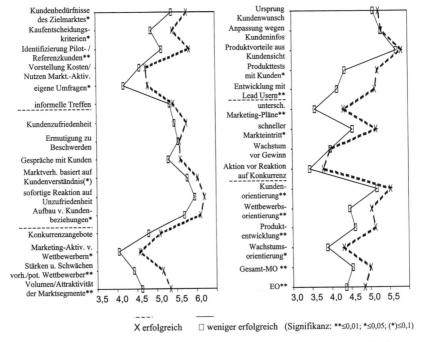

X erfolgreich   ——— □ weniger erfolgreich (Signifikanz: **≤0,01; *≤0,05; (*)≤0,1)

Abb. 8-10: Implementierung der MO: erfolgreich vs. weniger erfolgreich bei hoher Umfelddynamik

Innovationsgrad
Die signifikant höheren Ausprägungen in allen Bereichen der MO welche sich allgemein für Gründungen mit hohem Innovationsgrad ergeben haben, werden von den er-

folgreichen Gründungen mit hohem Innovationsgrad noch einmal deutlich übertroffen. Für hoch innovative Gründungen kann von einem sehr starken Zusammenhang zwischen Ausprägung der MO und Unternehmenserfolg ausgegangen werden. Gründungen mit einem niedrigem Innovationsgrad zeigen zum einen deutlich niedrigere MO-Ausprägungen und es ergeben sich auch keine Differenzen hinsichtlich des Unternehmenserfolges. Die MO ist hier gleichförmig niedriger ausgeprägt und scheint nicht zur Differenzierung zwischen erfolgreichen und weniger erfolgreichen Gründungen beizutragen. Abb. 8-11 zeigt die deutlichen Unterschiede zwischen den erfolgreichen und weniger erfolgreichen Gründungen mit hohem Innovationsgrad.

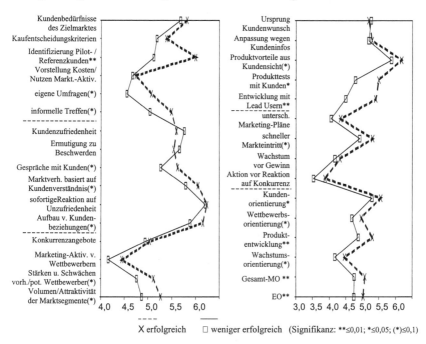

X erfolgreich   □ weniger erfolgreich (Signifikanz: **≤0,01; *≤0,05; (*)≤0,1)

Abb. 8-11: Implementierung der MO: erfolgreich vs. weniger erfolgreich bei hohem Innovationsgrad

Die Untersuchung zeigt, dass erfolgreiche Gründungen eine signifikant höhere MO aufweisen. Sorgfältig vorbereitete Unternehmensgründungen, die sich umfassend über den Zielmarkt mit den (potentiellen) Kunden und Wettbewerbern informieren, Kunden und andere Marktteilnehmer aktiv in den Unternehmensaufbau integrieren, d.h. die um die Ausprägung einer starken MO bemüht sind, sind erfolgreicher. Dies ist ein Hinweis für den positiven Beitrag der MO auf den Unternehmenserfolg. Über die Stärke der Wirkungsbeziehung in den jeweiligen Situationen kann anhand eines Vergleichs der Mittelwerte zwischen erfolgreichen und weniger erfolgreichen Gründungen jedoch noch keine Aussage getroffen werden (siehe hierzu Regressionsanalyse, Abb. 8-15, S.184).

8.3 Auswirkung der MO und EO auf den Unternehmenserfolg

8.3.1 Individuelle Effekte

Die Tatsache, dass erfolgreiche Gründungen eine signifikant höhere MO besitzen, ist ein erster Hinweis auf einen positiven Effekt der MO auf den Unternehmenserfolg. Das gleiche gilt für höhere Ausprägungen der EO. Auch hier zeigen erfolgreichere Gründungen signifikant höhere Werte. Abb. 8-12 fasst diese Ergebnisse zusammen, indem Werte für die Gesamt-MO, die einzelnen MO-Dimensionen und die EO für erfolgreiche und weniger erfolgreiche Gründungen dargestellt werden. Außerdem wird deutlich, dass Gründungen mit hoher MO auch signifikant höhere Werte hinsichtlich der EO aufweisen und umgekehrt. Dies spricht für einen starken, positiven Zusammenhang zwischen MO und EO in Neugründungen.

	Unternehmenserfolg		EO		MO	
	weniger erfolgreich	erfolgreich	niedrig	hoch	niedrig	hoch
Kundenorientierung	5,05	5,38[a]	4,80	5,58[a]	4,69	5,72[a]
Wettbewerbsorientierung	4,49	4,83	4,20	5,06[a]	3,89	5,37[a]
MO-Produktentwicklung	4,43	5,01[a]	4,10	5,17[a]	3,93	5,35[a]
Wachstumsorientierung	3,86	4,27[b]	3,45	4,58[a]	3,21	4,83[a]
Gesamt-MO	4,47	4,89[a]	4,14	5,10[a]	3,93	5,32[a]
EO	4,24	4,75[a]	3,73	5,13[a]	4,04	4,86[a]

Signifikanz: [a] $p<0{,}001$, [b] $p<0{,}01$

Abb. 8-12: Werte der MO (-Dimensionen) und der EO

Einen weiteren Hinweis auf den positiven Zusammenhang zwischen MO (und auch EO) und dem Unternehmenserfolg erhält man bei einer Analyse der Unternehmensentwicklung, die Gründungen mit verschiedenen Ausprägungsniveaus nehmen. Abb. 8-13 gibt hierzu die Entwicklung der festen Mitarbeiter und des Umsatzes über die ersten fünf Geschäftsjahre (GJ) wieder. Ebenfalls dargestellt sind die Investitionen des letzten Geschäftsjahres, der erreichte Marktanteil sowie der Prozentanteil der Preisträger für die gesamte Stichprobe und für Gruppen mit hoher bzw. niedriger Ausprägung der MO und EO.

	MO		EO	
	niedrig	hoch	niedrig	hoch
feste Mitarbeiter 1. GJ	2,92	4,33	2,56	4,56
feste Mitarbeiter 2. GJ	4,39	8,37	4,40	8,12
feste Mitarbeiter 3. GJ	5,44	14,13	5,18	13,76
feste Mitarbeiter 4. GJ	6,44	13,78	4,85	14,46
feste Mitarbeiter 5. GJ	8,09	19,11	7,07	17,60
Umsatz 1. GJ (Tsd. €)	162,3	264,1	127,5	291,2
Umsatz 2. GJ (Tsd. €)	326,8	633,9	270,6	670,3
Umsatz 3. GJ (Tsd. €)	384,6	2.589,0	349,6	2.487,6
Umsatz 4. GJ (Tsd. €)	594,2	5.854,6	433,5	5.347,7
Umsatz 5. GJ (Tsd. €)	719,3	1.855,3	536,5	1.832,3
Investitionen letztes GJ (Tsd. €)	175,4	409,1	123,0	439,6
eigener Marktanteil (%)	15,9	21,9	11,2	25,4
%-Anteil Preisträger	31	45	24	46

Abb. 8-13: Unternehmensentwicklung bei hoher/niedriger MO/EO

Es ergeben sich deutliche Unterschiede hinsichtlich der durch die Kennzahlen abgebildeten Unternehmensentwicklung. Gründungen mit hoher MO oder EO sind Unternehmen mit entsprechend niedrigen Ausprägungsniveaus in allen betrachteten Bereichen deutlich unterlegen. Sie schaffen im Verlauf mehr Arbeitsplätze, erzielen höhere Umsätze, investieren mehr und können höhere Marktanteile für sich gewinnen.

Unterstützung für einen positiven Zusammenhang zwischen dem Unternehmenserfolg und der MO (bzw. auch EO) wird auch durch die Analyse der Korrelationen zwischen diesen verschiedenen Größen geliefert. Abb. 8-14 zeigt die Korrelationen zwischen MO (und den MO-Dimensionen), EO und dem Unternehmenserfolg, wobei jeweils positive und signifikante Beziehungen identifiziert werden konnten. Der identifizierte Korrelationskoeffizient zwischen MO und Unternehmenserfolg ist etwas geringer als in bisherigen, bei etablierten Unternehmen durchgeführten Studien (siehe z.B. $r = 0{,}345$ bei Slater/Narver (1990) oder $r = 0{,}362$ bei Slater/Narver (2000)).

Korrelation (Signifikanz)	Unternehmens-erfolg	EO	Gesamt-MO	Kunden-orient.	Wettbew. orient.	Produk-tentw.
EO	,285 (,000)					
Gesamt-MO	,227 (,000)	,650 (,000)				
Kundenorient.	,170 (,010)	,527 (,000)	,746 (,000)			
Wettbew.orient.	,120 (,013)	,390 (,000)	,703 (,000)	,382 (,000)		
MO-Produktentw.	,221 (,000)	,501 (,000)	,680 (,000)	,444 (,000)	,191 (,000)	
Wachst.orient.	,150 (,002)	,497 (,000)	,786 (,000)	,486 (,000)	,422 (,000)	,345 (,000)

Abb. 8-14: Korrelationsanalyse MO (-Dimensionen) - EO (nach Pearson, 2-seitige Signifikanz)

Wie in Abb. 8-7 (S. 192) anhand des Vergleiches der MO-Ausprägung von erfolgreichen und weniger erfolgreichen Unternehmensgründungen dargestellt, ist der Zusammenhang zwischen MO und Unternehmenserfolg relativ unabhängig von der Umfeldsituation. So zeigen beispielsweise in einer Vielzahl der betrachteten Situationen (in 21 von 33) erfolgreichere Gründungen eine höhere MO. Über die Stärke der Wirkungsbeziehung in den jeweiligen Situationen geben die Ergebnisse der Regressionsanalysen in Abb. 8-15 Aufschluss. Zunächst kann allgemein ein signifikanter Effekt der MO auf den Unternehmenserfolg identifiziert werden. Unter Berücksichtigung der jeweiligen Umfeldsituation zeigt sich bei Endverbrauchern und öffentlichen Einrichtungen als Zielkunden, bis 1999 gegründeten Unternehmen, Bearbeitung mehrerer Segmente mit verschiedenen Angeboten oder von nur einem Segment sowie bei hoher Umfelddynamik ein überdurchschnittlich starker Zusammenhang zwischen MO und dem Unternehmenserfolg. Allerdings kann in 15 der 33 untersuchten Situationen kein signifikanter Zusammenhang identifiziert werden.

8.3.2 Beziehung und gemeinsame Effekte

Nachdem Unterstützung für die positiven Effekte einer hohen MO und einer hohen EO auf den Unternehmenserfolg gefunden wurden, soll im nächsten Schritt die Beziehung zwischen MO und EO und ihr gemeinsamer Effekt auf den Erfolg neugegründeter Unternehmen betrachtet werden. Schon in Abb. 8-12 wird deutlich, dass Gründungen mit hohen Ausprägungen in einer Orientierung auch hohe Werte in der anderen Orientierung aufweisen und sich die beiden Orientierungsrichtungen gegenseitig ergänzen. Das gleiche Bild ergibt sich auch bei der situationsspezifischen Untersuchung in Abb. 8-1. Die Ausprägungen der beiden Orientierung sind in den einzelnen untersuchten Situationen im Wesentlichen gleichförmig.

	Allg.	Branche						Zielkunden			
		Handel	Handwerk	Dienstleistung	Industriegüter	Konsumgüter	FuE	Endverbraucher	KMU	Groß- unternehmen	öffentl. Einrichtungen
MO	$0,227^a$	NS	NS	$0,211^a$	NS	$0,717^c$	NS	$0,272^b$	$0,209^a$	NS	$0,284^b$
F	$23,25^a$	2,354	0,649	$11,893^a$	0,809	$9,521^c$	0,586	$9,003^b$	$12,5^a$	2,247	$8,744^b$
Korr. R^2	0,049	0,024	-0,01	0,041	-0,003	0,46	-0,008	0,066	0,04	0,007	0,071
N	433	55	38	258	61	12	54	117	277	170	103

	Alter		geographischer Zielmarkt				Marktphase			
	bis 1999	ab 2000	regional	Deutschland	Europa	weltweit	Entstehung	Wachstum	Reife	Stagnation
MO	$0,311^a$	NS	NS	$0,209^b$	NS	NS	$0,198^c$	$0,218^b$	NS	NS
F	$21,463^a$	3,214	2,261	$6,845^b$	2,94	0,079	$4,666^c$	$7,775^b$	3,851	0,005
Korr. R^2	0,092	0,01	0,11	0,037	0,026	-0,011	0,031	0,041	0,057	-0,015
N	204	224	113	154	75	85	116	159	49	99

	Marktbearbeitung					Wettbewerb		Umfelddynamik		Innovationsgrad	
	ohne Segmentfokus	mehrere Segm. versch. Angeb.	mehrere Segm. gleiches Angeb.	1 Segment	Nische	schwach	aggressiv	niedrig	hoch	niedrig	hoch
MO	NS	$0,243^b$	NS	$0,396^a$	NS	$0,2^b$	$0,216^a$	$0,138^c$	$0,283^a$	NS	$0,196^b$
F	0,003	$8,944^b$	3,245	$11,15^a$	2,542	$7,568^b$	$11,587^a$	$3,947^c$	$18,441^a$	2,329	$9,658^b$
Korr. R^2	-0,052	0,052	0,041	0,143	0,009	0,035	0,043	0,014	0,076	0,007	0,034
N	21	145	55	62	175	186	239	207	214	179	247

(Signifikanz: $a \leq 0,001 < b \leq 0,01 < c \leq 0,05$; NS = nicht signifikant)

Abb. 8-15: Situationsspezifische Regressionsanalysen MO – Unternehmenserfolg

Die Korrelationsanalyse in Abb. 8-14 quantifiziert den positiven Zusammenhang. Mit r = 0,650 ist die Korrelation zwischen MO und EO in den analysierten Neugründungen sogar stärker als in den meisten, bisher bei etablierten Unternehmen durchgeführten, vergleichbaren Untersuchungen (siehe z.b. Morris/Paul 1987, r = 0,24; Miles/Arnold 1991, r = 0,52; Becherer/Maurer 1997, r = 0,69; Slater/Narver 2000, r = 0,515; George/Zahra 2002, r = 0,27).

Abb. 8-16 vergleicht die Unternehmensentwicklung für neugegründete Unternehmen, die hinsichtlich ihrer Ausprägungsniveaus bezüglich der MO und EO in vier verschiedene Gruppen unterteilt werden. Erwartungsgemäß zeigen Gründungen mit hohen Ausprägungen in beiden Orientierungen die mit Abstand besten Ergebnisse hinsichtlich der untersuchten Indikatoren. Liegen niedrige Ausprägungen vor, ergibt sich ein deutlich schlechterer Entwicklungsverlauf. Die positiven gemeinsamen Effekte der beiden Orientierungsrichtungen auf den Unternehmenserfolg, welche bereits für etablierte Unternehmen nachgewiesen werden konnten (siehe z.b. Slater/Narver 2000, Atuahene-Gima/Ko 2001, Tzokas et al. 20001, Matsuno et al. 2002), erhalten somit auch im Gründungsbereich Unterstützung.

	niedrige MO / niedrige EO	niedrige MO / hohe EO	hohe MO / niedrige EO	hohe MO / hohe EO
feste Mitarbeiter 1. GJ	2,66	3,83	2,47	4,88
feste Mitarbeiter 2. GJ	4,23	5,96	4,97	9,08
feste Mitarbeiter 3. GJ	4,61	9,40	6,88	15,58
feste Mitarbeiter 4. GJ	5,00	10,60	4,63	16,44
feste Mitarbeiter 5. GJ	6,14	13,89	11,17	19,69
Umsatz 1. GJ (Tsd. €)	136,8	223,4	106,0	321,0
Umsatz 2. GJ (Tsd. €)	262,3	473,7	310,7	757,6
Umsatz 3. GJ (Tsd. €)	304,7	624,2	535,4	3.170,8
Umsatz 4. GJ (Tsd. €)	368,3	1.088,4	661,8	7.477,4
Umsatz 5. GJ (Tsd. €)	444,1	1.191,3	814,0	2.152,8
Investitionen letztes GJ (Tsd. €)	98,1	300,5	181,6	500,7
eigener Marktanteil (%)	12,0	21,8	7,2	27,1
%-Anteil Preisträger	24	45	23,3	53,5

Abb. 8-16: Gemeinsame Effekte der MO und EO auf die Unternehmensentwicklung

9. Untersuchung der Marketing-Mix-Maßnahmen

9.1 Einsatz der Marketing-Mix-Maßnahmen

Im Rahmen der Untersuchung der Marketing-Mix-Maßnahmen sollen im Wesentlichen folgende Fragestellungen beantwortet werden (siehe auch Jung/Gaul 2003a): Welche Maßnahmen setzen Unternehmensgründer bei der Gestaltung ihres Markteintritts ein? Welche situationsspezifischen Einflussfaktoren, wie z.b. Branche, Art der Zielkunden, Marktphase oder Wettbewerbssituation, führen zu Unterschieden in der Gestaltung des Markteintritts und wie verändert sich der Einsatz bestimmter Maßnahmen in Abhängigkeit der konkreten Situation?

Die Darstellung der Ergebnisse findet getrennt nach den Bereichen Produkt/Preis (Kap. 9.1.1), Kommunikation (Kap. 9.1.2) und Distribution (Kap. 9.1.3) statt. Eine detaillierte Vorstellung und Interpretation aller identifizierten Unterschiede würde den Rahmen dieser Arbeit sprengen. Aus diesem Grund werden die gesamten Ergebnisse bezüglich der untersuchten Marketing-Instrumente und Einflussfaktoren in Form von Übersichtstabellen zusammengefasst (siehe Abb. 9-1 (Produkt/Preis) und Abb. 9-7 (Kommunikation/Distribution)). Analog zur Vorgehensweise bei der Untersuchung der MO werden im Folgenden für die einzelnen Bereiche zunächst kurze Beschreibungen der Ausprägungen für die gesamte Stichprobe gegeben. Anschließend werden besonders interessante oder auffällige Unterschiede oder Eigentümlichkeiten bezüglich des Einsatzes der betrachteten Instrumente für die untersuchten Einflussfaktoren dargestellt und teilweise in Form von Profilzügen graphisch veranschaulicht. In Kap. 9.2 erfolgt die Einbeziehung der Erfolgsdimension und Unterschiede zwischen erfolgreichen und weniger erfolgreichen Gründungen, allgemein und unter Berücksichtigung der Einflussfaktoren, werden betrachtet.

9.1.1 Einsatz produkt-/preispolitischer Maßnahmen

9.1.1.1 Überblick und allgemeine Analyse

Im Bereich der produkt- und preispolitischen Maßnahmen werden der erarbeitete Angebotsvorteil, die Programmpolitik, der Ideenursprung, der Innovationsgrad, das Ausmaß der marktorientierten Produktentwicklung, die zusätzlich angebotenen Leistungen sowie die Preispolitik mit Preisfestlegung und –strategiewahl analysiert.

Eine detaillierte Darstellung der situationsspezifischen Unterschiede hinsichtlich des Einsatzes der im Rahmen der Markteintrittsgestaltung untersuchten Maßnahmen aus dem produkt- und preispolitischen Bereich ist Abb. 9-1 zu entnehmen. Analog zur Darstellungsweise bei der Untersuchung der MO sind zunächst die Ausprägungen der untersuchten Marketing-Instrumente für die gesamte Stichprobe angegeben. Anschließend sind die signifikanten Abweichungen der Mittelwerte (MW) beim Einsatz dieser Instrumente hinsichtlich der in Bezug auf die Einflussfaktoren gebildeten Gruppierungen anhand der bereits verwendeten Darstellungsweise und Signifikanzniveaus abgebildet (++, +, (+), --, -, (-) bedeuten signifikant höheren/ niedrigeren Einsatz bzgl. der Signifikanzniveaus 0,01, 0,05 und 0,1).

Mrkt.- Mix			Allg.	Branche						Zielkunden				Gründ.-jahr	geographischer Zielmarkt			
Unterschiede des Maßnahmeneinsatzes / Bedeutungsgrades hinsichtlich situativer Einflussfaktoren (Signifikanz: ++/--<=0,01<+/-<=0,05<(+/-)<= 0,1)			MW (1-7)	Handel	Handwerk	Dienstleistung	Industriegüter	Konsumgüter	FuE	Endverbraucher	KMU	Großunternehmen	öffentl. Einrich-tungen	ab 2000 vs. bis 1999	regional	Deutschland	Europa	weltweit
N				58	39	266	64	12	57	119	288	181	104	236 / 217	115	163	76	89
Produkt	Angebots-vorteil	Neuartige, bisher nicht angebotene Merkmale	5,26	(+)	-	-	++	(+)	++			++	++	++	-			++
		Besseres Preis-/Leistungsverhältnis als Konkurrenz	5,32				(+)	+				+	+	++	-		++	++
		Produktvorteile mit hoher Kundenbedeutung	5,65	(+)	-	-	(+)	+	++	+		+	+	+	-		+	++
	Programm-politik	Größere Angebotstiefe als Konkurrenz	4,60	+						+			(+)	(+)				
		Größere Angebotsbreite als Konkurrenz	4,16					(-)		(+)			(+)	(+)				
	Ideen-ursprung	Konkrete Kundenwünsche / -bedürfnisse als Ursprung	5,04					+										
		Technische Innovation als Ursprung	3,85		-	-	++	+	++	-		++	++	(+)	-			++
	Innov.-grad	Innovationsgrad im Vgl. zu Wettbewerbern	5,57	++	-	-	++	+	++			++	++		-			++
	markt-orientierte Produkt-entwicklung	Informelle Treffen/Kontakte mit Kunden/Zulieferern usw.	5,42	(+)							(+)							
		Anpassung / Verbesserung wegen Kundeninfos	5,11			-	++	(+)	++	-	(+)	(+)			-		++	++
		Produkttests mit Kunden	4,60	(+)		-			(+)								+	
		Eigene Umfragen bei Kunden / Zulieferern usw.	4,49	(+)	-	(-)			++	-		++		(+)	-			++
		Entwicklung mit Hilfe von Lead Usern / Pilotkunden	4,38	+				(+)	++	++		-			-			
		Markttests, Testverkäufe in begrenztem Gebiet	2,70	++			(+)			++								+
	zusätzl. Leistungen	Rückgabe- / Umtauschrecht	2,57	++		-	(+)					-						
		Garantiezeitverlängerung	2,12	++				--			++	(+)					+	
		Installation des Produktes	3,78								++		+		(-)			
		Inspektion, Wartung oder Reparatur	3,80	(+)								(+)	(+)					
		Ratenkauf / Leasing	2,29															
Preis	Preispolitik	Spezieller Einführungsrabatt	3,45		-	++				++				++				
		Rabatte bei Vorbestellung	2,27	++														
		Kostenkalkulation	5,24							+			+					
		Konzepttests mit unterschiedlichen Preisen	3,03	(+)		++		(+)										+

Abb. 9-1: Situationsspezifische Analyse der Produkt-/Preispolitik

Abb. 9-1 (Forts.): Situationsspezifische Analyse der Produkt-/Preispolitik

Mrkt.- Mix — Unterschiede des Maßnahmeneinsatzes / Bedeutungsgrades hinsichtlich situativer Einflussfaktoren (Signifikanz: ++/--<=0,01<+/-<=0,05<(+/-)<= 0,1)	Marktphase				Marktbearbeitung					Wettbewerb	Umfeld-dyn.	Innov.-grad	EO	MO
	Entstehung	Wachstum	Reife	Stagnation	ohne Segment-fokus	mehrere Segm., versch. Angebote	mehrere Segm., gleiches Angebot	1 Segment	Nische	schwach vs. aggressiv	hoch vs. niedrig	hoch vs. niedrig	hoch vs. niedrig	hoch vs. niedrig
N	122	164	51	71	22	148	57	62	183	196 | 245	222 | 214	255 | 185	227 | 227	224 | 222
Neuartige, bisher nicht angebotene Merkmale	++		-	-	-			(+)	++	++		++	++	++
Besseres Preis-/Leistungsverhältnis als Konkurrenz			-	-	(-)				++	++		+	++	++
Produktvorteile mit hoher Kundenbedeutung	++		-					(+)	+	++	+	++	++	++
Größere Angebotstiefe als Konkurrenz						(-)	+		(+)	(+)		++	++	++
Größere Angebotsbreite als Konkurrenz						+	(+)		+	++	+	++	++	++
Konkrete Kundenwünsche /-bedürfnisse als Ursprung	++		-	(-)	(-)				(+)	(+)		+	++	++
Technische Innovation als Ursprung	++		-	--	-		(+)		+	++	+	++	++	++
Innovationsgrad im Vgl. zu Wettbewerbern	++									++	(+)	++	++	++
Informelle Treffen/Kontakte mit Kunden/Zulieferern usw.		(+)		-						(+)	(+)		++	++
Anpassung / Verbesserung wegen Kundeninfos	++				(-)	++				+	+	++	++	++
Produkttests mit Kunden								(-)		(+)		++	++	++
Eigene Umfragen bei Kunden / Zulieferern usw.	++		--	-	(-)		+			+	(+)	++	++	++
Entwicklung mit Hilfe von Lead Usern / Pilotkunden	++	(-)		-		(-)		(+)		+	+	+	+	++
Markttests, Testverkäufe in begrenztem Gebiet				-	(-)	+		++						++
Rückgabe- / Umtauschrecht									++					++
Garantiezeitverlängerung	+				(-)	+	(-)		(+)	++	(+)	++	++	(+)
Installation des Produktes	+								+	+	+	++	++	++
Inspektion, Wartung oder Reparatur					-	++		-		++	+	+	+	+
Ratenkauf / Leasing	+		(-)			++		(-)		++			++	++
Spezieller Einführungsrabatt	(+)	+	-			(-)				(+)			++	++
Rabatte bei Vorbestellung			--					(+)						
Kostenkalkulation												(+)	+	+
Konzepttests mit unterschiedlichen Preisen										+		+	++	++

207

Betreffs der Gruppierung wird ebenfalls die gleiche Vorgehensweise gewählt und jeweils dichotome Gruppierungen bezüglich der untersuchten Einflussfaktoren gebildet (z.b. hoher vs. niedriger Innovationsgrad oder Endverbraucher vs. andere Zielkunden). Die Analyse der Vorgehensweise bei der Preisfestlegung und –strategiewahl hinsichtlich der untersuchten Einflussfaktoren konnte aus Darstellungs- und Platzgründen nicht in die Tabelle integriert werden. Auffälligkeiten für diese beiden Aspekte werden soweit vorhanden im Text erörtert.

(Anmerkung: Einige Maßnahmen aus dem produktpolitischen Bereich, wie z.b. konkrete Kundenwünsche/-bedürfnisse als Ideenursprung, informelle Treffen/Kontakte mit Kunden/Zulieferern, Produkttests mit Kunden etc., wurden schon bei der Untersuchung der MO betrachtet. Zur vollständigen Darstellung aller Aspekte des produktpolitischen Handlungsspielraumes werden diese hier erneut aufgeführt.)

Die wichtigsten Wettbewerbsvorteile, die sich die befragten Unternehmen aus ihrer Sicht erarbeiten konnten, sind Produktvorteile mit hoher Kundenbedeutung (80% ($\geq$5)) gepaart mit einem im Vergleich zum Wettbewerb höheren Innovationsgrad (75% ($\geq$5)) und neuartigen, bisher nicht angebotenen Produktmerkmalen (71% ($\geq$5)). Trotz der innovativen Angebote legen die Gründer auf ein im Vergleich zum Wettbewerb besseres Preis-/Leistungsverhältnis wert (72% ($\geq$5)). Die Gründungsidee hat ihren Ursprung in erster Linie in konkreten Kundenwünschen oder -bedürfnissen (70% ($\geq$5)) und in geringerem Maße in technischen Innovationen (48% ($\geq$5)) wobei aber auch Kombinationen von beiden Ideenquellen möglich sind. Der Großteil der Gründer gibt an, das ursprüngliche Angebot aufgrund von Kundeninformationen angepasst bzw. verbessert zu haben (72% ($\geq$5)). Bei der Gewinnung von marktbezogenen Informationen spielen informelle Treffen mit Kunden oder Zulieferern eine wichtige Rolle. Eine marktorientierte Produktentwicklung, d.h. die Integration der Kunden z.B. in Form von Produkttests mit Kunden, eigenen Umfragen bei Kunden, Absatzmittlern oder Zulieferern sowie mit Hilfe von Lead Usern, wird generell als wichtig eingestuft. Nur Markttests (als eher Ressourcen- und Know-how-intensives Instrument) haben eine relativ geringe Bedeutung. Durchgängig als mäßig bedeutend wird das Anbieten von zusätzlichen Leistungen wie Inspektion, Wartung oder Reparatur sowie die Installation des Produktes bewertet. Ein spezielles Rückgabe-/Umtauschrecht sowie eine Garantiezeitverlängerung (zur Überwindung von Adoptionshemmnissen und zur Vertrauenssteigerung) werden ebenfalls nur selten angeboten.

Neben der Betrachtung der von den Unternehmen bevorzugten Angebotskonzepte wird auch untersucht, wie die Unternehmen ihre preispolitischen Maßnahmen beurteilen. Aus Abb. 9-1 wird ersichtlich, dass der Großteil der Unternehmen eine Kostenkalkulation durchführt bzw. diese als bedeutend bewertet (73% ($\geq$5)). Das Testen von verschiedenen Preisen wird dagegen als eher unbedeutend eingestuft (61% ($\leq$3)). Spezielle Instrumente der Preispolitik, die zur Überwindung von Kundenhemmnissen dienen können (wie Ratenkauf/Leasing sowie Einführungs- oder Vorbestellungsrabatte), werden nur selten eingesetzt, wobei aber das Anbieten eines Einführungsrabatts noch am höchsten bewertet wird (38% ($\geq$5)).

Preisfestlegung	N	%		Preisstrategie	N	%
Wettbewerbsorientiert	134	30,25		Hochpreisstrategie	91	20,50
Nachfrage-/Marktorientiert	136	30,70		mittlere Preisstrategie	233	52,48
Zuschlagsverfahren	28	6,32		Niedrigpreisstrategie	50	11,26
Ertragskalkulation	77	17,38		keine	70	15,77
Verhandlung	100	22,57				
kein spezielles Verfahren	27	6,09				
sonstige Verfahren	23	5,19				

Abb. 9-2: Preisstrategie und –festlegung

Abb. 9-2 zeigt zusätzlich, dass es kein dominierendes Verfahren zur Preisfestlegung bei den untersuchten Neugründungen gibt. Ein jeweils gleich großer Teil der Unternehmen orientiert sich entweder an den Nachfragern oder Wettbewerbern. Eine individuelle Preisfestlegung auf Verhandlungsbasis wird ebenfalls häufig eingesetzt. Über die Hälfte der Unternehmen verfolgt eine mittlere Preisstrategie während eine Niedrigpreisstrategie nur vergleichsweise selten zur Anwendung kommt. Mit 15% der Unternehmen besitzt ein relativ großer Teil (evtl. noch) keine klar festgelegte langfristige Preisstrategie.

9.1.1.2 Ergebnisse für ausgewählte Einflussfaktoren

Branche

Berücksichtigt man die Branchen, in denen die Unternehmen gegründet werden, so spiegelt der entsprechende Ausschnitt aus Abb. 9-1 eine Reihe statistisch signifikanter Unterschiede beim Einsatz der angeführten Marketing-Maßnahmen wider. Eher technisch orientierte Branchen wie Industriegüter und FuE setzten überdurchschnittlich stark auf Angebote mit neuartigen Merkmalen, die ihren Ursprung in einer technischen Innovation haben und dementsprechend einen im Vergleich zum Wettbewerb höheren Innovationsgrad bieten. Gleichzeitig wird von den Unternehmen aber auch die Entwicklung eines hohen Produktvorteils aus Kundensicht betont und die Produktentwicklung durch die Integration von Kunden unterstützt, um so eine hohe Marktakzeptanz sicherzustellen. Zur Überwindung von Adoptionsbarrieren auf Kundenseite dienen im Handelsbereich das Anbieten eines Rückgabe-/Umtauschrechts, einer Garantiezeitverlängerung sowie von Vorbestellungsrabatten.

Im Dienstleistungsbereich werden eher wenig innovative und neuartige Angebote eingeführt und dementsprechend ist die Überprüfung dieser unter Umständen bereits bekannten Konzepte im Zielmarkt nur von geringem Interesse. Dagegen werden zur Gewinnung von Neukunden häufiger spezielle Einführungsrabatte angeboten und verschiedene Preise bei den Kunden getestet.

Abb. 9-3 zeigt die Beurteilung der untersuchten produkt- und preispolitischen Instrumente für Unternehmen der Dienstleistungsbranche im Vergleich zu anderen Branchen im Detail.

(Anmerkung: Zur graphischen Verdeutlichung der Unterschiede werden Instrumente mit höheren Bewertungen (linke Seite) und solche mit niedrigeren Bewertungen (rechte Seite) getrennt. Dadurch ergeben sich im Vergleich zu Abb. 9-1 Unterschiede hinsichtlich der Reihenfolge der betrachteten Instrumente, die sich allerdings auf die Position von Kostenkalkulation und Markttests beschränken und aufgrund der deutlicheren Darstellung der Unterschiede in Kauf genommen werden.)

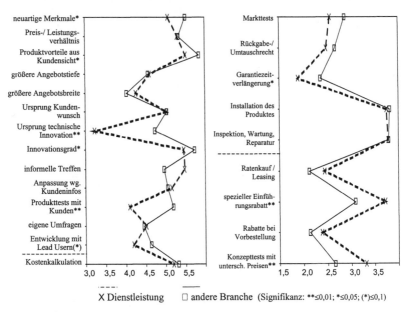

X Dienstleistung   □ andere Branche   (Signifikanz: **≤0,01; *≤0,05; (*)≤0,1)

Abb. 9-3: Vergleich Produkt/Preis: Dienstleistung vs. andere Branchen

Bezüglich der Preisfestlegung fällt auf, dass neugegründete Handwerksbetriebe sehr stark wettbewerbsorientiert vorgehen (44,7% wählen diese Vorgehensweise vs. 30,3% in der gesamten Stichprobe) und die Nachfrageseite nur in geringem Maße einbeziehen. Ein höherer Prozentsatz setzt auch kein spezielles Verfahren ein (13,2% vs. 6,1% allg.). Im Dienstleistungsbereich wird der Preis besonders oft auf Verhandlungsbasis vereinbart (27,3% vs. 22,6% allg.) während diese Form im Industriegüterbereich nur sehr selten eingesetzt wird (9,5%). Im Handels- und im FuE-Bereich verfolgen die Unternehmen überdurchschnittlich häufig eine Hochpreisstrategie (31% bzw. 33,3% vs. 20,5% allg.).

<u>Zielkunden</u>

Unternehmen, die sich an Endverbraucher richten, legen überdurchschnittlich hohen Wert auf das Anbieten eines Rückgabe-/Umtauschrechtes und führen auch häufiger eine Kostenkalkulation durch. Sie bieten außerdem ein vergleichsweise größeres Produktprogramm an. Die Produktentwicklung mit Hilfe von Lead Usern wird naturgemäß weniger oft durchgeführt, da sich Endverbraucher nur selten als Lead User in dieser Form geeignet einsetzen lassen. Werden KMUs angesprochen, so bekommt die Installation des Angebots eine überdurchschnittliche Bedeutung. Sind Großunternehmen die Adressaten des Angebots, werden verstärkt technologiebasierte Produkte mit neuartigen Merkmalen, einem besseren Preis-/Leistungsverhältnis und hohem Innovationsgrad angeboten. Dadurch soll ein ausreichender Wettbewerbsvorteil erarbeitet werden, um als neues Unternehmen ohne vorhandene Reputation die eher anspruchs-vollen Großunternehmen als Kunden zu gewinnen. Diese werden oft in Form eines Lead Users in den Produktentwicklungsprozess einbezogen. Unternehmen, die sich an öffentliche Einrichtungen und Behörden richten zeigen sehr ähnliche Ausprägungen im Bereich des Produktkonzepts. Außerdem wird hier ein etwas größeres Produktpro-gramm angeboten und der Durchführung einer Kostenkalkulation mehr Bedeutung beigemessen. Bei dieser Kundengruppe setzen die Unternehmen den Preis seltener aufgrund des Wettbewerbs fest (21,3% vs. 30,3% allg.) sondern vermehrt auf Ver-handlungen basierend (29,1% vs. 22,5% allg.).

Geographischer Zielmarkt

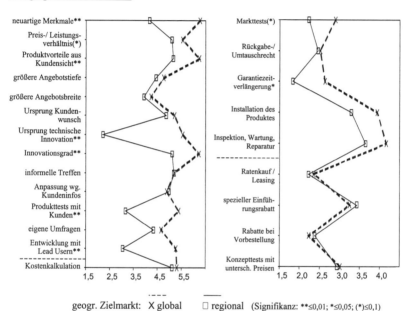

geogr. Zielmarkt: X global ☐ regional (Signifikanz: **≤0,01; *≤0,05; (*)≤0,1)

Abb. 9-4: Vergleich Produkt/Preis: regionaler vs. globaler Zielmarkt

Im Hinblick auf den geographischen Zielmarkt, den die neugegründeten Unternehmen bearbeiten, ergeben sich aufgrund der unterschiedlichen Zielsetzungen, Wachstums-vorstellungen und Rahmenbedingungen, große Unterschiede hinsichtlich der Produkt-/ Preispolitik. Regional orientierte Unternehmen zeigen einen deutlich geringer ausge-prägten Produktvorteil, Innovationsgrad und eine geringere Intensität, was den Einsatz weiterer Maßnahmen anbelangt. Die Konzentration auf regionale Kunden, deren Wün-sche und Probleme besser bekannt sein dürften, führt dazu, dass Kunden in deutlich geringerem Maße in den Produktentwicklungsprozess einbezogen werden. Bei einem vergleichsweise geringem Innovationsgrad und eher auf konkreten Kundenwünschen beruhenden Produkten mag dies weniger erforderlich erscheinen. Auffällig bei der Preisfestlegung ist, dass sich weltweit tätige Unternehmen weniger stark am Wettbe-werb orientieren (24,1% vs. 30,3% allg.) und dafür verstärkt eine Ertragskalkulation einsetzen (24,1% vs. 17,4% allg.). Außerdem wird häufiger auf eine Hochpreisstrategie gesetzt (29,6% vs. 20,5% allg.). Abb. 9-4 verdeutlicht die Unterschiede zwischen regional und weltweit ausgerichteten Unternehmensgründungen.

(Anmerkung: In Abb. 9-4 sind Signifikanzniveaus für den direkten Vergleich regionaler vs. globaler Zielmarkt angegeben während in Abb. 9-1 Signifikanzniveaus für den Vergleich regionaler/globaler vs. nicht regionaler/globaler Zielmarkt wiedergegeben werden.)

Marktphase

Vergleicht man die Unternehmen unter Berücksichtigung der Entwicklungsphase, in der sich der Zielmarkt befindet, so ergeben sich deutliche Unterschiede und insbesondere ein konträres Verhalten der frühen gegenüber den späten Phasen. Da die Märkte und auch die Technologien von Unternehmen in der Entstehungsphase des Marktes mitgestaltet und –entwickelt werden können, ist es nicht überraschend, dass Unternehmen hier einen deutlich höheren Innovationsgrad und technologische Orientierung zeigen. Der Dynamik des Marktes und den sich erst entwickelnden Kundenbedürfnissen angepasst, beziehen Unternehmen in dieser Phase ihre Kunden stärker in den Produktentwicklungsprozess ein, um den Markterfolg der neuartigen Produkte durch Kundenfeedback zu verbessern. Zur Unterstützung der Adoption und Diffusion werden zusätzliche Leistungen wie Installation oder Inspektion, Wartung und Reparatur signifikant häufiger angeboten und auch Einführungsrabatte sowie Ratenkauf/Leasing verstärkt eingesetzt. Die Preisfestlegung in der Entstehungsphase orientiert sich in geringerem Maße an dem Wettbewerb (der eventuell noch nicht sehr stark ausgeprägt ist) (21,7% vs. 30,3% allg.) während in der Wachstumsphase diese Form eine höhere Bedeutung beigemessen wird (37,1%). In stagnierenden Märkten wird eine nachfrageorientierte Preisfestsetzung nur von einem kleinen Teil der befragten Unternehmen eingesetzt (18,3% vs. 30,3% allg.).

Wettbewerbssituation

Betrachtet man das Markteintrittsverhalten von Unternehmen in schwachen Wettbewerbssituationen im Vergleich zu denen in aggressiven Wettbewerbssituationen, so ergeben sich deutliche und teilweise auch überraschende Unterschiede. In einer schwachen Wettbewerbssituation bieten Unternehmen ihren Kunden einen signifikant höheren Produktvorteil und Innovationsgrad, beziehen Kunden häufiger in den Produktentwicklungsprozess mit ein und offerieren mehr zusätzliche Leistungen. Dies kann unter Umständen damit begründet werden, dass den Unternehmen mehr Zeit und Ressourcen für die Produktentwicklung zur Verfügung stehen, als dies unter hohem Wettbewerbsdruck, der sich in der Regel über den Preis ausdrückt, der Fall ist. Dennoch wäre es gerade in sehr wettbewerbsintensiven Märkten notwendig, einen echten Wettbewerbsvorteil anzubieten oder den Wettbewerb (speziell auf Preisebene) durch neuartige und innovative Produkte zu umgehen. Abb. 9-5 stellt diese und weitere Aspekte graphisch dar.

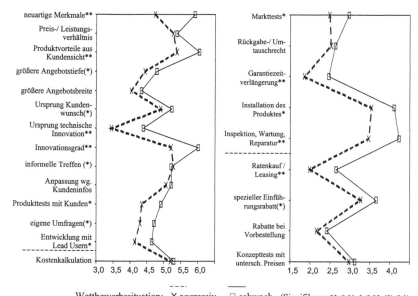

Wettbewerbssituation: X aggressiv ☐ schwach (Signifikanz: **≤0,01; *≤0,05; (*)≤0,1)

Abb. 9-5: Vergleich Produkt/Preis: aggressive vs. schwache Wettbewerbssituation

Innovationsgrad

Hoch innovative Unternehmen zeigen signifikant höhere Ausprägungen in einer Vielzahl der untersuchten Instrumente, wie in Abb. 9-6 verdeutlicht. Es wird ein größeres Produktprogramm angeboten, Kunden werden stärker in den Produktentwicklungsprozess integriert und das Anbieten zusätzlicher Leistungen erfolgt in höherem Maße.

Hinsichtlich der Ausprägungsniveaus der MO und der EO zeigen Unternehmensgründungen mit hohen Ausprägungen in den beiden Orientierungsrichtungen signifikant höhere Werte in allen betrachteten Instrumenten (bis auf Rückgabe/Umtauschrecht bei hoher EO). Der höhere Stellenwert des Marketing bei den beiden Orientierungsrichtungen wird so durch den verstärkten Einsatz der untersuchten Instrumente aus dem produkt- und preispolitischen Bereich verdeutlicht.

Weitere Unterschiede bezüglich des Einsatzes der untersuchten Maßnahmen aus dem produkt- und preispolitischen Bereich für die hinsichtlich der betrachteten Einflussfaktoren gebildeten Gruppierungen, sind Abb. 9-1 zu entnehmen.

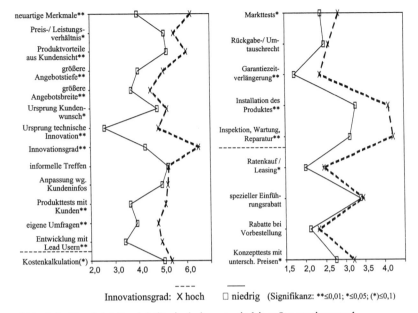

neuartige Merkmale**	Markttests*
Preis-/ Leistungs-verhältnis*	Rückgabe-/ Umtauschrecht
Produktvorteile aus Kundensicht**	Garantiezeit-verlängerung**
größere Angebotstiefe**	Installation des Produktes**
größere Angebotsbreite**	
Ursprung Kunden-wunsch*	Inspektion, Wartung, Reparatur**
Ursprung technische Innovation**	
Innovationsgrad**	Ratenkauf / Leasing*
informelle Treffen	
Anpassung wg. Kundeninfos	spezieller Einfüh-rungsrabatt
Produkttests mit Kunden**	
eigene Umfragen**	Rabatte bei Vorbestellung
Entwicklung mit Lead Usern**	Konzepttests mit untersch. Preisen*
Kostenkalkulation(*)	

2,0 3,0 4,0 5,0 6,0   1,5 2,0 2,5 3,0 3,5 4,0

Innovationsgrad: X hoch   ☐ niedrig   (Signifikanz: **≤0,01; *≤0,05; (*)≤0,1)

Abb. 9-6: Vergleich Produkt/Preis: hoher vs. niedriger Innovationsgrad

9.1.2 Einsatz kommunikationspolitischer Maßnahmen

9.1.2.1 Überblick und allgemeine Analyse

Im Bereich der Kommunikation erfolgt die Untersuchung von Kommunikationsin-strumenten, die zur Kontaktaufnahme mit Kunden und Informationsvermittlung, d.h. zur Kundengewinnung, eingesetzt werden können. Außerdem werden weitergehende Maßnahmen der Kommunikationspolitik, wie z.B. Einsatz professioneller Werbeagen-turen oder im Vergleich zum Wettbewerb kreativerer Werbung sowie der Kommunikationsfokus, die Werbebudgetfestlegung und –höhe, analysiert. Abb. 9-7 zeigt eine detaillierte Beurteilung des Einsatzes der Instrumente aus dem Kommunikationsbereich bezüglich der untersuchten Einflussfaktoren (zusammen mit den distributionspolitischen Maßnahmen, auf die in Kap. 9.1.3 eingegangen wird). Der Darstellung der produkt-/preispolitischen Maßnahmen folgend, sind die Unterschiede hinsichtlich des Einsatzes bzw. der Bedeutung der Maßnahmen zwischen den bezüglich der Einflussfaktoren gebildeten Gruppierungen wiedergegeben. Zusätzlich ist jeweils die Rangfolge der eingesetzten Kommunikationsinstrumente, die zur Kontaktaufnahme bzw. Kundengewinnung eingesetzt werden können, wie z.B. Direkt-Mailings oder Flyer & Plakate, für die verschiedenen Ausprägungen der Einflussfaktoren (z.B. Handel oder hoher Innovationsgrad) angegeben. Damit werden Vergleiche mit der Rangfolge der Instrumente, welche sich für die gesamte Stichprobe ergibt, ermöglicht und die Bedeutungsunterschiede zwischen den gebildeten Gruppierungen können besser in Relation gesetzt werden.

214

Abb. 9-7: Situationsspezifische Analyse der Kommunikations-/Distributionspolitik

Mrkt.- Mix	Unterschiede des Maßnahmeneinsatzes / Bedeutungsgrades hinsichtlich situativer Einflussfaktoren; Signifikanz: ++/--<=0,01<+/-<=0,05<(+/-)<= 0,1	Allg. Rang	Allg. MW (1-7)
Kommunikation — Instrumente zur Kundengewinnung	Empfehlungen bestehender Kunden	1.	5,45
	Kontakte aus bisherigem Geschäftsleben	2.	5,22
	Hilfe durch Kooperationspartner	3.	4,52
	Beziehungen & Bekannte	4.	4,46
	Presseberichte	5.	4,43
	Vorträge & Veröffentlichungen	6.	3,97
	Direkt-Mailings (Post, Email)	7.	3,58
	Messen & Ausstellungen	8.	3,58
	Events	9.	3,49
	Besuche durch (Außendienst-) Mitarbeiter	10.	3,39
	Flyer & Plakate	11.	2,92
	Internet (Bannerwerbung u.a.)	12.	2,91
	Anzeigenwerbung	13.	2,50
	kostenlose Nutzung / Proben	14.	2,40
	Gewinnspiele	15.	1,46
	Radio- oder Fernsehspots	16.	1,43
	Point of Purchase	17.	1,31
Politik	Häufigkeit von Werbemaßnahmen		4,09
	kreativere Werbung als Durchschnitt		3,54
	Überprüfung der Werbewirkung		3,07
	Werbung spricht Konkurrenzkunden an		2,96
	professionelle Werbeagenturen		2,46
	höherer Werbedruck als die Konkurrenz		2,45
	intensivere Werbekampagnen		2,37
	Kommunikationsbudget (in % des Umsatzes)	1.	10,4
Distribution — Kanäle	pers. Verkauf Unternehmensgründer	1.	5,87
	Vertriebswege von Kooperationspartnern	2.	4,11
	Internet	3.	3,96
	pers. Verkauf Vertriebspersonal	4.	3,71
	Handelsvertreter	5.	2,06
	Katalog / Bestellung	6.	2,03
	eigene Verkaufsstellen	7.	2,01
	Einzelhandel	8.	1,83
	Großhandel	9.	1,70
Ausweitung	Ausbau vorhandener Absatzkanäle		5,75
	Erschließung neuer Absatzkanäle		4,80
Politik	Lieferbereitschaft und Liefertreue		5,53
	Kundendatenbank		5,25
	längerfristiges Vertriebskonzept		5,05
	Verkäuferschulungen		2,70
	Konzepttests mit Absatzmitteln		1,77

215

Abb. 9-7 (Forts.): Situationsspezifische Analyse der Kommunikations-/Distributionspolitik

Mrkt.- Mix		Marktphase				Marktbearbeitung					Wettbew.situation schwach vs. aggressiv	Umfelddynamik (niedrig vs. hoch)	Innovationsgrad (hoch vs. niedr.)	EO hoch vs. niedrig	MO hoch vs. niedrig
		Entstehung	Wachstum	Reife	Stagnation	ohne Segment-fokus	mehrere Segm. versch. Angebote	mehrere Segm. gleiches Angebot	1 Segment	Nische					
Unterschiede des Maßnahmeneinsatzes / Bedeutungsgrades hinsichtlich situativer Einflussfaktoren. Signifikanz: ++/-<=0,01<+/-<=0,05<(+/-)<= 0,1	**N**	122	164	51	71	22	148	57	62	183	196 / 245	222 / 214	255 / 185		
Kommunikation — Instrumente zur Kundengewinnung	Empfehlungen bestehender Kunden	1.	1.	1.	2.	3.	4.	1. (+)	1.	1.	1.	1.	1.	1.	1.
	Kontakte aus bisherigem Geschäftsleben	3. -	2.	2.	1. -	1.	2.	2. +	2.	2.	2. (-)	2.	2. -	2. ++	2. ++
	Hilfe durch Kooperationspartner	5.	3. ++	4.	3. -	4. -	3.	4. +	4.	5.	4.	3. (+)	6.	4. ++	4. ++
	Beziehungen & Bekannte	6.	4.	3.	3. -	2. (+)	1. -	3. (-)	3.	4.	5. +	4. +	3. -	3. ++	3. ++
	Presseberichte	2. ++	5.	5.	6. -	5.	15. -	6. ++	8.	3. ++	6. ++	10.	10.	5. ++	5. ++
	Vorträge & Veröffentlichungen	4. ++	6.	6.	9. -	8.	17.	9.	6.	9. ++	9. (-)	6. -	7. ++	6. ++	6. +
	Direkt-Mailings (Post, Email)	7. (+)	7.	8.	4.	6.	6.	5.	6.	9. ++	7. +	10. (-)	8. ++	7. ++	10. +
	Messen & Ausstellungen	8. +	10.	9.	11. (-)	10.	14.	10.	13. -	7. (+)	8. ++	8.	8. ++	7. ++	8. ++
	Events	10.	9.	10.	7.	9.	5.	5.	7.	12. -	10.	9.	9. ++	9. ++	9. ++
	Besuche durch (Außendienst-) Mitarbeiter	10.	9.	7.	7.	12.	8.	7.	13.	7. (+)	10.	9.	11. ++	11. ++	11. ++
	Flyer & Plakate	11. (+)	11.	12.	13.	11.	10.	12.	12.	12. -	11. (+)	11.	11. ++	11. ++	11. ++
	Internet (Bannerwerbung u.ä.)	12.	12.	11.	8.	11.	10.	11.	10. ++	11. +	12. (+)	12.	12. ++	12. ++	12. +
	Anzeigenwerbung	14.	13.	13.	12.	14. (-)	14.	13.	14. +	14. +	14. -	13.	14.	13. ++	13. ++
	kostenlose Nutzung / Proben	13. +	14.	14.	14.	14. (-)	13. (-)	14.	11. (+)	14. +	14.	16.	13. ++	14. ++	14. ++
	Gewinnspiele	15.	15.	15.	15.	16.	11.	17.	16.	15.	16.	16.	16.	15. ++	15. ++
	Radio- oder Fernsehspots	16.	16.	16.	16.	9. -	9. -	16.	9.	16. +	15. (+)	16.	15. ++	16. ++	16. ++
	Point of Purchase	17.	17.	17.	17.	8.	12.	16.	17.	17. +	15. +	17.	17. (+)	17. +	17. (+)
Kommunikation — Politik	Häufigkeit von Werbemaßnahmen									++			++	++	++
	kreativere Werbung als Durchschnitt									++			++	++	++
	Überprüfung der Werbewirkung						(+)			++			(+)	++	++
	Werbung spricht Konkurrenzkunden an									++			++	++	++
	professionelle Werbeagenturen									+				++	++
	höherer Werbedruck als die Konkurrenz									++		(+)	++	+	++
	mehrere Werbekampagnen	(-)									(-)			++	++
Kommunikationsbudget (in % des Umsatzes)		13,3	9,5	10,4	7,2	13,9	11,5	14,2	7,7	8,8	11,1 : 9,8	10,2 : 10,6	11,2 : 8,9	12,3 : 8,1	11,0 : 9,7
Distribution — Kanäle	pers. Verkauf Unternehmensgründer	1.	1.	1.	1.	1.	1.	1.	1.	1.	1. (-)	1.	1. -	1. -	1. -
	Vertriebswege von Kooperationspartnern	2. ++	2.	2.	4. -	3.	2.	2. +	3.	2.	2.	2. ++	2. ++	2. ++	2. ++
	Internet	3. (+)	3.	3.	2.	4. -	3.	3. (-)	2. (+)	3.	3. (+)	3.	4.	3. ++	3. ++
	pers. Verkauf Vertriebspersonal	4. ++	4.	4.	3. -	2.	4.	4.	4.	4.	5. (+)	4.	5. ++	4. ++	4. ++
	Handelsvertreter	5. (+)	5.	5.	7. -	5.	5.	5. ++	7.	7.	5.	6.	7. +	5. ++	5. ++
	Katalog / Bestellung	8.	6.	6.	5.	7.	7.	8.	5. +	5. +	6.	5.	7. ++	7. (+)	6. ++
	eigene Verkaufsstellen	6. (+)	7.	8.	6.	6.	6.	6.	6.	6. (+)	7.	6.	8. +	6. ++	7. ++
	Einzelhandel	7.	8.	7.	8.	9. -	8.	7.	8.	8. +	8.	9.	8.	6. ++	8. ++
	Großhandel	9.	9.	9.	9.	8.	9.	9.	9.	9. +	9.	8. (-)	9. +	9. +	9. (+)
Distribution — Ausweitung	Ausbau vorhandener Absatzkanäle	+						+			+			++	++
	Erschließung neuer Absatzkanäle							+						++	++
	Lieferbereitschaft und Liefertreue	+						++					++	++	++
	Kundendatenbank							+						++	++
Distribution — Politik	längerfristiges Vertriebskonzept										+		+	++	++
	Verkäuferschulungen	++			-			++		+			++	++	++
	Konzepttests mit Absatzmittlern				(-)					+	(+)		++	++	++

216

Aus Darstellungs- und Platzgründen sind die Ausprägungen bezüglich Kommunikationsfokus und Werbebudgetfestlegung nicht in die Übersichtabelle einbezogen.

Die Kommunikationsinstrumente, die am häufigsten zur Gewinnung bzw. Kontaktaufnahme neuer Kunden eingesetzt werden sind, wie in Abb. 9-7 gezeigt, Empfehlungen bestehender Kunden, Kontakte aus dem bisherigen Geschäftsleben, Hilfe von Kooperationspartnern sowie private Beziehungen und Bekannte. Hier, wie später auch bei der Distribution, spielen informelle Kanäle sowie bestehende oder neu aufgebaute Netzwerke eine wichtige Rolle. Einige klassische Instrumente wie Radio- oder TV-Spots oder auch Point of Purchase Displays spielen für die Gestaltung der kundengerichteten Kommunikation in der Gründungsphase nur eine untergeordnete Rolle.

Die hohe Bedeutung informeller Kanäle und Netzwerke wird auch deutlich, wenn man sich die Bewertungen weiterer Maßnahmen der Kommunikationspolitik ansieht, die nur in sehr geringem Maße zum Einsatz kommen. Die Mehrzahl der Unternehmen führt Werbemaßnahmen nur manchmal durch (60% geben an, Werbemaßnahmen nur manchmal bis gar nicht durchzuführen). Der Einsatz professioneller Werbeagenturen (73% ($\leq$3)), die Überprüfung der Werbewirkung (60% ($\leq$3)), sowie die Entwicklung mehrerer Werbekampagnen (73% ($\leq$3)) haben nur eine geringe Bedeutung. Unternehmen zeigen im Hinblick auf die Kommunikationspolitik eine nur geringe Aggressivität gegenüber der Konkurrenz, da in der Regel kein höherer Werbedruck erzeugt wird (71% ($\leq$3)) oder Konkurrenzkunden nur selten das direkte Ziel von Werbemaßnahmen sind (61% ($\leq$3)). Die Durchführung von im Vergleich zur Konkurrenz kreativerer Werbung erhält vergleichsweise noch die höchste Bewertung (49% ($\leq$3) bzw. 35% ($\geq$5)).

Kommunikationsfokus	N	%
technische Produktmerkmale	59	13,32
Kundennutzen	295	66,59
Angebotspreis	16	3,61
Unternehmen	68	15,35
sonstiges	4	0,90

Werbebudgetfestlegung	N	%
verfügbare Mittel	198	44,80
Umsatzanteil	21	4,75
Gewinnanteil	11	2,49
Ziele u. notwendige Maßnahmen	112	25,34
konkurrenzorientiert	6	1,36
gar nicht, ergibt sich aus einzelnen Aktiv.	81	18,33
sonstiges	13	2,94

Abb. 9-8: Werbebudgetfestlegung und Kommunikationsfokus

Abb. 9-8 zeigt, dass zwei Drittel der Unternehmensgründungen den Kundennutzen ins Zentrum ihrer Kommunikationspolitik stellen. Den Angebotspreis betont nur ein sehr geringer Teil als zentralen Kommunikationsinhalt. Der Großteil der Unternehmen plant das Kommunikationsbudget nicht im Voraus; für fast die Hälfte der Neugründungen wird das Budget durch die zur Verfügung stehenden Mitteln bestimmt und für ca. 18 Prozent ergibt es sich einfach aufgrund der durchgeführten einzelnen Aktivitäten. Ein Viertel der Unternehmen plant das Budget aufgrund der angestrebten Ziele und der dafür notwendigen Maßnahmen. Eine Berechnung auf Basis von Umsatz- oder Gewinnanteilen sowie analog zur Konkurrenz findet nur selten statt. Im Durchschnitt geben die Unternehmen 10,4 Prozent ihres Umsatzes für Kommunikationsmaßnahmen aus. Die Schwankungen sind allerdings relativ groß und der Maximalwert wird mit 200 Prozent angegeben.

9.1.2.2 Ergebnisse für ausgewählte Einflussfaktoren

Branche

Im Handelsbereich werden insgesamt überdurchschnittlich häufig Werbemaßnahmen durchgeführt. Insbesondere die Durchführung von Gewinnspielen (bei allerdings immer noch sehr niedrigem Niveau), Teilnahme an Messen und Ausstellungen, Point of Purchase Displays und Direkt-Mailings werden überdurchschnittlich oft eingesetzt. Im Handwerksbereich sind zum einen private Beziehungen und Bekannte sowie Empfehlungen von Kunden wichtig. Zum anderen zeigen speziell Anzeigenwerbung, Gewinnspiele und Point of Purchase Displays besonders signifikante Unterschiede, während Besuche durch (Außendienst-) Mitarbeiter weniger oft sowie Vorträge und Veröffentlichung in noch signifikant geringerem Maße zur Neukundengewinnung oder Kontaktaufnahme eingesetzt werden. Handwerksbetriebe sprechen häufiger direkt die Kunden von Konkurrenten an und nutzen aus ihrer Sicht signifikant häufiger mehrere Werbekonzepte. Im Dienstleistungsbereich werden insbesondere bisherige Geschäftsbeziehungen und Kundenempfehlungen sowie persönliche Beziehung verstärkt aktiv zur Neukundengewinnung eingesetzt. Flyer und Plakate ebenso wie Internetwerbung bekommen überdurchschnittliche Bewertungen (hier eher Konzentration auf lokalen Markt), während kostenlose Nutzung sowie Präsentation des Angebots auf Messen und Ausstellungen im Vergleich zu anderen Branchen nur selten eingesetzt werden.

Neugründungen im Industriegüterbereich setzten signifikant häufiger auf den Einsatz von (Außendienst-)Mitarbeitern und auf Messen und Ausstellungen, um ihren (potentiellen) Kunden die Produkte näher zu bringen. Empfehlungen bestehender Kunden sind zwar immer noch das am höchsten bewertete Instrument, ihnen kommt zusammen mit persönlichen Beziehungen im Vergleich zu anderen Branchen aber eine geringere Bedeutung zu. Unternehmen aus dem FuE-Bereich setzten sehr stark auf die Hilfe von Kooperationspartnern, die Teilnahme an Messen und Ausstellungen sowie auf Vorträge und Veröffentlichungen, um ihre Entwicklungen und Produkte bekannt zu machen. Maßnahmen, die sich klassischerweise an Endverbraucher richten, wie beispielsweise Direkt-Mailings, Flyer und Plakate und Gewinnspiele, werden signifikant seltener eingesetzt.

Handwerksunternehmen stellen in höherem Maße das gesamte neue Unternehmen in den Mittelpunkt ihrer Kommunikationsmaßnahmen (25,6% vs. 15,4% allg.) während dies im Industrie- und FuE-Bereich verstärkt die technischen Merkmale der neuen Angebote sind (26,6% bzw. 31,6% vs. 13,3% allg.). In diesen beiden Branchen wird auch ein deutlich höherer Prozentanteil des Umsatzes für Kommunikationsmaßnahmen bereitgestellt (15,5% Industriegüter-, 16,2% FuE-Bereich vs. 10,4% allg.).

Zielkunden

Deutliche Unterschiede hinsichtlich der Kommunikationsmaßnahmen lassen sich feststellen, wenn man die Zielkunden der Unternehmen und damit die primären Adressaten der Kommunikationsmaßnahmen in Betracht zieht. Richten sich Unternehmen an Endverbraucher, so zeigen sie eine insgesamt höhere Intensität bei der Durchführung von Werbemaßnahmen. Kundenempfehlungen sind auch hier das wichtigste Instrument zur Kontaktaufnahme mit neuen Kunden während Kontakte aus dem bisherigem Geschäftsleben deutlich niedrigere Bewertungen erhalten, da diese bei der Ansprache von Endverbrauchern als weniger hilfreich einzuschätzen sind. Der Großteil der untersuchten Werbemaßnahmen (wie Anzeigenwerbung, Radio- oder TV-Spots, Gewinnspiele, Events etc.) wird bedeutend häufiger eingesetzt. Nur Vorträge und Veröffentlichungen werden als weniger geeignet angesehen, um Endverbraucher zu erreichen. Die Unternehmen erzeugen in stärkerem Maße einen höheren Werbedruck als die Konkurrenz (auf allerdings immer noch niedrigem Niveau), führen vergleichsweise kreative Werbung durch und entwickeln mehrere Werbekampagnen, aus denen sie auswählen können. Sie konzentrieren sich bei der Kommunikation auch eher auf die Darstellung des neuen Unternehmens (25% vs. 15,4% allg.) und weniger auf die technischen Merkmale des Angebots (7,8% vs. 13,3% allg.).

Abb. 9-9 zeigt das Verhalten von Gründungen, die sich an Endverbraucher richten, im Vergleich zu Unternehmen mit anderen angestrebten Zielkunden. Zur besseren graphischen Verdeutlichung der Unterschiede werden die Instrumente wie bereits bei der Darstellung der produkt-/preispolitischen Maßnahmen in Instrumente mit höheren Bewertungen (linke Seite) und solche mit niedrigeren Bewertungen (rechte Seite) unterteilt. Dadurch ergeben sich wiederum Verschiebungen hinsichtlich der Reihenfolge der Maßnahmen im Vergleich zur Tabelle in Abb. 9-7.

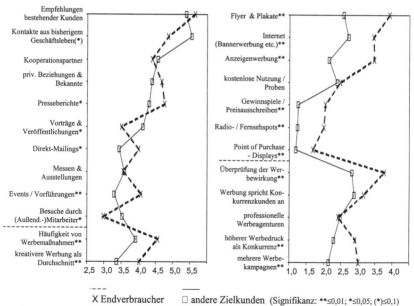

X Endverbraucher   □ andere Zielkunden (Signifikanz: **≤0,01; *≤0,05; (*)≤0,1)

Abb. 9-9: Vergleich Kommunikation: Endverbraucher vs. andere Zielkunden

Sind Großunternehmen die Zielkunden, so setzen Unternehmen häufiger auf Besuche von (Außendienst-)Mitarbeitern und auf die Wirkung von Vorträgen und Veröffentlichungen. Eine vergleichsweise geringe Bedeutung haben Anzeigenwerbung sowie

PoP-Displays. Auch im Bereich öffentlicher Einrichtungen und Behörden kommen Besuchen von (Außendienst-) Mitarbeitern sowie Vorträgen und Veröffentlichungen eine überdurchschnittliche Bedeutung zu. Zusätzlich werden hier noch Events/Vorführungen sowie das Anbieten kostenloser Nutzung/Proben betont und die Werbewirkung häufiger kontrolliert. Beim Kommunikationsfokus wird der Kundenutzen überdurchschnittlich stark betont (72,8% vs. 66,6%).

<u>Gründungsjahr</u>
Junge Unternehmen (ab 2000 gegründet) verstärken den Netzwerkgedanken noch einmal, indem sie Kontakten aus dem bisherigen Geschäftsleben (welches zeitlich noch kürzer zurückliegt) und der Hilfe von Kooperationspartnern eine signifikant höhere Bedeutung beimessen. Außerdem werden einige klassische Instrumente (Flyer und Plakate, Gewinnspiele und Events oder öffentliche Vorführungen) als bedeutsamer eingestuft. Jüngere Unternehmen, die gerade in den Markt eintreten und sich demzufolge verstärkt um die Gewinnung von neuen Kunden bemühen müssen, führen insgesamt häufiger Werbemaßnahmen durch und erzeugen im Vergleich zu etwas älteren Unternehmen auch in stärkerem Maße einen höheren Werbedruck als die Konkurrenz (wenngleich immer noch auf relativ niedrigem Niveau).

<u>Geographischer Zielmarkt</u>

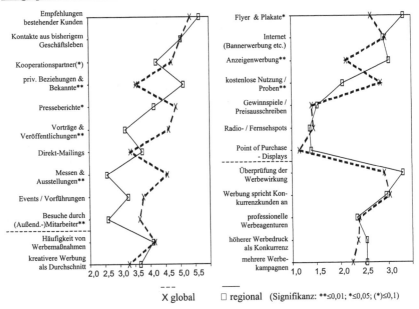

X global   □ regional   (Signifikanz: **≤0,01; *≤0,05; (*)≤0,1)

Abb. 9-10: Vergleich Kommunikation: globaler vs. regionaler Zielmarkt

Wie bei der Produkt- und Preispolitik ergeben sich unter Berücksichtigung des geographischen Zielmarktes auch bei der Gestaltung der Kommunikationsmaßnahmen und –politik deutliche Unterschiede. Beschränken sich Unternehmen auf einen regionalen Markt, setzten sie verstärkt Maßnahmen wie Anzeigenwerbung oder Flyer &

Plakate ein, welche in erster Linie eine lokal begrenzte Zielgruppe ansprechen. Private Beziehungen werden häufig zur Kundengewinnung genutzt. (Außendienst-)Mitarbeiter werden erstaunlicherweise relativ selten eingesetzt und auch die Teilnahme an Messen und Ausstellungen sowie Vorträge und Veröffentlichungen finden bei regional begrenzten Märkten weniger starke Verwendung. Unternehmensgründungen, die europaweit agieren, betonen den Einsatz von (Außendienst-) Mitarbeitern und die Teilnahme an Messen und Ausstellungen überdurchschnittlich stark und führen im Vergleich zum Branchendurchschnitt eine kreativere Werbung durch.

Weltweit tätige Unternehmen können sich verständlicherweise weniger stark auf private Beziehungen verlassen und geben Messen und Ausstellungen sowie Vorträgen und Veröffentlichungen eine höhere Bewertung. Aufgrund der innovativeren und eher technisch orientierten Produkte, stellen weltweit tätige Unternehmen die technischen Merkmale häufiger in den Vordergrund ihrer Kommunikation (30,3% vs. 13,3% allg.). Abb. 9-10 zeigt das Verhalten von global und regional tätigen Gründungen hinsichtlich der Kommunikation im Vergleich (wobei auch hier abweichend von Abb. 9-7 Signifikanzniveaus bezüglich des direkten Vergleichs regionaler vs. globaler Zielmarkt angegeben sind).

Marktphase

Betrachtet man die Kommunikationsmaßnahmen der Unternehmensgründungen unter Berücksichtigung der Zielmarktphase, so stellt man ähnlich wie im Produkt-/Preis-Bereich ein tendenziell gegensätzliches Vorgehen zwischen frühen und späten Phasen fest. In frühen Phasen erfahren Messen und Ausstellungen, Events und Vorführungen, Vorträge und Veröffentlichungen, Presseberichte sowie die Hilfe von Kooperationspartnern im Vergleich zu späten Phasen signifikant höhere Bewertungen. Hinsichtlich weiterer kommunikationspolitischer Maßnahmen und speziell in Bezug auf die Häufigkeit oder die Aggressivität der Werbung konnten jedoch keine signifikanten Unterschiede festgestellt werden.

Marktbearbeitungsstrategie

Betrachtet man die unterschiedlichen Marktbearbeitungs- und Segmentierungsstrategien ergeben sich nur wenig signifikante Unterschiede. Nur bei einer Nischenorientierung zeigen die Unternehmen ein deutlich anderes Kommunikationsverhalten, indem sie z.B. signifikant stärker auf Flyer und Plakate setzten sowie häufiger Presseberichte und Vorträge und Veröffentlichungen zur Gewinnung von Neukunden verwenden.

Innovationsgrad

Einen deutlichen Einfluss auf die Wahl der kommunikationspolitischen Maßnahmen hat der Innovationsgrad. Abb. 9-11 zeigt das Verhalten von Gründungen mit hohem bzw. niedrigem Innovationsgrad im Vergleich.

Analog zum produkt- und preispolitischem Bereich zeigen Unternehmensgründungen mit hohen Ausprägungsniveaus bezüglich MO und EO in fast allen untersuchten kommunikationspolitischen Maßnahmen signifikant höhere Ausprägungen.

Auch wenn es unterschiedliche Betonungen der einzelnen Instrumente im Hinblick auf den jeweiligen Gründungskontext gibt, kann allgemein festgestellt werden, dass Kundenempfehlungen, private Beziehungen und bisherige Geschäftskontakte die mit Abstand wichtigsten Instrumente zur Herstellung von Kontakten mit neuen Kunden sind.

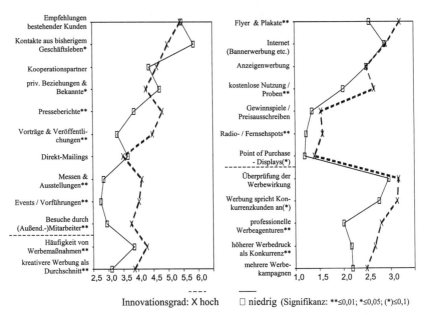

Innovationsgrad: X hoch   ☐ niedrig (Signifikanz: **≤0,01; *≤0,05; (*)≤0,1)

Abb. 9-11: Vergleich Kommunikation: hoher vs. niedriger Innovationsgrad

9.1.3 Einsatz distributionspolitischer Maßnahmen

9.1.3.1 Überblick und allgemeine Analyse

Im Bereich der distributionspolitischen Maßnahmen erfolgt eine Untersuchung der eingesetzten Distributionskanäle (wie z.B. persönlicher Verkauf durch Gründer, Verkauf über Internet etc.) sowie weiterer distributionspolitischer Maßnahmen wie z.B. Ausweitung der Distributionskanäle, Durchführen von Verkäuferschulungen etc. Für die Distributionskanäle wird ebenfalls die Rangfolge für die jeweils untersuchte Ausprägung der Einflussfaktoren angegeben, um so eine bessere Vergleichbarkeit der Bedeutung der Distributionskanäle in den unterschiedlichen Situationen zu ermöglichen. Eine Übersicht der situationsspezifischen Analyse der Distributionspolitik wird in Abb. 9-7 zusammen mit der Kommunikation gegeben.

Der mit deutlichem Abstand wichtigste Distributionsweg neugegründeter Unternehmen ist der persönliche Verkauf durch den Unternehmensgründer. Unabhängig von der speziellen Situation, ist dies der bedeutendste Weg, das Angebot an den Kunden zu bringen oder Verträge abzuschließen. Der Gründer ist gleichzeitig also der wichtigste Verkäufer. Erst dann folgt, wie aus Abb. 9-7 ersichtlich, die Nutzung von Vertriebskanälen der Kooperationspartner, die Verwendung des Internets zur Bestellaufnahme und der persönliche Verkauf durch eigenes Vertriebspersonal. D.h. genauso wie bei der

Kommunikation und Kundengewinnung spielen auch beim Vertrieb persönliche Wege und Beziehungen sowie Netzwerke mit Kooperationspartnern eine wichtige Rolle. Den anderen Vertriebskanälen und speziell dem Einzel- oder Großhandel kommt nur eine untergeordnete Rolle zu.

Eine hohe Bedeutung für die neugegründeten Unternehmen hat der Ausbau der vorhandenen Vertriebskanäle (83% (≥5)) und in etwas geringerem Maße auch die Erschließung neuer Absatzwege (63% (≥5)). Die Unternehmen geben überwiegend an, ein langfristiges Unternehmenskonzept zu besitzen (69% (≥5)) und eine Kundendatenbank aufbauen zu wollen oder schon zu besitzen (71% (≥)5). Hohe Lieferbereitschaft und –treue haben einen großen Stellenwert für die Unternehmen (79% (≥5)). Die Durchführung von Verkäuferschulungen hat nur eine mäßige Bedeutung (68% (≤3)). Konzepttests mit Absatzmittlern werden ebenfalls nur in geringem Maße eingesetzt (85% ≤3). Beides ist angesichts der in erster Linie verwendeten Absatzwege allerdings nicht erstaunlich.

9.1.3.2 Ergebnisse für ausgewählte Einflussfaktoren

Branche

Unternehmen aus dem Handelsbereich bewerten insgesamt die Absatzkanäle höher, da der Vertrieb der Produkte ihr eigentliches Kerngeschäft ist. Speziell Handelsvertreter, der Groß- und Einzelhandel sowie Kataloge/Bestellung erhalten hier im Vergleich zu anderen Branchen höhere Bewertungen. Dementsprechend kommen einer hohen Lieferbereitschaft und –treue sowie der Durchführung von Verkäuferschulungen überdurchschnittliche Bedeutung zu. Handwerksbetriebe setzen verstärkt auf die Einrichtung eigener Vertriebsstätten (=Werkstätten) und nutzen auch häufiger den Einzelhandel zum Absatz der hergestellten Produkte. Dagegen kommt dem Internet sowie dem Vertrieb über Kooperationspartner (die im Handwerksbereich generell eine eher untergeordnete Rolle spielen) nur eine geringe Bedeutung zu. Die Absatzkanäle sollen im Vergleich zu anderen Branchen nur in geringem Maße ausgebaut bzw. durch neue ergänzt werden. Der Aufbau einer Kundendatenbank wird ebenfalls als eher unbedeutend eingestuft. Im Dienstleistungsbereich kommen den Absatzwegen verständlicherweise geringere Bewertungen zu. Hier nutzen die Unternehmen verstärkt das Internet zur Interaktion mit dem Kunden. Um die doch eher erklärungsbedürftigen Produkte des Industriegüterbereichs zu verkaufen, setzen die befragten Unternehmen neben dem Verkauf durch eigenes Vertriebspersonal auch sehr stark auf Handelsvertreter, Kooperationspartner und Großhandelsunternehmen. Das Internet wird als eher wenig geeignet angesehen. Im FuE-Bereich zeigen sich nur geringe Abweichungen von der Gesamtbeurteilung.

Zielkunden

Hinsichtlich der für die angestrebten Zielkunden gewählten Absatzwege zeigen sich deutliche Unterschiede. Werden die Angebote an Endverbraucher abgesetzt, so kommt dem persönlichen Verkauf (obwohl immer noch wichtigstes Instrument) und dem Verkauf über Kooperationspartner eine vergleichsweise geringere Bedeutung zu. Die Unternehmen setzten hier signifikant stärker auf eigene Verkaufsstellen, den Groß- und Einzelhandel sowie auf Kataloge und andere Bestellformen, um so ihre Zielgruppen unter den Endverbrauchern besser erreichen zu können. Unternehmensgründungen, die sich an andere Unternehmen richten, betonen dagegen wieder stärker den persönlichen Verkauf durch den Unternehmensgründer (bei Zielkunden KMU), eigenes Vertriebspersonal und Handelsvertreter sowie Kooperationspartner (bei Zielkunden Großunternehmen), um die Entscheidungsträger (Buying Center) in den Unternehmen erreichen zu können.

Gründungsjahr
Jüngere Unternehmen (Gründungsjahr ab 2000) messen dem persönlichen Verkauf durch eigenes Vertriebspersonal erstaunlicherweise eine höhere Bedeutung bei als ältere Unternehmen. Die stärkere Betonung der Nutzung von Vertriebskanälen von Kooperationspartnern und des Internets erscheint in Anbetracht der beim Markteintritt in der Regel nur beschränkt zur Verfügung stehenden Ressourcen nachvollziehbar. Jüngere Unternehmen geben auch an, eher ein langfristiges Vertriebskonzept zu haben (evtl. ein Effekt der noch relativ aktuellen 3-Jahres Planung des StartUp-Wettbewerbs) und eine Kundendatenbank aufbauen zu wollen. Lieferbereitschaft und Liefertreue als Maßnahmen der längerfristigen Kundenbindung und nicht unbedingt der Kundengewinnung sind ihnen weniger wichtig.

Geographischer Zielmarkt

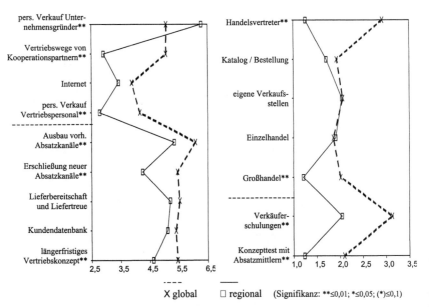

X global   □ regional   (Signifikanz: **≤0,01; *≤0,05; (*)≤0,1)

Abb. 9-12: Vergleich Distribution: globaler vs. regionaler Zielmarkt

Regional orientierte Unternehmen konzentrieren sich fast ausschließlich auf den Verkauf durch den Unternehmensgründer. Die anderen Absatzwege erhalten signifikant niedrigere Bewertungen. Auch hinsichtlich einer geplanten Erweiterung der Absatzwege und anderer Maßnahmen der Distributionspolitik zeigen sich niedrigere Beurteilungen. Ein nahezu konträres Verhalten bezüglich der Distribution zeigen global orientierte Unternehmensgründungen. Diese setzen den Unternehmensgründer weniger stark als Verkäufer ein, sondern verlassen sich bei der Erschließung der Märkte in höherem Maße auf Kooperationspartner und Handelsvertreter. Sie planen auch in größerem Umfang die Erschließung neuer Absatzkanäle. Abb. 9-12 zeigt den Einsatz distributionspolitischer Maßnahmen von global und regional orientierten Gründungen im Vergleich (analog zur bisherigen Darstellung unterteilt in Instrumente mit hoher bzw. niedriger Bewertung; außerdem sind wiederum die Signifikanzniveaus für den direkten Vergleich regionaler vs. globaler Zielmarkt angegeben).

Innovationsgrad

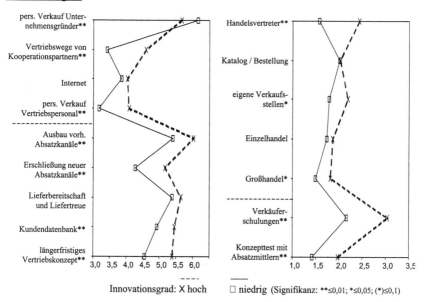

Innovationsgrad: X hoch   ☐ niedrig (Signifikanz: **≤0,01; *≤0,05; (*)≤0,1)

Abb. 9-13: Vergleich Distribution: hoher vs. niedriger Innovationsgrad

Bei Gründungen mit hohem Innovationsgrad ergibt sich eine signifikant geringere Bedeutung des persönlichen Verkaufs durch den Gründer. Dafür wird mehr Gewicht auf den Verkauf durch eigenes Vertriebspersonal (welches die innovativen und damit auch eher erklärungsbedürftigen Produkte an den Kunden bringt), durch Handelsvertreter sowie auf die Verwendung von Vertriebskanälen der Kooperationspartner gelegt. Bei allen weiteren Maßnahmen (bis auf Lieferbereitschaft/-treue) zeigen Unternehmen, die ein innovativeres Produkt einführen wollen deutlich höhere Bewertungen, wie auch Abb. 9-13 zu entnehmen ist.

Hinsichtlich der Ausprägungen der MO und EO zeigen Unternehmen mit hohen Ausprägungsniveaus signifikant größere Anstrengungen und Einsatzhäufigkeiten in (fast) allen untersuchten Elementen der Distributionspolitik. Für weitergehende Aspekte der Distributionspolitik bezüglich anderer Einflussfaktoren sei auf Abb. 9-7 verwiesen.

9.2 Maßnahmeneinsatz bei erfolgreichen vs. weniger erfolgreichen Gründungen

Nach der Untersuchung des Einsatzes und der Bedeutung verschiedener Marketing-Maßnahmen unter Berücksichtigung unterschiedlicher Einflussfaktoren, wird im Folgenden die Erfolgswirksamkeit, d.h. der Einsatz bzw. die Bedeutung der Maßnahmen bei erfolgreichen im Vergleich zu weniger erfolgreichen Unternehmensgründungen analysiert (siehe hierzu auch Jung/Gaul 2003b).

Da nicht alle Maßnahmen in jeder Situation in gleichem Maße für den Erfolg ausschlaggebend oder wichtig sind und um die speziellen Anforderungen der unterschiedlichen Unternehmens- und Umfeldbedingungen zu berücksichtigen, werden wiederum situative Einflussfaktoren in die Analyse einbezogen. Das Verhalten der erfolgreichen Gründungen wird dem der weniger erfolgreichen Gründungen unter Berücksichtigung der Einflussfaktoren wie z.b. Branche, Zielkunden, Innovationsgrad usw. gegenübergestellt. Aufgrund einer in der Regel ausreichend großen Fallzahl von erfolgreichen und weniger erfolgreichen Gründungen in den jeweiligen Gruppen ist es möglich, signifikante Unterschiede bezüglich der untersuchten Maßnahmen festzustellen. Dadurch werden differenzierte Aussagen über Marketing-Maßnahmen ermöglicht, die in spezifischen Situationen einen Beitrag zum Erfolg leisten und somit als Grundlage zur Formulierung von Handlungsanleitungen für die Gestaltung des Markteintritts angehender Unternehmensgründer dienen können.

Außerdem sind bei erfolgreichen Unternehmensgründungen oftmals gewisse Charakteristika überdurchschnittlich häufig vertreten (z.B. hoch innovativ, technisch orientiert, weltweit tätig), so dass ein Vergleich auf globaler Ebene nur eingeschränkt hilfreich ist und speziell die abzuleitenden Handlungsempfehlungen von Gründern kritisch gesehen werden dürften, wenn ihre eigene Gründungssituation nicht in ausreichendem Maße abgebildet wird. Deshalb ist eine situationsspezifische Analyse von Unterschieden zwischen erfolgreichen und weniger erfolgreichen Gründungen wichtig und wird im Folgenden erstmals bezüglich des Einsatzes konkreter Marketing-Maßnahmen bei der Gestaltung des Markteintritts durchgeführt.

Wie bei der Analyse der MO sind auch die Ergebnisse bezüglich des erfolgsbezogenen Einsatzes von Marketing-Mix-Maßnahmen mit den Darstellungen des generellen Einsatzes in Zusammenhang zu sehen. Kommt eine Maßnahme in einer bestimmten Situationen allgemein signifikant häufiger zum Einsatz, so sind eher geringe Unterschiede zwischen erfolgreichen und weniger erfolgreichen Gründungen zu erwarten.

9.2.1 Vergleich produkt-/preispolitischer Maßnahmen

9.2.1.1 Überblick und allgemeine Analyse

Abb. 9-14 gibt einen Überblick über die zwischen erfolgreichen und weniger erfolgreichen Gründungen im Bereich der produkt- und preispolitischen Maßnahmen identifizierten signifikanten Unterschiede (++, +, (+), --, -, (-) bedeuten signifikant höheren/niedrigeren Einsatz bei erfolgreichen Gründungen bzgl. der Signifikanzniveaus 0,01, 0,05 und 0,1). Zunächst ist der generelle Vergleich zwischen den beiden hinsichtlich des Unternehmenserfolges gebildeten Gruppen wiedergegeben. Anschließend werden die signifikanten Unterschiede zwischen erfolgreichen und weniger erfolgreichen Gründungen dargestellt, die für die verschiedenen Ausprägungen der untersuchten Einflussfaktoren identifiziert werden konnten.

Mrkt.- Mix - Erfolg	Allg. MW (1-7)	MW erfolgreiche	erfolgreich - weniger erfolgr.	Handel	Handwerk	Dienstleistung	Industriegüter	Konsumgüter	FuE	Endverbraucher	KMU	Großunternehmen	öffentl. Einrichtungen	bis 1999	ab 2000	regional	Deutschland	Europa	weltweit
N: weniger erfolgreich / erfolgreich		329 / 188		35 / 20	29 / 9	169 / 88	25 / 36	6 / 6	22 / 31	84 / 32	177 / 99	95 / 75	55 / 48	137 / 68	128 / 95	92 / 21	94 / 59	38 / 37	38 / 47
Angebotsvorteil – Neuartige, bisher nicht angebotene Merkmale	5,26	5,96	++			++	(+)			++	++	++	++	++	++	+		++	++
Besseres Preis-/Leistungsverhältnis als Konkurrenz	5,32	5,48	+				(+)							(+)	+	(+)			++
Produktvorteile mit hoher Kundenbedeutung	5,65	5,96	++	+		+			(+)	++	+			(+)	+	+	+	++	
Programmpolitik – Größere Angebotstiefe als Konkurrenz	4,60	4,81		(+)			(+)				(+)					+			
Größere Angebotsbreite als Konkurrenz	4,16	4,26		++			(+)									++			
Ideenursprung – Konkrete Kundenwünsche /-bedürfnisse als Ursprung	5,04	5,09	++	(+)		++				++	++	+	++	++	++	+	+	++	+
Technische Innovation als Ursprung	3,85	4,86	++	++		++			(-)	++	++	+	+	++	++	++	+	+	++
Innov.-grad – Innovationsgrad im Vgl. zu Wettbewerbern	5,57	5,95	(+)	(+)		++					(+)		(+)				(+)		(+)
Informelle Treffen/Kontakte mit Kunden/Zulieferern usw.	5,42	5,81		(+)	(+)	++						(+)							
marktorientierte – Anpassung / Verbesserung wegen Kundeninfos	5,11	5,19				++				(+)		(+)	++			(+)			
Produkttests mit Kunden	4,60	5,11	++			++							++	++		(+)		(+)	
Produktentwicklung – Eigene Umfragen bei Kunden / Zulieferern usw.	4,49	4,78	+	(+)	(+)					+		(+)	+	++		++	(+)	+	
Entwicklung mit Hilfe von Lead Usern / Pilotkunden	4,38	4,97	++	(+)	(+)			(+)			++		(+)	+		++			
Markttests, Testverkäufe in begrenztem Gebiet	2,70	2,93		(+)	(+)								+	+					
zusätzl. Leistungen – Rückgabe- / Umtauschrecht	2,57	2,73	(+)			(+)				+			(+)	++		(+)			
Garantiezeitverlängerung	2,12	2,38	(+)	+						+			++		+		+		
Installation des Produktes	3,78	4,13	(+)	(+)		+							+		+	+		+	
Inspektion, Wartung oder Reparatur	3,80	4,2	+					-			+		+	+		+	+	
Preispolitik – Ratenkauf / Leasing	2,29	2,47					(+)											
Spezieller Einführungsrabatt	3,45	3,57					(+)		+				(+)					
Rabatte bei Vorbestellung	2,27	2,38							+									
Kostenkalkulation	5,24	5,32		+									+		(+)	+	+	
Konzepttests mit unterschiedlichen Preisen	3,03	3,23				(+)											(+)	

Unterschiede des Maßnahmeneinsatzes / Bedeutungsgrades bei erfolgreichen und weniger erfolgreichen Unternehmen hinsichtlich Einflussfaktoren

Sign.: ++/−−<=0,01<+/−<=0,05<(+/−)<= 0,1

Abb. 9-14: Situationsspezifische Analyse der Produkt-/Preispolitik bei erfolgreichen vs. weniger erfolgreichen Gründungen

Mrkt.- Mix - Erfolg

Unterschiede des Maßnahmeneinsatzes / Bedeutungsgrades bei erfolgreichen und weniger erfolgreichen Unternehmen hinsichtlich Einflussfaktoren
Sign.: ++/--<=0,01<+/-<=0,05<(+/-)<= 0,1

		Marktphase				Marktbearbeitung					Wettbewerb		Umfeld-dyn.		Innov.grad		EO		MO	
		Entstehung	Wachstum	Reife	Stagnation	ohne Segmentfokus	mehrere Segm., versch. Angebote	mehrere Segm., gleiches Angebot	1 Segment	Nische	schwach	aggressiv	niedrig	hoch	niedrig	hoch	niedrig	hoch	niedrig	hoch
	N: weniger erfolgreich / erfolgreich	64/51	91/67	33/16	56/14	17/4	92/53	30/25	35/26	105/69	100/85	159/79	136/70	120/93	130/49	134/113	161/52	134/113	149/66	117/97
Produkt – Angebotsvorteil	Neuartige, bisher nicht angebotene Merkmale	++	+	++	(+)		++	+	++	++	++	++	++	++	++	++	(+)	++	++	++
	Besseres Preis-/Leistungsverhältnis als Konkurrenz			(+)		(-)	+	+	++	+	(+)	+	++	+	++	++	(+)	++	++	++
	Produktvorteile mit hoher Kundenbedeutung	+						+		+			++				-		+	
Programmpolitik	Größere Angebotstiefe als Konkurrenz											(+)								
	Größere Angebotsbreite als Konkurrenz																			
Ideen-ursprung	Konkrete Kundenwünsche / -bedürfnisse als Ursprung	+															-			
Innov.-grad	Technische Innovation als Ursprung	+	++	++	++		++	++	++	++	++	++	++	++	++	++	+	++	++	++
	Innovationsgrad im Vgl. zu Wettbewerbern	(+)	+	++	+		++	++	++	+	(+)	++	++	++	+	(+)	(+)	(+)	+	++
	Informelle Treffen/Kontakte mit Kunden/Zulieferern usw.		(+)							++	++	+	(+)			(+)	+	+		(+)
markt-orientierte Produkt-entwicklung	Anpassung / Verbesserung wegen Kundeninfos					(-)														
	Produkttests mit Kunden		+				(+)		(+)	(+)	++		(+)	+	+	+	(+)	+	++	++
	Eigene Umfragen bei Kunden / Zulieferern usw.									+	(+)	(+)		+		(+)		+	+	+
	Entwicklung mit Hilfe von Lead Usern / Pilotkunden	+	++				++			+	++	+	++	++	++	++	+	+	++	++
	Markttests, Testverkäufe in begrenztem Gebiet		+																	
zusätzl. Leistungen	Rückgabe- / Umtauschrecht																			
	Garantiezeitverlängerung		+				+			+			(+)				+			
	Installation des Produktes				++					+	++									
	Inspektion, Wartung oder Reparatur			(+)			(-)		++	++	(+)					(+)				(+)
Preis – Preispolitik	Ratenkauf / Leasing		(+)	(+)																
	Spezieller Einführungsrabatt		(+)	(+)	(+)						(+)									+
	Rabatte bei Vorbestellung		(+)																	
	Kostenkalkulation																			
	Konzepttests mit unterschiedlichen Preisen											+								

Abb. 9-14 (Forts.): Situationsspezifische Analyse der Produkt-/Preispolitik bei erfolgreichen *vs.* weniger erfolgreichen Gründungen

Beispielsweise wird das Verhalten von erfolgreichen und weniger erfolgreichen Gründungen im Handelsbereich, bei regionalem Zielmarkt oder bei hoher Umfelddynamik einander gegenübergestellt. Unterschiede bezüglich der Preisstrategie /-festlegung sind nicht integriert sondern werden wiederum bei interessanten Abweichungen im folgenden Abschnitt erläutert.

Vergleicht man den Einsatz produkt- und preispolitischer Maßnahmen bei erfolgreichen und weniger erfolgreichen Gründungen, wie in Abb. 9-15 detailliert dargestellt (analog zu Kap. 9.1 wieder unterteilt in höher bewertete Maßnahmen auf der linken und niedriger bewertete auf der rechten Seite), können interessante Unterschiede identifiziert werden. Bezüglich der als weniger wichtig eingestuften Maßnahmen, wie beispielsweise zusätzliche Leistungen oder Rabatte, zeigt sich ein relativ gleichförmiges Verhalten (obwohl erfolgreiche Gründungen etwas höhere Bewertungen auf der zugrundeliegenden 7er Skala geben). Bei den als wichtiger eingestuften Maßnahmen auf der linken Seite ergeben sich deutlichere Abweichungen. Während Kundenbedürfnisse eine wichtige Quelle für die Gründungsidee in allen untersuchten Unternehmen darstellen, verbinden erfolgreiche Gründungen diese vom Markt initiierten Ideen zu einem deutlich höheren Grad mit technologischen Innovationen. Zusammen mit signifikant höheren Ausprägungen bezüglich des Innovationsgrades, neuartiger, bisher nicht angeboter Merkmale und Produktvorteilen mit hoher Kundenbedeutung, bieten erfolgreiche Gründungen einen wesentlich höheren Produktvorteil im Vergleich zum Wettbewerb als dies bei weniger erfolgreichen Gründungen der Fall ist.

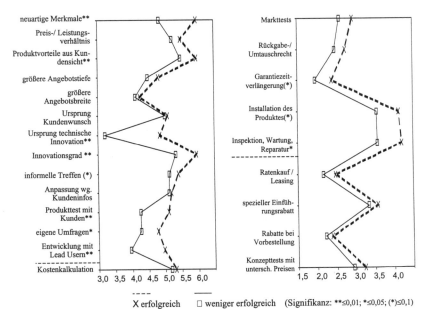

X erfolgreich   ☐ weniger erfolgreich   (Signifikanz: **≤0,01; *≤0,05; (*)≤0,1)

Abb. 9-15: Vergleich Produkt/Preis: erfolgreich vs. weniger erfolgreich

Um sicherzustellen, dass ihr Angebot eine ausreichend hohe Marktakzeptanz findet, zeigen erfolgreiche Gründungen signifikant höhere Anstrengungen, Kunden in Form von Lead Usern, durch Produkttests oder Umfragen in den Produktentwicklungsprozess zu integrieren. Zusätzliche Maßnahmen zur Reduzierung von Kundenbedenken oder zur Differenzierung von Wettbewerbern erhalten wie bereits erwähnt nur geringe Bewertungen (siehe rechte Seite von Abb. 9-15). Erfolgreiche Gründungen zeigen jedoch signifikant höhere Ausprägungen bezüglich Garantiezeitverlängerung sowie Inspektion, Wartung und Reparatur. Erwähnenswert ist auch, dass keine signifikanten Unterschiede bezüglich preispolitischer Maßnahmen wie Ratenkauf/Leasing oder Einführungs- bzw. Vorbestellungsrabatt vorhanden sind.

Hinsichtlich der Gestaltung des Leistungsangebots begründet sich der Erfolg der neugegründeten Unternehmen also in erster Linie auf einem innovativem, technisch überlegenen und mit hohen Wettbewerbsvorteilen aus Kundensicht ausgestattetem Produkt.

Bei der Preisfestlegung ergeben sich, wie in Abb. 9-16 dargestellt, kaum Unterschiede. Erfolgreiche Gründungen setzten lediglich wettbewerbsorientierte Verfahren seltener ein und legen etwas mehr Gewicht auf die Durchführung einer Ertragskalkulation. Bei der Preisstrategie verfolgen sie häufiger eine Hochpreisstrategie. Allerdings ist auch häufiger keine eindeutige Preisstrategie vorhanden.

Preisfestlegung	weniger erfolgreich		erfolgreich	
(Mehrfachantwort)	N	%	N	%
Wettbewerbsorientiert	86	32,45	40	24,54
Nachfrage-/Marktorientiert	84	31,70	48	29,45
Zuschlag	16	6,04	12	7,36
Ertragskalkulation	44	16,60	32	19,63
Verhandlung	60	22,64	37	22,70
kein spezielles Verfahren	15	5,66	12	7,36
sonstige Verfahren	12	4,53	9	5,52
Preisstrategie	weniger erfolgreich		erfolgreich	
	N	%	N	%
Hochpreisstrategie	47	17,54	40	24,69
mittlere Preisstrategie	149	55,60	78	48,15
Niedrigpreisstrategie	35	13,06	14	8,64
keine	37	13,81	30	18,52

Abb. 9-16: Vergleich Preisstrategie u. –festlegung: erfolgreich vs. weniger erfolgreich

Vergleicht man die Vorgehensweisen von erfolgreichen und weniger erfolgreichen Gründungen im Bereich der Produktpolitik unter Berücksichtigung von Einflussfaktoren, so sind diese, wie in Abb. 9-14 dargestellt, grundsätzlich sehr ähnlich und es lassen sich allgemeine Tendenzen bezüglich der Erfolgswirksamkeit bestimmter Maßnahmen ableiten. Neuartige, bisher nicht angebotene Merkmale, technische Innovation als Ideenursprung, höherer Innovationsgrad im Vergleich zum Wettbewerb, Produkttests mit Kunden und Einbeziehung von Lead Usern können als allgemeine Erfolgsfaktoren im Bereich der produktpolitischen Maßnahmen bezeichnet werden. Höhere Ausprägungen bei erfolgreichen Gründungen bezüglich dieser Maßnahmen lassen sich häufig auch bei den hinsichtlich der Einflussfaktoren gebildeten einzelnen Gruppen identifizieren. Dies zeigt sich in größtenteils sehr ähnlichen Kurvenverläufen der nachfolgenden Profilzüge, welche die Vorgehensweisen von erfolgreichen und weniger erfolgreichen Gründungen in den spezifischen Situationen darstellen. Dennoch ergeben sich einige situationsspezifische Abweichungen beim Einsatz der untersuchten produkt- und preispolitischen Maßnahmen. Gleichfalls erwähnenswert ist allerdings, dass sich in manchen Situationen keine Unterschiede in Bezug auf die verwendete Erfolgsdimension ergeben.

9.2.1.2 Ergebnisse für ausgewählte Einflussfaktoren

Branche

Hinsichtlich der verschiedenen Branchen zeigen sich nur wenige signifikante Unterschiede zwischen erfolgreichen und weniger erfolgreichen Gründungen. Insbesondere sind im Industriegüter- und FuE-Bereich keine großen Unterschiede festzustellen, die den unterschiedlichen Unternehmenserfolg in Bezug auf die Produkt- oder Preisgestaltung erklären könnten. Bestimmten technologieorientierten (Erfolgs-)Maßnahmen kommt hier aber im Vergleich zu den anderen Branchen eine generell höhere Bedeutung zu. Erwähnenswert ist, dass erfolgreiche Gründungen im FuE-Bereich signifikant niedrigere Ausprägungen beim Anbieten von Inspektion, Wartung und Reparatur besitzen. Bei sonst relativ vergleichbarer Produkt- und Preispolitik setzen erfolgreiche Unternehmen im Industriegüter- und FuE-Bereich deutlich häufiger auf eine Hochpreisstrategie. Nur bei Gründungen in der Dienstleistungsbranche zeigen sich größere Abweichungen zwischen erfolgreichen und weniger erfolgreichen Unternehmen, welche im Wesentlichen die für die gesamte Stichprobe festgestellten Unterschiede widerspiegeln.

Zielkunden

Bei allen von den Neugründungen angesprochenen Zielkunden zeigen sich bei erfolgreichen Gründungen signifikant höherer Werte bei neuartigen, bisher nicht angebotenen Merkmalen, technischer Innovation als Ideenursprung und höherer Innovationsgrad im Vergleich zum Wettbewerb. Bei Endverbrauchern als Zielkunden können außerdem noch signifikant höhere Ausprägungen der erfolgreichen Gründungen hinsichtlich Produktvorteilen aus Kundensicht sowie Garantiezeitverlängerung, Vorbestellungsrabatten und Durchführen einer Kostenkalkulation identifiziert werden. Bei Zielkunden KMUs zeigt sich speziell die Integration von Lead Usern als erfolgversprechende Maßnahme. Bei erfolgreichen Gründungen, die sich an öffentliche Einrichtungen richten, sind signifikante Unterschiede was die Durchführung von Produkttests anbelangt erwähnenswert.

Erfolgreiche Gründungen mit Großunternehmen und Behörden (12,7% der weniger erfolgreichen vs. 21,3% der erfolgreichen Unternehmen wenden diese Vorgehensweise an) als Zielgruppe verfolgen deutlich häufiger eine Hochpreisstrategie. Bei erfolgreichen Gründungen, die auf Behörden als Zielkunden bauen, findet man außerdem seltener eine wettbewerbsorientierte Preisfestlegung (25,5% weniger erfolgr. vs. 16,7% erfolgr.) und dafür einen verstärkten Einsatz nachfrageorientierter Vorgehensweisen (25,5% weniger erfolgr. vs. 35,4% erfolgr.). In Bezug auf private Endverbraucher findet bei erfolgreichen Gründungen häufiger ein Zuschlagsverfahren (2,4% weniger erfolgr. vs. 12,5% erfolgr.) und eine Ertragskalkulation (22,6% weniger erfolgr. vs. 34,4% erfolgr.) statt.

<u>Gründungsjahr</u>
Hinsichtlich der Gestaltung des Leistungsangebots setzen erfolgreiche Unternehmen, die schon mindestens 3 Jahre im Markt aktiv sind (Gründung bis 1999), im Wesentlichen auf die gleichen Maßnahmen, die sich für die gesamte Stichprobe ergeben haben, wobei von ihnen zusätzlich Markttests signifikant häufiger eingesetzt werden. Wie aus Abb. 9-17 ersichtlich, betonen erfolgreiche ältere Unternehmen im Vergleich zu weniger erfolgreichen Unternehmen verstärkt den Einsatz zusätzlicher Leistungen wie beispielsweise Rückgabe-/ Umtauschrecht, Garantiezeitverlängerung, Ratenkauf/Leasing oder Vorbestellungsrabatte.

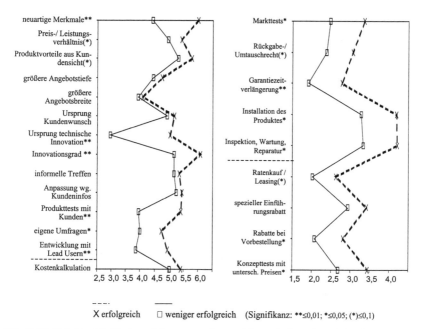

X erfolgreich   ☐ weniger erfolgreich   (Signifikanz: **≤0,01; *≤0,05; (*)≤0,1)

Abb. 9-17: Vgl. Produkt/Preis: erfolgr. vs. weniger erfolgr. mit Gründungsjahr bis 1999

Bei Unternehmen, die ihren Markteintritt innerhalb der letzten 3 Jahre vollzogen haben, ergeben sich interessanterweise kaum signifikante Unterschiede zwischen erfolgreichen und weniger erfolgreichen Gründungen (außer bei den allgemeinen Erfolgsfaktoren neuartige Merkmale, Produktvorteile mit hoher Kundenbedeutung, techn. Innovation als Ideenursprung, höherer Innovationsgrad). Speziell im Bereich der zusätzlichen Maßnahmen ist dies etwas überraschend, da deren Einsatz zur Beschleunigung der Adoption und Diffusion gerade beim Markteintritt sinnvoll ist und zur Differenzierung von Konkurrenten dienen kann. Eventuell scheitert dies aber an zu geringen finanziellen und personellen Ressourcen (die beispielsweise bei der Durchführung von Wartung oder Installation notwendig sind). Ältere Unternehmen, die unter Umständen keine so engen Ressourcenrestriktionen mehr besitzen, können durch den verstärkten Einsatz dieser Instrumente weitere Wettbewerbsvorteile und Differenzierungsmöglichkeiten nutzen. Auch im Bereich der marktorientierten Produktentwicklung sind bei jüngeren Unternehmen bis auf den Einsatz von Lead Usern keine signifikanten Unterschiede zwischen erfolgreichen und weniger erfolgreichen Firmen festzustellen.

Bezüglich der Preisfestlegung findet bei erfolgreichen älteren Unternehmen weniger häufig eine wettbewerbsorientierte Preisfestlegung (36% weniger erfolgr. vs. 29,9% erfolgr.) und dafür verstärkt eine Zuschlagskalkulation (5,9% weniger erfolgr. vs. 12% erfolgr.) statt. Bei erfolgreichen jüngeren Unternehmen ist ebenfalls in geringerem Maße eine wettbewerbsorientierte Preisfestlegung zu beobachten (28,6% weniger erfolgr. vs. 21,3% erfolgr.), dafür ergeben sich bei der Ertragskalkulation (14,3% weniger erfolgr. vs. 20,2% erfolgr.) und beim Einsatz von keinem speziellen Verfahren höhere Werte. Auch bei der Preisstrategie zeigen sich deutlichere Unterschiede bei den älteren Unternehmen, indem erfolgreiche häufiger eine Hochpreisstrategie (14% weniger erfolgr. vs. 31,3% erfolgr.) verfolgen.

Generell ist bei jüngeren Unternehmen noch keine so klare Differenzierung im produkt- und preispolitischen Verhalten zwischen erfolgreichen und weniger erfolgreichen Unternehmen zu erkennen.

<u>Geographischer Zielmarkt</u>
In allen geographischen Zielmärkten basiert die Gründungsidee erfolgreicher Gründungen signifikant stärker auf einer technischen Innovation. Bei weltweit agierenden Unternehmen haben die als allgemeine Erfolgsfaktoren identifizierten Maßnahmen generell eine höhere Bedeutung, so dass sich bei Betrachtung der Erfolgsdimension keine weiteren signifikanten Differenzen ergeben. Bei regional konzentrierten Unternehmen zeigen sich dagegen einige signifikante Unterschiede was den vorhandenen Angebotsvorteil, den Innovationsgrad, die Durchführung von Produkttests, die Einbeziehung von Lead Usern und das Testen von unterschiedlichen Preisen anbelangt. Bei erfolgreichen, europaweit agierenden Gründungen sind neben Unterschieden bei neuartigen, bisher nicht angebotenen Merkmalen, beim Innovationsgrad, bei der Durchführung von Produkttests und Umfragen auch signifikant höhere Ausprägungen bei Garantiezeitverlängerung, Inspektion, Reparatur oder Wartung und Ratenkauf/ Leasing festzustellen.

Erfolgreiche, regional tätige Gründungen verfolgen im Vergleich zu weniger erfolgreichen verstärkt eine Hochpreisstrategie (9,9% weniger erfolgr. vs. 30% erfolgr.) und legen ihre Preise in höherem Maße nach dem Zuschlagsverfahren fest (5,6% weniger erfolgr. vs. 14,3% erfolgr.). Erfolgreiche, weltweit operierende Gründungen wenden deutlich häufiger eine Ertragskalkulation (16,2% weniger erfolgr. vs. 32,6% erfolgr.) und seltener eine auf Verhandlungen basierende Preisfestlegung an (27% weniger erfolgr. vs. 10,9% erfolgr.). Weniger erfolgreiche Gründungen, die weltweit agieren, verfolgen häufiger eine Niedrigpreisstrategie (21,1% weniger erfolgr. vs. 10,9% erfolgr.).

<u>Marktphase</u>
Auch hinsichtlich der verschiedenen Marktphasen, in denen die Gründungen in den Markt eintreten, zeigen sich die schon erwähnten allgemeinen Erfolgsfaktoren (neuar-

tige, bisher nicht angebotene Merkmale, Ideenursprung technische Innovation, höherer Innovationsgrad im Vergleich zum Wettbewerb). Darüber hinaus weisen erfolgreiche Gründungen in der Wachstumsphase signifikant stärkere Ausprägungen bezüglich einer marktorientierten Produktentwicklung auf. Auch bei den zusätzlich angebotenen Leistungen und der Preispolitik zeigen sich, wie in Abb. 9-14 dargestellt, einige Unterschiede zwischen erfolgreichen und weniger erfolgreichen Gründungen in den einzelnen Marktphasen.

Bei Betrachtung der Preisstrategie fällt der hohe Anteil der erfolgreichen Gründungen auf, die in späten Marktphasen keine eindeutige Preisstrategie verfolgen. In der Reifephase orientieren sich erfolgreiche Gründungen bei der Preisfestlegung sehr stark am Wettbewerb (18,2% weniger erfolgr. vs. 43,8% erfolgr.), in der Stagnationsphase vermehrt an der Nachfrage (16,1% weniger erfolgr. vs. 28,6% erfolgr.), in der Wachstumsphase deutlich seltener am Wettbewerb (41,6% weniger erfolgr. vs. 27,7% erfolgr.) und dafür mehr an einer Ertragskalkulation (13,5% weniger erfolgr. vs. 23,1% erfolgr.).

Marktbearbeitung

Auch hinsichtlich der unterschiedlichen Marktbearbeitungsstrategien zeigen sich (bis auf Bearbeitung ohne Segmentfokus, wobei hier allerdings nur sehr geringe Fallzahlen vorhanden sind) die allgemeinen Erfolgsfaktoren neuartige, bisher nicht angebotene Merkmale, Ideenursprung technische Innovation, höherer Innovationsgrad im Vergleich zum Wettbewerb. Sonst ergeben sich nur vereinzelte Unterschiede zwischen erfolgreichen und weniger erfolgreichen Gründungen. Nur bei einer Nischenbearbeitung werden von erfolgreichen Unternehmen häufiger zusätzliche Leistungen angeboten und die Kunden stärker in den Entwicklungsprozess integriert. Abb. 9-18 zeigt das Verhalten erfolgreicher und weniger erfolgreicher Gründungen mit einer Nischenbearbeitung im Vergleich, welches im Wesentlichen dem Vergleich erfolgreich vs. weniger erfolgreich für die gesamte Stichprobe entspricht.

Hinsichtlich der Preisfestlegung und –strategie ergeben sich einige Unterschiede zwischen erfolgreichen und weniger erfolgreichen Gründungen bezüglich der verschiedenen Marktbearbeitungsstrategien, es lassen sich jedoch keine eindeutigen Tendenzen hinsichtlich einer gleichförmigen Vorgehensweise bei abnehmender Größe der bearbeiteten Märkte angeben.

Die Unterschiede zwischen erfolgreichen und weniger erfolgreichen Gründungen hinsichtlich der Wettbewerbssituation, der Umfelddynamik, des Innovationsgrades sowie der EO und MO sind sehr ähnlich und sollen nicht im Detail vorgestellt werden, da sich auch hier vor allem signifikante Abweichungen bei den als allgemeine Erfolgsfaktoren bezeichneten Maßnahmen ergeben. Abb. 9-14 zeigt die identifizierten signifikanten Unterschiede hinsichtlich der untersuchten Maßnahmen für die angegebenen Einflussfaktoren im Einzelnen.

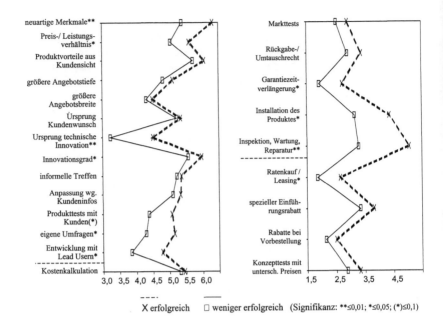

X erfolgreich   □ weniger erfolgreich   (Signifikanz: **≤0,01; *≤0,05; (*)≤0,1)

Abb. 9-18: Vergleich Produkt/Preis: erfolgreich vs. weniger erfolgreich bei Nischenbearbeitung

9.2.2 Vergleich kommunikationspolitischer Maßnahmen

9.2.2.1 Überblick und allgemeine Analyse

Abb. 9-19 zeigt die identifizierten signifikanten Unterschiede im kommunikationspolitischen Bereich zwischen erfolgreichen und weniger erfolgreichen Gründungen für die gesamte Stichprobe und die einzelnen untersuchten Einflussfaktoren im Überblick (zusammen mit den in Kap. 9.2.3 analysierten distributionspolitischen Maßnahmen). Analog zur Darstellung in Abb. 9-7 sind für die Instrumente, die zur Kontaktaufnahme mit Kunden dienen können, die Rangwerte der Instrumente bei den erfolgreichen Gründungen in der jeweils betrachteten Situation wiedergegeben, um so eine bessere Einschätzung der Bedeutungsunterschiede zu ermöglichen, die bei einer reinen Angabe der Signifikanz der identifizierten Abweichungen nicht gegeben wäre. Die Angabe von interessanten Abweichungen bezüglich Kommunikationsfokus sowie Werbebudgetfestlegung und –höhe erfolgt auch hier nur im Text und ist nicht in die Tabelle integriert.

Mrkt.- Mix - Erfolg		Unterschiede des Maßnahmeneinsatzes / Bedeutungsgrades bei erfolgreichen und weniger erfolgreichen Unternehmen hinsichtlich Einflussfaktoren Sign.: ++/--<=0,01<+/-<=0,05<(+/-)<= 0,1	Allg.		Erfolg			Branche						Zielkunden				Gründ.-jahr		geographischer Zielmarkt			
			Rang	MW (1-7)	Rang	MW erfolgreiche	erfolgreich - weniger erfolgr.	Handel	Handwerk	Dienstleistung	Industriegüter	Konsumgüter	FuE	Endverbraucher	KMU	Großunternehmen	öffentl. Einrichtungen	bis 1999	ab 2000	regional	Deutschland	Europa	weltweit
		N: weniger erfolgreich / erfolgreich			329 / 188			35 / 20	29 / 9	169 / 88	25 / 36	6 / 6	22 / 31	84 / 32	177 / 99	95 / 75	55 / 48	137 / 68	128 / 95	92 / 21	94 / 59	38 / 37	38 / 47
Kommunikation	Instrumente zur Kunden-gewinnung	Empfehlungen bestehender Kunden	1.	5,45	1.	5,53		1.	1.	1.	1. (+)	2.	3.	1.	1.	2.	1.	1.	2.	1.	1.	1.	1.
		Kontakte aus bisherigem Geschäftsleben	2.	5,22	2.	5,24		2.	2.	2.	2.	3.	2.	4.	2.	1.	2.	2.	1.	3.	2.	2.	2.
		Hilfe durch Kooperationspartner	3.	4,52	4.	4,62		3.	6.	6.	5.	4.	4.	6.	5.	5.	4.	4.	3.	5.	3.	7.	6.
		Beziehungen & Bekannte	4.	4,46	6.	4,20	(-)	4.	3.	4.	11. -	7.	7.	10. -	4.	7.	8.	3. --	4.	4.	6.	4.	8.
		Presseberichte	5.	4,43	3.	4,91	++	5.	5. +	3. ++	4.	1.	5.	2. (+)	3. ++	3. (+)	3. +	5. ++	5. (+)	2. ++	4. ++	3.	5.
		Vorträge & Veröffentlichungen	6.	3,97	5.	4,49	++	6.	9.	5. ++	6.	13.	1.	8.	6. (+)	4.	5.	7. ++	6.	9.	5. (+)	6.	3.
		Direkt-Mailings (Post, Email)	7.	3,58	9.	3,74		7.	8.	8. +	8.	5.	11.	5. (+)	9.	10.	10.	6.	8.	6.	8.	10.	10.
		Messen & Ausstellungen	8.	3,58	7.	4,07	++	8.	4.	10. +	3.	9.	6.	9.	7. +	6.	7. ++	10. ++	7.	13.	10.	5.	4.
		Events	9.	3,49	8.	3,89	+	9.	7.	7. ++	10.	10.	8.	3. +	8. (+)	9.	6. +	9. ++	9.	7. +	9.	9. (+)	7.
		Besuche durch (Außendienst-) Mitarbeiter	10.	3,39	10.	3,68	+	10.	10.	9.	7.	11.	9. (-)	13.	10.	8.	9. (+)	8. (+)	10.	11.	7.	8.	9.
		Flyer & Plakate	11.	2,92	11.	3,04		11.	13.	11.	12.	8.	13.	7.	11.	11.	11.	12.	11.	8. (+)	12.	11. (+)	13.
		Internet (Bannerwerbung u.ä.)	12.	2,91	12.	2,87		12.	11.	12.	14.	14.	12.	11.	12.	12.	12.	11.	12.	14.	11.	12.	12.
		Anzeigenwerbung	13.	2,50	14.	2,50		13.	12. (+)	14.	13.	12. (+)	14. -	12.	14.	14.	14.	13.	13.	10.	13.	13.	14.
		kostenlose Nutzung / Proben	14.	2,40	13.	2,67	+	14.	14.	13. (+)	9. +	6.	10. (+)	15.	13.	13.	13. (+)	14.	14. (+)	12. ++	14.	14.	11.
		Gewinnspiele	15.	1,46	15.	1,53		15.	15.	15.	17.	17.	17.	14. (+)	15.	16.	16.	16.	15.	15.	16.	17.	15.
		Radio- oder Fernsehspots	16.	1,43	16.	1,51		16.	17.	17.	15.	16.	15.	16.	16.	15. +	15. (+)	15.	16.	17.	15.	15.	16.
		Point of Purchase	17.	1,31	17.	1,40		17.	16.	16.	16.	15.	16.	17. (+)	17.	17.	17.	17.	17.	16.	17.	16.	17.
	Politik	Häufigkeit von Werbemaßnahmen	4,09		4,33		+			++					(+)	+		+					
		kreativere Werbung als Durchschnitt	3,54		3,82		+			++					+	(+)							
		Überprüfung der Werbewirkung	3,07		3,28					+								(+)					
		Werbung spricht Konkurrenzkunden an	2,96		3,25		(+)			(+)								+				(+)	
		professionelle Werbeagenturen	2,46		2,84		++			+		+		+	(+)	++	+	+		+			
		höherer Werbedruck als die Konkurrenz	2,45		2,70		(+)			+		+						(+)				+	
		mehrere Werbekampagnen	2,37		2,47													++					
Distribution	Kanäle	pers. Verkauf Unternehmensgründer	1.	5,87	1.	5,75		1.	1.	1.	1.	3.	1.	1.	1.	1.	1.	1.	1.	1.	1.	1.	1.
		Vertriebswege von Kooperationspartnern	2.	4,11	2.	4,71	++	4.	3. +	2. ++	2.	1. (+)	2.	4. (+)	2. ++	2. +	2. +	2. ++	2. +	3.	2. +	3.	2.
		Internet	3.	3,96	4.	3,99		2. (+)	2. ++	4.	4.	2. +	3. (+)	2. +	4.	4.	4.	4.	4.	4.	3.	4.	4.
		pers. Verkauf Vertriebspersonal	4.	3,71	3.	4,22	++	3.	4.	3. ++	3.	5.	4.	3. ++	3. ++	3.	3. ++	3. ++	3. (+)	2. +	4.	2.	3.
		Handelsvertreter	5.	2,06	5.	2,15		7.	8.	8.	5.	8.	5.	9.	5.	6.	5. +	9.	5.	8.	8.	5.	5. (-)
		Katalog / Bestellung	6.	2,03	7.	2,01		6. +	6.	7.	7.	7.	6.	6.	6.	5. (+)	6.	6.	7.	7.	7.	7.	6.
		eigene Verkaufsstellen	7.	2,01	6.	2,10		9.	5.	5.	8.	6.	8.	8.	8.	7.	8. (+)	7.	6.	5.	6.	6.	7.
		Einzelhandel	8.	1,83	8.	2,00		5.	7.	6. ++	9.	4.	9.	5. ++	7.	9. ++	7. +	5. +	8.	6.	5.	8.	8.
		Großhandel	9.	1,70	9.	1,77		8.	9.	9.	6.	9.	7.	7. +	9.	8. ++	9.	8. +	9.	9.	9.	9.	9.
	Ausweitung	Ausbau vorhandener Absatzkanäle	5,75		5,81						(+)												
		Erschließung neuer Absatzkanäle	4,80		4,99												+	(+)					
	Politik	Lieferbereitschaft und Liefertreue	5,53		5,48									(+)							(+)		
		Kundendatenbank	5,25		5,44		(+)			+					(+)			(+)					
		längerfristiges Vertriebskonzept	5,05		5,24			+										(+)					(-)
		Verkäuferschulungen	2,70		3,15		++	(+)		++				++	(+)		++	++		(+)			
		Konzepttests mit Absatzmittlern	1,77		2,05		++		+	++				++	(+)		+	++					

Abb. 9-19: Situationsspezifische Analyse der Kommunikations-/Distributionspolitik bei erfolgreichen vs. weniger erfolgreichen Gründungen

Mrkt.- Mix - Erfolg		Unterschiede des Maßnahmeneinsatzes / Bedeutungsgrades bei erfolgreichen und weniger erfolgreichen Unternehmen hinsichtlich Einflussfaktoren Sign.: ++/--<=0,01<+/-<=0,05<(+/-)<= 0,1	Marktphase				Marktbearbeitung					Wettbewerb		Umfelddyn.		Innov.grad		EO		MO	
			Entstehung	Wachstum	Reife	Stagnation	ohne Segmentfokus	mehrere Segm., versch. Angebote	mehrere Segm., gleiches Angebot	1 Segment	Nische	schwach	aggressiv	niedrig	hoch	niedrig	hoch	niedrig	hoch	niedrig	hoch
		N: weniger erfolgreich / erfolgreich	64 / 51	91 / 67	33 / 16	56 / 14	17 / 4	92 / 53	30 / 25	35 / 26	105 / 69	100 / 85	159 / 79	136 / 70	120 / 93	130 / 49	134 / 113	161 / 52	134 / 113	149 / 66	117 / 97
Kommunikation	Instrumente zur Kundengewinnung	Empfehlungen bestehender Kunden	1.	1.	1. (-)	1.	4.	2.	1.	1.	1.	1.	1.	1.	1.	2.	1.	1.	1.	1.	1.
		Kontakte aus bisherigem Geschäftsleben	2.	2.	2.	2.	1.	1.	3.	2.	2.	2.	2.	2.	2.	1.	2.	2.	2.	2.	3.
		Hilfe durch Kooperationspartner	4.	5. (-)	3.	9.	2.	4.	4.	5.	4.	4.	5.	4.	4.	3.	5.	5.	5.	4.	5.
		Beziehungen & Bekannte	6.	7. -	7. (-)	5.	3.	6.	9.	6.	6.	7.	6. -	8.	6. -	5.	8.	4.	9.	5.	8.
		Presseberichte	3.	3. ++	4.	3. (+)	6.	3. ++	7.	3. +	3.	3.	3. ++	3. ++	3. +	4. ++	3.	3. +	3.	3. +	2. +
		Vorträge & Veröffentlichungen	5.	4. ++	6.	7.	7. +	5. +	5.	4. +	5.	5.	4. ++	5. ++	5.	7. (+)	4. (+)	6. +	4.	6. +	4. (+)
		Direkt-Mailings (Post, Email)	9.	10.	10.	4.	5. (+)	10.	10.	7.	9.	9.	8.	6.	10.	6.	10.	7.	10.	7.	10.
		Messen & Ausstellungen	7.	6.	5. +	12.	14. (-)	8. +	2. ++	9.	8.	6. +	7. (+)	7. ++	7.	9.	6.	8.	6.	8. +	6.
		Events	8.	9.	8.	10.	8.	9. (+)	8.	12.	7.	8.	10. +	9. (+)	8.	10.	7.	11.	7.	9.	7.
		Besuche durch (Außendienst-) Mitarbeiter	10.	8. +	9.	8.	10.	7. ++	6. (+)	11.	11.	10.	9. (+)	10.	9.	8. (+)	9.	10.	8.	10.	9.
		Flyer & Plakate	11.	11.	12.	13.	11.	11.	11.	10. (+)	12.	11.	11.	11.	12.	12.	11.	9.	11.	12.	11.
		Internet (Bannerwerbung u.ä.)	13.	12.	11.	6.	12.	12.	12.	13.	10.	12.	12.	12.	13. (-)	11.	12.	12.	12.	11.	13.
		Anzeigenwerbung	14.	14.	13.	11.	13.	13.	13.	14.	14.	14.	14.	13.	14.	14.	14.	14.	14.	13.	14.
		kostenlose Nutzung / Proben	12.	13.	14.	14.	9.	14.	14.	8. +	13. +	13.	13.	14.	11. +	13. (+)	13.	13.	13.	14.	12. +
		Gewinnspiele	16.	15.	17.	17.	16.	15.	17.	15.	15.	15.	15.	15. (+)	17.	15.	16.	15.	16.	16.	15.
		Radio- oder Fernsehspots	17.	16.	15.	15. (+)	15.	16.	16.	16.	16.	16.	17.	16.	15.	16.	15.	17.	15.	15.	16.
		Point of Purchase	15. (+)	17.	16.	16.	17.	17.	15.	17.	17.	17.	16.	17.	16.	17.	17.	16.	17.	17.	17.
	Politik	Häufigkeit von Werbemaßnahmen		(+)				(+)					+		+						
		kreativere Werbung als Durchschnitt		(+)				+			++				+						(+)
		Überprüfung der Werbewirkung				(+)															
		Werbung spricht Konkurrenzkunden an		+						(+)	+				+						++
		professionelle Werbeagenturen	+	(+)				(+)	(+)		(+)		(+)		+		(+)				+
		höherer Werbedruck als die Konkurrenz		+				+							+						(+)
		mehrere Werbekampagnen				(+)										+					
Distribution	Kanäle	pers. Verkauf Unternehmensgründer	1.	1.	1.	1.	1.	1.	1.	1.	1.	1.	1.	1.	1.	1.	1.	1.	1.	1.	1.
		Vertriebswege von Kooperationspartnern	2. +	3.	2. (+)	3.	2.	3. ++	2. +	2. +	2. (+)	2. +	2. ++	2. ++	2. +	2. ++	2. +	2. (+)	2. +	2.	2. ++
		Internet	4.	4.	4.	2.	4.	4.	5. -	3.	3.	4.	4.	4.	4.	4.	4.	3.	4.	4.	4.
		pers. Verkauf Vertriebspersonal	3.	2. ++	3.	4.	3.	2. ++	3.	4.	4.	3.	3. ++	3. (+)	3. ++	3. ++	3.	4.	3.	3. +	3. +
		Handelsvertreter	6.	6.	5. (+)	9.	6.	7.	4.	6.	6.	5.	9.	6.	7.	9.	5.	9.	5.	8.	5.
		Katalog / Bestellung	8.	5.	9.	6.	9.	8.	6.	9.	7.	7.	8.	8. (-)	6.	5.	8.	6.	7.	7.	7.
		eigene Verkaufsstellen	5.	8.	6.	7.	5.	5. +	7.	5.	9.	6.	5.	7.	5.	7.	6.	8.	6.	9.	6.
		Einzelhandel	7.	7. (+)	7.	8.	8.	6. ++	9.	7.	5. (+)	8.	6. (+)	5.	9.	6.	7.	5.	8.	5.	8.
		Großhandel	9.	9.	8.	5. +	7.	9. +	8.	8.	8.	9.	7.	9.	8.	8.	9.	7.	9.	6.	9.
	Ausweitung	Ausbau vorhandener Absatzkanäle					(+)														
		Erschließung neuer Absatzkanäle						+													
	Politik	Lieferbereitschaft und Liefertreue							(-)												
		Kundendatenbank				+					+		(+)							+	
		längerfristiges Vertriebskonzept						(+)													
		Verkäuferschulungen		+				++			+		++	++	(+)				(+)		(+)
		Konzepttests mit Absatzmittlern	(+)								+		(+)	+						+	

Abb. 9-19 (Forts.): Situationsspezifische Analyse der Kommunikations-/Distributions- -politik bei erfolgreichen vs. weniger erfolgreichen Gründungen

Auch bei erfolgreichen Gründungen besteht das wichtigste Instrument zur Aufnahme von Kontakten zu neuen Kunden in Empfehlungen bestehender Kunden, gefolgt von der Verwendung bisheriger Geschäftskontakte. Bei erfolgreichen Gründungen ergibt sich eine geringere Bedeutung von privaten Beziehungen und Bekannten, dafür zeigen sie signifikant höhere Ausprägungen beim Einsatz von Presseberichten (Rang 3 vs. 5), von Vorträgen und Veröffentlichung, von Messen und Ausstellungen (welche speziell für die eher technisch orientierten und innovativen Konzepte geeignet sind), von E-vents, Besuchen von Außendienst-Mitarbeitern und kostenloser Nutzung/Proben. Insgesamt führen erfolgreiche Gründungen häufiger Werbemaßnahmen durch, welche im Vergleich zum Branchendurchschnitt etwas kreativer sind, engagieren vermehrt professionelle Werbeagenturen und erzeugen einen höheren Werbedruck als ihre Konkurrenz. Abb. 9-20 zeigt das Verhalten von erfolgreichen und weniger erfolgreichen Gründungen für die gesamte Stichprobe im Vergleich.

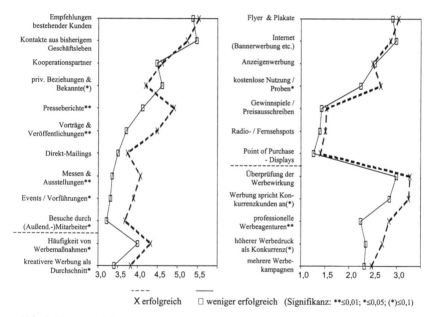

X erfolgreich   □ weniger erfolgreich (Signifikanz: **≤0,01; *≤0,05; (*)≤0,1)

Abb. 9-20: Vergleich Kommunikation: erfolgreich vs. weniger erfolgreich

Der Fokus der Kommunikationsmaßnahmen liegt bei erfolgreichen Gründungen stärker auf technischen Merkmalen und weniger stark auf dem gesamten Unternehmen, am wichtigsten bleibt aber bei die Kommunikation des Kundennutzen. Nur geringe Abweichungen bestehen, wie aus Abb. 9-21 deutlich wird, bei der Art der Budgetfestlegung. Der Unterschied in der Höhe des Kommunikationsbudgets mag mit 9,6% im Vergleich zu 11% des Umsatzes noch nicht besonders groß erscheinen, berücksichtigt man allerdings die Umsatzhöhe, auf die sich diese Prozentangaben beziehen (erfolgreiche im 3.GJ ca. 4,4 Mio. € im Vgl. zu ca. 0,4 Mio. €), so setzen erfolgreiche Gründungen im Schnitt mehr als das 10fache für Kommunikationsmaßnahmen ein.

Budgetfestlegung	weniger erfolgreich		erfolgreich	
	N	%	N	%
verfügbare Mittel	113	42,5	76	47,5
Umsatzanteil	9	3,4	11	6,9
Gewinnanteil	7	2,6	4	2,5
Ziele/Maßnahmen	71	26,7	39	24,4
konkurrenzorientiert	4	1,5	2	1,3
gar nicht	52	19,6	25	15,6
sonstiges	10	3,8	3	1,9

Kommunikations-fokus	weniger erfolgreich		erfolgreich	
	N	%	N	%
techn. Prod.merkmale	27	10,3	29	17,7
Kundennutzen	175	66,5	109	66,5
Angebotspreis	11	4,2	4	2,4
Unternehmen	46	17,5	21	12,8
sonstiges	3	1,1	1	0,6

Abb. 9-21: Vergleich Budgetfestlegung und Kommunikationsfokus: erfolgreich vs. weniger erfolgreich

9.2.2.2 Ergebnisse für ausgewählte Einflussfaktoren

Branche

Bezüglich der unterschiedlichen Branchen ergeben sich, von der Dienstleistungsbranche abgesehen, nur wenige signifikante Unterschiede zwischen erfolgreichen und weniger erfolgreichen Gründungen. Abb-9-22 gibt einen detaillierteren Blick auf die im Dienstleistungsbereich vorhandenen Abweichungen. Der wiedergegebene Profilzug zeigt große Ähnlichkeit mit dem der gesamten Stichprobe, d.h. es ergeben sich im Wesentlichen die gleichen Erfolgsfaktoren wie beispielsweise verstärkter Einsatz von Presseberichten, Vorträgen und Veröffentlichungen, Messen und Ausstellungen, häufigere und kreativere Werbung sowie vermehrter Gebrauch professioneller Werbeagenturen.

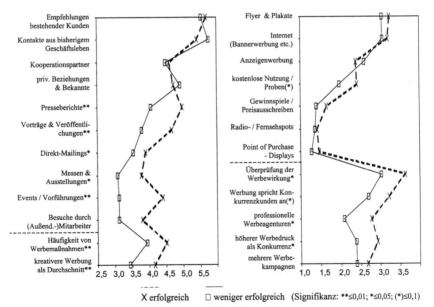

X erfolgreich ____ weniger erfolgreich (Signifikanz: **≤0,01; *≤0,05; (*)≤0,1)

Abb. 9-22: Vgl. Kommunikation: erfolgreich vs. weniger erfolgreich im Dienstleistungs-Bereich

Im Handwerk rücken erfolgreiche Gründungen bezüglich des Kommunikationsfokus sehr stark das gesamte Unternehmen in den Mittelpunkt (17% weniger erfolgr. vs. 56% erfolgr.) und nicht mehr den Kundennutzen (69% weniger erfolgr. vs. 33% erfolgr.). Im Industriegüterbereich setzten erfolgreiche Gründungen stärker auf die Kommunikation technischer Merkmale (16% weniger erfolgr. vs. 33,3% erfolgr.).

Zielkunden
Erfolgreiche Gründungen, die sich an Endverbraucher richten, zeigen einen deutlich niedrigeren Einsatz von Beziehungen und Bekannten (nur noch Rang 10 vs. Rang 4 für gesamte Stichprobe), dagegen kommen Presseberichten, Direkt-Mailings und Events eine höhere Bedeutung zu. In allen Branchen zeigen erfolgreiche Gründungen einen signifikant höheren Einsatz von professionellen Werbeagenturen. An Großunternehmen gerichtete Gründungen weisen bei den Instrumenten zur Kontaktaufnahmen kaum signifikante Abweichungen hinsichtlich der Erfolgsdimension auf. Bei an KMUs und an öffentliche Einrichtungen gerichtete Gründungen ergeben sich hauptsächlich Unterschiede bei den allgemeinen Erfolgsfaktoren Presseberichte, Messen und Ausstellungen sowie Events.

Gründungsjahr
Bei jungen Unternehmen (gegründet ab 2000) ergeben sich wie schon bei der Produkt-/Preispolitik kaum Unterschiede hinsichtlich der Gestaltung der Kommunikationspolitik, sondern erfolgreiche und weniger erfolgreiche Gründungen zeigen weitestgehend das gleiche Vorgehen. Allerdings geben erfolgreiche jüngere Gründungen einen höherer Umsatzanteil für Kommunikationsmaßnahmen aus (10,3% weniger erfolgr. vs. 13,2% erfolgr.). Bei älteren Gründungen (Gründungsjahr bis 1999) werden im Wesentlichen die generellen Erfolgsfaktoren (wie z.B. Presseberichte, Vorträge & Veröffentlichungen, Events, häufigere Werbung, professionelle Werbeagenturen) identifiziert. Zusätzlich ergeben sich signifikante Unterschiede bei der Entwicklung mehrerer Werbekampagnen.

Geographischer Zielmarkt
Weltweit agierende Gründungen zeigen bei den untersuchten kommunikationspolitischen Maßnahmen keine signifikanten Abweichungen hinsichtlich des unterschiedlichen Unternehmenserfolges. Allerdings kommt einigen der bisher identifizierten Erfolgsfaktoren eine generell höhere Bedeutung zu (Presseberichte, Vorträge und Veröffentlichungen, Messen und Ausstellungen, kostenlose Nutzung/Proben). Bei den anderen geographischen Zielmärkten ergeben sich nur vereinzelte signifikante Abweichungen.

Marktphase
Hinsichtlich der Marktphase, in der sich die Zielmärkte der Gründungen befinden, ergibt sich vor allem in der Wachstumsphase eine deutliche Differenzierung beim Einsatz der kommunikationspolitischen Maßnahmen bezüglich des Unternehmenserfolges. Abb. 9-23 zeigt das Verhalten erfolgreicher und weniger erfolgreicher Gründungen im Vergleich. Interessanterweise kommen Kooperationspartnern und privaten Beziehungen und Bekannten bei erfolgreichen Gründungen eine signifikant niedrigere Bedeutung zu. Bei den anderen Marktphasen ergeben sich nur vereinzelte Abweichungen. Bezüglich des Kommunikationsfokus zeigt sich eine erhöhte Bedeutung von

technischen Merkmalen bei erfolgreichen Gründungen in der Entstehungs- (7,7% weniger erfolgr. vs. 19,6% erfolgr.) und auch in der Stagnationsphase (9,1% weniger erfolgr. vs. 21,4% erfolgr.) während der Kundennutzen in der Reifephase stärker betont wird (66,7% weniger erfolgr. vs. 81,3% erfolgr.).

Bei aggressivem Wettbewerb und niedriger Umfelddynamik lassen sich hinsichtlich der Instrumente zur Kontaktaufnahme hauptsächlich die allgemeinen Erfolgsfaktoren identifizieren. Bei schwachem Wettbewerb ergeben sich keine Differenzierungen zwischen erfolgreichen und weniger erfolgreichen Gründungen, bei hoher Umfelddynamik zeigen sich hinsichtlich weiterer kommunikationspolitischer Maßnahmen (wie Häufigkeit der Werbemaßnahmen, kreativerer Werbung etc.) die allgemeinen Erfolgsfaktoren während im Bereich der Maßnahmen zur Kontaktaufnahmen keine Abweichungen festgestellt werden konnten.

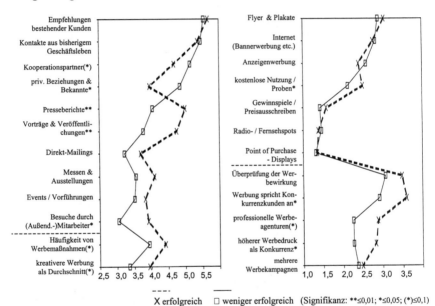

X erfolgreich   □ weniger erfolgreich   (Signifikanz: **≤0,01; *≤0,05; (*)≤0,1)

Abb. 9-23: Vergleich Kommunikation: erfolgreich vs. weniger erfolgreich in Wachstumsphase

Für eine detaillierte Betrachtung der Unterschiede zwischen erfolgreichen und weniger erfolgreichen Gründungen bezüglich des Innovationsgrades, der EO und MO sei auf die Übersichtstabelle (Abb. 9-19) verwiesen.

9.2.3 Vergleich distributionspolitischer Maßnahmen

9.2.3.1 Überblick und allgemeine Analyse

Abb. 9-19 gibt einen detaillierten Überblick bezüglich des unterschiedlichen Verhaltens von erfolgreichen und weniger erfolgeichen Gründungen im Bereich der distributionspolitischen Maßnahmen. Analog zur Darstellung der kommunikationspolitischen Maßnahmen sind die Rangfolgen der verwendeten Distributionskanäle bei erfolgreichen Gründungen und die identifizierten signifikanten Abweichungen zwischen erfolgreichen und weniger erfolgreichen Gründungen für die Distributionskanäle und die weiteren betrachteten distributionspolitischen Maßnahmen, wie beispielsweise Ausbau vorhandener Absatzkanäle, Bedeutung von Lieferbereitschaft und Liefertreue, Aufbau einer Kundendatenbank etc., angegeben.

Wie in Abb. 9-24 dargestellt, zeigt sich bei erfolgreichen Gründungen eine etwas geringere Bedeutung des persönlichen Verkaufs durch den Unternehmensgründer, welcher aber immer noch den mit Abstand wichtigsten Distributionskanal darstellt. Signifikant stärker werden Vertriebswege von Kooperationspartnern einbezogen, was die Notwendigkeit von Netzwerken als Grundstein für einen positiven Gründungsprozess bestätigt. Außerdem wird auch eigenes Vertriebspersonal deutlich häufiger eingesetzt. Auch hier zeigt sich eine klare Zweiteilung zwischen den vier am häufigsten eingesetzten Distributionskanälen und den anderen eher selten gebrauchten Absatzwegen (auf der rechten Seite von Abb. 9-24), für die keine signifikanten Abweichungen festgestellt werden konnten.

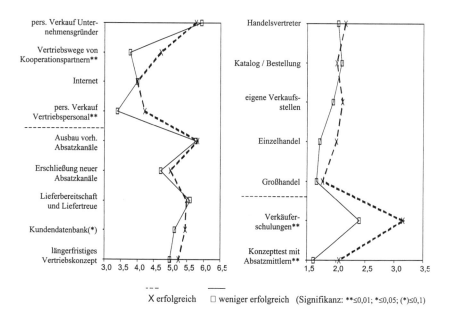

X erfolgreich ☐ weniger erfolgreich (Signifikanz: **≤0,01; *≤0,05; (*)≤0,1)

Abb. 9-24: Vergleich Distribution: erfolgreich vs. weniger erfolgreich

Hinsichtlich der weiteren distributionspolitischen Maßnahmen legen erfolgreiche Gründungen signifikant höheren Wert auf die Durchführung von Verkäuferschulungen (welches den innovativeren und damit meist auch erklärungsbedürftigeren Angeboten Rechnung trägt) und auf den Aufbau einer Kundendatenbank, die als Grundlage für eine langfristige Kundenbindung und den dazu erforderlichen Maßnahmen notwendig ist. Außerdem werden Absatzmittler stärker in die Produktentwicklung einbezogen, indem Konzepttests zur Erfassung ihrer Meinung zu den neuen Produkten durchgeführt werden. Keine signifikanten Unterschiede ergeben sich bei der Erweiterung der Absatzkanäle (vorhandener oder neuer), der Bedeutung von Lieferbereitschaft und dem Vorhandensein eines langfristigen Vertriebskonzepts, da hier insgesamt sehr hohe Werte identifiziert werden konnten.

9.2.3.2 Ergebnisse für ausgewählte Einflussfaktoren

Branche

Bei erfolgreichen Gründungen im Dienstleistungsbereich zeigen sich wie schon bei der Kommunikationspolitik die gleichen Abweichungen wie bei der gesamten Stichprobe. Da Gründungen im Dienstleistungsbereich die größte Gruppe innerhalb der Branchenverteilung einnehmen, ist dies durchaus erwartungsgemäß. Hinsichtlich der anderen Branchen zeigen sich nur wenige Unterschiede. Erwähnt sei aber die signifikant höhere Bedeutung des Internets bei erfolgreichen Handwerksbetrieben.

Zielkunden

Bei erfolgreichen Gründungen, die Endverbraucher ansprechen, zeigen sich neben den allgemeinen Erfolgsfaktoren (Vertriebswege von Kooperationspartnern, persönlicher Verkauf durch Vertriebspersonal, Verkäuferschulungen und Konzepttests mit Absatzmittlern) auch signifikant höhere Werte bezüglich des Einsatzes des Internets und dem Groß- und Einzelhandel. Abb. 9-25 zeigt den erfolgsbezogenen Einsatz distributionspolitischer Maßnahmen für Gründungen die sich an Endverbraucher richten. Erfolgreiche, an Großunternehmen gerichtete Gründungen zeigen ebenfalls signifikant höhere Werte bezüglich Groß- und Einzelhandel obwohl diese die insgesamt am niedrigsten eingestuften Distributionskanäle sind. Richten sich Gründungen an KMUs oder öffentliche Einrichtungen zeigen sich zum einen die allgemeinen Erfolgsfaktoren, zum anderen ergeben sich bei erfolgreichen Gründungen mit öffentlichen Einrichtungen als Zielgruppe höhere Bewertungen beim Einsatz von Handelsvertretern, eigenem Vertriebspersonal und des Einzelhandels sowie bei der Erschließung neuer Absatzkanäle.

Gründungsjahr

Bei älteren Unternehmen (gegründet bis 1999) zeigen sich, wie schon bei den anderen Maßnahmen festgestellt, größere Abweichungen zwischen den erfolgsbezogenen Gruppierungen. Neben Abweichungen hinsichtlich der Bedeutung der Distributionskanäle (Vertriebswege von Kooperationspartnern, persönlicher Verkauf durch Vertriebspersonal sowie Groß- und Einzelhandel) zeigen sich insbesondere höhere Werte bei erfolgreichen Gründungen hinsichtlich der weiteren untersuchten Distributionsmaßnahmen wie Erschließung neuer Absatzkanäle, Kundendatenbank, Verkäuferschulung oder Konzepttests mit Absatzmittlern. Bei jüngeren Unternehmen ergeben sich nur Abweichungen hinsichtlich der Bedeutung von Vertriebswegen von Kooperationspartnern und des persönlichen Verkaufs durch eigenes Vertriebspersonal.

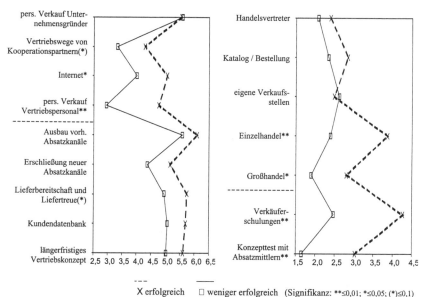

X erfolgreich   □ weniger erfolgreich (Signifikanz: **≤0,01; *≤0,05; (*)≤0,1)

Abb. 9-25: Vgl. Distribution: erfolgreich vs. weniger erfolgreich mit Zielkunden Endverbraucher

Beim geographischen Zielmarkt und der Marktphase zeigen sich nur vereinzelte Abweichungen zwischen erfolgreichen und weniger erfolgreichen Gründungen, so dass bezüglich dieser beiden Einflussfaktoren ein relativ gleichförmiges Vorgehen festgestellt werden kann.

Marktbearbeitung
Größere Unterschiede im Verhalten zwischen erfolgreichen und weniger erfolgreichen Gründungen ergeben sich hinsichtlich der unterschiedlichen Marktbearbeitungsstrategien nur bei der Bearbeitung mehrer Segmente mit unterschiedlichen Angeboten. Bei erfolgreichen Gründungen spiegeln sich die unterschiedlichen Anforderungen, die sich aus den verschiedenen Segmenten und Angeboten ergeben, durch einen insgesamt stärkeren Einsatz der verschiednen Distributionskanäle wider, wie in Abb. 9-26 dargestellt ist.

Für die Darstellung der Unterschiede zwischen erfolgreichen und weniger erfolgreichen Gründungen hinsichtlich der weiteren Einflussfaktoren Wettbewerbssituation, Umfelddynamik, Innovationsgrad, EO und MO sei auf Abb. 9-19 verwiesen. Hier ergeben sich entweder keine oder nur vereinzelte Abweichungen oder diese beziehen sich auf die schon identifizierten allgemeinen Erfolgsfaktoren.

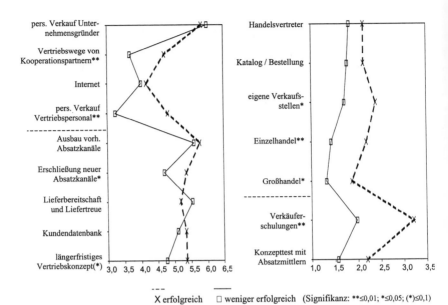

X erfolgreich   □ weniger erfolgreich   (Signifikanz: **≤0,01; *≤0,05; (*)≤0,1)

Abb. 9-26: Vergleich Distribution: erfolgreich vs. weniger erfolgreich bei Bearbeitung mehrerer Segmente mit verschiedenen Angeboten

10. Fazit und Implikationen

10.1 Überblick

Die vorliegende Arbeit versucht einen Beitrag zu einem besseren Verständnis der Marketing-Praxis in neugegründeten Unternehmen zu leisten und widmet sich der Untersuchung der Markteintrittsgestaltung von Neugründungen. Im Zentrum steht die situationsspezifische Betrachtung der Gestaltung des Markteintritts und insbesondere die Identifizierung von Unterschieden zwischen erfolgreichen und weniger erfolgreichen Unternehmensgründungen.

Ausgehend von einer Darstellung der besonderen Bedeutung, die entrepreneurhaften Unternehmensgründungen für die volkswirtschaftliche Leistungsfähigkeit zukommt und der zentralen Rolle, welche Marketing im Verlauf des Gründungsprozesses spielt, werden die beiden Themenbereiche Entrepreneurship und Marketing zusammengeführt. Als Schnittstelle wird die Entwicklung und Markteinführung von neuartigen, innovativen Leistungsangeboten mit deutlichem Angebotsvorteil/Mehrwert aus Kundensicht gegenüber vorhandenen Konkurrenzangeboten identifiziert. Beim Marketing entrepreneurhafter Neugründungen/KMUs sind gewisse Besonderheiten und Charakteristika zu berücksichtigen, welche in dem Konzept des Entrepreneurial Marketing integriert werden. In allen Phasen des Gründungsprozesses sind marketing-bezogene Aktivitäten wichtig, besondere Bedeutung für den Unternehmensaufbau und –erfolg kommt jedoch der Gestaltung des Markteintritts zu. Grundlage für den Markteintritt bildet die Formulierung einer Marketing-Konzeption, in der normative, strategische und operative/taktische Aspekte des Unternehmensaufbaus behandelt werden. Auf operativer Ebene lassen sich zwei Bereiche unterscheiden.

Zum einen die Generierung von marktbezogenen Informationen (insbesondere über Kunden und Wettbewerber), die Verbreitung dieser Informationen im Unternehmen und deren Umsetzung in überlegene Angebote. Diese Aktivitäten werden unter dem Konzept der Marktorientierung (MO) zusammengefasst. Nach einem Überblick über den Themenbereich MO, bestehend aus der Darstellung der historischen Entwicklung, der Entwicklung von Messmodellen sowie der Untersuchung der Erfolgswirksamkeit, werden die Rolle und mögliche positive Effekte der MO in innovativen und neugegründeten Unternehmen diskutiert und die Grundlage für die empirische Untersuchung gelegt.

Zum anderen der Einsatz von Marketing-Maßnahmen, welche der primären Aufgabe des Markteintritts, der Kundenakquisition, dienen. Traditionell werden diese Maßnahmen in die Bereiche Produkt, Preis, Distribution und Kommunikation unterteilt.

Im Rahmen der empirischen Untersuchung erfolgt eine detaillierte Betrachtung dieser beiden Themenbereiche in neugegründeten Unternehmen, d.h. der Implementierung einer MO und des Einsatzes von Marketing-Maßnahmen aus dem produkt-, preis-, kommunikations- und distributionspolitischen Bereich. Da die Rahmenbedingungen und speziellen Gegebenheiten von Gründungen sehr unterschiedlich sein können, wird ein situativer Ansatz verfolgt, um differenzierte Aussagen über den Einsatz und die

Bedeutung einzelner Maßnahmen in Abhängigkeit der konkreten Gründungssituation treffen zu können. Dabei finden die Einflussfaktoren Gründungsjahr, Branche, Zielkunden, geographischer Zielmarkt, Marktphase, Marktbearbeitung, Wettbewerbssituation, Umfelddynamik, Innovationsgrad und Ausprägung der Entrepreneurial Orientation (EO) Berücksichtigung.

Von besonderem Interesse für die Wissenschaft aber auch die Unternehmenspraxis ist es weiterhin Erfolgsfaktoren neugegründeter Unternehmen zu identifizieren, um angehenden Gründern Hilfestellungen auf ihrem Weg zum erfolgreichen Unternehmensaufbau geben zu können. Im Rahmen dieser Arbeit werden die Vorgehensweisen von erfolgreichen vs. weniger erfolgreichen Gründungen auf der Ebene der operativen Markteintrittsgestaltung gegenüber gestellt. Aus den signifikanten Unterschieden, die sich für die gesamte Stichprobe aber insbesondere unter Beachtung der betrachteten Einflussfaktoren ergeben, können Gründer wichtige Hinweise für den Einsatz von Maßnahmen erhalten, die in ihrer konkreten Situation zu einer positiven Unternehmensentwicklung beitragen können.

Im Zuge der empirischen Untersuchung der Markteintrittsgestaltung wurden Fragebögen an 2.500 ehemalige Teilnehmer des StartUp-Wettbewerbs gesendet, wobei ein Rücklauf von 537 ausgefüllten Fragebögen erzielt werden konnte. Die Preisträger des StartUp-Wettbewerbs dienen für die weitere Untersuchung als Referenzgruppe besonders erfolgreicher Gründungen, was durch deren überdurchschnittliche Entwicklung in Bezug auf geschaffene Arbeitsplätze, erzielten Umsatz und getätigte Investitionen bestätigt werden konnte.

10.2 Zusammenfassung wichtiger Ergebnisse

Zur Untersuchung der MO in neugegründeten Unternehmen werden zunächst geeignete Indikatoren formuliert und in einem Messmodell, bestehend aus den Dimensionen Kunden-, Wettbewerbsorientierung, marktorientierte Produktentwicklung und Wachstumsorientierung, zusammengefasst. Generell kann festgestellt werden, dass die befragten Unternehmensgründer hohen Wert auf die Implementierung einer MO legen. Speziell eine hohe Kundenorientierung wird durch geeignete Maßnahmen und Vorgehensweisen verfolgt. Als wichtigste Aktivitäten haben sich sofortige Reaktion auf negative Kundenzufriedenheit, ein auf Kundenverständnis basierendes Marktverhalten und der Aufbau von Kundenbeziehungen herausgestellt. Dies gilt allerdings nicht für alle Neugründungen gleichermaßen. Berücksichtigt man interne und externe Einflussfaktoren, zeigen sich signifikante Unterschiede was die Ausprägung der Gesamt-MO, der MO-Dimensionen und der einzelnen Indikatoren bzw. Aktivitäten anbelangt. Besonders hohe Ausprägungen der MO konnten beispielsweise im Industriegüter- und FuE-Bereich, wenn Großunternehmen und öffentliche Einrichtungen die Zielkunden sind, bei international tätigen Gründungen, bei hoher Umfelddynamik oder hohem Innovationsgrad identifiziert werden.

Hinsichtlich des Vergleichs erfolgreiche vs. weniger erfolgreiche Gründungen zeigen erfolgreiche Gründungen signifikant höhere Ausprägungen der Gesamt-MO, aller fünf MO-Dimensionen und demzufolge einer Vielzahl der einzelnen untersuchten Indikatoren. Zu nennen sind hier unter anderem: Identifizierung von Pilot-/Referenzkunden, persönliche Gespräche mit Kunden, Aufbau von Kundenbeziehungen, Informationen über Volumen/Attraktivität von Marktsegmenten, Entwicklung von Produkten mit hoher Kundenbedeutung, Produkttests mit Kunden, Entwicklung mit Hilfe von Lead Usern oder Zielsetzung schneller Markteintritt. Bei der situationsspezifischen Analyse lassen sich Unterschiede und Besonderheiten hinsichtlich der Bedeutung einzelner Indikatoren und MO-Dimensionen feststellen. Signifikante Effekte einer hohen MO auf den Unternehmenserfolg zeigen sich jedoch in der Mehrzahl der untersuchten Einflussfaktoren, was für einen relativ situationsunabhängigen positiven Effekt der MO in neugegründeten Unternehmen spricht.

Insgesamt können durch die Ergebnisse der durchgeführten empirischen Studie die in der Literatur erörterten positiven individuellen Effekte sowohl der MO als auch der EO auf den Unternehmenserfolg im Gründungsbereich bestätigt werden. Weiterhin wird die vermutete enge Beziehung zwischen MO und EO untermauert, wodurch die Auffassung, dass die beiden sich ergänzende und nicht in Konflikt stehende Orientierungsrichtungen der Unternehmensführung sind, Unterstützung findet. Ebenfalls kann die erfolgssteigernde Wirkung von gleichzeitig vorhandenen hohen Ausprägungsniveaus in beiden Orientierungen für den Gründungsbereich belegt werden. Erfolgreiche Gründungen zeigen signifikant höhere Ausprägungen in beiden Orientierungsrichtungen, sind dementsprechend stärker bemüht, Informationen über ihre Kunden und deren Verhalten einzuholen und diese beispielsweise in Form von Lead-Usern in den Entwicklungsprozess zu integrieren. Dies kommt den stärker technisch orientierten Produktkonzepten von entrepreneurhaften Gründungen mit einem im Vergleich zum Wettbewerb höheren Innovationsgrad entgegen. Technische Innovation und Erfüllung von Kundenbedürfnissen werden so zu neuen Merkmalsdimensionen mit hohem Kundenvorteil zusammengeführt, was einen entscheidenden Wettbewerbsvorteil begründet und zu einem höheren Markterfolg führt. Das Bemühen sowohl marktorientiert als auch entrepreneurhaft zugleich zu handeln, wird demzufolge belohnt und sollte als Vorbild für neugegründete Unternehmen dienen.

Es zeigt sich, dass Unternehmensgründer die internen und externen Bedingungen, mit denen sie sich konfrontiert sehen, bei der Ausgestaltung des Markteintritts geeignet berücksichtigen, wodurch es zu signifikanten Unterschieden hinsichtlich des Einsatzes der verschiedenen untersuchten Marketing-Maßnahmen aus dem produkt-, preis-, kommunikations- und distributionspolitischen Bereich kommt. Besonders großen Einfluss haben dabei der Innovationsgrad, der angestrebte geographische Zielmarkt sowie die Wettbewerbssituation. Überraschend geringe Unterschiede ergeben sich aufgrund unterschiedlicher Marktbearbeitungsstrategien. Insgesamt kann aufgrund der am häufigsten eingesetzten Maßnahmen die hohe Bedeutung von Netzwerken und informellen Kontakten für den erfolgreichen Verlauf des Gründungsprozesses unterstützt werden. Konkret werden diese im Rahmen der Markteintrittsgestaltung zur Kontaktaufnahme mit Kunden, Akquisition von Kunden sowie zum Vertrieb der Produkte eingesetzt. Überraschend geringe Bewertungen erhalten zusätzliche Leistungen, wie z.B. Anbieten von Rückgabe-/Umtauschrecht, Garantiezeitverlängerung, Installation oder auch Einführungs- oder Vorbestellungsrabatten, welche in der Literatur als geeignete Maßnahmen zur Unterstützung des Markteintritts und zur Beschleunigung der Adoption und Diffusion diskutiert werden.

Deutliche Unterschiede zeigen sich hinsichtlich des Vergleichs erfolgreicher vs. weniger erfolgreicher Gründungen in allen Bereichen der untersuchten Marketing-

Maßnahmen. Als Erfolgsfaktoren im produktpolitischen Bereich können dabei folgende Maßnahmen identifiziert werden: neuartige Merkmale anbieten, hohe Produktvorteile aus Kundensicht sicherstellen, auf Basis einer technischen Innovation gründen, höherer Innovationsgrad im Vergleich zu Konkurrenz, Kunden in Produktentwicklung integrieren (Anpassungen durch Kundeninfos, eigene Umfragen, Hilfe von Lead Usern) sowie zusätzliche Leistungen anbieten (Garantieverlängerung, Installation, Inspektion/Wartung/Reparatur), die zur Reduktion der Unsicherheit auf Käuferseite beitragen können. In der Preispolitik zeigen sich außer einer von erfolgreichen Gründungen häufiger verfolgten Hochpreisstrategie keine weiteren bedeutenden Unterschiede.

Bezüglich der Gestaltung der Kommunikationspolitik setzen erfolgreiche Gründungen weniger stark auf persönliche Beziehungen und Bekannte, dafür kommen Presseberichte, Vorträge/Veröffentlichungen, Messen/Ausstellungen, Events, Außendienstmitarbeiter, kostenlose Nutzung/Proben signifikant häufiger zum Einsatz. Darüber hinaus führen sie signifikant häufiger Werbemaßnahmen durch, welche außerdem kreativer als der Branchendurchschnitt sind und stärker durch professionelle Werbeagenturen unterstützt werden. Erfolgreiche Gründungen setzten signifikant häufiger Vertriebswege von Kooperationspartnern sowie eigenes Vertriebspersonal ein. Sie führen in höherem Maße Verkäuferschulungen und Konzepttests mit Absatzmittlern durch und sind bemüht eine Kundendatenbank aufzubauen.

Bei der situationsspezifischen Analyse des Markteintrittsverhaltens unter Berücksichtigung der verwendeten Erfolgsdimension ergeben sich im Wesentlichen zwei Trends. Zum einen sind die für die gesamte Stichprobe analysierten allgemeinen Erfolgsfaktoren bei einer Vielzahl der untersuchten Einflussfaktoren (zumindest teilweise) vorhanden, was für die Allgemeingültigkeit der Erfolgsfaktoren spricht. Zum anderen können in einigen Situationen, wie z.B. im FuE-Bereich, bei Großunternehmen als Zielkunden, bei hoher EO, nur wenige signifikante Unterschiede identifiziert werden. Dies liegt teilweise darin begründet, dass den als allgemeine Erfolgsfaktoren identifizierten Maßnahmen hier allgemein eine höhere Bedeutung zukommt, so dass sich auf diesem generell hohem Niveau keine Differenzierungen hinsichtlich des Erfolges mehr ergeben. Dies lässt außerdem eine relativ homogene, an die jeweiligen Anforderungen angepasste Marktbearbeitung der Gründungen in den betrachteten Situationen vermuten, so dass alleine die Untersuchung der Einsatzhäufigkeit oder Bedeutung einzelner Maßnahmen keinen Beitrag zur Erklärung des unterschiedlichen Unternehmenserfolges leisten kann. Dies trifft insbesondere auf jüngere (ab 2000 gegründete) Unternehmen zu.

10.3 Einschränkungen

Hinsichtlich der Verallgemeinerbarkeit der Aussagen hat man die speziellen Charakteristika der Stichprobe zu berücksichtigen, die im Rahmen der Studie befragt wurde. Da es sich um Teilnehmer eines Business-Plan-Wettbewerbs handelt, sind die zugrundeliegenden Gründungskonzepte in der Regel stärker wachstumsorientiert und innovativer als bei „normalen" Existenzgründern. Auch ergeben sich insbesondere für Preisträger des Wettbewerbs positive Effekte, wie beispielsweise eine gesteigerte Aufmerksamkeit und Berichterstattung seitens der Medien, die auch die Markteintrittsgestaltung beeinflussen können. Einschränkungen insbesondere hinsichtlich der Vergleichbarkeit der Ergebnisse können auch aus der Verwendung der Preisträger des StartUp-

Wettbewerbs als Referenzgruppe für besonders erfolgreiche Gründungen entstehen. Dennoch können angehenden Gründern wichtige Hinweise und Hilfestellungen gegeben werden, welche Vorgehensweisen auf operativer Ebene in einer konkreten Gründungssituation zur Gestaltung des Markteintritts angebracht sein könnten.

10.4 Implikationen für Unternehmensgründer

Die vorliegende Arbeit stellt die zentrale Bedeutung des Marketing im Verlauf des Gründungsprozesses heraus und betont insbesondere die Bedeutung der Markteintrittsgestaltung für den Unternehmenserfolg. Gründer sollten sich den speziellen Anforderungen, die sich beispielsweise aus der anzusprechenden Zielgruppe, dem Innovationsgrad, dem geographischen Marktraum, der Umfelddynamik oder dem Wettbewerbsumfeld ergeben, bewusst sein und diese bei der Auswahl und Gestaltung einzelner Marketing-Maßnahmen berücksichtigen. Hierbei können beispielsweise die in den Abb. 9-1 (S.187) und Abb. 9-7 (S.195) zusammengefassten Analysen wichtige Anleitungen bei der Gestaltung von produkt-, preis-, kommunikations- und distributionspolitischen Maßnahmen geben. Unternehmensgründern werden wichtige Hinweise gegeben, wie bei der Festlegung des Kommunikationsbudgets oder des Preises vorgegangen werden kann. Der Vergleich erfolgreicher vs. weniger erfolgreicher Gründungen in den Abb. 9-14 (S.207) und Abb. 9-19 (S.215), gibt darüber hinaus Aufschluss, welche Maßnahmen für eine positiv verlaufende Unternehmensentwicklung besonders bedeutsam sein können und dementsprechend eine erhöhte Aufmerksamkeit und angemessene Ressourcen erfordern.

Des weiteren wird die Notwendigkeit zur Ausprägung einer hohen MO von Beginn des Gründungsprozesses an deutlich gemacht. Der Bedarf einer Informationssammlung über Kunden und Wettbewerb sowie der Integration von Kunden in die Entwicklung des Leistungsangebots werden herausgestellt und sollten Gründer zur frühzeitigen Implementierung einer Marktorientierung und insbesondere einer Kundenorientierung in ihrem Unternehmen ermuntern. Auch hier bieten die Übersichtstabellen (in Abb. 8-1 und 8-7) wichtige Hilfestellungen, welche Maßnahmen zur Implementierung einer ausreichenden Marktorientierung unter Berücksichtigung verschiedener Einflussfaktoren geeignet sind und in welchen Situationen der Marktorientierung eine erhöhte Bedeutung für die erfolgreiche Gestaltung des Unternehmensaufbaus zukommt.

Aufgrund der zentralen Bedeutung von Netzwerken und Kontakten bei der Vermarktung des Angebots sollten sich angehende Unternehmensgründer rechtzeitig um den Aufbau eines entsprechenden Netzwerkes bemühen und den Einsatz von potentiellen Partnern speziell im Hinblick auf deren Unterstützung bei der Gestaltung des Markteintritts beurteilen.

10.5 Anregungen für weiterführende Forschung

Da die Zielsetzung in der Untersuchung der gesamten Breite des Marketing-Instrumentariums lag und einen Vergleich des Einsatzes bei unterschiedlichen Gründungstypen anstrebte, besteht weiterer Bedarf, die einzelnen Marketing-Bereiche und deren Elemente tiefergehend zu analysieren. Zu nennen sind hier beispielsweise eine weitergehende Untersuchung der Vorgehensweise bei der Gestaltung einzelner Marketing-Maßnahmen oder des Entscheidungsfindungsprozesses, der zur Auswahl der eingesetzten Instrumente geführt hat. Branchen- bzw. zielkundenspezifische Untersuchungen können hilfreich sein, um mit einem an die jeweiligen Anforderungen speziell angepasstem Untersuchungsdesign umfassendere Einblicke, insbesondere was die Identifikation situationsspezifischer Erfolgsfaktoren anbelangt, zu erhalten.

Für eine umfangreiche Analyse von unterschiedlichen Entwicklungsverläufen und Ausprägungsniveaus des Unternehmenserfolges ist der Vergleich des Maßnahmeneinsatzes von erfolgreichen vs. weniger erfolgreichen Gründungen nur der erste Schritt. Um ein tiefergehendes Verständnis der Ursachen unterschiedlicher Entwicklungsverläufe zu erhalten, wäre eine Beurteilung der Qualität und Effektivität der von den Gründungen eingesetzten Maßnahmen interessant. Hierzu müssten jedoch umfangreiche Kundenbefragungen durchgeführt werden, um eine objektive Einschätzung hinsichtlich der Wirksamkeit unterschiedlicher Maßnahmen zu erhalten.

Im Bereich der Marktorientierung ist außerdem die Anwendung weitergehender Analysen und Methoden (wie z.B. Kausalanalyse, konfirmatorischer Faktorenanalyse etc.) zur Untersuchung des Konstruktes und zur Aufdeckung bzw. Untersuchung weiterer Wirkungsbeziehungen und Zusammenhänge zwischen Maßnahmen der MO, Einflussfaktoren und dem Unternehmenserfolg vorstellbar. Da im Rahmen dieser Arbeit MO nur als ein Teilaspekt bei der Gestaltung des Markteintritts bzw. der Implementierung des Marketing-Konzepts angesehen wurde, stand die Optimierung eines Messmodells zur Erfassung der MO in neugegründeten Unternehmen nicht im Vordergrund, so dass sich auch hier weiterer Forschungsbedarf ergibt.

Um die situationsspezifische Analyse mit jeweils isolierter Betrachtung von Einflussfaktoren zu erweitern, wäre beispielsweise ein konfigurationsanalytischer Ansatz vorstellbar. Durch die Formulierung häufig vorkommender Umfeldsituationen, die durch das gemeinsame Auftreten von Ausprägungen der Einflussfaktoren beschrieben werden (z.B. hoher Innovationsgrad, frühe Marktphasen, global tätig), könnten weitere Einblicke hinsichtlich der Markteintrittsgestaltung neugegründeter Unternehmen gewonnen werden.

Literaturverzeichnis

Aaker, D. (1988): Strategic marketing management. 2nd ed., New York: John Wiley & Sons.

Agarwal, S.; Erramilli, M.K.; Dev, C. (2003): Market orientation and performance in service firms: Role of innovation. Journal of Services Marketing, 17 (1), S.68ff.

Alvarez, S.; Barney, J. (2001): How entrepreneurial firms can benefit from alliances with large partners. Academy of Management Executive, Nr.1, S.139-48.

Anderson, P. (1982): Marketing, strategic planning, and the theory of the firm. Journal of Marketing, Vol.46, Spring, S.15-26.

Appiah-Adu, K. (1998): Market orientation and performance: Empirical tests in a transition economy. Journal of Strategic Marketing, Nr.1, S.25-45.

Atuahene-Gima, K. (1995): An exploratory analysis of the impact of market orientation on new product performance: A contingency approach. Journal of Product Innovation Management, Nr.12, S.275-93.

Atuahene-Gima, K. (1996): Market orientation and innovation. Journal of Business Research, Band 35, Heft 2, S.93-104.

Atuahene-Gima, K.; Ko, A. (2001): An empirical investigation of the effect of market orientation and entrepreneurship orientation alignment on product innovation. Journal of the Institute of Management Sciences, 12 (1), S.54-74.

Avlonitis, G.; Gounaris, S. (1997): Market orientation and company performance. Industrial Marketing Management, 26 (5), S.385-402.

Avlonitis, G.; Gounaris, S. (1999): Marketing orientation and its determinants: An empirical analysis. European Journal of Marketing, Vol.33, Nr.11/12, S.1003ff.

Backhaus, K. (1992): Investitionsgütermarketing. 3. Aufl., München.

Baier, W.; Pleschak, F. (Hrsg.) (1996): Marketing und Finanzierung junger Technologieunternehmen: Den Gründungserfolg sichern. Wiesbaden: Gabler.

Balakrishnan, S. (1996): Benefits of customer and competitive orientations in industrial markets. Industrial Marketing Management, Vol.25, S.257-269.

Balderjahn, I. (1997): Innovationsmarketing in jungen Technologieunternehmen. Lehr- und Forschungsbericht Nr.7, Universität Potsdam.

Barksdale, H.C.; Darden, W. (1971): Marketers' attitudes toward the marketing concept. Journal of Marketing, Vol.35, October, S.29-36.

Barrett, H.; Balloun, J.; Weinsten, A. (2000): Marketing mix factors as moderators of the corporate entrepreneurship - business performance relationship - A multistage, multivariate analysis. Journal of Marketing Theory and Practice, Nr.2, S.50-62.

Barrett, H.; Weinstein, A. (1998): The effect of market orientation and organizational flexibility on corporate entrepreneurship. Entrepreneurship: Theory and Practice, 23 (1), S.57ff.

Barringer, B.; Bluedorn, A. (1999): The relationship between corporate entrepreneurship and strategic management. Strategic Management Journal, S.421-444.

Becherer, R.; Maurer, J. (1997): The moderating effect of environmental variables on the entrepreneurial and marketing orientation of entrepreneur-led firms. Entrepreneurship: Theory and Practice, Nr.1, S.47-58.

Becker, J. (2002): Marketing-Konzeption: Grundlagen des ziel-strategischen und operativen Marketing-Managements. 7., überarb. u. erg. Aufl. - München: Vahlen.

Bell, J. (1995): The internationalization of small computer software firms: A further challenge to "stage" theories. European Journal of Marketing, 29 (8), S.60-75.

Berry, M. (1998): Strategic planning in small high-tech companies. Long Range Planning, 31 (3), S.455-466.

Bhave, M. (1994): A process model of entrepreneurial venture creation. Journal of Business Venturing, Nr.3, S.223-242.

Birley, S. (1982): Corporate strategy and the small firm. Journal of General Management, 8 (2), S.82-86.

Bjerke, B.; Hultman, C. (2002): Entrepreneurial marketing. Cheltenham, UK: Edward Elgar.

Bleicher, K. (1995): Das Konzept integriertes Management. 3. Aufl.. - Frankfurt: Campus-Verl.

BMBF (2001): Zur Technologischen Leistungsfähigkeit Deutschlands, Endbericht 2000. Bundesministerium für Bildung und Forschung, Berlin.

Böcker, F.; Gierl, H. (1987): Determinanten der Diffusion neuer industrieller Produkte. Zeitschrift für Betriebswirtschaft, 57.Jg., Heft 7, S.684-698.

Botschen, M. (1999): Marketingorientierung und Unternehmenserfolg. Wiesbaden: Dt. Univ.-Verl.

Brüderl, J.; Preisendörfer, P.; Ziegler, R. (1998): Der Erfolg neugegründeter Betriebe: Eine Studie zu den Chancen und Risiken von Unternehmensgründungen. Berlin, 2. unveränderte Aufl.

Brüderl, J.; Schüssler, R. (1990): Organizational mortality: Liability of newness and adolescence. Administrative Science Quarterly, 35 (3), S.530-547.

Brush, C. (1992): Marketplace information scanning activities of new manufacturing ventures. Journal of Small Business Management, Nr.4, S.41-51.

Bygrave, W.D. (1997): The portable MBA in entrepreneurship. New York; John Wiley & Sons Inc.

Cadogan, J.; Diamantopoulos, A.; Siguaw, J. (1995): Narver and Slater, Kohli and Jaworski and the market orientation construct: Integration and internationalization. Journal of Strategic Marketing, Nr.3, S.41-60.

Cadogan, J.; Diamantopoulos, A.; Siguaw, J. (2002): Export market-oriented activities: Their antecedents and performance consequences. Journal of International Business Studies, 33 (3), S.615ff.

Cadogan, J.; Sundqvist, S.; Salminen, R.; Puumalainen, K. (2002): Market-oriented behavior: Comparing service with product exporters. European Journal of Marketing, Vol. 36, Nr.9/10, S.1076ff.

Carland, J.C.; Carland, J.W (2003): A model of entrepreneurial planning and its effect on performance. Working Paper, Western Carolina University.

Carson, D. (1999): Inaugural commentary for the Journal of Research in Marketing and Entrepreneurship. Journal of Research in Marketing and Entrepreneurship, Vol.1, Nr.1.

Carson, D. (2002): Contextual marketing. UIC Research Symposium on Marketing and Entrepreneurship, Chicago.

Carson, D.; Cromie, S.; McGowan, P.; Hill, J. (1995): Marketing and entrepreneurship in SME's: An innovative approach. Prentice Hall.

Carson, D.; Gilmore, A. (1997): Teaching and researching interface marketing: A critique and some alternatives. Marketing Education Review, 7 (3), S.11ff.

Carson, D.; Gilmore, A. (2000): Marketing at the interface: Not 'what' but 'how'. Journal of Marketing Theory and Practice, Nr.2, S.1-8.

Carson, D.; McCartan-Quinn, D. (1995): Non-practice of theoretically based marketing in small businesses. Journal of Marketing Theory and Practice, Nr.4, S.24-32.

Caruana, A.; Pitt, L.; Berthon, P. (1999): Excellence-market orientation link: Some consequences for service firms. Journal of Business Research, 44 (1), S.5-16.

Chaston, I. (1997): Small firm performance: Assessing the interaction between entrepreneurial style and organizational structure. European Journal of Marketing, Vol.31, Nr.11/12, S.814ff.

Chaston, I. (2000): Entrepreneurial marketing. Palgrave.

Chelariu, C.; Ouattarra, A.; Dadzie, K. (2002): Market orientation in Ivory Coast: Measurement validity and organizational antecedents in a sub-Saharan African economy. Journal of Business & Industrial Marketing, 17 (6), S.456ff.

Chiagouris, L.; Wansley, B. (2003): Start-up marketing - How to turn new companies into large companies at the speed of light. Marketing Management, Band 12, Heft 5, S.38-43.

Christensen, C.M. (1997): The innovator's dilemma. Boston: Harvard Business Press.

Christensen, C.M.; Bower, J.L. (1996): Customer power, strategic investment, and the failure of the leading firm. Strategic Management Journal, Vol.17, S.197-218.

Christopher, M.; Payne, A.; Ballantyne, D. (1991): Relationship marketing: Bringing quality, customer service, and marketing together. Oxford, UK: Butterworth-Heinemann.

Churchill, N.; Muzyka, D. (1994): Defining and conceptualizing entrepreneurship: A process approach. In Hills, G.E. (ed.): Marketing and entrepreneurship: Research ideas and opportunities. Quorum Books.

Collinson, E. (1999): The entrepreneurial curriculum - Equipping graduates for a career in the SME sector. Journal of Research in Marketing and Entrepreneurship, Vol.1, Nr.1.

Collinson, E. (2002): Editorial: The marketing / entrepreneurship interface. Journal of Marketing Management, Vol.18, Nr.3/4, S.337ff.

Collinson, E.; Shaw, E. (2001): Entrepreneurial marketing - A historical perspective an development and practice. Management Decision, 39 (9), S.761-766.

Cooper, A.C. (1981): Strategic management: New ventures and small business. Long Range Planning, Nr.5, S.39-45.

Cooper, A.C.; Gimeno-Gascon, J.; Woo, C. (1994): Initial human and financial capital as predictors of new venture performance. Journal of Business Venturing, Nr.5, S.371-396.

Cooper, R.; Kleinschmidt, E. (1995): Benchmarking the firm's critical success factors in new product development. Journal of Product Innovation Management, S.374-91.

Cooper, R. (1999): From experience: The invisible success factors in product innovation. Journal of Product Innovation Management, Nr.2, S.115-33.

Cornelsen, J. (1996): Kundenwert - Begriff und Bestimmungsfaktoren. Arbeitspapier Nr.43 des Lehrstuhls für Marketing, Universität Erlangen-Nürnberg, Nürnberg.

Coviello, N.; Brodie, R.; Munro, H. (2000): An investigation of marketing practice by firm size. Journal of Business Venturing, Nr.5-6, S.523-545.

Coviello, N.; Munro, H. (1995): Growing the entrepreneurial firm: Networking for international development. European Journal of Marketing, 29 (7), S.49-61.

Covin, J.; Covin, T. (1990): Competitive aggressiveness, environmental context, and small firm performance. Entrepreneurship: Theory and Practice, Nr.4, S.35-50.

Covin, J.; Prescott, J.E.; Slevin, D.P. (1990): The effects of technological sophistication of strategic profiles, structure, and firm performance. Journal of Management Studies, Nr.5, S.485-510.

Covin, J.; Slevin, D.P. (1989): Strategic management of small firms in hostile and benign environments. Strategic Management Journal, Nr.1, S.75-87.

Covin, J.; Slevin, D.P. (1991): A conceptual model of entrepreneurship as firm behavior. Entrepreneurship: Theory and Practice, Nr.1, S.7-25.

Covin, J.; Slevin, D.P.; Covin, T. (1990): Content and performance of growth seeking strategies: A comparison of small Firms in high- and low-technology. Journal of Business Venturing, Nr.6, S.391-412.

Daferner, S. (2000): Eigenkapitalausstattung von Existenzgründungen. Sternenfels: Verl. Wiss. und Praxis.

Dawes, J. (2000): Market orientation and company profitability: Further evidence incorporating longitudinal data. Australian Journal of Management, 25 (2), S.173ff.

Day, G.S. (1994): The capabilities of market-driven organizations. Journal of Marketing, Nr.4, S.37-52.

Day, G.S.; Wensley, R. (1983): Marketing theory with a strategic orientation. Journal of Marketing, 47, Fall, S.79-89.

Day, J.; Dean, A.A.; Reynolds, P. (1998): Relationship marketing: Its key role in entrepreneurship. Long Range Planning, Nr.6, S.828-837.

Deng, S.; Dart, J. (1994): Measuring market orientation: A multi-factor, multi-item approach. Journal of Marketing Management, Nr.8, S.725-42.

Deshpande, R.; Farley, J.U. (1998): Measuring market orientation, generalization and synthesis. Journal of Market Focused Management, Nr.2, S.213-232.

Deshpande, R.; Farley, J.U.; Webster, F. (1993): Corporate culture, customer orientation, and innovativeness in Japanese firms: A quadrad analysis. Journal of Marketing, Nr.1, S.23-37.

Deshpande, R.; Webster, F. (1989): Organizational culture and marketing: Defining the research agenda. Journal of Marketing, Vol.53, January, S.1-15.

Diamantopoulos, A.; Hart, S. (1993): Linking market orientation and company performance: Preliminary evidence on Kohli and Jaworski's framework. Journal of Strategic Marketing, Nr.2, S.93-121.

Diller, H. (1991): Preispolitik. 2., überarb. Aufl. - Stuttgart: Kohlhammer.

Dixon, R. (1991): Venture capitalists and appraisal of investments. Omega International Journal of Management Science, 19 (5), S.333–344.

Dobni, C.B.; Luffman, G. (2000): Implementing marketing strategy through a market orientation. Journal of Marketing Management, 16 (8), S.859ff.

Dollinger, M.J.; Golden, P.A.; Saxton, T. (1997): The effect of reputation on the decision to joint venture. Strategic Management Journal, 18 (2), S.127–140.

Driescher, H.F. (1999): Erfolgsfaktoren im Produktions- und Absatzbereich junger Industrieunternehmen. FGF Entrepreneurship Research Monographien, Bd.16.

Drucker, P. (1954): The practice of management. New York, Harper & Row.

DtA (1998): Innovation versus tradition. Deutsche Ausgleichsbank, Wissenschaftliche Reihe - Band 12.

Dunn, D.T. Jr.; Probstein, S.C. (2003): Marketing high tech services. Review of Business, Winter, S.10-17.

Edgett, S.; Shipley, D.; Forbes, G. (1992): Japanese and British companies compared: Contributing factors to success and failure in NPD. Journal of Product Innovation Management, Nr.1, S.3-10.

Eglau, H.O.; et al. (2000): Durchstarten zur Spitze: McKinseys Strategien für mehr Innovation. 2. Aufl. - Frankfurt: Campus-Verl.

Eighmey, R.; Eighmey, J.; Hunt, K. (1994): Research on marketing communication at the marketing/entrepreneurship interface. In: Hills, G.E. (ed.): Marketing and Entrepreneurship: Research Ideas and Opportunities. Quorum Books, S.207ff.

Enright, M. (2001): Approaches to market orientation and new product development in smaller enterprises: A proposal for a context-rich interpretive framework. Journal of Strategic Marketing, Nr.4, S.301-313.

Ernst, H. (2002): Success factors of new product development: A review of the empirical literature. International Journal of Management Reviews, Vol.4, Nr.1.

Esslemont, D.; Lewis, T. (1991): Some empirical tests of the marketing concept. Marketing Bulletin, Nr.2, S.1-7.

Esteban, Á.; Millán, Á.; Molina, A.; Martín-Consuegra, D. (2002): Market orientation in service: A review and analysis. European Journal of Marketing, Vol.36, Nr.9/10, S.1003ff.

Fantapié Altobelli, C. (1990): Die Diffusion neuer Telekommunikationstechnologien in der Bundesrepublik Deutschland. Heidelberg.

Felton, A.P. (1959): Making the marketing concept work. Harvard Business Review, Vol.37, July-August, S.55-65.

Ferrell, O.C.; Lucas, G.H. (1987): An evaluation of progress in the development of a definition of marketing. Journal of the Academy of Marketing Science, 15 (3), S.12-23.

Fichman, M.; Levinthal, D.A. (1991): Honeymoon and liability of adolescence: A new perspective on duration dependence in social and organisational relationships. Acedemy of Management Review, 16 (2), S.442-468.

Fombrun, C.J. (1996): Reputation: Realizing value from the corporate image. Boston, MA: Harvard Business School Press.

Foxall, G.R.; Minkes, A.L. (1996): Beyond marketing: The diffusion of entrepreneurship in the modern corporation. Journal of Strategic Marketing, Nr.2, S.71-92.

Frank, H.; Plaschka, G. (1989): Planning behaviour of successful and non-successful founders of new ventures. Entrepreneurship & Regional Development, S.191-206.

Frese, M. (Hrsg.) (1998): Erfolgreiche Existenzgründer. Göttingen.

Frese, M.; Gelderen, M. van; Ombach, M. (2000): How to plan as a small scale business owner: Psychological process characteristics of action strategies and success. Journal of Small Business Management, Nr.2, S.1-18.

Fritz, W. (1992): Marktorientierte Unternehmensführung und Unternehmenserfolg. Stuttgart: Schäffer-Poeschel, Habil.schrift.

Fritz, W. (1996): Market orientation and corporate success: Findings from Germany. European Journal of Marketing, 30 (8), S.59ff.

Fritz, W. (1997): Erfolgsursache Marketing: Warum marktorientiert geführte Unternehmen erfolgreicher sind. Stuttgart: Schäffer-Poeschel.

Fritz, W. (2000): Internet-Marketing und Electronic Commerce. Wiesbaden: Gabler Verlag.

Frosch, R. (1996): The customer for R&D is always wrong. Research-Technology Management, Nov.-Dec., S.22-27.

Gardner, D. (1994): Marketing/entrepreneurship interface: A conceptualization. In: Hills, G. (ed.): Marketing and Entrepreneurship: Research Ideas and Opportunities. Quorum Books.

Gartner, W. (1990): What are we talking about when we talk about entrepreneurship. Journal of Business Venturing, Nr.1, S.15-28.

Gaul, W.; Jung, V. (2002a): Market orientation in new ventures: Measurement and relation to entrepreneurial orientation. RENT Barcelona, Conference Proceedings, Vol.2, S.213ff.

Gaul, W.; Jung, V. (2002b): Bericht zur Studie „Marketing als Erfolgsfaktor neugegründeter Unternehmen". Diskussionspapier Nr. 244, Institut für Entscheidungstheorie und Unternehmensforschung, Universität Karlsruhe.

George, G.; Zahra, S. (2002): Being entrepreneurial and being market-driven: Exploring the interaction effects of entrepreneurial and market orientation on firm performance. Frontiers of Entrepreneurial Research, Babson College.

Geursen, G.M. (1996): Marketing theory: Its importance and relevance to entrepreneurs and small business. SEAANZ Conference, September, Perth.

Gilmore, A.; Coviello, N. (1999): Methodologies for research at the marketing/ entrepreneurship interface. Journal of Research in Marketing and Entrepreneurship, Nr.1, S.41-53.

Goldberg, A.I.; Cohen, G.; Fiegenbaum, A. (2003): Reputation building: Small business strategies for successful venture development. Journal of Small Business Management, 41 (2), S.168ff.

Gonzalez, L. Ignacio Alvarez; Vijande, M. L. Santos; Casielles, R. Vazquez (2002) : The market orientation concept in the private nonprofit organisation domain. International Journal of Nonprofit & Voluntary Sector Marketing, 7 (1), S.55ff.

Gray, B.; Matear, S.; Boshoff, C.; Matheson, P. (1998): Developing a better measure of market orientation. European Journal of Marketing, Vol.32, Nr.9/10, S.884-903.

Gray, B.; Hooley, G. (2002): Market orientation and service firm performance – A research agenda. European Journal of Marketing, Vol.36, Nr.9/10, S.980ff.

Greenley, G. (1995a): Market orientation and company performance: Empirical evidence from UK companies. British Journal of Management, Nr.1, S.1-13.

Greenley, G. (1995b): Forms of market orientation in UK companies. Journal of Management Studies, 32 (1), S.47ff.

Greenley, G.; Foxall, G.R. (1997): Multiple stakeholder orientation in UK companies and the implications for company performance. Journal of Management Studies, Vol. 34, March, S.259-284.

Grönroos, Ch. (1990a): Service management and marketing. Lexington: Lexington Books

Grönroos, Ch. (1990b): Relationship approach to the marketing function in service contexts: The marketing and organization behaviour interface. Journal of Business Research, 20 (1), S.3-11.

Grönroos, Ch. (1994): Quo vadis marketing? Toward a relationship marketing paradigm. Journal of Marketing Management, Nr.10, S.347-360.

Grönroos, Ch. (1998): Service marketing theory: Back to basics. Helsinki: Svenska Handelshögskolan.

Grönroos, Ch. (2000): Service management and marketing - A customer relationship approach. Baffins Lane, Chichester: John Wiley & Sons.

Grulms, M. (2000): Marketing in neugegründeten Unternehmen - Eine empirische Analyse des Existenzgründer-Trainings "ExTra!". Josef Eul Verlag.

Guo, C. (2002): Market orientation and business performance: A framework for service organizations. European Journal of Marketing, Band 36, Heft 9, S.1154ff.

Hagemann, O. (1999): Innovationsmarketing für technologieorientierte kleine und mittlere Unternehmen. Wiesbaden: Dt. Univ.-Verl.

Hamel, G.; Prahalad, C.K. (1994): Competing for the future. Boston: Harvard Business School Press.

Han, J.K.; Kim, N.; Srivastava, R.K. (1998): Market orientation and organizational performance: Is innovation a missing link. Journal of Marketing, 62 (4), S.30ff.

Hans, Th.; Hüser, Th. (2001): Public Relations für Start-ups - Unternehmenskommunikation für Gründer. Schäffer Verlag, Stuttgart.

Harris, L.C. (1996): Benchmarking against the theory of market orientation. Management Decision, 34 (2), S.25-29.

Harris, L.C. (2001): Market orientation and performance: Objective and subjective empirical evidence from UK companies. Journal of Management Studies, 38 (1), S.17ff.

Harris, L.C.; Piercy, N.F. (1999): A contingency approach to market orientation: Distinguishing behaviours, systems, structures... Journal of Marketing Management, Nr.7, S.617-646.

Heidingsfelder, M. (1990): Das Marketing innovativer Informationstechnologien. Saarbrücken.

Helfert, G.; Ritter, Th.; Walter, A. (2002): Redefining market orientation from a relationship perspective: Theoretical considerations and empirical results. European Journal of Marketing, Vol.36, Nr.9/10, S.1119ff.

Hemer, J.; Kulicke, M. (1995): Krisen in jungen Technologieunternehmen: Eine empirische Analyse der Krisenverläufe von im Modellversuch "Beteiligungskapital für junge Technologieunternehmen" (BJTU) begünstigten Unternehmen. Karlsruhe: Fraunhofer-ISI.

Hills, G.E. (1994): Marketing and entrepreneurship: The domain. In: Hills, G. E. (ed.): Marketing and Entrepreneurship: Research Ideas and Opportunities. Quorum Books.

Hills, G.E. (ed.) (1994): Marketing and entrepreneurship: Research ideas and opportunities. Quorum Books.

Hills, G.E. (1999): Inaugural commentary for the Journal of Research in Marketing and Entrepreneurship. Journal of Research in Marketing and Entrepreneurship, Vol.1, Nr.1.

Hills, G.E. + verschiedene Co-Herausgeber (1987), (1989-2002): Research at the Marketing/Entrepreneurship Interface. The University of Illinois at Chicago.

Hills, G.E.; LaForge, R. (1992): Research at the marketing interface to advance entrepreneurship theory. Entrepreneurship: Theory and Practice, Nr.3, S.33-59.

Hills, G.E.; Shrader, R. (1998): Successful entrepreneurs insight into opportunity recognition. Frontiers of Entrepreneurial Research, Babson College, S.30ff.

Hisrich, R. (1992): The need for marketing in entrepreneurship. Journal of Business and Industrial Marketing, Nr.3, S.53-57.

Homburg, Ch.; Pflesser, Ch. (2000): A multiple-layer model of market-oriented organizational culture: Measurement issues and performance outcomes. Journal of Marketing Research, 37 (4), S.449ff.

Hönnicke, E. (1994): Erfahrungen bei der Marketingberatung geförderter junger Technologieunternehmen in den neuen Bundesländern. In: Pleschak, F.; Küchlin, G. (Hrsg.): "Marketing junger Technologieunternehmen", 2.Statusseminar zum Modellversuch "Technologieorientierte Unternehmensgründungen in den neuen Bundesländern", FhG-ISI Karlsruhe.

Hooley, G.; Fahy, J.; Greenley, G.; Beracs, J.; Fonfara, K.; Snoj, B. (2003): Market orientation in the service sector of the transition economies of central Europe. European Journal of Marketing, Vol.37, Nr.1/2, S.86ff.

Huang, X.; Brown, A. (1999): An analysis and classification of problems in small business. International Small Business Journal, 18 (1), S.73-85.

Hultman, C.M.; Hills, G.E. (2001): Teaching marketing principles for rapidly growing firms: Student employment by the gazelles. Marketing Education Review, 11 (2), S.43-52.

Hultman, C.M.; Shaw, E. (2003): The interface between transactional and relational orientation in small service firm's marketing behavior: A study of Scottish and

Swedish small firms in the service sector. Journal of Marketing Theory and Practice, Winter, S.36-51.

Hunsdiek, D. (1987): Unternehmensgründungen als Folgeinnovation - Struktur, Hemmnisse und Erfolgsbedingungen der Gründung industrieller innovativer Unternehmen. In Albach, H.; Hax, H. (Hrsg.): Schriften zur Mittelstandsforschung, Nr. 16 NF, Stuttgart: Poeschel.

Hurley, R.F.; Hult, T.M. (1998): Innovation, market orientation, and organizational learning: An integration and empirical examination. Journal of Marketing, 62 (3), S.42ff.

Jaworski, B.; Kohli, A. (1993): Market orientation: Antecedents and consequences. Journal of Marketing, Nr.3, S.53-70.

Jung, V.; Gaul, W. (2003): Market entry behavior of new ventures: A contextual approach. In: Proceedings of the 48th ICSB World Conference on Advancing Entrepreneurship and Small Business, Belfast.

Jung, V.; Gaul, W. (2003): Marketing implementation by new ventures: Considering contextual factors and firm performance. UIC/AMA Research Symposium at the Marketing/Entrepreneurship Interface, Chicago.

Kahn, K. (2001): Market orientation, interdepartmental integration, and product development performance. Journal of Product Innovation Management, 18 (5), S.314-23.

Kara, A.; Spillan, J.E. (2002): An exploratory analysis of market orientation of small retailers in Guatemala. Journal of International Marketing & Marketing Research, 27 (3), S.115ff.

KfW (2000): Beiträge zur Mittelstands- und Strukturpolitik, Nr.18, Kreditanstalt für Wiederaufbau, Berlin.

Klandt, H.; Roskos, S. (2003): The meaning of market orientation for new ventures - An empirical analysis of high-technology companies in Europe. UIC/AMA Research Symposium at the Marketing/Entrepreneurship Interface, Chicago.

Klandt, H. (1999): Gründungsmanagement: Der integrierte Unternehmensplan. München; Wien: Oldenbourg.

Kleinaltenkamp, M. (1993): Standardisierung und Marktprozess: Entwicklungen und Auswirkungen im CIM-Bereich. Wiesbaden.

Kleindl, B. (1999): A game theoretic perspective on market-oriented versus innovative strategic choice. Journal of Strategic Marketing, Nr.4, S.265-274.

Kleinschmidt, E.; Geschka, H.; Cooper, R.G. (1996): Erfolgsfaktor Markt - Produktinnovationen am Markt und Kunden ausrichten. Berlin.

Kohli, A.; Jaworski, B. (1990): Market orientation: The construct, research propositions, and managerial implications. Journal of Marketing, Nr.2, S.1-18.

Kohli, A.; Jaworski, B. (1993): MARKOR: A measure of market orientation. Journal of Marketing Research, S.467-77.

Koschatzky, K. (1997): Technologieunternehmen im Innovationsprozess: Management, Finanzierung und regionale Netzwerke. Heidelberg: Physica-Verlag.

Kotler, P. (1984): Marketing management: Analysis, planning, and control. Englewood Cliffs, NJ: Prentice-Hall.

Kotler, P.; Andreasen, A. (1987): Strategic marketing for non-profit organizations. Englewood Cliffs, NJ: Prentice-Hall.

Kotler, P.; Bliemel, F. (1995): Marketing-Management - Analyse, Planung - Umsetzung und Steuerung. 8. Vollst. neu bearb. u. erw. Aufl., Stuttgart.

Kulicke, M. (1987): Technologieorientierte Unternehmen in der Bundesrepublik Deutschland - Eine empirische Untersuchung der Strukturbildungs- und Wachstumsphase von Neugründungen. In: Europäische Hochschulschriften, Reihe 5, Band 776, Frankfurt am Main: Lang.

Kulicke, M. (1993): Chancen und Risiken junger Technologieunternehmen: Ergebnisse des Modellversuchs "Förderung technologieorientierter Unternehmensgründungen". Heidelberg: Physica-Verlag.

Kulicke, M.; Menrad, K.; Wörner, S. (2002): Innovationsmanagement in jungen Biotechnologieunternehmen. Karlsruhe: Fraunhofer – ISI.

Kulicke, M.; Wupperfeld, U. (1996): Beteiligungskapital für junge Technologieunternehmen: Ergebnisse des Modellversuchs "Beteiligungskapital für junge Technologieunternehmen". Karlsruhe: Fraunhofer – ISI.

Kumar, K.; Subramanian, R. (1998): Examining the market orientation-performance relationship: A context-specific study. Journal of Management, 24 (2), S.201ff.

Kumar, K.; Subramanian, R.; Strandholm, K. (2002): Market orientation and performance: Does organizational strategy matter? Journal of Applied Business Research, 18 (1), S.37ff.

Kuratko, D.; Hodgetts, R. (2001): Entrepreneurship: A contemporary approach. 5. Ed., Fort Worth: Dryden Press.

Kußmaul, H. (1999): Strategie und Marketing: Einführung für Existenzgründer. Saarbrücken: Lehrstuhl für Betriebswirtschaftslehre, insb. Betriebswirtschaftliche Steuerlehre, Inst. für Existenzgründung/Mittelstand.

Lado, A.A.; Boyd, N.G.; Wright, P. (1992): A competency-based model of sustainable competitive advantage: Toward a conceptual integration. Journal of Management, Issue 18, S.77-91.

Langley, A. (1995): Between 'paralysis by analysis' and 'extinction by instinct'. Sloan Management Review, Nr.3, S.63-76.

Levitt, T. (1960): Marketing Myopia. Harvard Business Review, Vol.38, S.45-56.

Litvak, I. A. (1990): Instant international: Strategic reality for small high-technology firms in Canada. Multinational Business, Nr.2, S.1-12.

Liu, S.; Luo, X.; Shi, Y.-Z. (2003): Market-oriented organizations in an emerging economy: A study of missing links. Journal of Business Research, 56 (6), S.481ff.

Lodish, L.; Morgan, H.; Kallianpur, A. (2001): Entrepreneurial Marketing. John Wiley & Sons.

Lonial, S.C.; Raju, P.S. (2001): The impact of environmental uncertainty on the market orientation - performance relationship: A study of the hospital industry. Journal of Economic & Social Research, 3 (1), S.5ff.

Lotz, J. (2003): The marketing plan: Essential for small business performance? In: Proceedings of the 48th ICSB World Conference on Advancing Entrepreneurship and Small Business, Belfast.

Lumpkin, G.T.; Dess, G. (1996): Clarifying the entrepreneurial orientation construct and linking it to performance. Academy of Management Review, Nr.1, S.135-172.

Lumpkin, G.T.; Dess, G. (1997): Proactiveness versus competitive aggressiveness: Teasing apart key dimensions of an entrepreneurial orientation. Frontiers of Entrepreneurial Research, Babson College.

Lumpkin, G.T.; Dess, G. (2001): Linking two dimensions of entrepreneurial orientation to firm performance: The moderating role of environment and industry life cycle. Journal of Business Venturing, Nr.5, S.429-451.

Lumpkin, G.T.; Shrader, R.; Hills, G.E. (1998): Does formal business planning enhance the performance of new ventures? Frontiers of Entrepreneurial Research, Babson College, S.180ff.

Matear, S.; Osborne, P.; Garrett, T.; Gray, B.J. (2002): How does market orientation contribute to service firm performance? An examination of alternative mechanisms. European Journal of Marketing, Vol. 36, Issue 9/10, S.1058ff.

Matsuno, K.; Mentzer, J.T. (2000): The effects of strategy type on the market orientation-performance relationship. Journal of Marketing, Nr.4, S.1-16.

Matsuno, K.; Mentzer, J.T.; Özsomer, A. (2002): The effects of entrepreneurial proclivity and market orientation on business performance. Journal of Marketing, Nr.3, S.18-32.

Matthews, C.; Scott, S. (1995): Uncertainty and planning in small and entrepreneurial firms: An empirical assessment. Journal of Small Business Management, Nr.4, S.34-42.

McGrath, R.G.; MacMillan, I.C. (2000): The entrepreneurial mindset: Strategies for continuously creating opportunity in an age of uncertainty. Boston, Mass.: Harvard Business School Press.

McNamara, C. (1972): The present status of the marketing concept. Journal of Marketing, Vol.36, January, S.50-57.

McNaughton, R.; Osborne, P.; Morgan, R.E.; Kutwaroo, G. (2001): Market orientation and firm value. Journal of Marketing Management, Vol.17 Issue 5/6, S.521ff.

McNaughton, R.; Osborne, P.; Imrie, B.C. (2002): Market-oriented value creation in service firms. European Journal of Marketing, Vol. 36, Issue 9/10, S.990ff.

Meffert, H. (1998): Marketing: Grundlagen marktorientierter Unternehmensführung. 8., vollständig neubearb. u. erw. Aufl. - Wiesbaden: Gabler.

Meier, A. (1998): Marketing junger Technologieunternehmen. Wiesbaden: Dt. Univ.-Verl.

Meldrum, M.J. (1995): Marketing high-tech products: The emerging themes. European Journal of Marketing, 29 (10), S.45ff.

Miles, M.P.; Arnold, D.R. (1991): The relationship between marketing orientation and entrepreneurial orientation. Entrepreneurship: Theory and Practice, Nr.4, S.49-65.

Milne, T.; Thompson, M. (1986): Patterns of successful business start-up. In: Faulkner, R. (ed.): Readings in Small Business. Gower, Aldershot.

Montoya-Weiss, M.; Calantone, R. (1994): Determinants or new product performance: A review and meta-analysis. Journal of Product Innovation Management, S.397-417.

Morgan, M.H.; Hunt, S.D. (1994): The commitment-trust theory of relationship marketing. Journal of Marketing, Vol. 58, July, S.20-38.

Morgan, R.E.; Strong, C.A. (1998): Market orientation and dimensions of strategic orientation. European Journal of Marketing, Vol. 32, Issue 11/12, S.1051ff.

Morris, M.; Paul, G. (1987): The relationship between entrepreneurship and marketing in established firms. Journal of Business Venturing, Nr.2, S.247-259.

Morris, M.; Schindehutte, M.; LaForge, R.W. (2002): Entrepreneurial marketing: A construct for integrating emerging entrepreneurship and marketing perspectives. Journal of Marketing Theory and Practice, 10 (4), S.1ff.

Mowery, D.C. (ed.) (1996): The international computer software industry: A comparative study of industry evolution and structure. New York: Oxford University Press.

Müller, T.A. (2003): Kunden- und Wettbewerbsorientierung neugegründeter Softwareunternehmen: Eine empirische Untersuchung von Teamgründungen. Wiesbaden: Deutscher Universitätsverlag.

Mullins, J.; Sutherland, D. (1998): NPD in rapidly changing markets: An explorative study. Journal of Product Innovation Management, Nr.3, S.224-36.

Mullins, J.; Forlani, D. (1998): Differences in perceptions and behavior: A comparative study of new venture decisions of managers and entrepreneurs. Frontiers of Entrepreneurial Research, Babson College, S.103ff.

Murphy, G.; Trailer, J.; Hill, R. (1996): Measuring performance in entrepreneurship research. Journal of Business Research, Nr.1, S.15-24.

Murray, G. (1996): A synthesis of six exploratory, European case studies of successfully exited, venture capital-financed, new technology-based firms. Entrepreneurship Theory and Practice, 20 (4), S.41-60.

Naman, J.; Slevin, D.P. (1993): Entrepreneurship and the concept of fit. Strategic Management Journal, Nr.2, 137-153.

Narver, J.; Slater, S. (1990): The effect of a market orientation on business profitability. Journal of Marketing, Nr.4, S.20-35.

Ngai, J. Chan Hung; Ellis, P. (1998): Market orientation and business performance: Some evidence from Hong Kong. International Marketing Review, 15 (3), S.119ff.

Noble, C.; Sinha, R.K.; Kumar, A. (2002): Market orientation and alternative strategic orientations: A longitudinal assessment of performance implications. Journal of Marketing, 66 (4), S.25ff.

Nunnally, J. (1978): Psychometric theory. 2nd ed., New York: McGraw-Hill Book Company.

O'Gorman, C.; Doran, R. (1999): Mission statements in small and medium-sized businesses. Journal of Small Business Management, Nr.4, S.59-66.

Olesch, G. (1995): Kooperation. In: Tietz, B.; Köhler, R.; Zentes, J. (Hrsg.): Handwörterbuch des Marketing, Bd. 4, 2. vollst. überarb. Aufl., Stuttgart, Sp. 1273-1284.

O'Malley, L.; Tynan, C. (1997): A reappraisal of the relationship marketing constructs of commitment and trust. New and evolving paradigms: The emerging future of marketing, AMA Relationships Marketing Conference, Dublin, Ireland, 13 June, S.486-503.

Ottum, B.; Moore, W. (1997): The role of market information in new product success/failure. Journal of Product Innovation Management, Nr.4, S.258-73.

Pelham, A. (1997a): Market orientation and performance: The moderating effects of product and customer differentiation. Journal of Business and Industrial Marketing, 12 (5), S.1ff.

Pelham, A. (1997b): Mediating influences on the relationship between market orientation and profitability in small industrial firms. Journal of Marketing Theory and Practice, Nr.3, S.55-76.

Pelham, A. (1999): Influence of environment, strategy, and market orientation on performance in small manufacturing firms. Journal of Business Research, 45 (1), S.33-46.

Pelham, A. (2000): Market orientation and other potential influences on performance in small and medium-sized firms. Journal of Small Business Management, 38 (1), S.48-68.

Pelham, A.; Wilson, D. (1996): A longitudinal study of the impact of market structure, firm structure, strategy, and market orientation on dimensions of performance. Journal of the Academy of Marketing Science, 24 (1), S.27-43.

Pels, J. (1997): Actors' exchange paradigm and their impact on the choice of marketing methods. In: Falkenberg, A.W. (ed.): Proceedings of the 22nd Macro Marketing Conference, Vol.2, Bergen.

Peters, M.; Brush, C. (1996): Market information scanning activities and growth in new ventures: A comparison of service and manufacturing businesses. Journal of Business Research, 36 (1), S.81-90.

Peters, T.J.; Austin, N. (1985): A passion for excellence. New York: Random House.

Peters, T.J.; Waterman, R.H. (1984): In search of excellence. Cambridge, MA: Harper & Row Publishers.

Petersen, R. (1994): A meta-analysis of Cronbach's coefficient alpha. Journal of Consumer Research, Vol.21, S.381-391.

Picot, A.; Laub, U.-D.; Schneider, D. (1989): Innovative Unternehmensgründungen: Eine ökonomisch-empirische Analyse. Berlin; Heidelberg: Springer.

Pitt, L.; Berthon, P.; Morris, M. (1997): Entrepreneurial pricing: The Cinderella of marketing strategy. Management Decision, Nr.5, S.344-350.

Pitt, L.; Caruana, A.; Berthon, P. (1996): Market orientation and business performance: Some European evidence. International Marketing Review, Nr.1, S.5-18.

Pleschak, F.; Küchlin, G. (Hrsg.) (1994): "Marketing junger Technologieunternehmen", 2.Statusseminar zum Modellversuch "Technologieorientierte Unternehmensgründungen in den neuen Bundesländern". Karlsruhe: Fraunhofer – ISI.

Pleschak, F.; Sabisch, H.; Wupperfeld, U. (1994): Innovationsbasierte kleine Unternehmen: Wie sie mit neuen Produkten neue Märkte erschließen. Gabler Verlag: Wiesbaden.

Pleschak, F.; Werner, H.; Wupperfeld, U. (1995): Marketing geförderter junger Technologieunternehmen. Karlsruhe: Fraunhofer – ISI.

Preukschat, U. (1993): Vorankündigung von Neuprodukten. Wiesbaden: Dt. Univ.-Verl.

Remmerbach, K.-U. (1988): Markteintrittsentscheidungen. Wiesbaden: Dt. Univ.-Verl.

Renko, M. (2003): Market Orientation of knowledge intensive entrepreneurial firms - Preliminary evidence from biotechnology firms. UIC/AMA Research Symposium at the Marketing/Entrepreneurship Interface, Chicago.

Rogers, E.M. (1983): Diffusion of innovations. 3. Aufl., New York.

Rogers, E.M. (1995): Diffusion of Innovations. 4. Aufl., New York.

Romano, C.; Ratnatunga, J. (1995): The role of marketing: Its impact on small enterprise research. European Journal of Marketing, Nr.7, S.9-30.

Ronstadt, R. (1984): Entrepreneurship. Dover, MA: Lord Publishing.

Rose, G.M.; Shoham, A. (2002): Export performance and market orientation: Establishing an empirical link. Journal of Business Research, 55 (3), S.217ff.

Rothwell, R. (1992): Successful industrial innovation. R&D Management, 22 (3), S.221-239.

Roure, J.B.; Keeley, R.H. (1990): Predictors of success in new technology based ventures. Journal of Business Venturing, S.201-220.

Rudolf-Sipötz, E. (2001): Kundenwert: Bestimmungsfaktoren und Management. In: Albers, S.; Haßmann, V.; Somm, F.; Tomczak, T. (Hrsg.): Verkauf. Loseblattwerk, Kapitel 1.15. Düsseldorf.

Rue, L.; Ibrahim, N. (1998): The relation between planning sophistication and performance in small business. Journal of Small Business Management, Oct., S.24-32.

Rueckert, R. (1992): Developing a market orientation: An organisational strategy perspective. International Journal of Marketing, S.225-45.

Rüggeberg, H. (1997): Strategisches Markteintrittsverhalten junger Technologieunternehmen: Erfolgsfaktoren der Vermarktung von Produktinnovationen. Wiesbaden: Dt. Univ.-Verl.

Sabisch, H. (Hrsg.) (1999): Management technologieorientierter Unternehmensgründungen. Stuttgart: Schäffer-Poeschel.

Sager, B. (2003): Do young growth companies need strategic marketing-planning? Review of the state of the art. Symposium on the Entrepreneurship - Innovation - Marketing Interface, Karlsruhe.

Sargeant, A.; Foreman, S.; Liao, M.-N. (2002): Operationalizing the marketing concept in the nonprofit sector. Journal of Nonprofit & Public Sector Marketing, 10 (2), S.41ff.

Schaible, J.; Hönig, A. (1991): High-Tech-Marketing in der Praxis. München: Verlag Franz Vahlen.

Schenk, Ro. (1998): Beurteilung des Unternehmenserfolges. in: Frese, Michael (Hrsg.): Erfolgreiche Unternehmensgründer, Göttingen.

Schindehutte, M.; Morris, M.; Kuratko, D. (2000): Triggering events, corporate entrepreneurship and the marketing function. Journal of Marketing Theory and Practice, Nr.2, S.18-30.

Schmitt-Buchholz, A. (2001): Born Globals. Josef Eul Verlag.

Schneider, D. (2002): Einführung in das Technologie-Marketing. München, Wien: Oldenburg.

Schumpeter, J. (1934): The theory of ecomomic development. Cambridge MA: Harvard University Press.

Schumpeter, J. (1942): Capitalism, socialism, and democracy. New York: Haper & Brothers.

Schwalbe, H. (1993): Marketing-Praxis für Klein- und Mittelbetriebe. Freiburg im Breisgau: Haufe, 7.Aufl.

Schwenk, C.; Shrader, C. (1993): Effects of formal strategic planning on financial performance in small firms: A meta-analysis. Entrepreneurship: Theory and Practice, Nr.3, S.53-64.

Shane, S.; Venkataraman, S. (2000): The promise of entrepreneurship as a field of research. Academy of Management Review, Nr.1, S.217-226.

Shapiro, B.P. (1988): What the Hell is Market Oriented? Harvard Business Review, November-December, S.119-125.

Shaw, E. (1999): Networks and their relevance to the entrepreneurial/marketing interface: A review of the evidence. Journal of Research in Marketing and Entrepreneurship, Vol. 1, Issue 1.

Siguaw, J.; Diamantopoulos, A.; Siguaw, J. (1995): Measuring market orientation: Some evidence on Narver and Slaters three-component scale. Journal of Strategic Marketing, Nr.3, S.77-88.

Simon, H. (1992): Preismanagement: Analyse, Strategie, Umsetzung. 2., vollständig überarb. und erw. Aufl. - Wiesbaden: Gabler.

Sin, L.; Tse, A. (2000): Market orientation and business performance: An empirical study in mainland China. Journal of Global Marketing, 14 (3), S.5ff.

Slater, S.; Narver, J. (1993): Product-market strategy and performance: An analysis of the Miles and Snow strategy types. European Journal of Marketing, 27 (10), S.33-51.

Slater, S.; Narver, J. (1994): Does competitive environment moderate the market orientation-performance relationship? Journal of Marketing, Nr.1, S.46-55.

Slater, S.; Narver, J. (1995): Market orientation and the learning organization. Journal of Marketing, Nr.3, S.63-74.

Slater, S.; Narver, J. (1996): Competitive strategy in the market-focused business. Journal of Market Focused Management, 1 (2), S.158-174.

Slater, S.; Narver, J. (1998): Customer-led and market-oriented: Let's not confuse the two. Strategic Management Journal, 19 (10), S.1001ff.

Slater, S.; Narver, J. (1999): Market-oriented is more than being customer-led. Strategic Management Journal, 20 (12), S.1165ff.

Slater, S.; Narver, J. (2000): The positive effect of a market orientation on business profitability: A balanced replication. Journal of Business Research, 48 (1), S.69-73.

Smallbone, D. (1999): Success and failure in new business start-ups. International Small Business Journal, 13 (3), S.34-47.

Smart, D.; Conant, J. (1994): Entrepreneurial orientation, distinctive marketing competencies and organizational performance. Journal of Applied Business Research, Nr.3, S.28ff.

Smith, J. (1998): Strategies for start-ups. Long Range Planning, Nr.6, S.857-872.

Song, M.; Parry, M. (1997): A cross-national comparative study of new product development processes: Japan and the United States. Journal of Marketing, Nr.2, S.1-18.

Steffenhagen, H. (1994): Marketing - Eine Einführung. 3. überarb. Aufl. Stuttgart, Berlin, New York.

Sternberg, R. (2000): Entrepreneurship in Deutschland: Das Gründungsgeschehen im internationalen Vergleich. Edition Sigma, Berlin.

Stevenson, H.; Grousbeck, I.; Roberts, M.; Bhide, A. (1999): New business ventures and the entrepreneur. Boston: Irwin/McGraw-Hill, 5. ed.

Stinchcombe, A.L. (1965): Social structure and organizations. In: March; J. (eds.): Handbook of Organizations. Chicago: Rand McNally.

Stokes, D. (2000): Putting entrepreneurship into marketing: The processes of entrepreneurial marketing. Journal of Research in Marketing and Entrepreneurship, Nr.1, S.1-16.

Subramanian, R.; Gopalakrishna, P. (2001): The market orientation-performance relationship in the context of a developing economy. Journal of Business Research, 53 (1), S.1ff.

Szyperski, N.; Nathusius, K. (1999): Probleme der Unternehmungsgründung: Eine betriebswirtschaftliche Analyse unternehmerischer Startbedingungen. Lohmar; Köln: Eul.

Tellefsen, B. (1993): Market orientation in a macro-, micro- and executive perspective: Theory, measurements and empirical evidence. Groupe ESC Nantes Atlantique, CREA Cahiers de Recherche, Nr.18.

Terpstra, D.; Olson, P. (1993): Entrepreneurial start-up and growth: A classification of problems. Entrepreneurship: Theory and Practice, Nr.3, S.5-20.

Timmons, J.A. (1999): New venture creation: Entrepreneurship for the 21st century. 5. ed. - Boston: Irwin/McGraw-Hill.

Timmons, J.A.; Muzyka, D.; Stevenson, H.H.; Bygrave, W.D. (1987): Opportunity recognition: The core of entrepreneurship. Frontiers of Entrepreneurial Research, Babson College, S.109-123.

Trott, P. (2001): The role of market research in the development of discontinuous new products. European Journal of Innovation Management, Nr.3, S.117-126.

Tse, A. (1998): Market orientation and performance of large property companies on Hong Kong. International Journal of Commerce & Management, 8 (1), S.57-69.

Tse, A.; Sin, L.; Yau, O.; Lee, J.; Chow, R. (2003): Market orientation and business performance in a Chinese business environment. Journal of Business Research, 56 (3), S.227ff.

Tzokas, N.; Carter, S.; Kyriazopoulos, P. (2001): Marketing and entrepreneurial orientation in small firms. Enterprise & Innovation Management Studies, 2 (1), S.19-34.

Urban G.; Hauser J. (1993): Design and marketing of new products. Prentice Hall.

van Egeren, M.; O'Connor, S. (1998): Drivers of market orientation and performance in service firms. Journal of Services Marketing, 12 (1), S.39ff.

Vazquez, R.; Santos, M.; Alvarez, L. (2001): Market orientation, innovation and competitive strategies in industrial firms. Journal of Strategic Marketing, Nr.1, S.69-90.

Vazquez, R.; Alvarez, L.; Santos, M. (2002): Market orientation and social services in private non-profit organisations. European Journal of Marketing, Vol. 36, Issue 9/10, S.1022ff.

Vesper, K. (1990): New venture strategies. Englewood Cliffs, NJ: Prentice Hall, 2nd, rev. ed.

Vesper, K. (1993): New venture mechanics. Englewood Cliffs, NJ: Prentice Hall.

Vitale, R.; Giglierano, J.; Miles, M. (2003): Entrepreneurial orientaion, market orientation, and performance in established and startup firms. UIC/AMA Research Symposium at the Marketing/Entrepreneurship Interface, Chicago.

Webster, F.E. Jr. (1988): The rediscovery of the marketing concept. Business Horizons, Vol.31, S.29-39.

Webster, F.E. Jr. (1992): The changing role of marketing in the corporation. Journal of Marketing, 56 (Oct.), S.1-17.

Weiber, R. (1992): Diffusion von Telekommunikation. Münster.

Weigelt, K.; Camerer, C. (1988): Reputation and corporate strategy. Strategic Management Journal, 9(5), S.443–454.

Weinrauch, D.; Mann, K.; Robinson,P.; Pharr, J. (1991): Dealing with limited financial resources: A marketing challenge for small business. Journal of Small Business Management, S. 44-54.

Wickham, P. (2001): Strategic entrepreneurship: A decision making approach. Prentice Hall.

Wiklund, J. (1998): Entrepreneurial orientation as a predictor of performance and entrepreneurial behavior in small firms - Longitudinal evidence. Frontiers of Entrepreneurial Research, Babson College, S. 283ff.

Winston, E.; Dadzie, K. (2002): Market orientation of Nigerian and Kenyan firms: The role of top managers. Journal of Business & Industrial Marketing, 17 (6), S.471ff.

Zaby, A.M. (1999): Internationalization of high-technology firms: Cases from biotechnology and multimedia. Wiesbaden.

Zahra, S.; Covin, J. (1995): Contextual influences on the corporate entrepreneurship - Company performance relationship in established firms. Journal of Business Venturing, Nr.1, S.43-58.

Zanger, C. (1999): Marketing als Erfolgsfaktor für innovationsorientierte Unternehmensgründungen. In Sabisch: Management technologieorientierter Unternehmensgründungen, S.97-108.

Zentgraf, Ch. (1999): High-Tech-Marketing in kleinen und mittleren Unternehmen. Wiesbaden: Dt. Univ.-Verl.

ZEW (2001): Gründungs-Report 1/2001. Zentrum für Europäische Wirtschaftsforschung, Mannheim.

Zietsma, C. (1999): Opportunity knocks—Or does it hide? An examination of the role of opportunity recognition in entrepreneurship. Frontiers of Entrepreneurial Research, Babson College.

Zimmerman, M.A. (1997): New venture legitimacy – A review. Paper presented at the annual meeting of the Academy of Management, Boston, Mass.

- Fragebogen

Anmerkung: Die Fragen A2 – A6 beziehen sich auf interne Fragestellungen des StartUp-Wettbewerbs, wurden in der vorliegenden Arbeit nicht behandelt und sind deshalb im anschließend abgebildeten Fragebogen nicht enthalten.

Institut für Entscheidungstheorie und Unternehmensforschung, Universität Karlsruhe (TH)
http://marketing.wiwi.uni-karlsruhe.de

Die Gründungsinitiative von *stern*, den Sparkassen und McKinsey & Company
http://www.startup-initiative.de

Marketing als Erfolgsfaktor neugegründeter Unternehmen

Der StartUp-Wettbewerb begleitet seit 1997 Existenzgründer auf dem Weg in die Selbstständigkeit. Wir möchten Sie gern zu Ihren Erfahrungen bei der Gründung Ihres Unternehmens und bei der Teilnahme am StartUp-Wettbewerb befragen, um junge Unternehmen in Zukunft noch besser bei ihren Gründungsaktivitäten zu unterstützen. Wir würden uns freuen, wenn Sie sich ein paar Minuten Zeit nehmen, um die folgenden Fragen zu beantworten.

Wir danken Ihnen für Ihre Unterstützung!

A) StartUp-Wettbewerb

Frage 1: In welchem Jahr haben Sie an StartUp teilgenommen? (Jahreszahl der Preisverleihung)
(Erläuterung: Wenn Sie im Jahr 1999 teilgenommen haben und die Preisverleihung im Jahr 2000 war, bitte 2000 ankreuzen)

❑ 1998 ❑ 1999 ❑ 2000 ❑ 2001 ❑ 2002

...

Frage 7: Gehörten Sie bzw. Ihr Unternehmen zu den Platzierten des StartUp-Wettbewerbs?

❑ ja, Top 10 auf Bundesebene (Platz:___) ❑ ja, Top 10 auf Landesebene (Platz:___) ❑ nein

Frage 8: Haben Sie auch an anderen Businessplan- / Gründer-Wettbewerben teilgenommen?

❑ ja ❑ nein

wenn ja, an welchen Wettbewerben?

_____

wenn ja, wodurch unterscheidet sich Ihrer Meinung nach StartUp von anderen Wettbewerben? (Bitte stichwortartig!)

_____

_____

Frage 9: Ist Ihr Unternehmen noch am Markt aktiv? ❑ ja ❑ nein

Frage 10: Wann wurde Ihr Unternehmen gegründet? _____/_____ (Monat / Jahr)

Bitte den Gründungstyp näher spezifizieren und Zutreffendes ankreuzen!

❑ Gründung noch nicht realisiert ❑ Gründung eines neuen Unternehmens

❑ Gründungsvorhaben aufgegeben ❑ Übernahme eines bestehenden Unternehmens

Falls Ihr Unternehmen **(noch) nicht gegründet** wurde, können Sie an dieser Stelle abbrechen. **Bitte trotzdem den Fragebogen in dem beigefügten Rückumschlag zurücksenden!** Falls Sie an einer Zusammenfassung der Ergebnisse interessiert sind und an der Gewinnverlosung teilnehmen möchten, können Sie auf der letzten Seite eine Kontaktadresse angeben.

Vielen Dank für Ihre Mitarbeit!

B)   Marktorientierung

Frage 1: In welchem Umfang unternehmen Sie Anstrengungen zur Gewinnung von Informationen bezüglich... ?

	keine Anstrengungen						sehr große Anstrengungen
der aktuellen Kundenbedürfnisse des Zielmarktes	①	②	③	④	⑤	⑥	⑦
wichtiger Kaufentscheidungskriterien der Endabnehmer	①	②	③	④	⑤	⑥	⑦
der Identifizierung potentieller Pilot- / Referenzkunden	①	②	③	④	⑤	⑥	⑦
der aktuellen Kundenzufriedenheit	①	②	③	④	⑤	⑥	⑦
der Leistungsangebote vorhandener / potentieller Wettbewerber	①	②	③	④	⑤	⑥	⑦
der Marketing-Aktivitäten von Wettbewerbern	①	②	③	④	⑤	⑥	⑦
Stärken und Schwächen vorhandener / potentieller Wettbewerber	①	②	③	④	⑤	⑥	⑦
der vorhandenen Marktsegmente und deren Volumen / Attraktivität	①	②	③	④	⑤	⑥	⑦
zukünftiger Veränderungen des Marktumfeldes	①	②	③	④	⑤	⑥	⑦
zukünftiger Veränderungen der Kundenbedürfnisse	①	②	③	④	⑤	⑥	⑦

Frage 2: Inwieweit treffen folgende Aussagen auf Ihr Unternehmen zu?

	trifft nicht zu						trifft in hohem Maße zu
Aufgrund früherer Tätigkeiten sind gute Branchenkenntnisse vorhanden	①	②	③	④	⑤	⑥	⑦
Wir ermutigen unsere Kunden, Kommentare und Beschwerden abzugeben	①	②	③	④	⑤	⑥	⑦
Wir treffen uns oft zu persönlichen Gesprächen mit (potentiellen) Kunden	①	②	③	④	⑤	⑥	⑦
Unser Wettbewerbs- / Marktverhalten basiert auf unserem Verständnis der Kundenwünsche und –bedürfnisse	①	②	③	④	⑤	⑥	⑦
Auf Informationen über negative Kundenzufriedenheit reagieren wir sofort	①	②	③	④	⑤	⑥	⑦
Wir betreiben aktiv den Aufbau von Kundenbeziehungen	①	②	③	④	⑤	⑥	⑦
Wir haben gute Vorstellungen über die Kosten und Nutzen einzelner Marketing-Maßnahmen	①	②	③	④	⑤	⑥	⑦
Wir besitzen unterschiedliche Marketing-Pläne für verschiedene Segmente	①	②	③	④	⑤	⑥	⑦
Wir versuchen einen schnellen Markteintritt zu realisieren	①	②	③	④	⑤	⑥	⑦
Ein schnelles Umsatzwachstum ist uns wichtiger als kurzfristige Gewinne	①	②	③	④	⑤	⑥	⑦
Wenn ein (neuer) Wettbewerber eine Kampagne startet, die direkt auf unsere Kunden gerichtet ist, reagieren wir sofort	①	②	③	④	⑤	⑥	⑦
Wir reagieren eher auf Aktionen der Wettbewerber als dass wir diese zu Reaktionen zwingen	①	②	③	④	⑤	⑥	⑦
Wir vermeiden direkte Konfrontationen mit Wettbewerbern	①	②	③	④	⑤	⑥	⑦
Wir betreiben im Vergleich zum Wettbewerb eine aggressivere Marketing-Politik	①	②	③	④	⑤	⑥	⑦
Unser Ziel ist es, eine dominierende Marktposition zu erreichen	①	②	③	④	⑤	⑥	⑦

Preis- / Leistungspolitik

Frage 1: Wie beurteilen Sie folgende Aussagen hinsichtlich Ihres Leistungsangebotes?

Unser Leistungsangebot...

       trifft nicht zu   trifft in hohem Maße zu

entstand aufgrund einer technischen Innovation	①	②	③	④	⑤	⑥	⑦
wurde aufgrund konkreter Kundenwünsche/ -bedürfnisse entwickelt	①	②	③	④	⑤	⑥	⑦
wurde aufgrund von Kundeninformationen angepasst / verbessert	①	②	③	④	⑤	⑥	⑦
besitzt neuartige, bisher nicht angebotene Eigenschaften / Merkmale	①	②	③	④	⑤	⑥	⑦
bietet den Kunden ein besseres Preis- / Leistungsverhältnis	①	②	③	④	⑤	⑥	⑦
besitzt Produktvorteile mit einer hohen Bedeutung für die Kunden	①	②	③	④	⑤	⑥	⑦
enthält im Vergleich zur Konkurrenz mehr Varianten aus der gleichen Angebotskategorie (größere Angebotstiefe)	①	②	③	④	⑤	⑥	⑦
enthält im Vergleich zur Konkurrenz mehr Angebote aus benachbarten Angebotskategorien (größere Angebotsbreite)	①	②	③	④	⑤	⑥	⑦

       viel niedriger   vergleichbar   viel höher

Unser Innovationsgrad im Vergleich zum Wettbewerb ist ...	①	②	③	④	⑤	⑥	⑦

Frage 2: Wie haben Sie den Preis für Ihr erstes Leistungsangebot festgelegt?

❑   Wettbewerbsorientiert   ❑   Nachfrage- / Marktorientiert

❑   Zuschlagskalkulation   ❑   Ertragskalkulation

❑   individuelle Preisfestlegung / Verhandlung   ❑   kein spezielles Verfahren

❑   anderes: _____

Frage 3: Bei der Einführung des Leistungsangebotes verfolg(t)en wir:

❑   eine Hochpreisstrategie, um die höhere Preisbereitschaft auszunutzen   ❑   eine mittlere Preisstrategie

❑   eine Niedrigpreisstrategie, um schnell einen hohen Absatz zu erzielen   ❑   keine besondere Preisstrategie

Frage 4: Wie beurteilen Sie den Einsatz folgender Instrumente in Ihrem Unternehmen?

(falls einzelne Instrumente aufgrund des Angebotstyps nicht einsetzbar oder relevant sind, bitte offen lassen!)

       keine Bedeutung   sehr hohe Bedeutung

Produkttests mit Kunden	①	②	③	④	⑤	⑥	⑦
Markttests (Testverkäufe in begrenztem Gebiet)	①	②	③	④	⑤	⑥	⑦
Produktentwicklung mit Hilfe von Lead Usern / Pilotkunden	①	②	③	④	⑤	⑥	⑦
Durchführen einer Kostenkalkulation	①	②	③	④	⑤	⑥	⑦
Durchführen von Konzepttests mit unterschiedlichen Preisen	①	②	③	④	⑤	⑥	⑦
Anbieten von Ratenkauf / Leasing	①	②	③	④	⑤	⑥	⑦
Anbieten eines speziellen Einführungsrabatts	①	②	③	④	⑤	⑥	⑦
Rabatte bei Vorbestellung	①	②	③	④	⑤	⑥	⑦
Anbieten eines Rückgabe- / Umtauschrechtes	①	②	③	④	⑤	⑥	⑦
Möglichkeit zur Garantiezeitverlängerung	①	②	③	④	⑤	⑥	⑦
Angebot zur Installation des Produktes beim Kunden	①	②	③	④	⑤	⑥	⑦
Angebot von Inspektion, Wartung oder Reparatur	①	②	③	④	⑤	⑥	⑦
eigene Umfragen bei Kunden / Zulieferern / Absatzmittlern	①	②	③	④	⑤	⑥	⑦
informelle Treffen / Kontakte mit Kunden, Zulieferern usw.	①	②	③	④	⑤	⑥	⑦

Distribution

Frage 5: Beurteilen Sie bitte die Bedeutung der folgenden Absatzwege für Ihr Unternehmen:

	keine Bedeutung						sehr hohe Bedeutung
persönlicher Verkauf durch Unternehmensgründer	①	②	③	④	⑤	⑥	⑦
persönlicher Verkauf durch eigenes Vertriebspersonal	①	②	③	④	⑤	⑥	⑦
eigene Verkaufsstellen	①	②	③	④	⑤	⑥	⑦
Handelsvertreter	①	②	③	④	⑤	⑥	⑦
Vertriebswege von Kooperationspartnern	①	②	③	④	⑤	⑥	⑦
Großhandel	①	②	③	④	⑤	⑥	⑦
Einzelhandel	①	②	③	④	⑤	⑥	⑦
Internet	①	②	③	④	⑤	⑥	⑦
Katalog / Bestellung	①	②	③	④	⑤	⑥	⑦
weitere:_____	①	②	③	④	⑤	⑥	⑦

Frage 6: Wie beurteilen Sie folgende Aussagen im Hinblick auf Ihr Unternehmen?

	trifft nicht zu						trifft in hohem Maße zu
Wir besitzen ein längerfristiges Vertriebskonzept	①	②	③	④	⑤	⑥	⑦
Lieferbereitschaft und Liefertreue haben eine hohe Bedeutung	①	②	③	④	⑤	⑥	⑦
Wir möchten die vorhandenen Absatzkanäle weiter ausbauen	①	②	③	④	⑤	⑥	⑦
Wir planen in Kürze die Erschließung neuer Absatzkanäle	①	②	③	④	⑤	⑥	⑦
Wir führen Verkäuferschulungen durch	①	②	③	④	⑤	⑥	⑦
Wir haben Konzepttests mit Absatzmittlern durchgeführt	①	②	③	④	⑤	⑥	⑦
Wir besitzen (bauen) eine umfangreiche Kundendatenbank (auf)	①	②	③	④	⑤	⑥	⑦

Kommunikation

Frage 7: Welche Rolle haben folgende Instrumente bei der Gewinnung neuer Kunden gespielt?

(falls einzelne Instrumente aufgrund des Angebotstyps nicht einsetzbar oder relevant sind, bitte offen lassen!)

	keine Bedeutung						sehr hohe Bedeutung
private Beziehungen & Bekannte	①	②	③	④	⑤	⑥	⑦
Kontakte aus bisherigem Geschäftsleben	①	②	③	④	⑤	⑥	⑦
Hilfe von Kooperationspartnern	①	②	③	④	⑤	⑥	⑦
Empfehlungen von bestehenden Kunden, Referenzkunden	①	②	③	④	⑤	⑥	⑦
Besuche durch (Außendienst-) Mitarbeiter	①	②	③	④	⑤	⑥	⑦
Direkt-Mailings (Post, Email)	①	②	③	④	⑤	⑥	⑦
Anzeigenwerbung	①	②	③	④	⑤	⑥	⑦
Flyer & Plakate	①	②	③	④	⑤	⑥	⑦
Radio- oder Fernsehspots	①	②	③	④	⑤	⑥	⑦
Internet (Bannerwerbung u.ä.)	①	②	③	④	⑤	⑥	⑦
Gewinnspiele / Preisausschreibungen usw.	①	②	③	④	⑤	⑥	⑦
Point of Purchase – Displays	①	②	③	④	⑤	⑥	⑦
kostenlose Nutzung / Proben	①	②	③	④	⑤	⑥	⑦
Messen & Ausstellungen	①	②	③	④	⑤	⑥	⑦
Presseberichte, Presseinformationen	①	②	③	④	⑤	⑥	⑦
Events, öffentliche Präsentationen / Vorführungen	①	②	③	④	⑤	⑥	⑦
Vorträge und Veröffentlichungen	①	②	③	④	⑤	⑥	⑦
weitere:_____	①	②	③	④	⑤	⑥	⑦

Frage 8: Wie beurteilen Sie folgende Aussagen hinsichtlich der Kommunikationspolitik?

	gar nicht	kaum	selten	manchmal	häufig	sehr häufig	ständig
▪ Werbemaßnahmen führen wir ...... durch	①	②	③	④	⑤	⑥	⑦

	trifft nicht zu						trifft in hohem Maße zu
▪ Wir haben professionelle Werbeagenturen beauftragt	①	②	③	④	⑤	⑥	⑦
▪ Unsere Werbung ist kreativer als der Branchendurchschnitt	①	②	③	④	⑤	⑥	⑦
▪ Wir erzeugen einen höheren Werbedruck als unsere Wettbewerber	①	②	③	④	⑤	⑥	⑦
▪ Unsere Werbung richtet sich an Kunden der Konkurrenz	①	②	③	④	⑤	⑥	⑦
▪ Wir überprüfen die Werbewirkung von Maßnahmen beim Kunden	①	②	③	④	⑤	⑥	⑦
▪ Wir hatten mehrere Werbekampagnen zur Auswahl	①	②	③	④	⑤	⑥	⑦

Frage 9: Im Mittelpunkt der Kommunikation stehen / steht: (nur eine Antwort!)

❑ technische Pro-   ❑ der Kundennutzen   ❑ der Preis des   ❑ das neue Unter-   ❑ sonstiges:
duktmerkmale   des Produkts   Angebots   nehmen als Ganzes   _____

Frage 10: Wie legen Sie Ihr Werbebudget fest?

❑ verfügbare Mittel   ❑ konkurrenzorientiert
❑ Umsatzanteil   ❑ gar nicht, ergibt sich aus den Kosten der Maßnahmen
❑ Gewinnanteil   ❑ sonstiges:_____
❑ aufgrund der angestrebten Ziele und notwendigen Maßnahmen

Frage 11: Wie hoch ist Ihr Werbe- / Marketingbudget in Prozent des Umsatzes? _____%

D)   Markt- und Umfeldbedingungen

Frage 1: Wie hoch war das Wachstum Ihres Zielmarktes zum Eintrittszeitpunkt? _____ %

Frage 2: In welcher Phase befand sich der Zielmarkt beim Markteintritt?

❑ Entstehung   ❑ Wachstum   ❑ Reife   ❑ Stagnation

Frage 3: Wie hoch war die Anzahl Ihrer direkten Konkurrenten beim Markteintritt? _____
Wie hoch ist sie heute? _____

Frage 4: Welchen Marktanteil haben Sie erreicht? ca.____% Ihr stärkster Konkurrent? ca.____%

Frage 5: Wie beurteilen Sie folgende Aussagen bezüglich des Marktumfeldes?

	trifft nicht zu						trifft in hohem Maße zu
▪ Die angebotenen Produkte sind sehr ähnlich	①	②	③	④	⑤	⑥	⑦
▪ Die Kundenbedürfnisse sind sehr homogen	①	②	③	④	⑤	⑥	⑦
▪ Die Kundenbedürfnisse ändern sich sehr häufig	①	②	③	④	⑤	⑥	⑦
▪ Es ist schwer vorherzusagen, wo der technische Stand in 2-3 Jahren sein wird	①	②	③	④	⑤	⑥	⑦
▪ Es bestehen / bestanden sehr große Markteintrittsbarrieren	①	②	③	④	⑤	⑥	⑦
▪ Das Marktumfeld kann durch uns zum eigenen Vorteil beeinflusst werden	①	②	③	④	⑤	⑥	⑦

	nicht vorhanden	sehr schwach	schwach	mäßig	stark	sehr stark	extrem aggressiv
▪ Der Wettbewerb ist ...	①	②	③	④	⑤	⑥	⑦

	nimmt stark ab			bleibt gleich			nimmt stark zu
▪ Die Anzahl der Wettbewerber ...	①	②	③	④	⑤	⑥	⑦

E)	Unternehmenscharakteristika

Frage 1: Welcher Branche gehört Ihr Unternehmen an?

❑ Handel ❑ Handwerk ❑ Dienstleistung
❑ Industriegüter (produzierendes Gewerbe) ❑ Konsumgüter (produzierendes Gewerbe)
❑ FuE ❑ sonstiges: _____

Frage 2: Welche Art von Markt bearbeitet Ihr Unternehmen?

❑ ohne speziellen ❑ mehrere Segmente mit ❑ mehrere Segmente mit dem
  Segmentfokus   unterschiedlichen Angeboten   gleichen Angebot
❑ ein einzelnes Segment ❑ eine Nische mit individuellem ❑ sonstige:
    Angebot   _____

(Erläuterung: Nische = bisher von Konkurrenz unzureichend oder nicht besetztes Spezial-/Teilsegment)

Frage 3: Welche Kunden sprechen Sie hauptsächlich an?

❑ private Endverbraucher ❑ kleine & mittelständische Unternehmen ❑ Großunternehmen

❑ öffentliche Einrichtungen / Behörden ❑ sonstige: _____

Frage 4: Welchen geographischen Markt bearbeiten Sie?

❑ regional begrenzt ❑ Deutschland ❑ Europa ❑ weltweit

Frage 5: Wie hoch war in Ihrem Betrieb die durchschnittliche Anzahl der fest angestellten Arbeitnehmer / der freien Mitarbeiter / der Ausbildungsplätze?

	1. Geschäftsjahr	2. GJ	3. GJ	4. GJ	5. GJ
feste Mitarbeiter:	_____	_____	_____	_____	_____
freie Mitarbeiter:	_____	_____	_____	_____	_____
Azubis:	_____	_____	_____	_____	_____

Frage 6: Wie hoch war der Jahresumsatz Ihres Unternehmens im ...?

	1. Geschäftsjahr	2. GJ	3. GJ	4. GJ	5. GJ
Umsatz in TDM:	_____.000	_____.000	_____.000	_____.000	_____.000

Frage 7: Wie hoch war das Investitionsvolumen Ihres Unternehmens im letzten abgeschlossenen Geschäftsjahr (in TDM)?

- insgesamt: _____.000
- im Verwaltungs- / Büro- / Produktionsbereich: _____.000
- in Grundstücke / Gebäude: _____.000
- in Beteiligungen an anderen Unternehmen: _____.000

279

Frage 8: Wie ist Ihr Unternehmen heute finanziert und zu wie viel Prozent?

❏ Eigenmittel _____%   ❏ Fördermittel (-kredite) _____%

❏ Venture Capital _____%   ❏ sonstiges:_____ _____%

❏ Kredite _____%   ❏ weiß nicht / keine Angaben

	trifft nicht zu						trifft in hohem Maße zu

▪ Die finanzielle Ausstattung stellt einen Engpass bei der Gestaltung des Markteintritts dar   ① ② ③ ④ ⑤ ⑥ ⑦

Frage 9: Sind Sie mit Ihrem Unternehmen an die Börse gegangen?

❏ ja   ❏ noch nicht, aber geplant   ❏ nein, auch nicht geplant

Frage 10: Wie beurteilen Sie die Gewinnsituation Ihres Unternehmens?

❏ Gewinnzone bereits erreicht   (wenn *ja*, in welchem Jahr der Geschäftstätigkeit: _____) (z.B. 4. GJ)

❏ noch nicht erreicht   (für welches Jahr der Geschäftstätigkeit angestrebt: _____)

❏ weiß nicht

Frage 11: Würden Sie den Schritt in die Selbständigkeit – auch in Anbetracht der momentanen wirtschaftlichen Lage – noch einmal tun? (Bitte stichwortartig!)

❏ ja, warum? _____

_____

❏ nein, warum nicht? _____

_____

Vielen Dank für Ihre Mitarbeit!

Bitte senden Sie den Fragebogen in dem beigefügten Rückumschlag zurück.

Wenn Sie Interesse an einer Zusammenfassung der Ergebnisse der Studie haben und an der Gewinnverlosung teilnehmen möchten, können Sie anschließend noch Ihre Firmenadresse und/oder E-Mail-Adresse hinterlassen.

Firmenadresse: **oder Firmenstempel:**

_____

_____

_____

_____

E-Mail: _____

Institut für Entscheidungstheorie u. Unternehmensforschung, Prof. Dr. Wolfgang Gaul, Postfach 6980, 76128 Karlsruhe

ENTSCHEIDUNGSUNTERSTÜTZUNG FÜR ÖKONOMISCHE PROBLEME

Herausgegeben von Wolfgang Gaul, Armin Heinzl
und Martin Schader

Ab Band 19 erscheint die Reihe unter dem Titel 'Informationstechnologie und Ökonomie'.

Band 20 Axel Korthaus: Komponentenbasierte Entwicklung computergestützter betrieblicher Informationssysteme. 2001.

Band 21 Markus Aleksy: Entwicklung einer komponentenbasierten Architektur zur Implementierung paralleler Anwendungen mittels CORBA. Mit Beispielen aus den Wirtschaftswissenschaften. 2003.

Band 22 Michael Zapf: Flexible Kundeninteraktionsprozesse im Communication Center. 2003.

Band 23 Yvonne Staack: Kundenbindung im eBusiness. Eine kausalanalytische Untersuchung der Determinanten, Dimensionen und Verhaltenskonsequenzen der Kundenbindung im Online-Shopping und Online-Brokerage. 2004.

Band 24 Lars Schmidt-Thieme: Assoziationsregel-Algorithmen für Daten mit komplexer Strutkur. Mit Anwendungen im Web Mining. 2003.

Band 25 Stefan Hocke: Flexibilitätsmanagement in der Logistik. Systemtheoretische Fundierung und Simulation logistischer Gestaltungsparameter. 2004.

Band 26 Viktor Jung: Markteintrittsgestaltung neugegründeter Unternehmen. Situationsspezifische und erfolgsbezogene Analyse. 2004.

www.peterlang.de